21世纪全国高等院校财经管理系列实用规划教材·市场营销系列

市场营销策划

主 编 杨 勇

内 容 简 介

本书根据高等院校营销策划人才培养及企业营销策划团队建设的需要，适应企业营销策划专业化、规范化、个性化的要求，依据营销策划的基本原理，结合国内外营销策划的实践，从营销策划的起源与发展、营销策划基本原理、营销策划调研、营销策划的思维与创意、营销战略策划、4P(产品、定价、渠道和促销)策划、营销策划书的编制、营销策划管理等方面展开系统论述。

本书结构清晰，逻辑性强，将营销实战中的经验、成功策划案例优化结合在每章节的重要原理中，融"原理、实战原则以及案例"为一体，力求突出教材的理论性、科学性及实践应用性的特征。

本书既适合作为高等院校市场营销专业教材，也可供其他经管类专业学生使用，还可供企业经营管理和营销策划人员在实际工作中参考及自学使用。

图书在版编目(CIP)数据

市场营销策划/杨勇主编. —北京：北京大学出版社，2014.2
(21世纪全国高等院校财经管理系列实用规划教材·市场营销系列)
ISBN 978-7-301-23384-9

Ⅰ. ①市… Ⅱ. ①杨… Ⅲ. ①市场营销—营销策划—高等学校—教材 Ⅳ. ①F713.50

中国版本图书馆 CIP 数据核字(2013)第 254545 号

书　　　名：	市场营销策划
著作责任者：	杨　勇　主编
策 划 编 辑：	王显超
责 任 编 辑：	李　虎
标 准 书 号：	ISBN 978-7-301-23384-9/C·0952
出 版 发 行：	北京大学出版社
地　　　址：	北京市海淀区成府路 205 号　100871
网　　　址：	http://www.pup.cn　新浪官方微博：@北京大学出版社
电 子 信 箱：	pup_6@163.com
电　　　话：	邮购部 62752015　发行部 62750672　编辑部 62750667　出版部 62754962
印　刷　者：	北京飞达印刷有限责任公司印刷
经　销　者：	新华书店
	787 毫米×1092 毫米　16 开本　20.25 印张　460 千字
	2014 年 2 月第 1 版　2017 年 1 月第 3 次印刷
定　　　价：	40.00 元

未经许可，不得以任何方式复制或抄袭本书之部分或全部内容。
版权所有，侵权必究
举报电话：010-62752024　电子信箱：fd@pup.pku.edu.cn

21世纪全国高等院校财经管理系列实用规划教材

专家编审委员会

主 任 委 员 刘诗白

副主任委员（按拼音排序）

韩传模	李全喜	王宗萍
颜爱民	曾　旗	朱廷珺

顾　　问（按拼音排序）

高俊山	郭复初	胡运权
万后芬	张　强	

委　　员（按拼音排序）

程春梅	邓德胜	范　徵
冯根尧	冯雷鸣	黄解宇
李柏生	李定珍	李相合
李小红	刘志超	沈爱华
王富华	吴宝华	张淑敏
赵邦宏	赵　宏	赵秀玲

法 律 顾 问 杨士富

丛 书 序

我国越来越多的高等院校设置了经济管理类学科专业，这是一个包括经济学、管理科学与工程、工商管理、公共管理、农业经济管理、图书档案学6个二级学科门类和22个专业的庞大学科体系。2006年教育部的数据表明，在全国普通高校中，经济类专业布点1518个，管理类专业布点4328个。其中除少量院校设置的经济管理专业偏重理论教学外，绝大部分属于应用型专业。经济管理类应用型专业主要着眼于培养社会主义国民经济发展所需要的德智体全面发展的高素质专门人才，要求既具有比较扎实的理论功底和良好的发展后劲，又具有较强的职业技能，并且又要求具有较好的创新精神和实践能力。

在当前开拓新型工业化道路，推进全面小康社会建设的新时期，进一步加强经济管理人才的培养，注重经济理论的系统化学习，特别是现代财经管理理论的学习，提高学生的专业理论素质和应用实践能力，培养出一大批高水平、高素质的经济管理人才，越来越成为提升我国经济竞争力、保证国民经济持续健康发展的重要前提。这就要求高等财经教育要更加注重依据国内外社会经济条件的变化，适时变革和调整教育目标和教学内容；要求经济管理学科专业更加注重应用、注重实践、注重规范、注重国际交流；要求经济管理学科专业与其他学科专业相互交融与协调发展；要求高等财经教育培养的人才具有更加丰富的社会知识和较强的人文素质及创新精神。要完成上述任务，各所高等院校需要进行深入的教学改革和创新，特别是要搞好有较高质量的教材的编写和创新工作。

出版社的领导和编辑通过对国内大学经济管理学科教材实际情况的调研，在与众多专家学者讨论的基础上，决定编写和出版一套面向经济管理学科专业的应用型系列教材，这是一项有利于促进高校教学改革发展的重要措施。

本系列教材是按照高等学校经济类和管理类学科本科专业规范、培养方案，以及课程教学大纲的要求，合理定位，由长期在教学第一线从事教学工作的教师编写，立足于21世纪经济管理类学科发展的需要，深入分析经济管理类专业本科学生现状及存在的问题，探索经济管理类专业本科学生综合素质培养的途径，以科学性、先进性、系统性和实用性为目标，其编写的特色主要体现在以下几个方面：

（1）关注经济管理学科发展的大背景，拓宽理论基础和专业知识，着眼于增强教学内容与实际的联系和应用性，突出创造能力和创新意识。

（2）体系完整、严密。系列涵盖经济类、管理类相关专业以及与经管相关的部分法律类课程，并把握相关课程之间的关系，整个系列丛书形成一套完整、严密的知识结构体系。

（3）内容新颖。借鉴国外最新的教材，融会当前有关经济管理学科的最新理论和实践经验，用最新知识充实教材内容。

（4）合作交流的成果。本系列教材是由全国上百所高校教师共同编写而成，在相互进行学术交流、经验借鉴、取长补短、集思广益的基础上，形成编写大纲。最终融合了各地特点，具有较强的适应性。

（5）案例教学。教材具备大量案例研究分析内容，让学生在学习过程中理论联系实际，特别列举了我国经济管理工作中的大量实际案例，这可大大增强学生的实际操作能力。

（6）注重能力培养。力求做到不断强化自我学习能力、思维能力、创造性解决问题的能力以及不断自我更新知识的能力，促进学生向着富有鲜明个性的方向发展。

作为高要求，财经管理类教材应在基本理论上做到以马克思主义为指导，结合我国财经工作的新实践，充分汲取中华民族优秀文化和西方科学管理思想，形成具有中国特色的创新教材。这一目标不可能一蹴而就，需要作者通过长期艰苦的学术劳动和不断地进行教材内容的更新才能达成。我希望这一系列教材的编写，将是我国拥有较高质量的高校财经管理学科应用型教材建设工程的新尝试和新起点。

我要感谢参加本系列教材编写和审稿的各位老师所付出的大量卓有成效的辛勤劳动。由于编写时间紧、相互协调难度大等原因，本系列教材肯定还存在一些不足和错漏。我相信，在各位老师的关心和帮助下，本系列教材一定能不断地改进和完善，并在我国大学经济管理类学科专业的教学改革和课程体系建设中起到应有的促进作用。

刘诗白

2007 年 8 月

刘诗白 现任西南财经大学名誉校长、教授、博士生导师，四川省社会科学联合会主席，《经济学家》杂志主编，全国高等财经院校资本论研究会会长，学术团体"新知研究院"院长。

前　言

　　21世纪是知识经济兴起、全球经济一体化、国际国内市场竞争尤为激烈的时代。企业间的激烈竞争，不仅是人才、技术、营销、管理、信息及资金方面的竞争，更是营销战略、策略、技巧等方面的竞争。所有这些都需要由科学的、系统的、规范的营销策划来支撑，而营销策划的成功则有赖于一大批优秀的营销策划人才和出色的营销策划团队。

　　本书正是根据目前高等院校营销策划人才培养及企业营销策划团队建设的需要，适应企业营销策划专业化、规范化、个性化的要求，依据营销策划的基本原理，结合国内外营销策划的实践，从营销策划的起源与发展、营销策划基本原理、营销策划调研、营销策划的思维与创意、营销战略策划、4P(产品、定价、渠道和促销)策划、营销策划书的编制、营销策划管理等方面展开系统论述。

　　本书结构清晰，逻辑性强，从理论、实务、案例三维视角展开论述，将营销实战中的经验、成功策划案例优化结合在每章节的重要原理中，融"原理、实战原则以及案例"为一体，力求突出教材的理论性、科学性及实践应用性的特征。

　　本书既适合作为高等院校市场营销专业教材，也可供其他经管类专业学生使用，还可供企业经营管理和营销策划人员在实际工作中参考及自学使用。

　　全书具体分工如下：第1、2、3、5、6、10章由杨勇撰写，第4、7章由贺有志撰写，第8、9章由王惠杰撰写，第11章由高秉元撰写，北京朝晖策划公司总经理樊朝晖提供了大量原始营销策划案例，最后由杨勇总纂。

　　本书在编写过程中，参考了国内外有关市场营销、策划原理、营销策划、商务策划方面的大量书籍及不少专家学者的研究成果，一并作为参考文献附于书后。值此出版之际，向他们表示最真挚的感谢。

　　由于时间仓促，书中疏漏在所难免，敬请读者见谅，并希望能将问题反馈给我们，我们将及时更正，以使本书更加完善。

编　者

2014 年 1 月

目 录

第1章 营销策划概述 ... 1
1.1 营销策划的发展 ... 3
1.1.1 我国营销策划的发展 ... 3
1.1.2 国外营销策划的发展 ... 6
1.2 营销策划的内涵与特点 ... 6
1.2.1 营销策划的内涵 ... 6
1.2.2 营销策划的特点 ... 8
1.2.3 营销策划的误区分析 ... 10
1.3 营销策划的作用与主要内容 ... 13
1.3.1 营销策划的作用 ... 13
1.3.2 营销策划的主要内容 ... 14
本章小结 ... 18
习题 ... 18

第2章 营销策划原理 ... 22
2.1 策划的基本原理 ... 24
2.1.1 奇正原理 ... 25
2.1.2 系统原理 ... 26
2.1.3 博弈原理 ... 28
2.1.4 裂变原理 ... 29
2.2 营销策划基本原理 ... 30
2.2.1 整合原理 ... 30
2.2.2 人本原理 ... 32
2.2.3 差异原理 ... 33
2.2.4 效益原理 ... 34
2.2.5 简易原理 ... 34
2.2.6 法理原理 ... 34
2.3 营销策划的基本原则与方法 ... 35
2.3.1 营销策划的基本原则 ... 35
2.3.2 营销策划的方法 ... 38
本章小结 ... 42
习题 ... 42

第3章 营销策划调研 ... 47
3.1 营销策划调研的程序 ... 49
3.1.1 营销策划调研的含义 ... 49
3.1.2 营销策划调研的特征 ... 49
3.1.3 营销策划调研的作用 ... 51
3.1.4 营销策划调研的流程 ... 52
3.2 营销策划调研的内容、原则与方法 ... 54
3.2.1 营销策划调研的内容 ... 54
3.2.2 营销策划调研的原则 ... 56
3.2.3 营销策划调研的方法 ... 57
3.3 营销策划调研报告的制作 ... 61
3.3.1 营销策划调研计划书的编制 ... 61
3.3.2 营销策划调研报告的编制 ... 62
3.3.3 营销策划调研报告编写与制作应注意事项 ... 64
本章小结 ... 64
习题 ... 65

第4章 营销策划思维与创意 ... 68
4.1 营销策划人员的素质要求 ... 70
4.1.1 营销策划人员应具备的知识 ... 70
4.1.2 营销策划人员应具备的素养 ... 71
4.1.3 营销策划人员应具备的能力 ... 72
4.2 营销策划思维 ... 76
4.2.1 营销策划思维特点 ... 77
4.2.2 营销策划思维方法 ... 78
4.3 营销策划创意 ... 82
4.3.1 创意理论与规律 ... 82
4.3.2 营销策划创意的特点 ... 87
4.3.3 营销策划创意的方法 ... 88
4.3.4 营销策划创意的培养与开发途径 ... 93
本章小结 ... 98
习题 ... 99

第5章 营销战略策划 102

5.1 市场细分策划 104
- 5.1.1 市场细分策划的基础 104
- 5.1.2 市场细分策划的标准 106
- 5.1.3 市场细分策划的方法 108

5.2 目标市场选择策划 110
- 5.2.1 目标市场营销策略策划 110
- 5.2.2 目标市场进入策划 112

5.3 市场定位策划 114
- 5.3.1 市场定位步骤策划 115
- 5.3.2 市场定位策略策划 115
- 5.3.3 市场定位策划的最佳途径 116

5.4 市场竞争策划 118
- 5.4.1 市场竞争战略策划 118
- 5.4.2 企业竞争战略策划 120

本章小结 123
习题 123

第6章 产品策划 127

6.1 产品策划概述 129
- 6.1.1 产品策划的含义及意义 129
- 6.1.2 产品策划的思路 132

6.2 新产品开发策划 133
- 6.2.1 新产品的种类 133
- 6.2.2 新产品开发风险 134
- 6.2.3 新产品开发策划 136
- 6.2.4 新产品上市与推广策划 137

6.3 品牌策划 141
- 6.3.1 品牌策划概要 141
- 6.3.2 品牌设计策划 142
- 6.3.3 品牌延伸策划 145

6.4 产品包装策划 148
- 6.4.1 产品包装概述 148
- 6.4.2 产品包装策划及其内容 149
- 6.4.3 包装设计策划 150
- 6.4.4 包装策划应注意的问题 151

本章小结 152
习题 153

第7章 定价策划 158

7.1 定价策划概述 160
- 7.1.1 定价策划的含义 160
- 7.1.2 影响定价策划的因素 160
- 7.1.3 定价策划的原则 163
- 7.1.4 定价策划的风险防范 164

7.2 新产品定价策划 166
- 7.2.1 撇脂定价策划 167
- 7.2.2 渗透定价策划 168
- 7.2.3 满意定价策略 169

7.3 价格调整策划 170
- 7.3.1 提价策划 170
- 7.3.2 降价策划 171
- 7.3.3 价格折扣策划 172

本章小结 173
习题 174

第8章 营销渠道策划 178

8.1 渠道策划概述 179
- 8.1.1 影响渠道策划的因素分析 179
- 8.1.2 渠道设计策划 182

8.2 通路招商策划 184
- 8.2.1 商业伙伴的选择标准 184
- 8.2.2 商业客户的考察评价 185
- 8.2.3 通路招商方式策划 186
- 8.2.4 供应链关系策划 188

8.3 物流运作策划 191
- 8.3.1 物流概述 191
- 8.3.2 物流运作策划 194

8.4 渠道风险防范策划 199

本章小结 201
习题 202

第9章 促销策划 205

9.1 促销策划概述 206
- 9.1.1 促销策划的含义与作用 206
- 9.1.2 促销策划的类型和原则 208

9.1.3 促销策划的步骤 208
9.2 广告策划 209
　　9.2.1 广告策划概述 210
　　9.2.2 广告策划的一般过程 214
　　9.2.3 广告创意策划 217
9.3 人员推销策划 223
　　9.3.1 人员推销组织设计 223
　　9.3.2 人员推销程序策划 224
　　9.3.3 推销人员薪酬与绩效管理策划 235
9.4 营业推广策划 237
　　9.4.1 向消费者推广策划 238
　　9.4.2 向中间商和销售人员的推广策划 238
　　9.4.3 营业推广控制策划 239
　　9.4.4 展会营销策划 240
9.5 企业形象策划 241
　　9.5.1 企业形象整体系统构成分析 241
　　9.5.2 企业理念识别系统策划 244
　　9.5.3 企业行为识别系统策划 246
　　9.5.4 企业视觉识别系统策划 247
本章小结 251
习题 252

第10章 营销策划书的编制 256
10.1 营销策划书的基本项目 260
　　10.1.1 营销策划书概述 260
　　10.1.2 营销策划书的基本模式 262
10.2 营销策划书的内容结构 264
10.3 营销策划书的编写要求与技巧 268
本章小结 270
习题 271

第11章 营销策划管理 278
11.1 营销策划程序 280
　　11.1.1 国外专家对策划程序的界定 280
　　11.1.2 营销策划的一般程序 283
11.2 营销策划的组织与实施 287
　　11.2.1 营销策划的组织 287
　　11.2.2 营销策划的实施 291
11.3 营销策划的控制与评估 295
　　11.3.1 营销策划的控制 295
　　11.3.2 营销策划效果的评估 300
本章小结 302
习题 303

参考文献 306

第 1 章 营销策划概述

主宰 21 世纪商业命脉的将是策划,因为资本时代已经过去,策划时代已经来临!

——未来学家 阿尔文·托夫勒

本章教学目标与要求

(1) 了解国内外营销策划的发展历史;
(2) 理解营销策划的内涵与特点;
(3) 熟悉营销策划的作用与主要内容。

本章知识架构

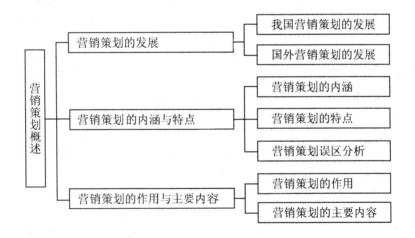

 导入案例

成功的创意，成功的营销策划

在美国一说起"芭比"，人们就会想起芭比娃娃，一个高 11 英寸，或长发披肩，或一头乌黑卷发梳成漫不经心的马尾式，胸部高耸，具有窈窕淑女形象的玩具娃娃。如今，其年销售额高达 48 亿美元，平均每秒就可以卖出 3 个，芭比创造了玩具娃娃的财富传奇。芭比已经 50 多岁，除了自身之外，她还拥有了芭比文具、芭比服饰、芭比动漫等延伸产品，把自己的身价再次抬高，也创造了玩具娃娃的营销奇迹。有人说，芭比是世界上最厉害的营销专家，因为她成功地将自己推向了 150 多个国家。

芭比是 1959 年由一位女商人按照她女儿巴巴拉的模样设计的。她曾对一位记者说："我构思芭比时认为小女孩应该跟胸部丰满的娃娃一起玩，这对她的自尊心大有益处"。这种使玩具娃娃女性化的创意和设计思想打破了美国以往玩具娃娃幼儿化的传统，满足了幼儿天生的"亲母化"的心理需要。芭比娃娃区别于一般玩具娃娃的显著特点在于其产品形象的"拟人化"和"情感化"，她不仅仅是玩具，而且是一个可以用心与之交流、寄托情感的忠实伙伴。

据美国营销协会提供的资料和马特尔公司的介绍，"芭比娃娃"系列玩具产品能够取得如此巨大的成功，与马特尔玩具公司成功的系列营销策划是密不可分的。

首先，对市场需求的快速反应和把握，是造就"芭比娃娃"成功的基础。美国的文化造就了美国人自由与浪漫的性格。当玛丽莲·梦露诞生后，她的形体特征、她的光芒与魅力，使其很快成了美国人的性感偶像和时尚女性的追求。在这种形势下，商家及时推出了造型特征与玛丽莲·梦露类似的"芭比娃娃"玩具，让人们很自然地想到了性感偶像玛丽莲·梦露，正好满足了人们对性感偶像崇拜与追求的心理，"芭比娃娃"也就成了当时女性形象的代言人而一举成名。

其次，新产品的不断开发和附加服务，使"芭比娃娃"产品的市场得到了进一步扩展。在"芭比娃娃"的附加产品开发上，商家成功地运用了"线式策划"的原理与方法，开发了以"芭比娃娃"为主题的附加产品，如首饰、手表、家具等众多产品，还开发了芭比爸爸乔治、妈妈格丽特、宠物等后续产品。还巧妙地用《芭比时尚》杂志推荐产品，引导消费者消费。随着后续产品和附加产品的不断推出，使消费者由一次性顾客变为长久性顾客。

再次，概念产品的推广和紧跟时代的创意，使"芭比娃娃"有了经久不衰的生命力。商家还把"芭比娃娃"塑造成一个智慧、独立、积极进取的时代女性的形象，如在鼓励女人上班的 20 世纪 60 年代，"芭比娃娃"穿上了行政套装，挎起了公文包；当人类登上月球时，"芭比娃娃"就穿上了太空服；进入 E 时代，"芭比娃娃"也开始给朋友发"伊妹儿"等。由于"芭比娃娃"的形象紧跟时代的潮流，得到了追求时尚的消费者的青睐，才使得该产品自 1959 年问世到现在 50 多年的时间里一直具有极强的生命力。

最后，成功地运用市场的差异性原则，使"芭比娃娃"走向了世界。根据不同国家、不同民族的生活习惯和地域文化的不同，商家又推出了黑人芭比、拉丁芭比、中国芭比等，代言的民族已达 45 种之多，使"芭比娃娃"系列产品走出了美国，走向了世界。

(案例来源：胡柯.芭比五十年致富经[J]. 小康·财智，2009.)

从上述案例可以看出，"芭比娃娃"之所以取得如此巨大的成功，马特尔玩具公司成功的系列营销策划是其不可缺少的一个重要环节，他们紧紧跟随市场发展的步伐，紧紧跟踪消费者需求的不断变化，不断地推出新产品及附加服务，赋予"芭比娃娃"生命特征及时

代特征，并通过差异化使"芭比娃娃"成功走向了全世界，走进了千家万户。综观企业发展可以发现，任何一个成功企业、任何一种产品或服务、任何一种营销活动的成功，其背后都有一系列成功的创意与策划，也可以说是成功的营销策划造就了企业的成功、企业营销活动的成功。一个好的营销策划可以使企业的营销活动事半功倍，好的营销策划可以使濒临绝境的企业起死回生，好的营销策划可以为企业带来无限的市场机遇，好的营销策划可以为企业带来不竭的财源。那么究竟什么是策划？什么是营销策划？如何才能做好营销策划？如何才能正确认识并充分发挥营销策划的作用？营销策划包括哪些内容？国际国内营销策划发展状况如何？这正是本章要学习和探讨的内容。

1.1 营销策划的发展

1.1.1 我国营销策划的发展

1. 我国是策划的鼻祖

策划起源于我国，我国是策划的鼻祖。策划思想及策划行为在我国古代就已出现，春秋战国时期已十分兴盛，迄今已有三千多年的历史。据考证，策划一词最早出现在《后汉书·隗嚣传》中："是以功名终申，策画复得。"还有一说是出自《文选·晋纪总论》中："魏武帝为丞相，命高祖为文学掾，每与谋策画，多善"。其中"画"与"划"相通互代，"策画"即"策划"，意思是计划、打算。

古代《周易》等典籍之中就有"经权之争"的论述，从思想观念上的百家争鸣，到政治利益上的诸侯争权夺利，到军事势力的相互抗衡，加之当时生产力落后，资源缺乏，从而产生了大量的斗智斗勇的谋略故事，"策划"的概念由此而来。我国古代策划虽然主要集中在政治、军事和外交等领域，但它对整个人类社会发展的影响是广泛而深刻的。

在中国古代，策划的名词性较强，与现在的计划、计谋、谋略、对策的意思比较接近。例如，辛弃疾在《议练民兵守淮疏》中说："事不前定不可以应猝，兵不预谋不可以制胜。"他把策划定义为提前考虑要从事的计谋。《八史记·汉高祖本纪》中说："运筹帷幄之中，决胜千里之外。"这里将策划定义为决定千里战事的谋略。而古人所云："凡事预则立，不预则废。"预就是全面考虑各种情况，充分估计每一种可能性，判断事物发展变化的趋势，设计、选择能产生预定效果的行动方式。策划一词按《辞海》的解释为：计划、打算；按《现代汉语词典》的解释为：筹划、谋划。

2. 现代营销策划在我国的发展

营销策划伴随着我国市场经济的发展而发展，与市场营销是孪生兄弟，在我国最早出现在20世纪80年代中后期。近30年来，营销策划在我国已逐渐被广大企业所认同、接受并应用，通过营销策划把企业的营销活动引入消费者满意、企业盈利和社会发展的良性运行轨道。概括20世纪80年代中后期开始至今的我国营销策划，其发展历程可分为以下3个阶段，见表1-1。

表 1-1　我国营销策划发展三阶段

发展阶段	时　　间	代　表　人　物
启蒙阶段	20世纪80年代中后期—20世纪90年代初期	何阳
成长阶段	20世纪90年代中后期	余明阳、王志刚、叶茂中、朱玉童、陈放等
发展阶段	21世纪以来	袁岳、梁中国、陈国庆等

1）启蒙阶段：20世纪80年代中后期—20世纪90年代初期

这个阶段也可称为"点子时代"。点子亦称为"主意"，雅称"创意"。当时我国正处在由计划经济向市场经济过渡的转型阶段，市场的开放与活跃为营销策划提供了机会和条件。而全社会对市场和营销知识的普遍缺乏，使营销策划还没有在人们心目中形成完整的概念。随着市场从卖方市场向买方市场的转变，越来越多的企业出现市场拓展困难、产品销售不畅等问题。所以出一个与众不同的点子，对于企业的产品销售来说如获珍宝。在当时，一个点子救活一个企业的案例很多。在这个阶段，最具有代表性的人物是何阳。

点子大王——何阳

1988年毕业于北京化工学院的何阳创立了民办的何阳新技术研究所，先后发明了近20项民用新产品，获得十几项国家专利，并获得各级政府的奖励。20世纪90年代他创立了点子公司。一家塑料厂的一次性塑料杯大量积压，何阳把京广铁路沿线站名印在杯子上，再印个小地图，在铁路沿线的火车上销售，效果非常显著；一家灯具工厂的台灯卖不出去，何阳想起海湾战争中大显神威的爱国者导弹，建议工厂设计一种爱国者导弹形台灯，样品拿到香港的博览会上居然脱销；军功章月饼、带吸管的生日蛋糕、女士香烟等也都是何阳策划的典型案例。1992年《人民日报》第一版刊登"何阳卖点子赚钱40万——好点子也是紧俏商品"，此后何阳被国内媒体称为"点子大王"，靠"个人智慧"，为企业提供"点子"激活市场，红遍了全国。

(案例来源：王学东. 营销策划——方法与实务[M]. 北京：清华大学出版社, 2010. 略有修改.)

何阳是第一个为自己的点子标出天价并成功实现销售的人，他靠"个人智慧"促使了我国营销策划业的诞生和中国咨询业的萌芽，用"点子"开启了我国策划者对自身价值的认知。何阳在推动我国策划业、咨询业发展方面功不可没。

堤坝上修坟墓

广东省经常遭水灾，政府连年出资修水坝，但效果不佳。有人请教"点子大王"何阳，怎样才能解决困扰政府的"心病"，使水坝抵住洪水灾害。何阳略思片刻，脱口而出："修坟墓！"众人皆惊，何阳解释说，广东人对自家祖坟修建非常重视，且土地又少，已出现活人与死人争夺土地的现象，若政府下文，将死者坟墓建在大坝上，既解决了坟墓占土地现象，又解决了水坝修建牢固问题，岂不一举两得。果然，每年4月清明节前后，无需动员，人们主动修建整理堤坝，五六月汛期堤坝安然无恙。

(案例来源：秦宗槐. 营销策划[M]. 合肥：安徽人民出版社，2008.)

这个时期，传媒对于"点子"在市场营销中作用的夸张宣传，误导了公众对策划观念的形成："点子"就是"策划"。由于点子策划主要依赖于富有创意的促销策划，没有对企业及产品做出系统、全面的调研和计划，缺乏对整体策划的洞察与理解，加上执行环节的诸多失误和错误，导致失败的策划案例层出不穷。

到20世纪90年代中期，整个策划行业呈现出一种个性化、无组织化的趋势，策划人习惯于新闻炒作和追求明星效应；策划人漫天要价，信用缺失，致使失败的案例越来越多，策划行业的公众形象严重受损；在"爱多"、"秦池"、"三株"等知名品牌接连倒闭以后，红极一时的"点子"策划迅速衰落。

2) 成长阶段：20世纪90年代中后期

20世纪90年代中期以来，越来越多的外资企业进入我国，外资策划企业也随之而来。外资策划企业对我国营销策划的发展产生了巨大影响，策划开始走向规范，形成专业化、职业化、行业化的发展趋势，也促使了策划人的优胜劣汰，基本结束了"单打独斗"的"点子策划"时代，出现了真正意义上的策划公司。代表人物有用公关手段创造企业辉煌的余明阳，开启地产营销策划大门的王志刚，用影视广告创意带来营销新思路的叶茂中，进行产品市场全程营销策划的朱玉童、赵强等，激情创意大型活动策划的陈放、崔秀芝等。

这一时期，也出版了一批营销策划理论和策划实践的著作，如《策划学》(陈放著)、《转身看策划——一个广告人手迹》(叶茂中著)、《谋事在人——王志刚策划实录》(王志刚著)、《想对商人说我——恩波商战》(王力著)、《恩波智业——敢对自己说我》(王力著)、《谁比谁傻》(赵强著)、《一个企划人的独白》(孔繁任著)等，推动全社会尤其是企业界对策划理论、策划价值、策划意识的正确理解和高度重视。

3) 发展阶段：21世纪以来

随着知识经济时代的到来和我国加入WTO，国际著名的策划公司大举进入我国市场，策划行业的竞争越来越激烈。我国企业对营销策划的实际投入呈增长态势，营销策划的价值得到进一步认识和理解，企业对营销策划的要求越来越高。所有这些促使和带动我国的营销策划逐渐走上了良性发展和运行的轨道，开始出现分析消费者心理和行为特征，并进行市场细分，通过设计产品、定价、分销和促销等一系列系统手段来满足消费者的需求和欲望的系统营销策划。其包括营销战略策划、促销策划、广告策划、营销组织策划等，提出了"企业全程策划"和"战略策划"的新概念。这一时期的代表人物主要有：袁岳——创造中国调研业第一人，梁中国——号称全球第一位CBD(首席品牌官)，陈国庆——中国策划研究院执行院长等。营销策划涉足各行各业如房产、医药、通信、影视、印刷出版、公益活动、IT等，我国的营销策划成为一个越来越重要的专业化分工的社会经济门类，成为国民经济中一个新的经济增长点。

未来我国的营销策划面临着越来越多的挑战。随着国际知名咨询公司大举进入我国市场，企业对策划的要求越来越高，要求策划必须走专业化、规范化、国际化和集团化运作之路；要求策划者具有扎实的专业基础、丰富的实践经验，懂得规范化经营、国际化运作；要求营销策划实现3个转型：从单目标向多目标转型、从艺术向科学的转型、从孤军作战向智囊团体的转型。要求营销策划处理好 3 种关系：国际化视野与本土化操作的关系、综合化趋势与专业化精准的关系、学理化底蕴与实战化运行的关系。

1.1.2 国外营销策划的发展

营销策划的英文是"Marketing Planning"，最早源于美国 20 世纪 50 年代—60 年代，当时的市场正处于卖方市场向买方市场转变的过程中，早期的营销策划主要是营销广告策划和营销公关策划。

"策划"一词在西方发达国家有很高的使用频率。美国哈佛企业管理丛书认为："策划是一种程序；在本质上是一种运用脑力的理性行为。"美国人把策划称为软科学，也叫咨询业、顾问业或信息服务、公关传播。比较著名的有美国的兰德公司、麦肯锡公司等策划咨询公司。其中美国麦肯锡公司自 1993 年进入中国以来，已承办了几百个咨询项目，包括为中国平安保险公司、广东今日集团、北京王府井等近百个企业的发展战略进行的全面策划。

20 世纪 50 年代的日本大力发展并推动市场营销的理论和实践的发展，用"划画"或"企划"来表示策划。日本的广告策划专家小泉俊一在《企划书实用手册》中指出："在一定意义上，凡是人的思维都可以看作广义的企划。但是，今日所指的企划，则是其中的特殊内容，即高度计划的、有目的的企划。"长期从事企业经营策划调研的专家和田创认为策划的定义从不同的角度来看可以有多种。例如，当问及"有什么好的策划"时，这里的策划是指智慧、创意；当说到"从现在起必须进行策划"时，策划成了"创造智慧的行为"。因此，策划在不同的时间、不同的场合可以是不同内容的表示。和田创对策划的定义是：策划是通过实践活动获取更佳成果的智慧或智慧创造的行为。日本有一定规模的企业几乎都有自己专门的企划部，并十分重视企划工作。例如，在 20 世纪 70 年代，日本汽车大举进入中国市场时，考虑到中国人民有抗日情绪，丰田汽车公司的企划部就策划了一个仿唐诗的广告词："车到山前必有路，有路必有丰田车"。从此，日本丰田车的形象连同这句广告词在中国各大城市的街头广泛宣传、家喻户晓。

目前，发达国家的策划服务已经相当成熟，策划服务涵盖了金融、电子、通信、投资、信息、教育、培训、房地产服务、基建项目、工业设计、物流管理、营销、环保、法律、财务、评估、广告公关乃至政治、军事、国防、社会文化等各行各业。策划服务几乎涉及社会生活的各个方面，而且市场运作规范、专业化程度高、法律法规健全，已形成相对稳定的策划行业与服务体系，形成了策划者与被策划者之间的良性运作。

1.2 营销策划的内涵与特点

1.2.1 营销策划的内涵

1. 什么是策划

策划是现代社会最常见的经济活动之一，"策划"一词也是现今社会使用频率最高的词汇之一。

根据《辞源》中的解释，"策"的意项较多，其中有作名词的，如"马鞭"，这种马鞭头上有尖刺，"鞭策"一词由此而来。"策"还有"杖"、"简"、"策书"、"一种文体"、"占卜用的蓍草"等含义；作动词的有"以鞭击马"。策，最重要的意项，也是用得最多的是"谋略"的意思。

"划"字在古代与"画"通用，主要读音有两种，一是 huá、一是 huà。读作 huá 音有 3 种含义：①用尖锐的东西把别的东西分开或在表面上刻过去、擦过去，如划玻璃、划火柴；②用桨拨水、划船；③合算，按利益情况比较，如划不来或划得来。读作 huà 音也有 3 种解释：①划分，如划界、划定范围；②划拨，如划付、划款、划账；③计划，如筹划、策划。

"策"与"划"组成一个词组，作筹谋、谋略、计策、对策等意思解释。

策划是具有前瞻性的活动，根据已经掌握的市场信息，推测事物发展的未来趋势，分析需要解决的问题和主客观条件，在行动之前，对指导思想、目标、对象、方针、政策、战略、策略、途径、步骤、人员安排、时空利用、经费开支、方式手法等做出构思和设计，并形成系统、完整的方案，叫做策划。

策划也是对某件事、某个项目、某种活动甚至是某种思想进行酝酿、统筹、实施，运用新闻、广告、营销、公关、谋略等手段，综合实施运行，使之达到较好效果的创新活动与理性过程。

策划，既是科学又是艺术，既是技术更是文化，可以说它是一门涉及许多学科的综合性科学与艺术，而其赖以建立的"社会基础"则是人类的生产斗争、政治斗争、经济竞争、军事战争等斗争实践。策划是因为竞争而起的，是为赢得竞争而做的谋划。没有竞争，没有实践，就无所谓策划了。

总之，策划是一种非常复杂的活动，是一种包含创造性的谋划。策划是为了解决现存的问题，为实现特定的目标，提出新颖的思路对策，并制定出具体可行的方案，以达到预定效果的一种综合性创新活动。

2．什么是营销策划

营销策划是企业的主要活动内容之一，指营销策划者根据企业的资源状况，依据企业的营销目标，以满足消费者的需求为核心，在充分调研、市场营销环境分析的基础上，激发创意，制定出解决问题的目标及一整套有可能实现的策划规划。它主要包括确定营销目标、分析市场机会、做好营销定位、制定营销战略与策略、进行营销评估等内容。简单地说，营销策划是企业对将要发生的营销行为进行超前规划和设计，以提供一套系统的有关企业营销的未来方案。这套方案是围绕企业实现某一营销目标或解决营销活动的具体行动措施而展开的。可以说，营销策划是企业营销活动的起点，贯穿于企业营销活动的全过程。

根据营销策划的定义，营销策划包括以下 5 个要素，如图 1.1 所示。

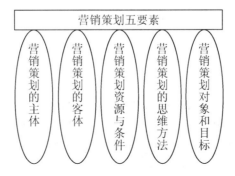

图 1.1　营销策划五要素示意图

1) 营销策划的主体

营销策划的主体是指进行营销策划活动，提出营销策划方案的策划者或策划决策者。任何策划都是为利而谋，营销策划更是如此。所以谁在策划、为谁策划是首先要明确的问题。策划者既可以是营销策划公司的策划人员，也可以表现为企业或组织内部的企划人员；既可以以营销策划团队的形式出现，也可以以个体的营销策划人员的形式出现。作为营销策划者，必须思维活跃、知识渊博、想象力丰富，并且具备多学科及营销知识，具有创新意识和技能。

2) 营销策划的客体

营销策划的客体包括两个方面，即策划过程中的客观环境和主要竞争者。任何策划都必须考虑环境因素，受到客观环境的制约，如国家政策法规是否允许、市场时机是否成熟等。同时，还要考虑竞争对手的情况，因为你能想到的事情竞争对手也能想到，甚至想得更具体、更周全；你能做到的事情竞争对手也能做到，甚至做得更好。

3) 营销策划的资源和条件

策划者或决策者的优势和条件。所谓优势即需要策划的一方具备什么样的资源，这些资源最好是竞争对手所没有的，甚至独一无二。所谓条件即策划者所具备的能力，如人财物的能力、工作实施能力等，任何策划都需要一定的资源和条件，策划是对资源的整合和应用，资源和条件是客观存在的，策划者无法创造。

4) 营销策划的思维方法

营销策划者的创新方法和手段是策划的核心所在。营销策划是创新思维活动，在一定的资源条件下，策划的成败取决于策划者的思维能力，这种能力包括对创新方法和手段的把握和运用。营销策划以对市场环境的分析和充分占有市场竞争的信息为基础，综合考虑外部环境的机会与威胁，自身的资源条件及优势劣势，竞争对手的谋略和市场变化趋势等因素，编制出规范化、程序化的行动方案，包括从构思、分析、归纳、判断，直到拟定策略、方案实施、跟踪、调整与评估等。

5) 营销策划的对象和目标

任何策划都有很强的针对性和目的性。营销策划必须有具体对象和策划想要达到的目标。策划的对象是营销策划需要解决的具体问题，而策划目标则是营销策划所要达到的各项指标。

一次完整的策划活动、一个完整的营销策划方案必须包括这 5 个方面的因素，缺一不可。

1.2.2 营销策划的特点

营销策划作为一门复合型的学科，它是由多门类知识综合、交叉而形成的新的应用知识体系，是综合思维、创新思维的科学与精湛的营销艺术的结合。只有正确认识营销策划的内涵，准确把握营销策划的特点，才能成功开展营销策划活动。归纳起来，营销策划具有以下几个特点，如图 1.2 所示。

第 1 章 营销策划概述

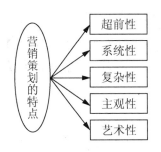

图1.2 营销策划特点示意图

1. 超前性

营销策划要对企业未来的营销活动做出战略性的决策和指导。营销策划活动的运作完成，必须依靠预测未来行为的影响及其结果，必须对未来的各种发展、变化的趋势进行预测，必须对所策划的结果进行事后评估。策划要具有超前性，要使营销策划科学、准确，必须经过深入的市场调研，收集大量真实、客观、全面的信息资料，必须对这些信息进行去粗取精，去伪存真，由表及里，分析其内在的本质。"没有调查，就没有发言权"，同样，没有经过深入细致的调查研究，营销策划方案也无从做起。超前性是营销策划的重要特性，在实践中运用得当，可以有力地引导企业未来的营销工作进程，达到营销策划的目的。营销策划一定要具有超前性，没有超前性的策划就不是好的营销策划。但策划追求超前性，必须以企业的现实条件为前提，不能脱离现有的基础，提出毫无根据的凭空想象。营销策划一定要立足现实，面向未来，诉诸对象。既具有超前性，又立足现实，也具有创意的策划，能够把实体的诉求目的表达得淋漓尽致，实现策划的目的，实现策划活动的效益最大化。

2. 系统性

营销策划是关于市场营销活动的系统工程。它首先表现在时间上，营销策划是由一系列的营销活动来支持和完成的，这些营销活动总是脉脉相依、环环相扣，并由一个主线——策划目标连在一起，构成营销活动链，从而形成一个有机的、系统的整体；其次表现在空间上，必须全面考虑影响营销目标实现的各种因素，并对其加以合理组合和有机衔接，方能达到营销策划的目标；再者表现在营销策划书的撰写上，一方面营销策划书的撰写步骤具有系统性，另一方面营销策划书的撰写内容具有系统性。

3. 复杂性

市场营销环境的复杂多变，市场营销问题的层出不穷，市场营销目标的多样性，营销策划人员素质的差异性，使得营销策划具有复杂性的特点。营销策划的复杂性要求策划人员必须具备经济学、市场营销学、商品学、心理学、社会学、文化学、策划学等多学科知识及丰富的营销策划实战经验；必须针对策划对象审时度势、因地制宜、灵活应变；必须进行具体的信息收集、筛选、加工、综合分析等操作；还需要运用新视角、新思维提出具有创新性、科学性、可行性的运作方案。

4. 主观性

营销策划是客体作用于主体之后形成的主观产物。无论策划的数据多么客观翔实、策划的依据多么真实可靠，都要经过营销策划者的高难度的智力思维才能得出相应的结论。

主观性具体表现为：不同策划者就同一信息的认识不同；不同策划者对同一信息的处理不同；同一策划者对同一信息的认识因时空不同而不同；同一策划者对同一信息的处理因情景不同而不同，因此说，营销策划方案因策划主体、策划时机而具有明显的区别，体现了营销策划主观性的特征。

5. 艺术性

营销策划不仅是一门科学，更是一门艺术。营销策划要具有鲜明特色、优秀的表现力和出奇制胜的技巧，就要讲究艺术性。这样才能在公众心目中留下深刻的印象，达到增强营销活动效果，提升企业知名度与美誉度，提高经济效益的目的。

1.2.3 营销策划的误区分析

由于种种原因，无论是企业或者是策划者对营销策划都存在一定的误区，既有理论认识上的误区，也有实践运作上的误区。总结营销策划专家们对营销策划误区的分析研究，概括起来有以下几个方面，如图1.3所示。

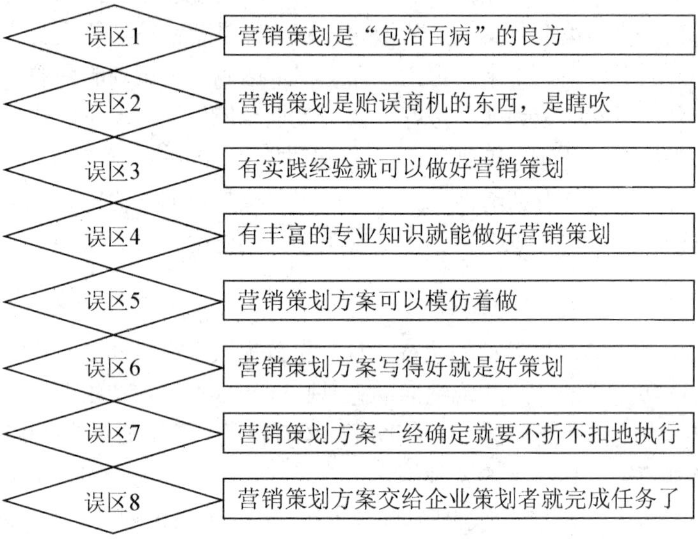

误区1	营销策划是"包治百病"的良方
误区2	营销策划是贻误商机的东西，是瞎吹
误区3	有实践经验就可以做好营销策划
误区4	有丰富的专业知识就能做好营销策划
误区5	营销策划方案可以模仿着做
误区6	营销策划方案写得好就是好策划
误区7	营销策划方案一经确定就要不折不扣地执行
误区8	营销策划方案交给企业策划者就完成任务了

图1.3 营销策划误区示意图

1. 营销策划是"包治百病"的良方

随着市场竞争越来越激烈，面对强大的竞争对手，企业在经营与管理中遇到的难题也越来越多。一些企业决策者就把增加产品销售、对抗竞争对手、提高企业竞争力的希望几乎完全寄托在某些策划者的策划上，这是对营销策划认识的最大误区，也无形中夸大了营销策划的作用，同时也造成了决策者对营销策划的依赖。实际上，企业自身练好内功是最重要的，策划不能解决企业长期发展的最根本问题。任何一个企业在市场竞争中，首要任务是苦练内功，企业自身的综合素质、领导者的综合素质和员工的综合素质是决定企业成败的关键因素。因此，作为企业应该加快自身整体素质的提升，加强企业的市场应变能力、核心竞争能力。在提高自身素质和能力的基础上，可以适时、适当、适用地借助"外脑"，学习、借鉴他人的经验和智慧成果，达到内外结合、融入升华。

2. 营销策划是贻误商机的东西，是瞎吹

持这种观点的人也确实不少。究其原因，一方面是因为不少缺乏营销策划基本素质的策划者，抓住企业对突如其来的市场变革和市场经营不知所措的心理，到处兜售自己所谓的点子策划方案。许多点子方案不仅没有给企业带来实际效益或帮企业渡过难关，甚至反而坑害了企业；另一方面，虽然有不少企业并没有进行过营销策划，但他们看到或听到市场上关于营销策划的不正确评价，也随之产生了误解和恐惧，看不起策划、不重视策划。这并不是策划的过错，也并非策划本身不行。

策划作为一种行动指南和战略方案，是一种有严密的逻辑和操作程序的综合技巧。策划理论的形成与发展是建立在市场营销理论和管理理论的基础之上的，并随着市场实践的探索而不断完善和发展。策划的效果并不因为某些失败或过错的案例而被否定，反而随着全球经济一体化趋势和市场竞争的日趋激烈，营销策划所发挥的作用越来越引世人注目。大到总统竞选、军事部署、政治活动，小到企业和个人的聚集活动，无不需要策划。企业的经营活动与管理活动更是需要认真地策划，为企业的竞争和发展指明方向，为决策者提供有价值的参考。某些策划者的策划方案没有产生预期的效果，甚至还耽误了市场契机，这可能是执行者没有贯彻好、实施好，并不能就此说策划无用。

策划不是瞎吹，而是建立在科学理论之上、运用科学方法进行操作的一门学问；策划对营销策划者本身也有很高的要求，不是谁都可以做好策划的。作为营销策划者既要有事业心、责任感，又要有相当敏锐的观察能力和相当强的分析能力，有实践经验又有丰富的专业知识，既是一个思想家又是一个杂家、战略家。

3. 有实践经验就可以做好营销策划

这是一部分策划者的误解。有些人在企业营销一线的实践时间比较长，有丰富的行业营销管理经验，甚至对自己所从事的行业市场营销还有一定的研究，因此就认为自己可以做策划了。实践证明：有实践经验是做好策划的必要条件，但不是充分条件。也就是说要做好策划，做一个优秀的策划者，一定要有市场营销的实践经验。没有实践经验，不了解企业的营销运作，不了解行业动态的人，可能会是凭空瞎吹，是很难做好策划的。但反过来有了实践经验的人也并非就能成为优秀策划者，因为策划者除了具有实际工作经验外，更需要有丰富的市场营销知识、营销策划理论、企业管理知识等诸多保证条件。有了实践经验也并不一定能成为优秀策划者。有的策划者号称在当地为多家企业做过营销策划，但拿不出一份真正意义上的营销策划书。

4. 有丰富的专业知识就能做好营销策划

也有一部分人认为，专修过市场营销、营销策划的相关课程或者是营销策划科班出身，有了一定的经济理论知识、营销理论、策划理论的培训经历，就能做策划，就能做好策划，这也是一种莫大的误解。从事策划需要渊博的知识，但并非一定要高深的理论学习，而是一定要涉猎广泛，知识面越广越好。因为策划过程中必然会涉及许多方面的知识，对这些知识如果不了解，当然无法做好策划。然而有了较多的专业知识也不一定就能做好策划，作为一名策划者所需具有的素质是多方面的，仅仅具备了知识素质是远远不够的，还必须有较扎实的实践经验培养的策划技能。

5. 营销策划方案可以模仿着做

这实际上是对营销策划核心的误解。营销策划的核心是创意，每一个营销策划方案都是创新思维的表现，是赢得市场竞争优势的先决条件。在市场竞争中，作为企业要获得竞争的优势，就必须对自己的竞争手段、竞争战略进行创新，这样才有可能战胜竞争对手。如果仅仅模仿竞争对手的营销策划方案，是没有能力去战胜对手的，甚至还可能贻误先机，给企业造成不必要的损失。在实践中，营销策划方案可以借鉴但绝对不能模仿，一定要从企业的实际出发，从创新基点出发来构思策划方案。每一个策划都应该是对营销理念和营销手段的创新，只有这样才能体现营销策划方案的价值。

6. 营销策划方案写得好就是好策划

有些人认为一个好的营销策划就是要策划方案写得好。策划方案写得好有两种情况：一种是有些人善于写作，学习过营销理论，即使并无策划经验或根本没有做过策划，也能编出一份营销策划方案。这样的营销策划方案中看不中用甚至还有可能贻误战机、商机；另一种情况是纵使下过真功夫的有实用价值的营销策划方案，如果没有很好地实施，也不一定有很好的效果。营销策划的效果要由实施策划方案后所产生的营销效益来决定，营销效益好才能说策划方案好。

7. 营销策划方案一经确定就要不折不扣地执行

这种情况所反映的是策划方案的实施与控制问题。营销策划方案的制订，是在调研和分析过去与现在的市场环境后，对未来的不确定性所做预测的基础上形成的。由于市场环境的瞬息万变，对于企业来说，在实施方案时还有两种可能：一是策划者没有考虑到的市场情况，在实践中表露出来了；二是市场条件发生了变化。针对这两种情况变化，策划方案要进行纠偏修正。所以说，企业在执行营销策划方案时必须具有一定的灵活性，针对市场环境的变化对策划方案进行一定的调整、修正，这样才能使策划方案发挥出理想的效果。

8. 营销策划方案交给企业策划者就完成任务了

一些策划者认为营销策划方案交给企业了，企业也认可了，策划者的任务也就完成了。这是当前一部分策划者的想法和做法，这是很不对的。首先，从策划方案本身来说，即使策划方案企业认可了，但策划方案应该怎样实施，实施中市场情况出现了变化又需如何适时调整方案，实施中如果某些环节发生了偏差，又如何发现和纠正等，这些都需要策划者继续跟踪指导。这既是营销策划的要求，也是一个策划者的责任和义务；其次，从市场营销的发展来看，市场环境瞬息万变，竞争非常激烈，竞争手段、竞争策略也不断翻新，对于一个策划方案来说，要随着市场形势的变化而及时调整对策，才能使策划方案发挥出最佳的效果。

综上所述，无论是企业，还是策划公司，或者是策划者，对营销策划都有多方面的误区，这些对营销策划的负面影响是非常大的。一个企业要想在市场竞争中取得竞争优势，就必须高度重视并切实开展营销策划，更重要的是要走出营销策划的误区。不重视营销策划的企业，或迟或早都将逃脱不了被市场淘汰的命运，而陷入营销策划误区的企业，可能更容易更快被市场所淘汰。

1.3 营销策划的作用与主要内容

1.3.1 营销策划的作用

随着科学技术的飞速发展，企业营销观念由原来的生产观念、产品观念和销售观念向现代营销观念逐渐转变，从根本上改变着人们的生活方式和社会生产方式，带来比以往更为复杂和快速变化的社会经济环境，产品的同质性越来越强，产品的更新换代越来越快，国内外市场竞争日趋激烈，营销策划在企业的市场营销活动中也占有越来越重要的地位。营销策划对企业营销的重要作用具体表现为以下几个方面，如图 1.4 所示。

图 1.4 营销策划的作用示意图

1) 提高企业经营决策水平，强化营销目标，避免营销活动的盲目性，减少经营失误

不少企业在产品开发、生产、销售、广告宣传等方面投资不可谓不多，但效益不佳甚至损失惨重，如众所周知的秦池酒，虽然号称"永远的秦池，永远的绿色"，夸下海口"给中央电视台开进去一辆奥迪，开出来一辆加长林肯"，但也没有实现其"永远"，最后"开出来一口棺材"（一营销专家语），没有摆脱惨败的结局。其中一个极为重要的原因就是缺乏科学的营销策划这一环节。企业在进行经营决策时，往往靠经验、靠某个人的"指示"决策，靠不确切的外部市场信息决策，甚至靠一个点子决策、冲动决策，决策的后果必然会造成许多不可挽回的损失。实行科学的营销策划，可以使企业对市场中众多的复杂因素进行了解、分析与预测，确立营销总体目标，并将其分解为各项子目标，从企业营销的整体利益出发，从而充分利用有利因素而避免、克服不利因素，使企业可以抓住更多的市场机遇并尽可能回避风险，以此将企业经营决策水平提高到一个新的高度。因此，营销策划强化企业营销目标，能够有效地避免企业营销活动的分散性和盲目性。

2) 加强企业市场开拓的针对性，优化营销资源配置，降低营销费用

只要有竞争，企业就不可能不考虑竞争对策。企业坚持实行营销策划，就可以使营销资

源得以合理调配，以尽可能少的资源投入，带来尽可能多的营销产出，就会使营销战略、策略、具体竞争措施具有很强的针对性，从而避免盲目行为所造成的损失和浪费，提升企业效益。据统计，系统进行营销策划的企业比没有进行营销策划的企业在营销费用上能节约 $2/5 \sim 1/2$。即使因偶然或意想不到的原因使企业经营遭到挫折，企业也能够立即分析问题的症结所在，从而尽快有针对性地采取纠正、补救措施以扭转被动局面。只要营销策划到位，营销策划的方案符合市场实际，就能够及时地调动营销资源、准确投入营销资源，为企业带来超常规的收益。这更会激励企业在开拓新的市场过程中稳打稳扎，对众多棘手问题采取有的放矢的化解措施，从而不断扩大营销成果，促使企业快速、稳定、健康地发展。

3) 促使企业积极主动进行营销创新，提升企业的核心竞争能力

在市场经济条件下，企业必须遵循优胜劣汰、适者生存的竞争法则。在社会产品总量过剩、市场供给充裕、买方市场格局形成的状况下，在国际国内市场一统、国际企业纷纷进入我国市场的情况下，伴随着消费理念、消费水平、消费结构的变化，企业之间的营销竞争将越演越烈。在这种环境下，一个企业如果不重视营销策划，只是在老的经营思路与理念框框内思考问题，势必会墨守成规、固步自封，结局是可想而知的。当一个企业把科学的营销策划摆到重要的位置时，借助于营销策划和营销谋略，它在设计竞争方案时就可能深谋远虑、独具匠心，就可能考虑到企业内部的配套问题，考虑各种有效资源的整合，这样的方案常以营销创新作为其显著特征。坚持下去，企业才能够极具竞争活力，必将大大提升企业的核心竞争能力。

4) 使企业的经营不断适应快速发展的科技进步和市场变化情况

当今世界，科学技术的发展突飞猛进，消费者对产品的要求越来越高，产品更新换代越来越快，导致企业营销难度越来越大。通过科学的营销策划，可以使企业紧跟科学技术与市场发展的步伐，及时开发生产新产品，并对产品生产的时间、成本、质量、销售环节进行严格控制，借助高科技来加大本企业产品的附加值和利用新产品市场来扩大本企业的新老产品的总体市场份额。营销策划通过长远谋划和不断创新，通过对企业营销环境的分析、判断，开拓出企业发展的新领域，成功地进行市场拓展。

5) 有利于企业树立品牌形象，自觉开展全方位的企业形象建设

企业的市场竞争已由产品竞争、战略竞争转到了企业形象竞争方面。营销策划的一项重要内容就是精心设计、潜心塑造企业品牌形象。完整的企业形象是由理念识别、视觉识别、行为识别三大系统组合而成的。开展营销策划可以促进企业既注重产品的生产，又注重企业品牌的建设，构建企业理念、企业文化、企业标识的统一形象；既注重企业产品的营销，更注重企业形象的营销，使之形成鲜明的特征，从而树立企业品牌形象，提高企业在社会公众中的声望和美誉度，由此使企业的无形资产得以不断增值。

6) 有利于企业营销人才的培养和提高

企业的竞争在很大程度上是人才的竞争。重视营销策划的企业，一方面要重用高素质人才，唯其如此，企业营销策划才能顺利地展开；另一方面，长期坚持科学的企业营销策划，又会极大地促进有关人员包括经营者的素质的进一步提高。这样，就能够在企业形成重视人才、培养人才、锻炼人才的良性循环。

1.3.2 营销策划的主要内容

营销策划是企业营销活动的系统运作、策略运用以及不断创新的过程，其策划的内容包含多个方面，可以从不同角度来进行阐述。本书根据策划学的基本原理，结合著名营销

专家菲利普·科特勒的市场营销理论,将营销策划的内容分成 3 个部分,即营销策划基本知识、市场营销战略策划、市场营销策略策划,如图 1.5 所示。

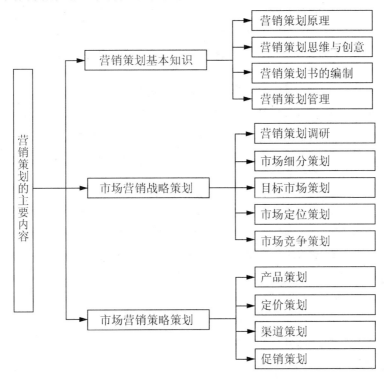

图 1.5　营销策划内容示意图

1. 营销策划的基本知识

1) 营销策划原理

营销策划原理是指通过科学总结而形成的对营销策划活动具有理性指导作用的规律性知识,也可以说,营销策划原理是策划原理在营销实践中的应用。营销策划的原理具有客观性、稳定性和系统性等特点。营销策划原理包括整合原理、人本原理、差异原理、效益原理、简易原理和法理原理。

2) 营销策划思维与创意

营销策划思维与创意包括策划思维的特点、营销策划思维方法、营销策划创意的特点、营销策划创意的方法、营销策划创意的原则等内容。

3) 营销策划书的编制

营销策划书是将营销策划者对策划对象的创意构思与创新概念转化为一种具体的、有形的、可行的、看得见的物质载体。从整个策划过程来看,营销策划书是实现营销策划目标的第一步,是营销策划能否成功的关键。

营销策划书的内容结构框架由 14 个部分组成:封面、前言、目录、概要、营销目的、环境分析、SWOT 分析、营销战略、营销战术、行动方案、营销预算、营销控制、结束语、附录。由于企业不同,企业产品不同,企业存在的营销问题不同,企业的营销环境、营销目标不同,所侧重的内容在编制上也有所不同。

4) 营销策划管理

营销策划管理是根据企业的营销策划目标,运用计划、组织、领导、沟通、控制及培训教育等基本职能来达到企业营销策划工作的有效运作。营销策划管理的工作主要涉及营销策划程序、营销策划的组织与实施、营销策划的控制与评估等内容。

2. **市场营销战略策划**

市场营销战略是企业战略的一个职能战略,是企业战略体系的核心,它依据企业战略的要求与规范制定市场营销的目标、途径与手段,并通过市场营销目标的实现支持和服务于企业战略。因此,市场营销战略策划的任务就是站在战略经营单位的角度分析形势,制定目标和计划。市场营销战略策划是市场营销策划中至关重要的带方向性、全局性和综合性的谋划。营销战略策划的主要内容如下。

1) 市场策划调研

营销策划调研,就是依据哲学的原理,利用数学、统计学工具,采用传统的和现代的方法,对目标市场进行客观调研,并进行深入的分析,收集、整理、归纳对营销策划有意义的数据和资料,以发现企业存在的营销问题,辨明市场的威胁和机会,确定企业营销目标,为制定市场营销策划方案奠定坚实基础的活动。

2) 市场细分策划

市场细分策划是指根据消费者对产品的不同欲望和需求、不同的购买行为与购买习惯,把整个市场划分为若干个由相似需求的消费者组成的消费群的行为过程。

3) 目标市场策划

目标市场是指企业为满足现实的或潜在的需求而开拓的特定市场。没有一个企业能够满足所有消费者的所有需求,市场细分化的目的就在于从一系列的细分市场中选择出对企业最有利的市场组成部分,即目标市场。

4) 市场定位策划

市场定位策划是企业在寻求市场营销机会、选定目标市场后,在目标消费者心目中树立某一特定位置及形象的行为方案、措施。例如,杭州娃哈哈集团公司由一个仅 3 人组成的"小不点"成长为今天中国食品业的"大哥大",连续几年在全国食品制造业中利税总额排名第一,不能不说是一个奇迹。"娃哈哈"的成功固然有多方面的因素,但其有效进行市场定位的策划尤其令人瞩目。

在选定目标市场后,企业要研究自身的状况和竞争者的优劣、消费者特征等,从而确定自己的产品、品牌和形象在市场上应处于何种位置,这就是市场定位策划。市场定位策划的内容十分广泛,可以是一种商品、一项服务、一家企业、一个机构甚至是一个人,既有初次定位与重新定位策划,又有针对式定位与创新式定位等类型。

5) 市场竞争策划

市场竞争是商品经济的基本特征,只要存在商品生产和商品交换,就必然存在竞争。不同的竞争者所采取的方法手段不相同,其结果也大不相同,因此企业必须重视市场竞争战略的策划。市场竞争战略策划主要包括:市场竞争战略策划、企业竞争战略策划。

3. **市场营销策略策划**

一般来说,营销策划如军事战争,分为战略策划与策略策划,长期的、广阔的、综合的、连续的称之战略,短期的、局部的、个别的、具体的称之策略。营销策略策划的主要内容包括:产品(Product)策划、价格(Price)策划、渠道(Place)策划、促销(Promotion)策划。

1) 产品策划

企业要靠产品去满足消费者和用户的需要和欲望,占领市场。产品是企业市场营销组合中最重要的一种手段,是企业决定其价格、分销和促销手段的基础。产品策划是指企业从产品开发、上市、销售至报废的全过程的活动方案。产品策划包括新产品开发、旧产品的改良和新用途的拓展、品牌策划、包装策划等几方面的内容。成功的产品策划往往能让一个企业起死回生。

案例

湖南红豆食品有限公司的"劲王枸杞汁",由于不适合市场和消费者需求以及没有合理有效的市场拓展计划,企业一度处于停产观望状态。在北京叶茂中营销策划有限公司的策划下,该公司开发了新产品,即"劲王野战饮料",在市场上一下子就激起了目标消费群心中的躁动,并引发了其强烈的购买欲望。特别是"走自己的路,让别人去说吧!"这句但丁的名言作为"劲王野战饮料"的广告语,正好切中青少年处于心理断乳期渴求独立又无法独立的矛盾心态(这正是社会上青少年流行的"酷"文化的根源),后来这张火红底色、雪白字体、充满激情的标语式海报被无数青少年贴在床头。该企业1999年"劲王野战饮料"的销售大获成功。

(案例来源:根据北京叶茂中营销策划有限公司的相关资料整理.)

2) 定价策划

价格是市场营销组合中最重要的因素之一,是企业完成其市场营销目标的有效工具。价格策划就是企业产品在进入市场过程中如何利用价格因素来争取进入目标市场,进而渗透甚至占领目标市场,以及为达到营销目标而制定相应的价格策略的一系列活动方案及措施。价格在产品投入期、成长期、成熟期、衰退期不同阶段应采用不同的价格策略。企业能否正确地运用价格杠杆策划与实施有效的价格策略,关系到企业营销的成败及其经济效益。所以诺贝尔经济学奖获得者、美国著名价格理论家乔治·斯蒂格勒指出:"价格已成为营销战的一把利器,可以克敌,也可能伤己。"发生在20世纪末中国的手表、空调、电视机、微波炉、汽车、机票等市场的价格大战,结果是有人欢喜有人忧。这对价格策划有不少有益的启示:一是定价不能盲从,不能跟着别人跑;二是定价要有明确而具体的目标,一般来说,定价策划必须服从营销目标;三是定价无定式,唯有出奇才能制胜。企业定价策划是一门科学,更是一门艺术,需要胆略、见识,更需要创造性。

3) 渠道策划

产品要经过一定的方式、方法和路线才能到达消费者和用户手中,渠道便是企业使其产品由生产地点向销售地点运动的过程。在这个过程中,企业要进行一系列活动策划。菲利普·科特勒教授感叹说:"营销渠道决策是公司所面临的最复杂和最有挑战性的决策之一。"企业渠道策划要根据自身的实力以及所处环境来决定。

4) 促销策划

促销策划是市场营销策略策划中不可或缺的重要一环,是企业完成其营销目标的必备工具,其目的是通过一定的促销手段促进产品销售。促销策划就是把人员促销、广告促销、展会营销、营业推广和企业形象等形式有机结合,综合运用,最终形成一种整体促销的活动方案。

本 章 小 结

我国是策划的鼻祖。营销策划在我国最早出现在20世纪80年代后期。概括20世纪80年代中后期开始至今的我国营销策划业，其发展历程可分为启蒙阶段、成长阶段、发展阶段3个阶段。

营销策划最早源于美国20世纪50年代—60年代，早期的营销策划主要是营销广告策划和营销公关策划。20世纪50年代的日本大力发展并推动市场营销的理论和实践的发展，用"划画"或"企划"来表示策划。

策划是为了解决现存的问题，为实现特定的目标，提出新颖的思路对策，并制定出具体可行的方案，达到预定效果的一种综合性创新活动。

营销策划是指策划人员根据企业现有的资源状况，依据企业的营销目标，以满足消费者的需求为核心，在充分调研、分析市场营销环境的基础上，激发创意，制定出有目标、可能实现的解决问题的一整套策划规划。

营销策划包括营销策划的主体、营销策划的客体、营销策划的资源和条件、营销策划的思维方法和营销策划的对象与目标5个要素。它具有前瞻性、系统性、复杂性、主观性和艺术性等特点。

营销策划过程中应注意避免几个误区，如：企业营销策划是"包治百病"的良方、营销策划是误人子弟的东西、有实践经验就可以做好策划、有丰富的专业知识就能做好策划、营销策划方案可以模仿着做、企业营销策划方案写得好就是好策划、营销策划方案一经确定就要不折不扣地执行、营销策划方案交给企业策划者就完成任务了等。

营销策划具有以下作用：提高企业经营决策水平，强化营销目标，避免营销活动的盲目性，减少经营失误；加强企业市场开拓的针对性，优化营销资源配置，降低营销费用；促使企业积极主动进行营销创新，提升企业的核心竞争能力；使企业的经营不断适应快速发展的科技进步和市场变化情况；有利于企业树立品牌形象，自觉开展全方位的企业形象建设；有利于企业营销人才的培养和提高。

营销策划的内容包括3个部分，即营销策划基本知识、市场营销战略策划、市场营销策略策划。

关键术语

策划、营销策划、营销策划的主体、营销策划的客体、营销策划的资源和条件、营销策划的思维方法、营销策划的对象与目标、市场营销战略策划、市场营销策略策划。

习 题

一、填空题

1. 策划起源于(　　)，策划思想及策划行为在我国古代就已出现，(　　)时期已十分兴盛，迄今已有几千年的历史。

2. 国外营销策划最早源于(　　)20世纪50年代—60年代，早期的营销策划主要是(　　)策划和(　　)策划。

3. 营销策划包括以下5个要素：(　　)、营销的客体、营销策划的资源和条件、(　　)、(　　)。

4. 营销策划具有以下几个特点：(　　)、系统性(　　)、主观性(　　)。
5. 营销策划分为战略策划与(　　)策划，长期的、(　　)、综合的、(　　)的称之战略，短期的、(　　)、个别的、(　　)的称之战术。

二、选择题

1. 营销策划的启蒙阶段也可称为"点子时代"，其代表人物是(　　)。
　　A. 何阳　　　　　B. 叶茂中　　　　C. 朱玉童　　　　　D. 王志刚
2. 20世纪末，美国著名的策划公司(　　)为中国"今日集团"的发展战略进行了全面策划。
　　A. 麦肯锡公司　　B. 兰德公司　　　C. IBM公司　　　　　D、GE公司
3. 营销策划的作用是(　　)。
　　A. 提高企业经营决策水平　　　　　B. 优化营销资源配置
　　C. 提升企业的核心竞争能力　　　　D. 提高管理队伍
4. 营销策划的要素包括(　　)。
　　A. 主体　　　　　B. 内容　　　　　C. 资金　　　　　　D. 信息
5. 营销策划的最终目标是(　　)。
　　A. 获得利润　　　B. 实现目标　　　C. 提高企业竞争力　　D. 让顾客满意

三、简答题

1. 营销策划的特点有哪些？
2. 营销策划有哪些误区？
3. 营销策划应遵循哪些原则？

四、思考题

1. 结合实际谈谈营销策划的误区。
2. 营销策划与营销谋划有什么区别？

 案例分析

采乐公司的市场营销方略

去屑洗发水市场是一个高强度竞争的市场，经过多年的市场洗礼，现存的品牌无不在各自的市场占有一席之地。采乐在众多强势品牌中如何脱颖而出，已经成为业界普遍关注的一个问题。

采乐能在洗发水领域突围是一个非常典型的差异化策划案例，集中体现在产品的功效定位、渠道、终端和广告上，这都非常值得探讨，有一点可以肯定，这一切的基础都是建立在对消费者深刻地理解和对市场精准地分析之上的。

1. 市场背景分析

采乐诞生之初，市场形势不容乐观。首先，洗发水市场竞争激烈，市场不断被细分，各种功能性洗发护发液接连推出。其次，品牌繁多，几乎所有的洗发护发品牌里都包含去屑成分，如海飞丝、飘柔、风影、百年润发、好迪、舒蕾、蒂花之秀、亮庄……大家都看到了去屑洗发水市场的巨大空间。再次，宝洁旗下品牌占有绝大优势，国内其他公司抢夺剩余市场。这些品牌的前几名囊括大部分的市场份额。

毫无疑问，经历10多年的市场培育，海飞丝的"头屑去无踪，秀发更出众"早已深入人心。人们只要一想到去屑，第一个想到的就是海飞丝。另外，随着风影的"去屑不伤发"的承诺，它在这个细分市场

也拥有一席之地。据市场调查资料显示，去屑的大部分市场份额被少数品牌占据，两极分化十分严重。

但是，经过10年的历程，中国普通老百姓已经习惯使用大众化的洗发水洗头。以中国13亿的人口为基数，这是一个异常庞大的市场。但是，随着消费者辨知能力的提高，对产品功能性诉求的要求也越来越高。产品也不仅仅是拥有认知度就可以获得长久的消费者忠诚。

在这样的认知基础上，采乐公司得出结论：经过10多年的市场培育，消费者已经养成使用洗发水进行日常洗头的习惯，这是各大品牌共同努力的结果。从长远看，普通的洗发水将逐渐过渡到特定功能性的洗发水，这也是厂商逐渐发现消费者潜在需要、细分市场的过程。

另外，现在洗发水市场已经形成宝洁一枝独秀，诸多品牌众星拱月的现状，这是市场竞争的正常现象。但是对于一家新进入的企业，想要在这样的成熟市场获取成功，的确是一个难题。

2. 市场定位分析

正是在这种情况下，为了有效地切入洗发水市场，采乐公司进行了深入的市场分析。

(1) 目标消费者分析：市场的第一步都是洞察目标消费者的心态。如果产品能首先打动消费者的心，那么一切都好办。打动目标消费者，首先做好产品差异化，一般说来在4P上都可以进行差异化。很多时候价格是个不错的突破口，但是谁会相信低价的功能性产品会有多少内涵？因此采乐寻找的突破口是满足某些未得到很好满足的消费者的真正需求。

采乐推出之际，国内去屑洗发水市场已经相当成熟，从产品的诉求来看，似乎已至无缝可钻，找不到更好的细分市场。但是采乐经过研究消费者的心理，发现了很多问题，即消费者心目中还有未满足的需求，这就是很多头屑患者尽管经常洗头，但是仍然找不到解决的办法，似乎没有一种药物能够治他的头屑"病"。

因此，采乐的主要目标消费群是重度的头屑患者，只有他们才会真正需要采乐来彻底去屑，次要目标消费群是中度头屑患者，市场策略是以重度带动中度。国内重度头屑患者是个很大的群体，而市场上没有专门针对这个消费者群体的产品。强调特效药去屑，以区别普通去屑洗发水，这是采乐的市场策略。

(2) 品牌定位：品牌定位是一个产品营销策划的差异化策略，它通过鲜明的形象及个性让产品在销售中能够脱颖而出，成功抢占市场。采乐的成功模式主要来自产品创意——"去头屑特效药"，使它在药品行业里几乎找不到强大的竞争对手，而在洗发水的领域里也如入无人之境，这是一个极好的市场空白地带。

(3) 市场定位：药品行业中，没有一家厂商生产过去屑特效药；洗发水行业里，也没有一种洗发水可以达到药物去屑的效果。采乐找到一个极好的市场空白地带：药物去屑，市场推广中宣称"专业去屑，8次彻底去除头屑"，它站在医学研究的角度去治疗头屑，注重医学权威，这就是采乐鲜明的市场定位，它一露面就赢得了大部分重度头屑患者的欢迎。同时，采乐的营销渠道主要是医院和药房，所以在国内消费者的心目中，采乐是专门针对头屑的去屑特效药，有效的定位规避了激烈的竞争。

3. 采乐的SWOT分析

优势：借助西安杨森医药方面的品牌优势，顺利地建立了采乐专业去屑特效药的市场定位。

劣势：市场上的洗发水强势品牌仍然占据绝大部分的市场份额，特别是海飞丝去屑洗发水的威胁。

机会：采乐的市场定位得到重度头屑患者的欢迎。

威胁：强势品牌可能会在这一细分市场跟进。

4. 营销策略

价格策略：为了强调采乐的专业性和效果，其价格是昂贵的，31元/50毫升，比一般的洗发水贵4倍。但是由于采乐的分销渠道主要是医院和药房，另外也没有相同的产品与之竞争。因此，这个价位消费者是认可的。

渠道策略：由于产品的定位是治疗头皮屑的特效药物，采乐的分销渠道主要是药房和医院。这既增强采乐的专业形象，也避免了与其他洗发产品的恶性竞争。

广告策略：头屑是由头皮上的真菌过度繁殖引起，清除头屑应杀灭真菌。普通洗发只能洗掉头发上的头屑，采乐的方法是治标先治本，从杀灭真菌入手。这种独特的产品功能性诉求，有力地抓住了目标消费者的心理需求，也使消费者想要解决头屑问题时，首先想到采乐。

(案例来源：郑方华. 营销策划技能案例训练手册[M]. 北京：机械工业出版社，2010. 略有改动.)

思考题：
1. 采乐公司是从哪几方面对市场进行分析的？
2. 从该案例分析营销策划的重要性。

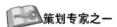策划专家之一

中国商务策划专家——周培玉

周培玉，1977年恢复高考第一届大学生，文理兼修(双学历)。现任CBSA全国商务策划师培训总部(北京四维天成商务策划咨询中心)主任，北京大学、清华大学客座教授，中国企业联合会专家委员。

20世纪90年代末，潜心研究中国谋略智慧与西方管理理论的融合，探寻中国特色的企业经营之道。此后，凭借传统文化修养和丰富的高校、媒体、企业等从业经历，坚持原创性商务策划理论开发，引起政府部门的高度重视和市场的热烈响应，从而影响并积极推动了中国策划人才的职业化培训、商务策划学科建设和大学专业的设立。

2001年创办CBSA总部，先后为社会培训各类策划人才15万人次以上，成功完成多项政府部门、企事业单位委托的咨询项目，出版商战、策划、管理类著作十余部，成为国内系统研究策划创新理论、实战成果斐然的软实力机构。

2004年，周培玉在北大讲坛《策划改变命运》系列讲座上，首次提出了"商务策划是人生的'第四项修炼'"这一世纪命题。

(案例来源：周培玉. 商务策划管理教程[M]. 北京：中国经济出版社，2006.)

第 2 章　营销策划原理

新技术的发明只解决了一半问题，另一半则有赖于成功的营销企划。

——菲利普·科特勒

本章教学目标与要求

(1) 了解策划的基本原理；
(2) 理解营销策划的原理和原则；
(3) 掌握营销策划的方法。

本章知识架构

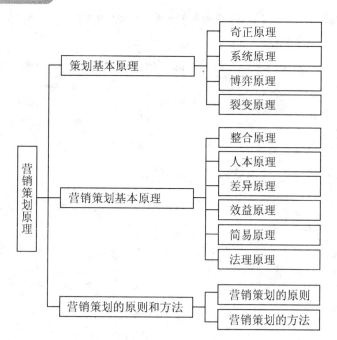

第2章
营销策划原理

**导入案例**

尤伯罗思：经营洛杉矶奥运会出新招

自从1932年洛杉矶奥运会以来，奥运会越办越大，越办越豪华，这就使每一个举办奥运会的城市面临一场财政上的"灾难"。1976年蒙特利尔奥运会亏损高达10亿美元，1980年莫斯科奥运会更是耗资90亿美元。

但是，1984年的洛杉矶奥运会却出现了重大转机，它不但没有亏损，反而赢利1.5亿美元。这一奇迹是怎样创造的呢？

这是因为，这届奥运会找到了一位天才的经营大师尤伯罗思，他一反过去的做法，采用了一种创新的思路：经营奥运。

1. 白手起家，创建信条

尤伯罗思在几千名候选人中脱颖而出，于1979年正式就任洛杉矶奥运会组委会主席。当时，组委会连一个银行户头都没有，甚至办公室、办公桌和电话也没有，一切从零开始，白手起家。

尤伯罗思用100美元立了一个户头，临时租了两间房子。60天后，组委会搬到库尔沃大街一幢由厂房改建的建筑物内落了户。从此，有关洛杉矶奥运会策划的"产品"开始从这里诞生。

首先，尤伯罗思查阅了1932年洛杉矶奥运会以来所有奥运会举办情况的材料，他从浩渺的资料中看到了奥运会财政"灾难"及其产生的原因，也独具慧眼地看到了另一个不赔钱的"窗户"：不再大搞新建筑，分别利用现有的设施，同时直接让赞助者为各项目提供最优秀的设施。他把这作为组委会工作的信条，并公开宣称：政府不掏一分钱的洛杉矶奥运会将是有史以来财政上最成功的一次。

其次，尤伯罗思采用欲擒故纵的手法，对赞助者提出了很高的要求。例如，赞助者必须遵守组委会关于赞助的长期性和完整性的标准，赞助者不得在比赛场内，包括空中做商业广告，赞助的数量不得低于500万美元等。这些听起来很苛刻的条件反而使赞助具有更大的诱惑性。有什么办法呢，如果不参与赞助，此企业的赞助权就会被彼企业夺去，从而失去一次展示本企业形象的大好机会。于是赞助者纷至沓来，一时竟成热门。其中素斯兰公司急于加入赞助者行列，甚至还没搞清楚要赞助建造的一座室内赛车场是什么式样，就答应了组委会的条件。

也有不买账的，如著名的柯达公司一直是奥运会的热心赞助者，但这一次却无论如何不肯接受组委会不得低于500万美元的条件，只同意赞助100万美元和一大批胶卷。尤伯罗思没有退让，他还亲自飞到柯达公司总部劝说他们接受组委会的条件。但"心胸狭窄和傲慢"的柯达公司没有同意，他们满以为尤伯罗思会反过来俯就他们，没料到尤伯罗思一气之下，立即把赞助权转让给了日本富士公司。后来，柯达公司付出了几倍的努力，还远远达不到富士公司在这次奥运会上所产生的影响。

最后，尤伯罗思以5个赞助者中选1个的比例确定了23家赞助公司，其中包括准备花900万美元整修纪念体育场的大西洋奇弗尔德公司、投资500万美元建造新游泳池的道格拉斯公司以及可口可乐公司、列维服装公司、联合航空公司、颇具影响的《体育画报》等。这些赞助者都欣然允诺将使洛杉矶奥运会拥有最先进的体育设施。

数额最大的一笔交易是与美国全国广播公司做成的。事前尤伯罗思研究了前两届奥运会电视转播的价格，又弄清楚了美国电视台各种广告的收费，然后开出了2.5亿美元的高价。许多人认为全国广播公司不会接受，谁知该公司竟欣然接受了！该公司负责体育节目的副总经理对尤伯罗思在谈判期间所表现出的谈判艺术和工作效率表示十分钦佩。

尤伯罗思还以7000万美元的价格把奥运会的广播转播权分别卖给了美国、欧洲、澳大利亚等，从此打破了广播电台免费转播体育比赛的惯例。

2. 审时度势，经营有方

距洛杉矶奥运会开幕不足3个月的时间，这时却发生了苏联等东欧国家联合抵制这届奥运会的事件。这一突然袭击使尤伯罗思苦心经营的组织工作面临严峻的考验，尤伯罗思的敌人则毫不掩饰地幸灾乐祸。

尤伯罗思的工作因此而变得富有戏剧性，他经常作为一名少有的"穿梭外交家"往来于各国之间，显示出了他杰出的外交才能。他忙得连坐汽车都觉得太慢，在洛杉矶市内都要乘坐直升飞机。他不得不经常从公共场合提前退场，然后径直登上组委会大楼房顶的直升飞机，转眼之间飞往另一地点。

尤伯罗思以及国际奥委会主席萨马兰奇最终未能说服苏联等国家参加洛杉矶奥运会。但此时洛杉矶奥运会的成功看来已是不可逆转的了。

奥运会日益迫近，整个洛杉矶市开始呈现出浓郁的气氛，由各公司赞助整修和新建的各种设施已经焕然一新。国际奥委会主席萨马兰奇在视察了这些之后说："洛杉矶奥运会的组织工作是最好的，无懈可击的。"

从五彩缤纷的开幕式开始，因抵制而给奥运会带来的阴影一扫而光。来自世界各地的运动员和观众以及东道主美国的观众都表现出空前的热情，把洛杉矶奥运会推向了巨大的成功。

140个国家和地区的7 960名运动员使这届奥运会的规模超过了以往任何一届。整个奥运会期间，观众踊跃，场面热烈，门票畅销。田径比赛时，9万人的体育场天天爆满。足球比赛以前在美国属于冷门，现在观众人数却超过了田径比赛。就连曲棍球比赛也是场场座无虚席。美国著名运动员刘易斯一人独得4枚金牌后，各种门票更是抢购一空。

同时，几乎全世界都收看了奥运会的电视转播，令人眼花缭乱的闭幕式至今还留在人们的脑海之中。

在奥运会结束的记者招待会上，尤伯罗思宣称本届奥运会有1 500万美元左右的赢利。一个月后，详细数字是尤伯罗思预计的10倍，即赢利1.5亿美元。

在奥运会气势壮观的闭幕式上，尤伯罗思佩戴着象征奥林匹克最高荣誉的金质勋章，聆听国际奥委会主席萨马兰奇对他的赞誉之词，卫星电视使他成了全世界家喻户晓的策划大师。

(案例来源：任天飞. 中外经典营销案例评析[M]. 长沙：中南工业大学出版社，2000.)

从上述案例可以看出，尤伯罗思的确是一个伟大的策划大师，他把一个越办越大、越办越豪华、越办越难办、越办越亏损，使每一个举办城市都面临一场财政上的"灾难"、令每一位举办组织者感到头疼的奥运会一举变成了赢利机器，他的成功来源于"经营奥运"的策划思路。策划是科学，也是一门艺术，策划需要智慧，需要环境，更离不开科学原理的指导。策划的原理有哪些？营销策划应遵循哪些原理？营销策划应遵循哪些原则，运用哪些方法？这些正是本章要学习和讨论的问题。

2.1 策划的基本原理

策划原理是在大量策划实践基础上，经过归纳、概括而得出的具有普遍意义的基本规律。策划的原理很多，其基本原理主要有以下几个，如图2.1所示。

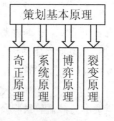

图2.1 策划基本原理示意图

2.1.1 奇正原理

奇正思想是韬略武库中最引人注目的一把利剑，是改变现状、走出困境、击败对手、争取主动的重要工具。奇正原理也是策划的第一大原理，它是思维创新的核心表现。奇正原理出自《孙子兵法》："凡战者，以正合，以奇胜。"

1. 奇正原理的含义

早在老子《道德经》中，就有关于奇正思想的阐述。老子说："以正治国，以奇用兵"（《道德经·五十七章》）。所谓正，是指社会所公认的正道，包括一整套行之有效的方针、路线、思想、政策、原则、措施。而奇则是巧妙、诡秘，临机制断，随机应变，没有固定的程式。

对奇正思想内涵作进一步揭示与阐述的是孙子，《孙子兵法》用极为精练的文字，表述了奇正原理。孙子指出："战势不过奇正，奇正之变，不可胜穷也"（《势篇》）。战术无非奇正两途，然而由奇正而推演、产生的奇谋妙策，则无穷无尽。"善出奇者，无穷如天地，不竭如江河"（《势篇》）。天地变化无穷，深不可测；江河没有竭尽，波澜迭起。奇正变化，效法自然，可至化境。

第一，孙子将奇正作为战略战术上升到一个很高的地位。孙子说："三军之众，可使毕受敌而无败者，奇正是也"（《势篇》）。全部军队一旦遭到敌人的进攻，而保持不败，关键在于真正掌握奇正之法的精髓。

孙子所说的奇正，不外乎以下几个方面的内容：正面迎敌为正，机动配合为奇；明为正，暗为奇；静为正，动为奇；进为正，退为奇；先出为正，后出为奇……总之，一般的、常规的、普通的战略、战术为正，特殊的、变化的、罕见的战略、战术为奇。

掌握奇正原理，是军队面对敌人的进攻，立于不败之地的关键。奇正原理是用兵作战的灵魂。

第二，孙子揭示了用兵的根本之道在于"以正合，以奇胜"（《势篇》），即以正面交战，以奇变取胜。用兵必有奇正，无奇正而胜，属于侥幸之胜。三军无奇兵，是不可与敌人争夺利益的。两军对阵，有正面战场的直接厮杀、搏斗，但必有奇兵捣其旁，击其后，才能有胜利可言。孙子的这一层思想，可以概括为出奇制胜、先正后奇、以正御敌、以奇击虚、正面钳制、侧后进攻、出其不意、攻其不备、出奇匿伏、因势用奇等韬略原则。

第三，孙子强调了奇正转化的内在联系。孙子指出："奇正相生，如环之无端，孰能穷之"（《势篇》）。奇与正不可分割，而是互相依存，互相转化，如同圆环旋转，无始无终。孙子的这一思想，在实质上是指奇可变为正，正可转化为奇。变奇为正，化正为奇，遇敌酿变，循环不穷。

出奇制胜之所以成为军事家们普遍追求的最高目标，是因为出奇招可以从阻力最小、效益最大的途径达到目的。用奇的核心，在于攻其无备，出其不意，根据敌情，灵活运用，不泥常法，出人意料。奇是一种全新的创造，它既要充分利用对方的思维弱点，侦破、捕获对方的思维空隙，大胆突破思维的框框、常规，又要符合客观实际情况，有根有据，避免失去基础，走入绝境。

2. 奇正原理在营销策划中的应用

策划中重在用奇，奇在众所不料，也就是在竞争对手的意料之外而又在情理、法理之中。众所周知,是市场竞争产生了策划,策划是为了更有利于竞争,竞争的核心是寻求和突出差异,实际上就是对竞争对手的策划。而在策划竞争对手时,也正是竞争对手在策划我们的时候,如果能够奇于对手之外,则胜;奇于对手之同,则平;奇于对手预料之中,则败。

如何做到奇呢?在很大程度上"奇"是对"正"的透彻把握和应变,所以古人告诫我们:"不知用正焉知用奇。"

在现代市场竞争中,奇正原理的运用十分广泛,成功案例很多。感冒药"白加黑"就堪称典范。

"白加黑"的正合奇胜术

盖天力"白加黑"感冒片,1995 年推向市场,仅半年时间销售额就突破了 1.6 亿元,分割了全国 15% 的感冒药市场份额。这一现象被称为"白加黑"震撼,在营销界产生了强烈的冲击。

"白加黑"看似简单,只把感冒药分成白片和黑片,并把感冒药中的镇静剂"扑尔敏"放在黑片中,其他什么也没做;实则很不简单,它不仅在品牌的外观上与竞争品牌形成很大的差别,更重要的是它与消费者的生活形态相符合,达到了引起共鸣和联想的强烈传播效果。普通感冒药的缺点是服用后容易瞌睡(药中含"扑尔敏"所致),这对大多数白天要上班、上学的消费者来说,无疑是个心理大障碍。而"白加黑"感冒片采用了日夜分开的给药方法。白天所服片剂,内含对乙酰氨基酚、盐酸伪麻黄碱、氢溴酸右美沙芬,具有解热、镇痛、止咳作用,能迅速消除一切感冒症状,且绝无嗜睡副作用,服药后可以正常坚持工作和学习;晚上所服片剂,加入盐酸苯海拉明,抗过敏作用更强,能进一步减轻由于感冒引起的各种不适,能使患者更好地休息。加上"白天吃白片,不瞌睡;晚上吃黑片,睡得香"的承诺,正中消费者的下怀。这样一来,"白加黑"就不仅仅是感冒药了,它还给消费者解决了感冒疾病与日常生活的矛盾提供了一个良好的方案。

在包装和药片颜色上,"白加黑"也采取了别具一格的做法。把白天所服片剂做成白色,夜服的为黑色,用黑白两色包装外盒,并在颜色相应的位置分别清楚地写着:"白天吃白片,不瞌睡;晚上吃黑片,睡得香。"给人很强的视觉冲击,一目了然,而且记忆清晰明白。

感冒药市场同类药品甚多,市场高度同质化,与康泰克、三九等生产厂家相比,盖天力药厂的实力较弱,为什么能在短短半年时间就能后来居上?一个重要的原因就是该厂正合奇胜运用得当。

(案例来源:周培玉. 商务策划管理教程[M]. 北京:中国经济出版社,2008. 略有改动.)

2.1.2 系统原理

系统原理是指运用系统论的基本思想和方法指导策划实践活动,解决和处理策划过程中的实际问题,系统原理是策划中重要的指导思想。

1. 系统的概念

系统是由两个或两个以上相互作用、相互依赖的要素组合而成的,具有特定的功能,并处于一定环境中的有机整体。

系统是一个相对的概念,许多系统可以组成一个大系统,一个系统又可以有许多子系统。要素是系统的基本组成,它决定着系统的联系、结构、功能等性质和状态,从而决定着系统的本质。

2. 系统的分类

系统按组成要素的属性分类，可分为自然系统和社会系统。自然系统是由自然界本来存在的物质形成的，如海洋系统、地下矿藏系统、生物系统、土壤系统等；社会系统是经过人类的劳动创造出来的，为达到人类各种目的而建立的，如行政管理系统、法律系统、卫生系统、护理系统等。

系统如果按照与环境的关系分类，可分为封闭系统与开放系统。封闭系统又称孤立系统，是指与外界没有联系或联系较少的系统；开放系统是与环境保持密切的物质能量信息交换的系统，开放系统具有输出某种产物的功能，这种输出必须以从环境中输入为基础，经过处理之后才能得到，再加上反馈的调节便构成了一个完整的开放系统。

3. 系统的特征

系统具有以下特征。

(1) 整体性。系统的整体性表现为系统是由两个或两个以上相互区别的要素，按照一定的方式和目的，有秩序地排列而成的，系统的功效大于各要素的功效之和。例如，管理系统是由计划、组织、人员管理、指导和领导、控制 5 项职能相互联系、相互作用构成的有机体，而不是这些职能的简单叠加。

(2) 相关性。系统的相关性是指系统中各要素及其组成，都是相互联系、相互影响、相互制约、相互作用的。如企业作为一个系统，其营销子系统与企业的生产管理、行政、设备、财务、后勤等其他的子系统之间有着密切的关系，存在着相互联系、相互影响、相互制约、相互作用的关系。

(3) 层次性。复杂的系统是有层次的，对某一系统来说它既是由一些子系统组合而成，同时又要作为一个子系统去参与更大的系统的组成。

(4) 动态平衡性。随着外部环境和内部条件的不断变化，系统是不断运动、发展、变化的，同时外部环境和内部条件的变化不显著时，系统又具有相对的稳定性，以维持动态平衡。

(5) 目标性。任何一个系统的存在都有其存在的目的，都有明确的总目标，子系统为完成大系统的总目标而协调工作，而子系统也有自己的分目标。

(6) 环境适应性。所有的开放系统，总是在一定的环境中存在和发展，系统及其中各子系统，与环境之间不断地进行物质、能量、信息的传递和反馈。当环境发生变化时，系统、子系统的结构和功能也会随之改变和调整，以便适应环境，继续存在和发展下去。

4. 系统原理在营销策划中的应用

系统原理要求策划者能够从整体上把握、控制和驾驭策划全局；要求策划者在思维过程中，始终围绕策划目标，将策划对象、策划目标、策划环境以及策划主体等要素整合统一起来，用整体的、联系的、结构的、功能的、层次的、非线性的观点与方法，对某一策划对象进行分析、综合、归纳，从而求得好的策划方案，最终达成整体效益。

整合是系统论的一个基本范畴和重要原理。系统论认为：凡是由相互联系和相互作用的各种因素所组成并具有特定功能的总体都是一个系统。任何系统都不是它的组成因素的简单相加，而是这些因素在特定联系方式和数量配比下形成的有机总体。总体具有不同于组成因素或子系统的新功能，总体大于各组成成分的孤立属性的简单集合。营销策划就是依据系统论的整合原理，寻求市场营销活动的"1+1>2"的投入产出比。营销策划是一系列创意、谋略的整合，是建立在创意和谋略之上的多种因素、多种资源、多种学科和多个过程整合而成的系统工程。因此，作为理论，营销策划是一门系统科学；作为实践，营销策划是一项系统工程。

企业营销策划是一个系统工程，其系统性表现为：一是营销策划工作是企业全部经营活动的一部分，营销策划工作的完成有赖于企业其他部门的支持和合作；二是进行营销策划时要系统地分析诸多因素的影响，并将这些因素中的有利一面最大限度地综合利用起来；三是营销策划的最终实施是以营销策略的组合为手段的，营销的最终成功需要一套系统的"组合拳"。

酒店蚯蚓清洁工

不少酒店的经营者对剩饭剩菜，烦恼不已。处理这些垃圾不但花费大，而且非常不环保。如何更好地处理酒店每天所产生的大量垃圾和废物，成了众多经营者关心的问题。

南非的一家星级酒店很好地处理了这个问题。

这家酒店在旁边专门建造了一个养蚯蚓的"工厂"，占地有 150m^2，分上下两层，整整齐齐地摆放着一个个板条箱，箱里装有许多条红蚯蚓。酒店每天都有专门人员，把客人吃剩下的饭菜和其他蚯蚓可食的垃圾捣碎捣烂，送到"蚯蚓工厂"，交由蚯蚓们"享用"。由于板条箱里的蚯蚓多达几十万条，它们加起来的"饭量"，能够轻易地消化掉送来的所有残羹剩饭。

接下来，"菜足饭饱"的蚯蚓便开始自发制造肥料，它们只需要 3 到 4 个月，便能生产出足量的固态肥料——蚓肥。这些蚓肥会被园艺师输送给酒店院落里的众多植物，蚓肥不仅有丰富的养分，能让植物和花草生长得更加郁郁葱葱，而且它还含有丰富的有机物，能够帮助花草分解土壤里的其他有益养分，有助于它们更好地生长。

因为有了取之不尽的蚓肥帮助，这家酒店被各式各样长势喜人的姹紫嫣红的花卉包围着，一年四季香气袭人，客人仿佛住进一个巨大的天然花园中，客人可以坐在酒店的露天咖啡吧，一边欣赏着花草，一边品尝着当地的美食，感受着绿色生态环保酒店的魅力所在。

(案例来源：徐立新. 酒店蚯蚓清洁工[J]. 辽宁青年，2010(5). 略有修改.)

2.1.3 博弈原理

1. 博弈原理的含义

博弈论又被称为对策论(Game Theory)，是研究具有斗争或竞争性质现象的理论和方法，它既是现代数学的一个新分支，也是运筹学的一个重要学科。

博弈思想古已有之，我国古代的《孙子兵法》不仅是一部军事著作，其进一步揭示与阐述了奇正思想的内涵，而且也是最早的一部博弈论专著。博弈论最初主要研究象棋、桥牌、赌博中的胜负问题，人们对博弈局势的把握只停留在经验上，理论成果很少，其正式发展成一门学科则是在 20 世纪初。1928 年冯·诺依曼证明了博弈论的基本原理，从而宣告了博弈论的正式诞生。1944 年，冯·诺依曼和摩根斯坦合著的《博弈论与经济行为》将二人博弈推广到 n 人博弈结构并将博弈论系统应用于经济领域，从而奠定了这一学科的理论基础和体系。谈到博弈论也不能忽略博弈论天才纳什,纳什的开创性论文《n 人博弈的均衡点》(1950),《非合作博弈》(1951)等,给出了纳什均衡的概念和均衡存在定理。此外,塞尔顿、哈桑尼的研究也对博弈论发展起到了推动作用。今天博弈论已发展成一门较为完善的学科。

博弈原理的核心就是研究冲突对抗等竞争条件下最优决策问题和不同决策之间的均衡问题。我国古代《田忌赛马》的典故就是著名的博弈。

田 忌 赛 马

齐国使者到大梁来,孙膑以刑徒的身份秘密拜见,用言辞打动齐国使者。齐国使者觉得此人不同凡响,就偷偷地用车把他载回齐国。齐国将军田忌非常赏识他,并且待如上宾。田忌经常与齐国诸公子赛马,设重金赌注。孙膑发现他们的马脚力都差不多,可分为上、中、下三等。于是孙膑对田忌说:"您只管下大赌注,我能让您取胜。"田忌相信并答应了他,与齐王和诸公子用千金来赌注。比赛即将开始,孙膑说:"现在用您的下等马对付他们的上等马,拿您的上等马对付他们的中等马,拿您的中等马对付他们的下等马。"3场比赛完后,田忌一场不胜而两场胜,最终赢得齐王的千金赌注。于是田忌把孙膑推荐给齐威王。齐威王向他请教兵法后,就请他当老师。

(案例来源:司马迁. 孙子吴起列传第五. 史记,vol.65.)

2. 博弈原理在营销策划中的应用

策划原理中的"博弈"一词,并不完全等同于数学和经济学中的现代博弈论,更不是简单的赌博。博弈在企业营销策划中不仅是一种方法和技巧,更是一种思想,一种观念,对企业市场营销策划活动具有重要的指导意义。管理学有关决策的基本原则中,有一条叫做"满意原则",意思是不求最优而求满意。这正是博弈在营销策划中所追求的原则,它要求企业在经营中应努力寻找决策两极的中点,即平衡点,以更好地指导企业的营销活动。

2.1.4 裂变原理

1. 裂变的含义

裂变,是现代物理学的概念。现代物理学认为原子核能是能够裂变的,核能释放基本上就是连续不断的核子碰撞。其裂变原理已由爱因斯坦的质能公式给出,即 $E=mc^2$,例如1kg铀裂变后可以放出约900亿度电的能量;13g铀就可以保障美国的航空母舰绕地球一周。

2. 裂变原理在策划中的应用

裂变原理运用到策划中,就是创意之间的无休止碰撞与互动激发。当策划的能力提高到一定程度后,它所积累、聚合的各种主客观资源及创新思维习惯、实战经验就会产生"核裂变",不断衍生出更多的新创意、新概念、新模式。

裂变原理在策划的过程中表现为策划思路的不断延伸和丰富,产生一系列的变化,使得策划过程及策划方案更加完善、更加生动。

裂变原理为人们制定多样化、创新化的营销策划方案,在策划措施、策划目标、策划轨迹、策划重点、策划手段的选择上提供了坚实的基础,为营销策划的具体实施提供了"智能"保证。

营销策划是一项系统工程设计,其主要任务是帮助企业利用开放经济中丰富的各种资源,即区域性资源、国内资源和全球性资源,显性资源和隐性资源,可控资源和不可控资源等,用系统的方法将其进行新的整合,使其在市场营销过程中产生巨大的"核裂变"效应。

一个项目的策划成功不仅源于企业(产品或服务)战略定位、战略目标和发展理念的确定,更重要的是对产品战略、营销战略的理解和执行。策划方案的整体效果与企业家的决策与执行是分不开的,正如毛泽东所说,"方针路线确定之后,干部就是决定因素"。人们力求在企业实力范围内达到利益最大化,但市场成果不仅需要一个优秀的策划文案,更需要企业的决策人和整个执行团队的正确与出色的执行。一个优秀的策划方案加上出色的实施执行,效益的增长不是算术级数,也不是几何级数,而是原子"裂变"级数。正如比尔·盖茨所说:"创意犹如原子裂变一样,只需一盎司就会带来无以数计的商业效益。"

2.2 营销策划基本原理

营销策划原理是指通过科学总结而形成的对营销策划活动具有理性指导作用的规律性知识,也可以说,营销策划原理是策划原理在营销实践活动中的应用。营销策划的原理具有客观性、稳定性和系统性等特点。营销策划所依据的基本原理主要有以下几个,如图2.2所示。

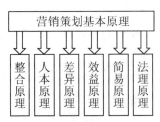

图2.2 营销策划原理示意图

2.2.1 整合原理

整合原理是指营销策划人员把所策划的对象视为一个系统,将营销策划中各种要素组合起来,即充分考虑企业营销外部影响因素(如政策、法规、社会习俗、文化背景、宗教、科教、竞争对手、供应商、分销商、辅助产业、消费者等),发挥其最大的利用价值,把企业营销内部的制约因素(如奖惩制度、职工积极性、产品部门、销售部门、财务部门、人力资源等)调动起来,每个员工在自己岗位上发挥最佳水平,让每一个环节顺畅、可行、高效,达到以最小投入获取最大的产出,让投入营销活动中的第一种资源充分发挥出最大效能。这样,整体所达到的效果将是任何一种简单的促销策略所不及的,它所产生的效益将是可观的。

营销策划的整合原理要求营销策划工作者遵循系统原理,把营销活动中所涉及的市场和自身的各种元素、各个层次、各种结构、各个功能按照营销创意、营销策划总目标和阶段分目标的主线集约整合起来,用集合性、动态性、层次性和相关性的观点和方法处理策划对象各个要素之间的关系，以正确的营销理念将各个要素整合统筹起来，内部调整、聚合，扬长避短，避实击虚，以实现 1+1＞2 的系统整体功能，从而形成完整的策划方案并达到优化的策划效果。

"中国丹霞"申遗成功

在第 34 届世界遗产大会上，"中国丹霞"以其独特的丹霞景观，展示了罕见的自然美，是红层地貌发育的一个杰出例证，其地貌形态的丰富性无与伦比，构成了一个完整的地貌演化序列，被正式列入《世界遗产目录》。本次申遗的成功，应归功于资源整合的作用。

"中国丹霞"申遗项目，以"中国丹霞"为总名称，由湖南崀山、广东丹霞山、福建泰宁、贵州赤水、浙江江郎山、江西龙虎山等联合组成，其地域跨度之大、参与单位之多，在申遗历史上还没有先例，从而实现了整合国内丹霞景区联合申遗成功。

(案例来源：苏群. 湖南最先叫出"中国丹霞" [N]. 中华工商时报，2010(8).)

整合原理要求营销策划要围绕策划的主题把策划所涉及的各方面及构成文案的各部分统一起来，形成一个有机整体。同时，整合原理还强调策划对象的优化组合，包括主附组合、同类组合、异类组合和信息组合等。

营销策划在整合原理指导下，就会产生产品功能组合、营销方式组合、企业资源组合、企业职能组合等各种策划思路。

蒙牛市场营销的整合原理

1999 年开始起步的蒙牛是典型的"三无企业"——无工厂、无奶源、无市场。短短 6 年时间，蒙牛销售收入从 1999 年的 0.37 亿元飙升至 2005 年的 108.28 亿元，年平均发展速度高达 323%！在中国乳制品企业中的排名由第 1 116 位上升为第 2 位，创造了在诞生之初 1 000 余天里平均一天超越一个乳品企业的发展奇迹！

蒙牛从无到有，从小到大，从大到强，凭什么能够屹立于奶制品的华山之巅，并成为中国企业发展的一面旗帜？除了产品品质优良、企业管理有方、政府支持等因素之外，蒙牛的飞速发展还得益于其极为成功的营销策划。可以说，牛根生和他的蒙牛是中国企业中运用整合原理最为杰出的典范。

巧妙的整合可以实现 1+1 远大于 2 的系统功能。蒙牛深谙此道，自 2003 年以来，通过两次营销大整合和事件营销手段，实现了企业发展的飞跃和爆炸式增长。

一次是在 2003 年获得"央视标王"后，经过大胆、精心的策划，蒙牛决定参与"神五飞天"这一重大事件。"神舟"五号载人航天飞行，在中华民族史上是一件开天辟地的大事。在此之前，世界上发射过载人飞船的国家只有两个：前苏联和美国。两个超级大国在冷战年代，用载人飞船震撼了世人。今天，一个第三世界的国家——中国，也要涉足载人航天飞行，这是全世界最大的新闻，各种宣传机器开足马力，自然吸引了全球的眼光。有什么事件，能调动这么多的媒体？有什么信息，能牵动这么多的人心？用营的眼光来看,拿广告的尺度来量,这是花几个亿、几十个亿甚至上百亿都无法达到的宣传规模和效力。要是有企业能够搭上这趟飞船,那么企业腾飞的高度是多少呢,岂止1 000米、1万米?

这样史无前例的机会牛根生和他的蒙牛通过整合各种关系最终抓住了。蒙牛当然首先要考虑自己能为国家做点什么,从什么地方切入。经过公关,他们了解到,首批航天员候选者共14人,全部是万里挑一的空军精英,航天员身体比金子还贵,他们的食谱规定就达8页之多,其保健之严格,不亚于一国总统。对,就从这里入手!于是,蒙牛人开始卧薪尝胆,接受多次极为严格、仔细的筛选,接受一系列物理的、化学的检验,最终蒙牛牛奶从众多品牌的牛奶中脱颖而出,并于2003年4月被确定为"中国航天员专用牛奶"。

2003年10月16日6:46,随着北京指挥控制中心宣布"中国首次载人航天飞行取得圆满成功",蒙牛的"为中国喝彩"的电视、报纸广告立即如雪花似地飞向中国,一个重大的谜底揭开了:蒙牛,"中国航天员专用牛奶"!从此,蒙牛品牌一夜成名,销售额迅速大增,一举扭转了与同行"拼价格"、"拼渠道"、"拼促销"的被动局面。据AC尼尔森发布的统计数据,蒙牛液态奶销量自2003年10月—2004年7月,连续10个月居全国之冠。也就是说,"神舟"五号飞天当月起,蒙牛牛奶便开始荣登榜首,踏上了领跑中国液态奶行业的轨道。

蒙牛的另一次营销大整合是在2005年2月,与湖南卫视宣布共同启动"2005超级女声"。"超级女声"是湖南卫视推出的一档娱乐栏目,受众面广,影响力大。2004年,湖南卫视的"超级女声"节目首战告捷。据湖南卫视公布的《2004超级女声影响力分析》显示,2004年湖南卫视的平均收视率位列同时段全国所有卫星频道第二,仅次于央视一套。蒙牛从中嗅到了商机。他们敏锐地看到,"超级女声"节目对其酸酸乳产品而言是个很好的整合营销良机,于是便从这年的9月份开始筹划介入"超级女声"。

在此次营销活动中,蒙牛展开了强大的宣传攻势。继双方宣布共同启动"2005超级女声"新闻发布会之后,蒙牛的电视广告、路牌广告等一系列广告宣传便暴风骤雨似的全面铺开。蒙牛将酸酸乳的目标消费群体定位在12~24岁的女孩,并选择首届"超女"季军张含韵为形象代言人,发布以"酸酸甜甜就是我"为号召的广告,充分表达了个性、前卫的广告诉求,彰显了消费者的个人魅力与自信。另外,每件蒙牛酸酸乳产品包装上都印有"超级女声"的宣传信息,它们本身就是一个很好的宣传,在提升"超级女声"知名度的同时,也为自己造了势。

借助"超级女声"之势,蒙牛还设立了"超级女声"夏令营:凡购买酸酸乳夏令营六连包即有机会参加抽奖活动,中奖者可以免费去长沙观看"超级女声"总决赛,还有机会享受长沙游。此活动进一步与终端销售进行结合,将活动影响力转化为产品销售力。

"超级女声"整合营销的成效是惊人的:仅酸酸乳一个产品半年销售即达20多亿元,实现净利润2.5亿元。2005年,蒙牛总收入跨过百亿大关,实现利润4.56亿元。可以说,"超级女声"整合营销起了决定性的作用,而蒙牛为"超级女声"的广告宣传投入只有区区1 800万元。

蒙牛整合营销不但使自己名利双收,而且为"超级女声"活动推波助澜,使之商业价值大增,如今"超级女声"正在不断推陈出新,向多个领域进军,谁能说后面的跟进者没有受到蒙牛整合大策划的启发和影响呢?

(案例来源:周培玉. 商务策划管理教程[M]. 北京:中国经济出版社,2010. 略有改动.)

2.2.2 人本原理

人本原理是指营销策划以人力资源为本,通过深入探究消费者的需求动机、发挥策划人员的创造性、调动企业员工的积极性来促进和推动企业发展的理论。这里的人主要是指消费者,也包括企业员工和营销策划者。在制订营销策划方案时,一方面要调动和激发企业内部相关人员的积极性和创造性,以企业员工的智慧来充实和丰富营销策划方案;另一方面在营销策划方案中也要体现"以消费者为中心"的理念,把企业行为与消费者紧密地连接在一起,以人文精神来表现产品对人的情感的理解和关怀。因此,营销策划不能脱离企业内部人员和企业外部目标顾客而孤立地设计,否则就会导致策划活动劳而无功。另外,人本原理强调利用人与自然之间的和谐,激起人对自然的利用、开发和保护的热情,从而达到资源的优化配置;人本原理特别崇尚"天人合一"的理念,即营销策划要把企业发展、社会发展和自然生态建设统一起来,形成绿色营销策划的最高境界,以实现可持续发展,维护人类的根本利益。

 案例

海底捞:将服务细节做到位

在北京有一个知名的火锅品牌名叫海底捞,这是一家来自四川简阳的火锅店。它之所以能在北京餐饮市场异军突起,最重要的原因就是他们对服务细节的追求和对人文的关怀。

通常而言,就餐排队是让大家极其厌烦的事。海底捞却通过一系列创新性的举措成功解决了这一问题:当顾客在海底捞等待区排队的时候,热心的服务人员会立即送上免费的西瓜、苹果、花生、豆浆、柠檬水等食品和饮料;此外,顾客还可以在此打牌、下棋、免费上网;女士可以享受免费美甲,男士可以享受免费擦皮鞋等服务。

在点菜时,如果客人点得过多,服务员会及时提醒顾客;此外,服务员还会主动提醒顾客,各式食材都可以点半份,同样的价钱顾客可以享受平常两倍的菜色。

在用餐过程中,服务员会主动为顾客更换热毛巾,次数绝对在两次以上;会给长头发的女士提供橡皮筋、小发夹;给带手机的朋友提供小塑料袋子装手机以防进水。当然,他们不会忘了给每位进餐者提供围裙,以防止就餐时汤汁溅到衣服上。

海底捞的卫生间不仅环境整洁,而且还配备了一名专职人员为顾客洗手后递上纸巾,以便顾客能够擦干湿漉漉的手。

一般的餐馆在顾客吃完饭后会送上一个果盘,但在海底捞,如果你给服务员提出多给一个果盘的要求,他们都会面带微笑地说没问题,随后立即从冰柜里拿出果盘送给你。

所有这些服务都会让顾客感到满意、欣喜和感动,让顾客产生"下次还要来"的愿望。

(案例来源:全琳琛. 一分钟学营销——故事里的营销学[M]. 北京:人民邮电出版社,2010. 略有修改.)

2.2.3 差异原理

唯物主义辩证法要求认识事物必须从实际出发,一切以条件、时间和空间为转移,具体问题具体分析。差异原理正是指在不同时期、对不同主体、视不同环境而做出不同选择的理论体系,从哲学上讲就是唯物主义辩证法。营销策划过程中必须审时度势,用动态的观念从客观存在的市场环境、策划对象、消费者等具体情况出发,因事制宜地进行营销方案的设计和制定。这就是说,营销策划活动没有固定的模式,营销策划工作不可以模仿或者生搬硬套。不同的策划主体和客体,以及不同的时空和环境都决定了营销策划方案必须具有差异性。那种不考虑客观环境变化而盲目照搬别人现成营销策划"模式"的行为本身就违背了营销策划的内涵,是进入营销策划误区的行为。当然,对于那些没有经验的初学者来说,一段模仿学习的过程是必不可少的,也是不可避免的。但真正的营销策划不能停留在模仿的水平上,而必须要有创意、有新意。在激烈的市场竞争中,只有有创意、有新意的营销策划方案才能真正达到出奇制胜。

2.2.4 效益原理

企业的直接目标是盈利,企业不能实现利润就失去了社会存在的价值。在进行各种活动时,企业都要与其效益性相一致,这种效益既可能是短期的,也可能是长期的。同样,企业在进行营销策划时也要注重其投资回报率,不要为策划而策划,要抓住最根本的东西,即营销策划活动能为企业带来的效益(包括经济效益、社会效益)是多少。效益原理正是指营销策划活动中,以成本控制为中心,以追求企业与策划者双重经济效益和社会效益为目的的理论体系。营销策划效益是策划者和策划对象谋求的终极目标,企业之所以要进行营销策划,就在于谋求企业的经济效益和社会效益,营销策划如果不能为企业带来合理合法的利润,那么就丧失了营销策划的实际意义。

2.2.5 简易原理

营销策划中的简易原理是指在营销策划过程中,营销策划方案简便、易行,达到策划的最佳效果的理论体系。一套营销策划方案能否化繁为简,是否简洁明了,是否切实可行,最能反映出策划者的策划水平。

在营销策划过程中,策划者不可能事先设计好全部的策划方法和执行过程。因此要求策划者在营销策划中力求抓住主要矛盾,重点解决关键问题,着重从整体中把握事物变化的总趋势,随时进行策划方案的调整和反馈控制,最终实现事前设定的目标。

2.2.6 法理原理

兵法上说,"用赏贵信,用刑贵正。"法理原理是指在营销策划过程中,一定要了解和掌握国家法律法规,在法律法规范围内进行营销策划工作的理论体系。不同国家、不同地区在不同历史时期的法律会有所不同,从而一项策划有可能在一国是合法的,而在另一国是违法的;或者在一国的昨天是合法的,而在今天是非法的。所以,要从事某项策划,就必须首先从法学的角度去思考问题,以保证营销策划的合法性。

策划需要创新,而创新往往蕴涵着越界、违法的可能性。如何保证策划既合法又创新,这确实是一个难题。可见,无论从事何种策划,都要有法律的意识,都要研究策划方案在法律方面的可行性,也就是说,策划人必须掌握一定的法学知识,包括广告法、反不正当竞争法、经济法以及国家制定的各种相关的法规、政策等。这样才可能避免出现因对法律的无知而造成对他人无意的伤害或不正当竞争的发生。

清华房地产公司的有奖销售

某市清华房地产公司开发一块交通不便、名为"斜岗坡"的棚户区,拆迁安置、三通一平后,慕名聘请该市长城广告策划公司为其楼盘作"整体包装"和形象推广。长城公司经过调研后推出的营销策划要点是:①重新命名,给"斜岗小区"一个好听的名字。即改"岗"为"光",名曰"斜光小区"(取唐代大诗人王维的"斜光照墟落"诗意,立即使"斜岗坡"这个原先破烂棚户地的小山岗有了浪漫诗意——生活在临江而立的斜光小区,日暮江风里,沐浴在夕阳的余晖中,但闻汽笛声声,帆樯点点,……真乃良辰美景,人生境界也),一字之改,有化腐朽为神奇的功效;②前期推广:包括图片宣传(尽情渲染棚户区低矮、狭窄、破烂、拥挤的状况,提醒人们应改变这种生活面貌),征文比赛(描绘人们期盼美好家园的愿望,引起社会广泛关注,同时培养潜在客户),在客流集中的都市商厦租用柜台,以楼宇模型配合三维动画电脑演示,全方位展示"斜先小区"未来的美好家居环境。这种有独到眼光的前期推广方案一出台,便引起轰动;③在闹市区设大型电子显示屏,公布工程进展,并设意见箱,每周对所收集意见评比给予奖励;其次是组织购房户代表和建委的专家、建筑学院教授、拆迁户成立监督评议团,定期对工程进度、质量进行评议,评议结果在显示屏上公布,赢得社会对房屋质量的信任;④联系一家商业银行推出购房按揭;⑤与该市很有影响的晚报共同开展"先存钱后买房还是先买房后存钱"的大讨论,通过大讨论,让市民改变先存后买的旧观念,树立"用明天的钱提高今天的生活质量"的新消费观念,既培养大批潜在顾客,又因为此举迎合了政府的房改政策导向,容易赢得政府的支持,可谓一箭双雕;⑥全方位 SP 促销,包括电视专题、报纸广告、MD 派发、接送市民现场参观等,其中最厉害的一招是有奖销售,即在全部购房客户中抽出大奖 1 名、小奖 20 名,小奖获 7 折优惠,大奖一名只需花 1 元钱即可"买"得一套商品房!这等于是白送!此招一出,冲着这令人耳热心跳的大奖,购房者趋之若鹜,直让众多房地产开发商傻了眼,羡慕不已。

环环相扣的策划方案顺利实施,商品房全部顺利出售,特别是 1 元钱买一套房的特奖抽出,将策划活动推向高潮,在全市掀起很大反响。正当清华房地产公司乐滋滋地点数着荷包的进项时,税务局和工商局相继找上门来。税务局开出两张罚单,一张是获奖房应补交所得税的补税单,另一张是罚单,举办此项活动事先不申报、事后不缴费,要按规定罚税;工商局干部的到来则更要了房地产公司的命——工商局宣布,据该市几十家房地产公司联名举报,你公司的巨奖促销违反了《反不正当竞争法》(该法明确规定企业有奖销售奖金不得超过 5 000 元),巨奖行为无效,还要给予处罚。

这下轮到清华房地产公司老总傻眼了。没奈何,清华公司只得召集"获奖者"会议,宣布税务和工商局的决定。这无异于平地里扔下一颗重磅炸弹,立刻炸了锅。有的说这是房地产公司故意欺骗,有的说要到法院控告,有的说绝不会补交钱,更不会退出房子,他们决不容忍煮熟的鸭子从手中飞走,他们说一切责任都应该由清华房地产公司来负……一时间,社会舆论也议论纷纷。

(案例来源:涂山青. 警惕营销策划陷阱[J]. 经营者,2000(10).)

以上营销策划原理应贯穿营销策划全过程。在营销策划的实际运用中,策划人员根据策划对象的不同,可能依据不同的营销策划原理,也可能依据几个策划原理才能解决问题。总之,策划者要根据营销策划的基本原理和规律,结合策划的实际,进行创新性的营销策划。

2.3 营销策划的基本原则与方法

2.3.1 营销策划的基本原则

营销策划人员在进行策划时,要根据营销策划的基本原理和规律,遵循以下几项基本原则,如图 2.3 所示。

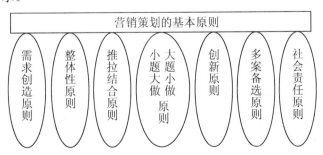

图 2.3 营销策划的基本原则示意图

1. 需求创造原则

需求创造原则是营销策划的首要原则。需求创造的含义包括两个方面：一方面是使企业产生营销策划的需求，另一方面是企业通过营销策划扩大和创造更多的市场需求，创造良好的经济效益。中心内容是市场需求并非固定或有一定限度，其可以通过企业营销策划活动的努力去扩大和创造。获得成功的中外企业无不遵循需求创造原则。

 案例

丰田：挖掘需求

被誉为"销售之神"、时任丰田汽车销售株式会社社长的神谷正太郎有一种坚定的销售理念，后来即发展成为丰田汽车公司的销售理念，即"需求是创造出来的，是可以不断加以开辟的"。神谷带领着丰田销售公司，在执行"顾客第一"的销售理念的过程中，他也是这样做的。并且，这些做法被一直继承、延续到今天。

自设立丰田汽车销售公司以后，神谷正太郎的工作重心放在如何挖掘社会上对汽车的潜在需求上面。他曾说过"汽车的潜在需求是无限大的，只是因为国民收入低，所以一般群众买不起。"凡是了解神谷正太郎的汽车销售公司的领导人都异口同声地说："神谷先生经常考虑日本国民的生活，即考虑用户的处境。遇事从长计议，然后才付诸行动。他从不过问今天卖出多少辆汽车。"

为挖掘社会上对汽车的潜在需求，丰田做出了很多努力。

1954年6月，建立小丰田修配公司，同年12月买下了东京立川的日本汽车学校。

1955年与丰田汽车工业公司各出资一半，设立了丰田半旧车销售公司。

1957年，开办了东方规模最大的中部日本汽车学校。为了女性在练习开车之后，能够淋浴和化妆，设立了淋浴整容室；为了让学习的人坐在沙发上喝咖啡休息一下，或者临时托儿，还设立了休息室和托儿室。另外，为孩子们修建了汽车游戏场。为此，丰田投下了4亿日元，而当时丰田销售公司的资本只10亿日元。

1959年至1961年间，对千代田水火保险公司、日本设计中心、日本调查研究中心、国际公路、名古屋广播、日本产业电影中心、中部日本汽车修配学校等事业单位相继进行了投资。

丰田公司内有人对丰田的这些做法非常不理解："不要说电影和广播事业，即便是汽车学校和汽车修配公司，也都与汽车的销售不属于同一种类的行业。作为销售总公司的汽车销售公司来说，没有理由什么都要插手。何况，即便不是以按月付款形式推销，也会感到资金不足，为什么要对不急于兴办的事业进行投资呢？"

尤其是丰田公司内外还纷纷指责1957年5月创办的中部日本汽车学校。这所学校是在名古屋市八事富士见台的丘陵上，买了一块55 000m²的地皮，建造了2.9万平方米的跑道、教室、宿舍，总投资为4.2亿日元，而当时汽车销售公司的资金是10亿日元。而且，1957年社会上拥有的小轿车数量仅仅是21.8万辆，其中私人汽车是14.5万辆。即使说社会汽车化的序幕正在揭开，但对汽车学校的投资并不能直接产生利润。正是鉴于此种考虑，有人斥之为"乱投资"，认为这是一种有悖于人情事理的行径。

面对周围的批评，作为主要负责人的神谷正太郎依然坚持己见："这和生产必须先投资一样，销售也要先投资。如果只是全力挖掘当前社会上的需求，企业就会很快走上绝路。如果考虑到5年、10年以后的长远情况，就应该从现在起努力扩大社会上的潜在需求。因此，即使牺牲眼前利益，也应该在所不辞。"于是，他果断地执行了这一计划。

神谷正太郎如此的固执己见，是因为他有一个自己独创的销售理论。他认为顾客为了买车，为了使用，就应该有个资格，这就是司机的驾驶证。这个学校就是教授驾驶技术，发给驾驶证的学校。神谷正太郎曾这样说过："向没有电的地方推销电气产品，这是完全没有道理的事情。同样的，让没有驾驶证的人买车，也是没道理的。"因此，神谷正太郎就考虑要建立一个学校，让男人、女人都来轻松愉快地学会驾驶技术，使有驾驶证的人多起来。这些人就是车的潜在需求者,掌握驾驶技术的人越多,潜在的需求者就会越多。事实证明,神谷正太郎的决定是明智的,他的努力为丰田开辟了一个不可估量的汽车市场。

(案例来源:李毕华. 阿里巴巴的营销策略[M]. 深圳: 海天出版社, 2010.)

2. 整体性原则

整体性原则也称系统性原则。在营销策划过程中,策划者要把所策划的对象视为一个系统,用集合性、动态性、层次性、相关性的观点处理策划对象各个要素之间的关系。应用系统论的联系观、层次观、结构观和进化观来分析事物,正确处理好整体利益和局部利益的关系,有效合理地配置企业资源,以求从整体上进行谋划,从而提供一套切实可行的全方位、多层次、宽领域、长效性的营销策划方案,以实现企业营销整体最优化。

3. 推拉结合原则

各种营销措施结合起来不外乎推进策略和拉引策略。推拉结合,是营销策划要遵循的原则。推进策略,是通过制造商作用于批发商,促进产品交易,批发商再向零售商推销产品,零售商再向消费者传递信息、推销产品、宣传企业,这样从上游到下游,逐步地进行信息传递和沟通,并转移其产品。拉引策略,是指通过广告等宣传或者通过制造商直接作用于消费者,唤起消费者的兴趣和购买欲望,引导消费者到商店寻购其产品,零售商再向批发商,批发商再向制造商询问或订购产品。

4. "小题大做"与"大题小做"原则

(1) 小题大做,即策划者应判断出一个策划中最关键的步骤,有时关键点并不明确,容易被忽视,一点失误可能会影响全局,所以,应对关键之处格外加以强调,千万不要以为自己明白了,别人也一定明白了。善于小题大做是一种非常重要的才能,策划专家一般都有这个本领。小题大做是精密性思维能力的体现,策划人的许多思维与创意都是通过小题大做形成的。

(2) 大题小做,即在营销策划中经常会遇到一些因果链条非常长的思想体系,很不利于表述,往往导致决策者没有耐心听下去,或听者中断了思路,跟不上策划者的思维进程。因此,要有一种意识,就是很大的一件事情可以用几句话说明白。策划者善于用短句、谚语、俗语、案例、比喻等表达思想是非常重要的。

5. 创新原则

创新是人类生存与发展的主要手段,没有创新就没有人类社会的进步与发展。营销策划要运用动态的观点坚持不断创新。

营销策划的创新就意味着要打破常规,意味着创意的出奇制胜。打破常规、出奇制胜表现在以下几个方面: 一是奇,不同于一般,非同凡响; 二是特,区别于竞争对手,别开生面; 三是独,没有相同的或没有可以相比的,独一无二。"奇"、"特"、"独"应该成为营销策划中最精彩的内容。

营销策划创新的目的是体现新颖,但新颖是相对的,过于新和过多新的效果可能会与理想追求适得其反,会给营销决策理解和管理分解造成被动。对于一个策划项目,策划者应在一个阶段只体现一个创新点,其他创新点则陆续展现。

6. 多案备选原则

营销策划的多案备选原则即设计几套策划方案以备决策者选择或方案实施过程中调整

使用。该原则主要是基于以下考量。

(1) 营销策划的时间依据可能有变。在开始策划时一定有一个策划实施的时间要求，在策划过程中，一定要考虑到实施时间可能提前或者推后。凡是要策划的营销项目都是为了市场竞争，不然就不可能使用策划，竞争性的项目必然受竞争对手的影响。所以，实施时间可能多变。

(2) 营销策划的决策依据可能发生变化。决策者要不同程度地参与策划过程，策划的许多依据是决策者提供的，有时决策者改变了主意，有时决策者当初判断发生了失误，有时客观条件不断发生变化且超出了决策者的预想，所以对决策者提供的依据要做好变化的准备。

(3) 对原营销策划失败的防备。一般地，应当考虑到营销策划失败的可能，这是一切新决策方案制定的常理。

(4) 营销策划方案要给决策者留有选择余地。凡策划都有上、中、下之分，上策固然好，但往往风险也大，下策固然保守，但有时也不失可行性。所以，营销策划方案一定要给决策者留有选择余地。

7. 社会责任原则

《中华人民共和国公司法》第五条第一款明确提出："公司从事经营活动，必须遵守法律、行政法规，遵守社会公德、商业道德，诚实守信，接受政府和社会公众的监督，承担社会责任"。

国际上普遍认同的企业社会责任理念是：企业在创造利润、对股东利益负责的同时，还要承担对员工、消费者、社会和环境的责任，包括遵守商业道德、生产安全、职业健康、保护劳动者合法权益及资源等。简单地说，企业社会责任是指企业在谋求股东利润最大化之外所负有的维护和增进社会利益的义务。

当今时代，企业规模不断扩大，对社会的影响也越来越大。因此，策划活动要被消费者所接受，就必然要承担起对社会的责任。在进行营销策划决策时，除了要考虑投资人的利益或企业本身的利益之外，还应适当考虑与企业行为有密切关系的其他利益群体及社会的利益，除了要考虑其行为对自身是否有利外，还应考虑对他人是否有不利的影响，如是否会造成公害、环境污染、资源浪费等。企业在进行营销策划决策时，对这些问题进行考虑并采取适当的措施加以避免，其行为本身就是在承担社会责任。

2.3.2 营销策划的方法

营销策划没有定法，不同的策划专家都有自己独到的策划方法。构想、点子、创意、谋略、运筹、系统、操作等，都可视为是一个策划方案或者是策划方案中的一个环节。从营销策划入门的角度，集众家之所长，归纳出一组简明扼要、易于掌握和应用的策划方法，如图2.4所示。

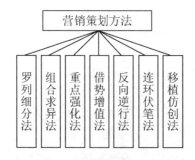

图 2.4　营销策划方法示意图

1. 罗列细分法

所谓罗列细分法,就是把一个整体的营销活动分解成若干个步骤或相对独立的营销子过程,或把一个整体的营销内容分解成若干个内容或若干个相对独立的营销子内容。

罗列细分法通过罗列进行细分,前后两个行为相辅相成。根据策划目标,寻找自我的差异、优势和客观环境中被对手所忽视的机会与利润点,尤其是在竞争激烈的同质化市场中谋求一席之地的营销策划,在大同之中寻找小异的思维过程,同样是一种罗列和细分。

在现实的市场竞争中,由于竞争对手能力的不断提高,寻求差异的难度也越来越大,这就要求分解要更加细致、更加周密。策划思维过程中,细节往往引发机会,细节甚至决定成败。

2. 组合求异法

所谓组合求异法,就是把不同的营销活动要素、内容、方案创新性地整合为一体,或把不同的营销过程整合为一个完整的营销过程,从而形成和其他的同类型的营销活动之间的差别和不同。

这里所说的组合不仅仅是结合、糅合,而是一个具有创造性、充分的尚未有过的相对新颖的结合,其目的就是在大体相似的前提下,求得与同类产品、项目、事件、人物的差异。

组合求异法是通过一定的程序和方式,将若干独立要素巧妙地结合或重组,从而获得新创意;把看上去似乎不相关的事物有机地结合在一起,从而产生新奇和超值的市场效应。

3. 重点强化法

所谓重点强化法,是指解决营销问题要抓住重点、抓住特点,善于从策划对象的某一点强化突破。

重点强化法的目的是为了便于策划操作。重点强化法是营销策划创新的重要思路之一,其核心是解决问题要善于从某一点突破,避免胡子眉毛一把抓。策划者在面对复杂的策划问题和策划对象时,首先要努力寻求突出某一营销环节、某项业务等个别线索,主动地缩小策划对象,把策划对象简单化、明了化,使这一点首先突破,进而把局部策划产生的功效传递给整个策划对象,从而突出优势,最终解决整体营销策划问题。

4. 借势增值法

所谓借势增值法,就是在营销策划思维的罗列和细分过程中,努力寻找外部环境资源,乃至创造出更加有利于策划对象的环境背景,提升目标价值,从而使其效果和利益更加显著;把这些资源整合、捆绑或嫁接到策划对象的市场形象或营销行为过程中。

借势增值法的社会基础是:公众的社会共识心理是一种社会客观存在的心理势能,企业、人、产品等的价值往往与其环境背景以及消费者心理认知有关或相一致,背景变化则背景下主体的所有组成要素都会发生价值变化。

借势增值法借助背景资源——社会势能的增值作用,企业与强者为盟、营销活动与政府公益为伴、个人与名人为友、产品与名牌配套等都是利用捆绑连接的方法,使自己实现快速增值,此类案例在产品市场营销和品牌传播中比比皆是。

波司登：借助名胜提升名气

泰山日出蔚为壮观，每年都吸引大量游客前往观光。由于泰山顶上非常寒冷，游客在看日出时常租借棉大衣御寒，但过时的棉大衣与壮观的自然景观显得极不协调。

1999 年，江苏康博集团与泰安市联合举行"万件波司登羽绒服营造泰山最佳景观"的新闻发布会，他们在会上宣布：沿用了几十年的棉大衣将退出泰山景区，取而代之的是被誉为中国第一品牌的"波司登"羽绒服。

康博与泰山景区的联姻，引起了各界的关注和赞誉，全国各地的媒体到处可见有关"波司登替代黄大衣"、"军大衣将彻底退役了"、"泰山防寒服提高档次"等消息。

千载难逢的世纪庆典之时，数万人登泰山，近万人穿上了波司登。电视台全球直播镜头中，主持人身后的大部分游人都身穿波司登，庆典总指挥及众多嘉宾也是身穿波司登。巨幅红绸公益广告引来大批游客留影。在跨世纪的几天中，可以说泰山上的主角之一就是"波司登"品牌。

将名胜与品牌联姻，可使两者各有所得，相得益彰。波司登成功地借助名胜的名气提升了产品的知名度。

(案例来源：全琳琛. 一分钟学营销——故事里的营销学[M]. 北京：人民邮电出版社，2010.)

5. 反向逆行法

所谓反向逆行法，就是不以原有的策划思路所限制，调换看待这个策划对象的角度，反向逆行重新设立策划课题，再加以策划。事实上，往往当企业有百思不得其解的问题时，才会找策划者出谋划策，而原来的那个角度，已经被他们思考过很多次了。

反向逆行法，即"换一个角度"，正所谓"山重水复疑无路，柳暗花明又一村"。在思维受阻，实在找不出解决问题的方案时，不妨把当前的思维角度、方向、内容、途径、目标等反过来，"化腐朽为神奇"，反向逆行寻找解决问题的方案。

向女人推销刮胡刀

向女人推销刮胡刀的是美国的吉列公司。它的创始人金克·吉列在 1901 年发明了世界上第一副安全刮胡刀片和刀架，由于用它刮胡子舒适方便，产品很快风靡全球。到 1920 年，世界上已经有大约 2 000 万男人用上了吉列安全刮胡刀。进入 20 世纪 70 年代，吉列公司的年销售额已经达到 20 亿美元，成为世界著名的跨国公司。然而，吉列公司并不满足已有的成绩，而是不断寻找新的销售市场。在 1973 年，公司经过一年周密调查后发现，"新大陆"不在别处，恰恰就在妇女之中。原来，美国有几千万成年女性经常要刮除腿毛和腋毛，其中 2 300 多万人是购买男用刮胡刀从事这一保持美好形象的大事的，女士们一年在这方面的花费达 7 500 万美元。相比之下，美国妇女一年花在眉笔和眼影上的钱不过 6 300 万美元，她们花在染发剂上 5 900 万美元，花在染眉剂上 5 900 万美元。如果将男子用的刮胡刀加以改进，更好地满足妇女的这一特殊需要，定能赢得几千万女士的"芳心"，独占市场。于是，吉列公司为这些妇女精心设计了专用"刮胡刀"。它的刀头部分与男用刮胡刀并无二致，只是刀架选用了色彩鲜艳的塑料，握柄由直型改为弧形以利于妇女使用，并在上面印了一朵美丽的雏菊。在推销这一新产品时，公司还根据妇女的心理特征选择了"不伤玉腿"作为广告主题,突出了新产品的安全性。新型雏菊刮毛刀一面市,立即成为畅销产品,吉列公司自然获利颇丰。

(案例来源:邓镝. 营销策划案例分析[M]. 北京:机械工业出版社,2008.)

6. 连环伏笔法

所谓连环伏笔法,就是在实施当前营销策划方案过程中,把真实的策划意图掩藏起来,达到更大的策划目的。

连环伏笔法是在信息过剩的市场环境中,为了引起目标受众的持续关注,确保现实价值和效益的持续性,主动顺应客观需求的变化,实现策划思路步步为营,高潮迭起。连环伏笔法之"伏"就是使准备行动更加隐蔽,不被别人(尤其是竞争对手)觉察;伏笔法之"笔"就是指为真正策划方案所做的准备工作。

从一定意义上说,连环伏笔法应是策划人的一种思维习惯,以体现营销策划的"前瞻性"。

先庄园后别墅

物以稀为贵,中国人多地少,所以占地较大的"庄园别墅"就显得十分高贵。中国政府为了节约土地,限制开发庄园别墅,有些地方根本就不批准庄园别墅项目。

一家房屋开发公司认为,别墅的建筑物和普通住宅占地一样大,庭院栽种树木,并不造成土地浪费,甚至比传统的住宅区还有利于环境保护。但是,政府的政策没有弹性,庄园类型的别墅根本不能获准立项开发。

这时,公司已经看好了一块地,庄园别墅的图纸已经设计好,而且已经有很多客户预订,当地政府禁止庄园别墅项目上马的新政策出台后,公司进退两难。

董事会经过多次谈论,决定不放弃这个项目,但在项目设计和向政府报批的程序上做了调整。项目由庄园别墅,改为"果园",果园以2 000平方米的长方形面积为一个单元,每个单元的北部设一座"果园看护房",果园先建,"果园看护房"按临时用地报批、后建,这样每个单元就相当于一座庄园别墅。当然,由于房屋是临时建筑,没有土地使用权证,所以,不能像别墅那样高价出售。不过,由于大面积土地是按农业用地征用的,土地成本非常低。别墅的成本也比原来预计的成本低80%,所以,公司的利益不会受到丝毫影响,而且,建设周期可大大地缩短。

没想到,这种房屋加果园的组合,比传统的庄园别墅更受到客户的青睐,"五星级果棚"胜过"四星级别墅",购买者排队,争先恐后地去当"果园义务护理员"。后来,一些协会看好了这个极其绿色的环境,采取会员制,向协会的企业成员出售会员卡,经营效益更为可观。把"庄园"变成"果园",先建果园作为"伏",留下"看护房"用地作为"笔",庄园就在这一"伏"一"笔"的基础上建成,变不可能为现实。

"庄园"变成"果园",不仅是物质性切入伏笔法,也是信息性切入伏笔法,因为政府获得的信息是"果园",而实际上,企业面对的是"庄园"客户、"别墅"市场。

(案例来源:史宪文. 史宪文解析芭比娃娃与策划的伏笔法[Z]. 总裁网(www.chinaceot.com),2009.)

7. 移植仿创法

所谓移植仿创法,就是以某一领域或地区已经成功的产品、事物、模式、项目为模板,进行本土化、个性化复制,模仿运用到当前的策划对象上并加以创新。

模仿、复制、移植本身也是一种创新策划，也许相对于整个社会没有新颖性，但对于策划者自己当前的策划对象、行业市场、特定时空而言，却是新颖的。

策划者可以通过对事物相似性的发现，套用某一事物的现成规律的结果，如把成熟的产业流程、模式、方法等作为模板，应用于新的产业设计思路中，也是一种移植方法的策划运用。市场营销实战策划中有许多国内外的移植仿创的成功案例，如市场追随者的仿创成功、新产品的仿创开发等。

本 章 小 结

> 策划原理是在大量策划实践基础上，经过归纳、概括而得出的具有普遍意义的基本规律，主要包括奇正原理、系统原理、博弈原理、裂变原理等。
>
> 营销策划原理是指通过科学总结而形成的对营销策划活动具有理性指导作用的规律性知识，也可以说，营销策划原理是策划原理在营销实践中的应用。营销策划的原理具有客观性、稳定性和系统性等特点。营销策划原理包括整合原理、人本原理、差异原理、效益原理、简易原理和法理原理。
>
> 营销策划人员在进行策划时，应遵循以下几项基本原则：需求创造原则、整体性原则、推拉结合原则、"小题大做"与"大题小做"原则、创新原则、多案备选原则和社会责任原则。
>
> 营销策划没有定法，不同的策划专家都有自己独到的策划方法。从营销策划入门的角度，集众家之所长，归纳出一组简明扼要、易于掌握和应用的策划方法：罗列细分法、组合求异法、重点强化法、借势增值法、反向逆行法、连环伏笔法和移植仿创法。

 关键术语

策划原理、奇正原理、系统原理、博弈原理、裂变原理、营销策划原理、整合原理、人本原理、差异原理、效益原理、简易原理、法理原理、需求创造原则、整体性原则、推拉结合原则、"小题大做"与"大题小做"原则、创新原则、多案备选原则、社会责任原则、罗列细分法、组合求异法、重点强化法、借势增值法、反向逆行法、连环伏笔法、移植仿创法。

习 题

一、填空题

1. 根据奇正原理，一般的、（　　）、普通的战略、战术为（　　），（　　）、变化的、罕见的战略、战术为奇。

2. 系统按组成要素的属性分类，可分为（　　）和社会系统；按照与环境的关系分类，可分为封闭系统与（　　）。

3. （　　）原理是指在不同时期、对不同主体、视不同环境而做出不同选择的理论体系。

4. 营销策划的创新要表现在（　　）、"特"、（　　）3个方面。

5. （　　），即"换一个角度"，寻找解决问题的方案。

二、选择题

1．"新技术的发明只解决了一半问题，另一半则有赖于成功的营销企划。"是( )的策划思想。
    A．菲利普·科特勒   B．艾伯特·W·埃默里
    C．托夫勒   D．吴健安

2．"以正治国，以奇用兵"是我国古代( )的奇正思想。
    A．老子   B．孙子   C．辛弃疾   D．刘邦

3．整体性、相关性、层次性、动态平衡性是( )的特征。
    A．系统   B．裂变   C．整合   D．法理

4．把一个整体的营销过程分解成若干个步骤或相对独立的营销子过程，或把一个整体的营销内容分解成若干个内容或若干个相对独立的营销子内容。这是营销策划的( )方法。
    A．罗列细分法   B．组合求异法   C．重点强化法   D．反向逆行法

5．崇尚"天人合一"的理念，即营销策划要把企业发展、社会发展和自然生态发展统一起来，形成绿色营销策划的最高境界，以实现可持续发展，维护人类的根本利益。这是营销策划的( )原理。
    A．人本原理   B．整合原理   C．差异原理   D．裂变原理

三、简答题

1．奇正原理在营销策划中如何应用？
2．营销策划应遵循哪些原则？
3．简单分析营销策划的移植仿创法。

四、思考题

试比较营销策划各方法的优缺点。

五、实际操作训练

走访营销策划者

1．演练项目。访问某一企业的营销策划者。
2．演练目的。通过访问营销策划者，培养学生关注企业和学习企业营销策划的兴趣以及参加社会实践活动的主动性、积极性。
3．演练内容。要求学生了解、收集该企业的某一项或某一方面的营销策划及案例，如企业营销战略策划中市场定位策划、市场竞争策划、企业形象策划、顾客满意策划；企业营销战术策划中的产品策划(品牌策划)、价格策划、分销策划、促销策划等。
4．演练组织。把全班分成两大组，第一组学生去访问某一个工商企业，第二组开展了解经营策划者的活动。
5．演练考核。要求每位学生写出访问报告或案例收集，老师批阅，小组或全班讨论、交流。

市场 营销策划

 案例分析

可口与百事的营销策划博弈战

世界上第一瓶可口可乐于1886年诞生于美国,这种神奇的饮料本来是一个药剂师漫不经心的发明,他试图用它来治疗感冒,没想到却以它不可抗拒的魅力征服了全世界。而百事可乐也是作为药水发明的,1898年同样是药剂师出身的布拉德配制了一种治疗消化不良的药水,成为百事可乐的前身。在很长的时间之内,百事可乐都跟随在可口可乐后面奋力追赶,甚至曾经一度希望对方收购自己,但遭到了可口可乐的拒绝。20世纪60年代之后百事可乐则采取进攻策略,一方面进行降价竞争,另一方面借助于"新一代的选择"的口号重点开发年轻一代的市场,成功缩短了两者的距离。但在传统碳酸饮料市场以及品牌价值上,蓝色百事始终在红色可口的阴影之下。21世纪这种局面似乎开始转变,在2004年4月《福布斯》杂志评选的"全美最有价值公司品牌"中,百事公司首次超越一直以品牌价值为傲的可口可乐。可口可乐与百事可乐口味接近,营销模式相似,造就了可口可乐和百事可乐的各自数10亿美元的品牌价值,衍生出惊人的商业文化,不断变换的包装设计,引领着营销潮流。

可口可乐曾以它不可抗拒的魅力征服了全世界数以亿计的消费者,成为"世界饮料之王",甚至享有"饮料日不落帝国"的赞誉。但是,就在可口可乐如日中天之时,竟然有另外一家同样高举"可乐"大旗,敢于向其挑战的企业,它宣称要成为"全世界顾客最喜欢的公司",并且在与可口可乐的交锋中越战越强,最终形成分庭抗礼之势,这就是百事可乐公司。

1. 新可乐挑战老可乐

世界上第一瓶百事可乐比可口可乐的问世晚了12年,它的味道同配方绝密的可口可乐相近,于是便借可口可乐之势取名为百事可乐。由于可口可乐早就开始大力开拓市场,早已声名远扬,控制了绝大部分碳酸饮料市场,在人们心目中形成了定势,一提起可乐,就非可口可乐莫属,百事可乐在第二次世界大战以前一直不见起色,曾两度处于破产边缘,饮料市场仍然是可口可乐一统天下。尽管1929年开始的大危机和二战期间,百事可乐为了生存,不惜将价格降至5美分/镑,是可口可乐价格的一半,以致差不多每个美国人都知道"5分镍币可以多买1倍的百事可乐"的口头禅,百事可乐仍然未能摆脱困境。

在饮料行业,可口可乐和百事可乐一个是市场领导者,一个是市场追随者(挑战者)。作为市场追随者,有两种战略可供选择:向市场领导者发起攻击以夺取更多的市场份额;或者是参与竞争,但不让市场份额发生重大改变。显然,经过近半个世纪的实践,百事可乐公司发现,后一种选择连公司的生存都不能保障,是行不通的。于是,百事可乐开始采取前一种战略,向可口可乐发出强有力的挑战,这正是二战以后斯蒂尔、肯特、卡拉维等"百事英才"所做的。

2. 百事可乐的一代

这时有一个对百事可乐的发展非常有利的环境。二战后,美国诞生了一大批年轻人,他们没有经过大危机和战争洗礼,自信乐观,与他们的前辈们有很大的不同,这些小家伙正在成长,逐步会成为美国的主要力量,他们对一切事务的胃口既大且新,这为百事可乐针对"新一代"的营销活动提供了基础。

但是,这一切都是在1960年百事可乐把它的广告业务交给BBDO(巴腾、巴顿、德斯廷和奥斯本)广告公司以后才明白过来的。当时,可口可乐以5:1的绝对优势压倒百事可乐。BBDO公司分析了消费者构成和消费心理的变化,将火力对准了可口可乐"传统"的形象,做出种种努力来把百事可乐描绘成年轻人的饮料。经过4年的酝酿,"百事可乐新一代"的口号正式面市,并一直沿用了20多年。10年后,可口可乐试图对百事可乐俘获下一代的广告做出反应时,它对百事可乐的优势已经减至2:1了。而此时,BBDO又协助百事可乐制定了进一步的战略,向可口可乐发起全面进攻,被世人称为"百事可乐的挑战"。其中两仗打得十分出色。

第一个漂亮仗是品尝实验和其后的宣传活动。1975年,百事可乐在达拉斯进行了品尝实验,将百事可乐和可口可乐都去掉商标,分别以字母M和Q做上暗记,结果表明,百事可乐比可口可乐更受欢迎。

随后，BBDO 公司对此大肆宣扬，在广告中表现的是，可口可乐的忠实主顾选择标有字母 M 的百事可乐，而标有字母 Q 的可口可乐却无人问津。广告宣传完全达到了百事可乐和 BBDO 公司所预期的目的：让消费者重新考虑他们对"老"可乐的忠诚，并把它与"新"可乐相比较。可口可乐对此束手无策，除了指责这种比较不道德，并且吹毛求疵地认为人们对字母 M 有天生的偏爱之外，毫无办法。结果，百事可乐的销售量猛增，与可口可乐的差距缩小为 2∶3。

1983 年底，BBDO 广告公司又以 500 万美元的代价，聘请迈克尔·杰克逊拍摄了两部广告片，并组织杰克逊兄弟进行广告旅行。这位红极一时的摇滚乐歌星为百事可乐赢得了年轻一代狂热的心，广告播出才一个月，百事可乐的销量就直线上升。据百事可乐公司自己统计，在广告播出的一年中，大约 97%的美国人收看过，每人达 12 次。

几乎与此同时，百事可乐利用可口可乐和包装商们的利益纷争，以及联邦贸易委员会对饮料行业特许包装体制的反对，争取过来数家包装商，并且让可口可乐公司遭受了一次非常公开的挫折。1984 年 5 月，负责官方饮料供应的快餐联号汉堡王公司因不满可口可乐转向其竞争对手麦当劳公司，于是交给百事可乐一纸合同，让它为全美 2 300 家汉堡王快餐店提供 3 000 万升饮料，仅此一项每年为百事可乐增加 3 000 万美元的收入。伯格·金的"倒戈"，令百事可乐获益匪浅。

百事可乐只有 30 多岁的经理约翰·斯卡利坚信："基于口味和销售两个原因，百事可乐终将战胜可口可乐"。这一预言现在终于变成了现实。在百事可乐发起挑战之后不到 3 年，美国《商业周刊》就开始怀疑可口可乐是否有足够的防卫技巧和销售手段来抵御百事可乐的猛烈进攻。1978 年 6 月 12 日，《商业周刊》的封面赫然印着"百事可乐荣膺冠军"。A·C·尼尔森关于商店里饮料销售情况的每月调查报告也表明：百事可乐第一次夺走了可口可乐的领先地位。

3. 色彩：红与蓝

实际上，可口可乐和百事可乐的商标设计可能最能反映二者的特色和定位。

可口可乐选用的是红色，在鲜红的底色上印着白色的斯宾塞体草书"Coca-Cola"字样，白字在红底的衬托下，有一种悠然的跳动之态，草书则给人以连贯、流线和飘逸之感。红白相间，用色传统，显得古朴、典雅而又不失活力。

百事可乐则选择了蓝色，在纯白的底色上是近似中国行书的蓝色字体"Pepsi Cola"，蓝字在白底的衬托下十分醒目，呈活跃、进取之态。百事可乐的颜色与它的公司形象和定位达到了完美的统一。

4. 从真空地带着手

百事可乐不仅在美国国内市场上向可口可乐发起了最有力的挑战，还在世界各国市场上向可口可乐挑战。

与国内市场完全一样，百事可乐因为可口可乐的先人优势已经没有多少空间。百事可乐的战略就是进入可口可乐公司尚未进入或进入失败的"真空地带"，当时公司的董事长唐纳德·肯特经过深入考察调研，发现前苏联、中国以及亚洲、非洲还有大片空白地区可以有所作为。

肯特的至交，美国总统尼克松帮了大忙。1959 年，美国展览会在莫斯科召开，肯特利用他与当时的美国副总统尼克松之间的特殊关系，要求尼克松"想办法让苏联领导人喝一杯百事可乐"。尼克松显然同赫鲁晓夫通过气，于是在各国记者的镜头前，赫鲁晓夫手举百事可乐，露出一脸心满意足的表情。这是最特殊的广告，百事可乐从此在前苏联站稳了脚跟，这对百事可乐打入前苏联国家和地区也起了很大的推动作用。但是，百事可乐虽然进入了前苏联市场，却未能实现在前苏联建立工厂，垄断可乐在前苏联销售的计划。于是，1975 年，百事可乐公司以帮助前苏联销售伏特加酒为条件，取得了在前苏联建立生产工厂并垄断其销售的权力，成为美国闯进前苏联市场的第一家民间企业。这一事件立即在美国引起轰动，各家主要报刊均以头条报道了这条消息。

在以色列，可口可乐抢占了先机，先行设立了分厂。但是，此举引起了阿拉伯各国的联合抵制。百事可乐见有机可乘，立即放弃本来得不到好处的以色列，一举取得中东其他市场，占领了阿拉伯海周围的每一个角落，使百事可乐成了阿拉伯语中的日常词汇。

20 世纪 70 年代末，印度政府宣布，只有可口可乐公布其配方，它才能在印度经销，结果双方无法达成一致，可口可乐撤出了印度。百事可乐的配方没有什么秘密，因此它乘机以建立粮食加工厂、增加农产品出口等作为交换条件,打入了这个重要的市场。

百事可乐在拓展国际市场时,一直将尼克松视为它的秘密武器。20世纪60年代尼克松竞选惨败后,百事仍然积极对其给予支持,肯特先生以年薪10万美金的报酬,聘请尼克松为百事公司的顾问和律师。尼克松则利用自己的关系周游列国,兜售百事可乐,并且在竞选美国总统成功后,任命肯特为总统经济政策顾问,使其有机会影响经济政策,借以创造百事可乐在世界市场与可口可乐竞争的有利地位。

在与可口可乐角逐国际市场时,百事可乐很善于依靠政界,抓住特殊机会,利用独特的手段从可口可乐手中抢夺市场。

(案例来源:栗子. 可口与百事的营销策划博弈战[Z]. 天下商机(www.txooo.com),2009.)

分析讨论题:
1. 简单分析可口与百事的博弈策略。
2. 分析二者的博弈过程,对我国企业有哪些启发?
3. 我们应该向百事学习什么?

策划专家之二

房地产策划第一人——王志刚

王志刚的策划学理论可以简单地概括为新闻策划学,也就是在整个策划过程中,与各种新闻媒体结合起来,用大量新闻来引起轰动以产生效果。

在20世纪90年代中期,营销策划业出现了专注某一行业的专业策划。王志刚就是房地产策划的代表人物。王志刚曾在社会科学院从事经济理论研究工作,也做过新华社记者,1994年下半年成为独立策划人,创办了王志刚工作室。王志刚主持了诸多成功的项目,包括广东碧桂园、99昆明世博会、山东双月园、重庆龙湖花园、广东金业集团、杭州宋城集团等策划项目。2001年主持了广州星河湾、南国奥林匹克花园的"华南板块"之战,在房地产界引起轰动。

1993年,王志刚对碧桂园进行差异化定位和策划。碧桂园在当时市场低迷的情况下,巧妙地从教育办学切入,通过兴建贵族国际学校,吸引富裕人士的子女就读,并以此带动学生家长到附近买楼定居,实现捆绑销售,达到以人气带旺财气的效果。碧桂园的营销并未单纯地采用广告轰炸方式,而是制造新闻事件,引爆传播热点,制造出轰动效应,使碧桂园成为当时社会关注的对象。并且通过将文化意蕴注入房地产,借助文化的冲击力和渗透力制造新的理念,实现从"卖房子"到"卖生活方式"到概念输出,也提出了"像卖白菜一样卖房子"、"给你一个五星级的家"等新的销售主张。

在房地产营销策划实践中,王志刚提出的"策划基本理论"阐述精辟,内容丰富,深入浅出,富有创见,基本涵盖了策划基本原理的范畴。其内容主要包括:策划的"四个"理论基础、策划的"生产力"本质、策划的"辩证"作用、策划的"三因"与"三性"原则、策划成功的"四出"目标和标准、策划的"十大"流程以及策划人的思维特征和素质等。

王志刚的书也对策划界产生了一定的影响。1996年,王志刚推出了介绍其策划经历的《谋事在人——王志刚策划实录》一书,随后又推出了《成事在天》、《策划旋风》、《行成于思》及《找魂》。在王志刚等人的推动下,房地产行业成为营销策划的一个主战场。目前专业的房地产营销策划公司和机构在全国已不计其数。

(案例来源:吴粲. 策划学——原理、技巧、误区及案例[M]. 北京:中国人民大学出版社,2005;
王学东. 营销策划——方法与实务[M]. 北京:清华大学出版社,2010.)

第3章 营销策划调研

没有调查就没有发言权。

——毛泽东

本章教学目标与要求

(1) 了解营销策划调研的内涵、特点、原则和作用；
(2) 熟悉营销策划调研的流程和内容；
(3) 掌握营销策划调研的方法和调研报告的制作。

本章知识架构

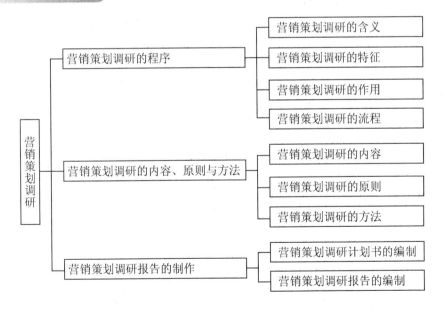

 **导入案例**

美国航空：明确策划调研的目标

美国航空公司的一位营销经理提出应在飞行过程中为乘客提供电话通信服务。这个想法得到了其他经理的认可。

提出这一建议的经理向电信公司了解这种服务在技术上的可行性。得到的答复是：这种服务在技术上是可行的，但是成本较高，大约为 1 000 美元。于是他与本公司的企划部联系，请他们研究乘客对这种新服务将做出何种反应。

在此项调研中，如果将"调研旅客在飞行途中所需要的一切服务"作为调研目标，那么目标就过于宽泛，策划人员可能会得到许多无用信息；而如果以"是否有足够多的乘客愿意在航行中支付较高的电话费"作为调研目标，就又太狭窄了。

经过研究，策划调研人员最终拟定了下列调研目标。
(1) 乘客在航行中通电话的原因是什么？
(2) 哪些乘客喜欢在航行途中通电话？
(3) 有多少乘客可能会打电话？
(4) 价格对于他们会有什么影响？
(5) 最佳的收费标准是什么？
(6) 这一新服务会增加多少乘客？
(7) 这项服务对公司的形象将会产生什么影响？
(8) 与航班次数、食物和行李处理等因素相比，电话服务能使乘客更愿意乘坐本公司的航班吗？

不久，调研人员得到了下面的调研结果。
(1) 乘客在航行中使用电话的主要原因是紧急的商业交易和航班晚点等。飞行电话的主要客户群是商人，几乎没有人会使用飞行电话来消磨时间。
(2) 推行飞行电话通话后，每次航班能多吸引两名乘客，从而获得 620 美元的纯收入。
(3) 每 200 人中，只有 5 名乘客愿意花 25 美元来打电话，约有 12 人希望每次的通话费是 15 美元。可见，电话费的收入远低于成本。
(4) 提供飞行通话服务，有助于提升公司的知名度和美誉度，但是每次飞行将至少损失 200 美元的收入。

营销经理根据调研结果做出了决策：由于飞行电话服务的成本大于长期收入，将出现入不敷出的局面，因此在现阶段没有实施的必要。

(案例来源：全琳琛. 一分钟学营销——故事里的营销学[M]. 北京：人民邮电出版社. 2010. 略有修改.)

这一案例告诉我们，首先，营销策划调研是营销策划的起点，并贯穿于营销策划的全过程。营销策划调研，就是依据哲学的原理，利用数学、统计学工具，采用传统的和现代的方法，对目标市场进行客观的调研，并进行深入的分析，收集、整理、归纳对营销策划有意义的数据和资料，以辨明威胁和机会，为制定市场营销策划方案奠定坚实的基础。再者，市场调研要有明确的调研方向和调研目标。这样，可以大大提高调研的效率和调研结果的质量，从而为策划决策提供较为可靠的数据支持。

本章主要讲授市场营销策划调研的科学程序、特征、内容、方法及调研计划书、调研报告的制作。本章要求学生了解和理解市场营销策划调研的作用、基本程序和内容，重点掌握市场营销策划调研方法和调研报告的制作。

3.1 营销策划调研的程序

3.1.1 营销策划调研的含义

营销策划调研是指运用科学的方法,有目的、有计划、有步骤,系统地收集、记录、整理、分析、评价目标市场的各种市场信息,以及发展变化的趋势,为营销策划决策与实施提供可靠依据的活动过程。

理解营销策划调研,需要注意以下几点。

(1) 营销策划调研是营销策划者组织的一次有明确调研目的的活动。它是为营销策划者提供营销策划信息而开展的调研活动。

(2) 营销策划调研是一项市场信息搜集和处理的工作。它运用科学的方法对市场营销信息进行收集、整理和分析,为营销策划提供可靠依据。

(3) 营销策划调研是一个系统的工程。它不是简单的资料收集、整理和分析的活动,它包含了对市场信息的判断、分析、研究和传播的多项活动。它是一个经过周密策划、精心组织、科学实施的活动,它包含了一系列工作环节、调研步骤以及调研成果的汇总等。

3.1.2 营销策划调研的特征

营销策划调研需要通过科学的调研方法才能获得科学的、真实的调研结果。营销策划调研具有以下几个特征,如图3.1所示。

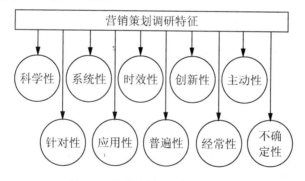

图 3.1 营销策划调研特征示意图

1. **科学性**

为了做好营销策划工作,策划者在进行市场营销调研时,必须以科学方法为指导;在调研过程的设计上,必须按照科学的程序进行;在调研方法的选择上,必须根据科学的原理,选择最恰当的分析问题和解决问题的方法;在调研的报告中,必须克服策划调研人员的个人偏见和主观影响以及其他人员的干扰,以科学的态度向决策人员提供研究报告。如果研究方法选择不当,或为了迎合某些领导人的意见而提供研究报告,其结果都会给营销策划带来不利的影响。

2. **针对性**

市场营销策划调研要根据调研的目的,正如导入案例中所提到的,要有明确的调研方向和调研目标。这样，可以大大提高调研的效率和调研结果的质量，从而为营销策划与经营决策提供较为可靠的数据支持。

    3. 系统性

    市场营销策划调研是一项相当复杂的工作，需要周密的计划、精心地组织和科学地实施，不仅要采用科学的理论和方法，更要做好先进的组织和管理。一定要认真系统地进行营销调研，否则根据零星的非系统的调研获得的不完全的信息进行决策，将会给策划工作造成巨大失误，给企业造成不可挽回的损失。

肯德基：北京首家店的诞生

    1986 年肯德基公司派人来北京考察投资环境，来人只看到川流不息的人流，没有仔细地调查就断定肯德基在这里将大有市场，结果被公司领导以不称职为由降职。

    之后，公司又派另一个人前来考察。这个人做了以下工作。

    (1) 先是带人出入北京主要的街道，拿秒表测算客流量；

    (2) 做出炸鸡样品请 500 多个不同年龄、性别、职业的人品尝，并详细询问了他们对炸鸡的味道、价格、店堂设计和用餐方式等方面的评价和看法；

    (3) 深入调研了现在和将来能为北京提供各种原料的供应商情况；

    (4) 将包括油、面、盐、菜等各种原料的样品带回美国进行化学分析；

    (5) 应用电脑汇总各种数据，并得出肯德基进入北京市场会有巨大的竞争力的结论。

    1987 年 11 月 12 日，肯德基在北京的第一家店开业。在不到一年的时间里，盈利就达到了 250 万元，原计划 5 年才收回的投资不到 2 年就收回了。

    (案例来源：全琳琛. 一分钟学营销——故事里的营销学[M]. 北京：人民邮电出版社，2010. 略有修改.)

    4. 应用性

    每一次调研都是为一项营销策划活动做准备，是用来帮助解决特定的营销问题，或者说是营销策划和决策活动的前奏。营销策划调研是一种具有明确使用目的的应用性调研。

    5. 时效性

    市场环境是开放的、动态的，随时间的变化而变化，随社会经济的发展而不断发展。例如，随着国家经济政策的调整，市场会发生相应的变化。一定时期的流行产品一时会无人问津，而滞销商品有可能在一定时期以后成为新的畅销产品。营销策划调研是在一定的时间范围内进行的，它所反映的只是某一特定时期的信息和情况，在一定时期内具备有效性。

    6. 普遍性

    任何企业都面临同样多变的市场环境，包括宏观和微观环境；环境是客观存在的，我们无法改变，但却可以积极地去认识，从而更好地去适应。营销策划同样如此，只有适应环境变化的营销策划才是合适的策划，所以任何策划都离不开市场调研活动。从这个角度来说，营销策划调研具有普遍性。

7. 创新性

市场营销策划调研工作虽有一定的程序可循，也有可供选择的研究方法，但是，针对具体的调研问题，策划调研人员必须发挥其创新性，设计出科学合理的调研方案，选择出科学的研究方法，有时甚至还要针对调研问题的特殊性创造出新的调研方法。在市场营销策划调研中，一定要根据每个调研项目的特点，创新性地开展营销策划调研活动，绝不能将一个项目上的调研方法完全照搬到另一个调研项目上。

8. 经常性

市场营销策划调研是市场营销策划的起点，贯穿于市场营销策划的全过程。也就是说，只要进行营销策划，就需要开展市场信息的收集、整理、分析和评价工作。严格来讲，每天都必须开展非正式的市场调研。从这一角度可以说，任何策划者都必须开展经常性的市场调研，也可以通过电子信息系统来加强经常性调研，并实现调研信息共享。

9. 主动性

营销策划调研是营销策划者的一种有目的的、主动性的活动，是策划者对市场营销环境的主动了解和掌握。而持续、系统的营销策划调研增强了策划者了解和掌握市场信息的主动性和自觉性，减少了营销策划的盲目性和主观性。营销策划必须通过有针对性地开展深入细致的营销调研，及时捕捉有关商品价格、供求、竞争对手状况及消费者心理趋向等各类市场信息，对影响目标市场和营销组合的因素有一个透彻的了解和掌握，才可能做出一个优质的营销策划方案。

10. 不确定性

尽管市场营销策划调研是建立在严密的程序、科学的技术基础之上的，但诸多的不确定因素，使得市场营销策划调研又具有一定的不确定性。

3.1.3 营销策划调研的作用

营销策划调研是营销策划工作的基础，没有深入细致的营销调研，整个策划工作就如同无源之水，无本之木。营销策划调研的作用可以归纳如下，如图3.2所示。

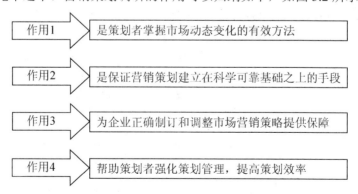

图 3.2　营销策划调研作用示意图

1. 营销策划调研是策划者掌握市场动态变化的有效方法

随着我国社会主义市场经济体制的逐步健全和完善，营销策划所面临的市场环境发生了重大变化。消费者的可任意支配收入不断增长，消费的多样化、差异化越来越显著，越来越发展，市场竞争越来越激烈。为了保障营销策划的可靠性和可行性，就必须及时了解和掌握复杂多变的市场变化情况，为了保障通过营销策划，促进产品销售，加快产品的更新换代，更好地满足消费需求，就必须加强营销策划调研。

2. 营销策划调研是保证营销策划建立在科学可靠基础之上的手段

通过营销策划调研，不仅可以搜集、掌握到比较系统的、全面的营销信息，而且对客观环境变化带给企业的机会和威胁的分析研究也比较符合实际，使营销策划建立在科学可靠的基础上，减少预测的误差和决策的失误，将企业的经营风险降低到最小限度。

3. 营销策划调研为企业正确制订和调整市场营销策略提供保障

通过市场营销策划的调研研究，了解市场营销环境的变化趋势，掌握市场竞争态势，从实际出发制定可行、合理的市场营销策略。依靠市场调研，对现行的各种营销策略的实施进行及时的信息反馈、评价，为修订、补充和完善现行营销战略和策略，使之更加适应营销环境的变化和要求提供了依据和保证。

4. 营销策划调研帮助策划者强化策划管理，提高策划效率

营销策划注重的是科学化和理性化的管理，它是建立在拥有大量科学数据和文字资料的基础之上的。营销策划不能凭经验，而要以对大量市场信息资料进行分析后的结果为依据，做出科学的策划，因此，重视市场调研是提高营销策划质量的基础。营销策划工作只有有效地调动现有资源，并合理调配，进行最优组合，才可能达到降低策划成本、减少策划损耗的目的，从而为策划对象降低成本、增加盈利、提高效益。

总之，营销策划调研是整个营销策划活动的基础，没有前期的策划调研，后续的一系列策划方案都将失去意义和价值。搞好营销策划调研，对于掌握市场变化动态，进行科学预测、决策，制定、评估和完善营销战略与策略，对于向企业提供可靠的策划实施方案，促进改善企业经营状况，帮助企业进一步发展，具有十分重要的意义。

3.1.4　营销策划调研的流程

为了迅速、准确、高质量地收集到有关市场信息资料，营销策划调研必须依照一定的科学方法有步骤地进行，营销策划调研一般要经过准备调研、正式调研、结果处理3个阶段6个步骤，如图3.3所示。

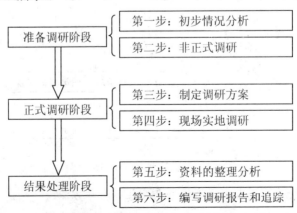

图3.3　营销策划调研流程示意图

1. 准备调研阶段

营销策划调研的主要目的是通过收集与分析资料，研究解决企业在市场营销中存在的问题，针对问题拟定正确可行的改进方案。因此营销策划调研首先要从企业的实际出发，对生产经营活动的现状进行全面分析研究，确定问题之所在及根据问题的轻重缓急确定调研范围。例如，某企业的某种产品近几个月来销售量一直处于下降状态，原因是什么呢？是顾客对产品质量不满意？是售后服务工作没跟上？是促销宣传费用减少的影响，还是竞争对手采取了新的营销对策，或者是由于宏观经济形势发生变化造成的？为了弄清和确定问题之所在及其调研范围，一般先进行初步情况分析和非正式调研。

(1) 初步情况分析。问题明确后，为了使调研具有针对性，策划调研人员可收集企业内外部有关资料包括各种报表、记录、统计资料、用户来函、财务决算、综合及专题报告、政府部门公布的有关信息，进行问题的初步分析，以便掌握足够的背景资料，使正式调研范围缩小。

(2) 非正式调研。非正式调研，也称试探性调研，策划调研人员根据调研问题和初步情况，应在小范围内作一些试探性的调研。如向本企业内部有关人员、向精通调研所涉及问题的专家和人员以及有代表性的用户，主动征求意见，听取他们对这些问题的看法和意见。

通过非正式调研，只要找到问题的症结，已经齐备所需的资料，并提出了解决问题的方案，就无需进行正式调研。否则，就应当进行正式调研阶段。

2. 正式调研阶段

(1) 制定调研方案(详见3.3节)。调研方案主要包括以下内容：①确定调研主题；②决定收集资料的来源和方法；③准备所需的调研表格；④抽样设计。

(2) 现场实地调研。现场实地调研就是策划人员按确定的调研对象，通过各种方式方法到现场获取资料。现场调研工作的好坏，直接影响到调研结果的正确性，必须由经过严格挑选并加以培训的策划人员按规定进度和方法获取资料。

策划调研人员一般应有一定的文化水平和工作经验，了解本企业的基本情况，具备市场营销学、营销策划学、统计学和企业生产技术方面的专门知识，性格外向，善于与陌生人沟通，工作认真，有克服困难的信心和勇气。

3. 结果处理阶段

(1) 资料的整理分析。这一步骤是对调研收集到的零散杂乱的资料和数据进行审核、分类和统计制表等。审核是为了发现资料的各种错误和误差，剔除因抽样设计有误、问卷内容不合理、被调研者的回答前后矛盾等错误，保证资料的系统、完整和真实可靠；分类是为了使资料便于查找和利用而将整理后的资料分类编号；统计制表是对调研的资料进行统计计算，通过图、表形式反映各种相关因素的经济关系或因果关系。

(2) 编写调研报告。编写调研报告是营销策划调研的最后一步，是对问题的集中分析和总结，并提出合理化建议。这是策划调研的最终成果。

3.2 营销策划调研的内容、原则与方法

3.2.1 营销策划调研的内容

市场营销策划调研是营销策划的前提,对于每一个营销策划人员来讲,由于面临的行业不同,面临的企业不同,面临的市场环境条件不同,营销调研的具体内容也会不同。一般来说,营销策划调研的内容主要涉及以下几个方面,如图3.4所示。

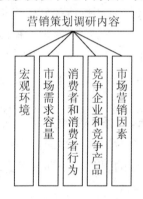

图 3.4 营销策划调研内容示意图

1. 宏观环境调研

1) 政治法律环境

政治环境指企业市场营销的外部政治形势。一般而言,只要一国政府的政策是稳定的,企业就可以在了解掌握政策的基础上,制定相应的策略或对策,从而取得企业经营的成功。但是,如果政策是不稳定的,经常发生变化,则企业对政策就无法准确把握。尤其是国际经营就容易遭遇政治风险。

2) 经济环境

企业经营的成功与否与周围的经济环境密切相关,因此要对经济环境调研。调研的内容主要包括经济发展水平,经济结构,消费支出模式和消费结构的变化,货币政策及信贷等方面。

3) 人口环境

人口因素的调研是环境调研中一个比较重要的内容。在比利时等国家,有的企业已经规定了在市场可行性报告中,如果没有人口专家的签字被公认为是不可行的。同样,在一些市场经济比较发达的国家和地区,市场所在地的人口环境调研被认为是市场调研的首要因素。

4) 社会文化环境

社会文化作为一种沟通体系,是生活方式的总和,它提供了许多标准和规则,促进了社会成员的生存与发展。文化作为一种适合本民族、本地区、本阶层的是非观念影响着消费者的行为,进而影响到这一市场的消费结构、消费方式,并使生活在同一文化范围里的人们具有很多相似的方面。

5) 科技环境

科学技术是第一生产力,对经济发展有巨大影响,其不仅直接作用于企业内部的生产和经营,还与其他环境因素相互依赖、相互作用,共同带动企业经营活动的发展。对于企业来讲,科技环境日新月异的变化,既带来新的机遇,也带来新的挑战。企业要在市场上立于不败之地,就必须时刻关注科技环境的变化,通过多种形式的调研研究,充分认识新技术、新工艺、新材料、新产品、新能源、新标准的情况,同时还要关注科学技术引领市场营销观念和营销策略的新变化。

6) 自然环境

自然环境包括地理、气候、资源、能源等因素。企业要受到各种自然环境的影响,如多种资源的短缺、环境污染的严重、能源成本的上升等。要不断地通过调研,了解掌握自然环境的变化以策划制定适应企业发展的营销战略。

2. 市场需求容量调研

市场需求是企业一切活动的中心和出发点,市场需求调研是营销策划调研的重要内容。

(1) 市场需求的产品品种调研;
(2) 市场需求产品的总量调研;
(3) 市场需求环境调研;
(4) 市场需求的企业营销条件调研。

3. 消费者和消费行为调研

消费者是市场营销中一个非常重要的力量,对消费者及消费行为进行深入调查和研究,并将之应用于营销策划实务,是为策划对象发现新的市场机会、找到新的战略战术,从而提高营销成效的有效途径。消费者和消费行为调研包括以下3个方面的内容。

(1) 本企业产品的现实与潜在购买者数量调研;
(2) 消费者的年龄、性别、职业、文化程度、地区分布、民族调研;
(3) 消费者的购买动机、购买行为与购买习惯等调研。

4. 竞争企业和竞争产品调研

企业仅仅了解消费者的需求量是不够的,还必须了解自己的竞争对手。不研究竞争对手的战略而要取得竞争优势是不可能的。从某种意义上讲,了解竞争者也是现代企业的重中之重,是企业选择营销战略和策略的先决条件。因此,市场竞争调研正成为策划者最为关注的调研内容之一。竞争企业和竞争产品调研包括以下6个方面的内容。

(1) 竞争对手数量调研;
(2) 竞争对手产品设计能力、工艺能力、发展新产品的动向调研;
(3) 竞争对手市场竞争的策略和手段调研;
(4) 竞争产品的质量、数量、品种、规格、商标、成本调研;
(5) 竞争对手的市场营销策略组合调研;
(6) 潜在竞争对手出现的可能性调研。

5. 市场营销因素调研

1) 产品调研

对任何一个企业来说,它的产品,不论是任何形式的产品都必须符合其消费者的需要,并且促使消费者以最快的速度接受自己的而不是竞争对手的产品,那么采取什么样的战略与策略才能做到这一点呢?这就需要对有关产品的许多方面进行调研。包括对产品实体、产品包装、产品使用价值、产品市场生命周期和推出新产品的调研。

"安卡普林"忽视市场调研的教训

"安卡普林"是宝洁公司生产的一种不伤胃的止痛剂,它运用定时释放的新技术,可以在药剂溶化前通过胃部。这种止痛剂对其的频繁使用者是一种不错的选择,但患者必须每4小时服用一次。事实上大部分人只在疼痛时才服用止痛药而且希望立即见效。宝洁陶醉于产品的独到技术,忽视消费者的想法,跳过了正常的市场调研和测试,直接进行大范围销售,最终以失败而告终。现在的宝洁非常注重调研和测试,如果一个产品无法在调研和测试中获得消费者认可,绝不允许上市。

(案例来源:全琳琛. 一分钟学营销——故事里的营销学[M]. 北京:人民邮电出版社,2010. 略有修改.)

2) 价格调研

价格是企业可控因素中最活跃、最敏感、最难以有效控制的因素,也是决定企业产品市场份额和盈利能力的最重要因素之一。企业的产品定价适当与否关系到产品能否顺利地进入市场,关系到产品的数量、市场占有率和利润的大小以及企业产品与企业形象的好坏。然而,产品定价又不完全是企业单方面决定的,它涉及消费者和经销商的利益,受到市场供求状况、竞争产品价格以及其他各种社会环境因素的影响和制约。因此,在为产品定价或调整的策划之前,进行价格调研是完全必要的。

3) 分销渠道调研

分销渠道是产品从生产者向消费者或用户转移过程中经过的通道,是企业产品通向市场的生命线,是企业的巨大财富与无形资产。分销渠道策略是营销活动的重要组成部分之一,合理的分销渠道可使产品及时、安全、经济地经过必要的环节和路线,以最低的成本、最短的时间实现最大的价值。因此,分销渠道的调研也是营销策划调研的一项重要内容。分销渠道调研的内容一般包括:渠道类型的调研、渠道成员的调研等。

4) 促销调研

促销是营销者与购买者之间的信息沟通与传递活动。促销的目的是激发消费者的购买欲望,影响和促成消费者的购买行为,扩大产品的销售,增加企业的效益。促销调研就是对企业曾经在产品(或服务)的促销过程中所采用的各种促销方法的有效性进行测试和评价,为策划新的促销方式方法和手段提供可靠依据。促销调研的内容一般包括促销手段的调研和促销策略的可行性调研等。

营销策划人员通过以上内容的调研,收集有关方面的信息和资料,针对不同的市场环境,结合顾客需求,综合运用企业可以控制的各种营销手段,帮助企业制订有效的市场营销组合策略,促使顾客购买和新市场开发,从而实现企业预期的营销目标。

3.2.2 营销策划调研的原则

开展营销策划调研,必须遵循以下调研原则:①准确性原则——市场信息的真实准确;

②系统性原则——收集、整理、分析、评价和使用各种信息资料;③及时性原则——市场信息的及时性处理;④针对性原则——根据策划目标确定调研目标,突出重点,有的放矢;⑤经济性原则——力求最少的投入,取得最有效的市场信息,以提高策划调研的效率和效益。

3.2.3 营销策划调研的方法

营销策划调研质量的高低,与调研方法选择是否恰当有直接的关系。营销策划调研的方法很多,依据不同的分类要素可以划分出许多种类型,本文重点从两个方面分类。按实地调研方式分类,营销策划调研可分为询问法、观察法和实验法;按选择调研对象的方法分类,可分为全面调研(又称普查)和非全面调研,其中非全面调研又可分为重点调研、典型调研和抽样调研,如图3.5所示。

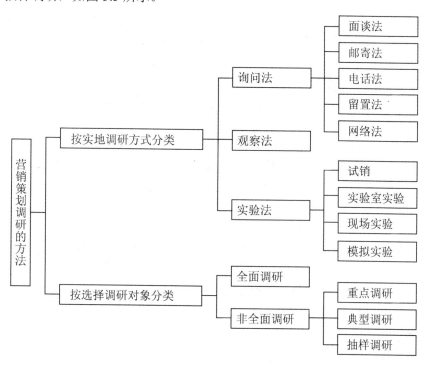

图 3.5 营销策划调研方法示意图

1. 按实地调研方式分类

营销策划调研按实地调研方式可以分为询问法、观察法和实验法。

1) 询问法

询问法是指策划调研者通过口头、电讯或书面的方式向被调查者询问,以了解市场情况、获得所需资料的调研方法。

询问法按询问的方式,可分为面谈法、邮寄法、电话法、留置法和网络法。

(1) 面谈法。面谈法是策划调研人员同被调查者面对面接触,通过有目的的谈话取得所需情况、数据、资料的一种调研方法。

面谈法的优点是由于调查者与被调查者面对面,便于沟通思想,被调查者能充分发表意见,调研者收集的资料比较深入全面。缺点是面谈调研花费人力、费用支出较大(策划调研人员差旅费、培训费等),对策划调研人员的素质要求较高,调研结果的质量,容易受调研人员的询问态度或语气、技术熟练程度和心理情绪等因素的影响。

(2) 邮寄法。邮寄法是策划调研人员将设计好的调研问卷或表格,邮寄给被调查者,或者通过报纸等媒体发布调研问卷,被调查者根据调研要求填妥后寄回的一种调研方法。

邮寄法的优点是:调研区域较广,增加调研对象,且人力、费用开支较节省;避免策划人员在实地调研时可能介入的主观干扰和偏见影响,被调查者有较充裕的时间回忆、思考、答题,一般比较真实、准确。其缺点是调研时间长,问卷回收率低(5%左右),回答的问题可能不全。邮寄法的关键是如何提高问卷的回收率。

(3) 电话法。电话法是策划调研人员通过电话向被调查者询问有关调研内容和征求意见的一种调研方法。

电话法的优点是信息反馈快、时间节省、回答率高、比较经济,但由于是通过电话调研,提问不能太复杂,时间也不能太长。电话调研的要求:调研项目要少;事先准备好问话;问话简明扼要,随即记录。

(4) 留置法。留置法是策划调研人员把调研表当面交给被调查者,并说明填写的方法和要求,由其自行填写,再由策划调研人员定期收回。留置问卷调研法是面谈法与邮寄法的结合,其优缺点也介于两者之间。

(5) 网络法。随着计算机和互联网技术的不断发展和普及,越来越多的消费者借助于互联网作为其日常购买和交流的渠道和平台,这提供了网络调研的基础。网络调研省略了印刷、邮寄等过程,问卷回收率极高,可以节省时间及相关费用,还可以增加调查的信息量,其缺点是上网的人不一定能代表被研究的对象,安全性等问题也是制约网络调研的重要因素。

2) 观察法

观察法是指策划调研人员到现场观察被调查者的行为或者安装仪器进行收录和拍摄(如用录音机、照相机、摄影机或某些特定的仪器)来收集情报资料的方法。它包括现场观察法、仪器监测法、实际痕迹测量法和行为记录法等。

案例

美国某汽车经销商的实际痕迹测量法

实际痕迹测量法不是直接观察被调研者的行为,而是观察被调研者留下的实际痕迹。美国某汽车经销商在4S店进行汽车修理时,对开来维修的汽车,修理人员要做的第一件事是进驾驶室看看收音机的指针指在什么波段,其目的就是了解司机们喜欢听哪一个电台的节目。为他们销售汽车选择电台做广告提供了很好的依据。

(案例来源:杨勇,王惠杰. 现代市场营销学[M]. 北京:中国物资出版社,2011.)

在没有或排除干扰的情况下,由于被调查者并不感到自己正在被调研,因而可以客观地搜集、记录被调研者或事物的现场情况,调研的结果比较直观、真实、可靠。其缺点是观察的是表面现象,难以发现事物的内在联系与矛盾,同时花费的费用较多、时间较长,还受到时间和空间等条件的限制,只能观察到正在发生的现象。

北京朝晖策划公司的仪器监测调查法

北京朝晖策划公司和笔者为某汽车销售公司进行销售策划。为了了解销售人员的工作情况，了解汽车销售过程中存在的各种问题，与汽车销售公司协商，在不为销售人员知晓的情况下，在销售场合安装了监控系统，记录下大部分销售人员在销售过程中的表情、举止，记录下销售人员与顾客对话的各种情景。策划公司根据所记录和收集的各种素材、资料，策划设计了一套符合该公司要求的销售人员培训课程，培训效果非常显著。

3) 实验法

实验法是指在控制的条件下，通过试验对比，对市场现象中某些变量之间的结果关系及其发展变化过程，加以观察分析获取所需资料的方法。

常用的实验法有以下4点。

(1) 试销。在新产品大量投向市场之前，以少量新产品向部分消费者进行销售宣传，了解消费者对新产品质量、价格、式样等方面的反映，改进新产品，为新产品大量上市做好准备。

(2) 实验室实验。即在实验室内，利用专门的仪器、设备进行调研。如策划调研人员想了解几种不同的广告媒介进行促销宣传的优劣，便可通过测试实验对象的差异，评选出效果较好的一种广告媒体。

老字号"福同惠"的广告宣传策划案

北京朝晖策划公司和笔者共同为运城市的老字号——福同惠食品有限公司销售月饼策划设计电视广告宣传片。为了调研如何抓住消费者的眼球，策划人员设计了5种不同内容的广告宣传片，请了30个消费者，在福同惠公司的会议室，将5个广告宣传片播放后，请大家回忆其中内容。最后选出大多数人记忆较准确的广告宣传片，于中秋节前在运城电视台播出，其效果令福同惠的老总非常满意。

(3) 现场实验。在完全真实的环境中，通过对实验变量进行严格控制，观察实验变量对实验对象的影响。即在市场上进行小范围的实验。例如，策划调研人员可以选择一个商店，选择几次不同的时间，同一产品安排不同的价格。通过分析顾客人数或购买数量的增减变化，即可知道某种产品的需求价格弹性。

(4) 模拟实验。模拟实验的前提是掌握计算机模拟技术。模拟实验必须建立在对市场情况充分了解的基础上，它所建立的假设和模型，必须以市场的客观实际为前提。否则就失去了实验的意义。

采用实验法的好处是：方法科学，能够获得比较真实的信息资料。但是，这种方法也有局限性，大规模的现场实验，难以控制市场变量，影响实验结果的有效性；实验周期较长，调研费用较高。

2. 按选择调研对象的方法分类

按选择调研对象的方法,可以分为全面调研、非全面调研两类,其中非全面调研又可分为重点调研法、典型调研法和抽样调研法 3 种类型。

1) 全面调研

全面调研又称普查,是对调研对象进行逐个调研,以取得全面、精确的统计资料,以掌握一定时点上某种市场现象的基本情况,并可以对所获得的资料加以分析研究,制定应对策略。

全面调研的调研范围广、规模大,可以在全国、全省市范围或在某个部门、某个行业以及一种专门组织的范围内进行。

全面调研的信息准确度高,可以让策划调研者不被某些个别现象所迷惑,并可根据不同时期的对比分析,找出市场现象的变化规律。

全面调研的特点有以下几点:①全面调研的资料准确性和标准化程度比较高;②全面调研适用于了解一些重要的基本数据;③全面调研耗时长,人力、物力和财力花费大。

2) 非全面调研

营销策划调研要求及时、准确和可靠。在调研对象数量大、范围广的情况下,为了得到及时准确的调研结果,可采用非全面调研方法。非全面调研包括重点调研、典型调研和抽样调研 3 种类型。

(1) 重点调研。重点调研是指策划调研人员从策划调研对象总体中选取少数重点单位进行的调研,并用重点单位的调研结果来反映调研对象的基本情况。

重点调研中的重点单位是指其单位数在总体中的比重不大,而某一标志值在总体标志值中占绝大比重的单位。当调研的任务不要求掌握全面的准确资料,而且在总体中确实存在着重点单位时,进行重点调研能以较少的人力和费用,较快地掌握调研对象的基本情况。

重点调研涉及的对象较少,每个调研对象的调研项目就可以多一些,因而也可以进行深入细致的研究。重点调研适用于内容比较集中、流量比较大宗的调研对象。其关键在于对重点单位的确定。

(2) 典型调研。典型调研是在对市场总体有所了解的基础上,选择少量有代表性的单位进行周密、系统的调研研究,并以此估计总体状况的调研方法。

典型调研的"典型"是具有代表性的个别事物,即对总体有代表性的单位。典型单位不是人们随心所欲地选出来的个别事例,而应具有充分的代表性,应根据研究目的的不同、时间的变化,及时确定和调整典型单位。

(3) 抽样调研。当调研对象多、区域广,而人力、物力、财力、时间又不允许进行全面调研时,依照同等可能性原则,在所调研对象的全部单位中抽取一部分作为样本,根据调研分析结果来推论全体。

案例

我国首次营养与健康调查公布,女性饮酒率增长七成多

由卫生部、科技部和国家统计局共同指导进行的"中国居民营养与健康状况调查"于 2006 年 1 月 11 日公布结果。全国 31 个省级项目工作队 4 700 余名调查队员对各地 27 万余名居民进行了抽样调查。本次

调查显示,我国居民现在饮酒率为21%,与1991年全国高血压流行病学调查中得出的饮酒率比较发现,女性饮酒率增长了73.1%。值得注意的是,由于女性脂肪含量较男性高,当同等体重男女摄入同等量酒精时,女性较男性更容易发生醉酒。此外,有研究显示过量饮酒的女性其乳腺癌发病率高于不饮酒女性。

(案例来源:李莉. 我国首次营养与健康调查公布,女性饮酒率增长七成多[N]. 北京晚报, 2006.)

在抽样调研设计中,策划者必须解决好两个问题。

第一个问题:抽样方法。抽样方法有随机抽样和非随机抽样。随机抽样的常用方法有:简单随机抽样、分层随机抽样和分群随机抽样。非随机抽样的常用方法有任意抽样、配额抽样和判断抽样。这些方法各有利弊,需根据实际情况权衡之后再选择使用。

第二个问题:样本容量。样本容量与总体的被调研者特性有关。当总体的被调研者特性差异不大时,样本可以少一些;反之,当总体的被调研者特性差异很大时,样本须多些。

3.3 营销策划调研报告的制作

3.3.1 营销策划调研计划书的编制

开展营销策划调研首先要进行调研方案的设计,调研方案用文字语言来表示即是营销策划调研计划书,它是策划调研工作的总体规划和实施方案。

1. 营销策划调研计划书的内容与格式

营销策划调研计划书的内容主要有:明确调研目标;确定调研对象;拟定调研项目和调研范围;选择调研方法;设计调研表;抽样设计;调研费用预算;安排调研作业进度等。

营销策划调研计划书的一般格式如下。

(1) 封面。主要包括市场调研题目、报告日期、委托方、调研方、调研报告起草与撰写单位(人)、起草与撰写时间等,一般应打印在扉页上。

(2) 目录。

(3) 引言。

(4) 正文。

主要包括:①调研的背景(调研问题的提出);②调研的目标;③调研的内容(调研课题、调研思路、调研提问方案);④调研范围及对象(调研对象结构);⑤调研方法和步骤(包括选择调研方法、设计调研表和抽样设计);⑥调研日期安排;⑦调研人员与组织;⑧调研费用预算;⑨调研结果报告的架构。

2. 营销策划调研计划书的编写要点

营销策划调研计划书的编写主要有7个写作要点。

(1) 明确调研目标。调研目的与调研问题的定义和策划目标直接相关。如果调研目标不明确,将会影响到调研思路、调研方法、问卷设计及整个调研过程。大部分调研都是多目标调研,除了调研主目标外,还有一些从目标,均须清晰列举。

(2) 选择调研方法。策划人员必须根据调研目标选择合适的调研方法,才能获得较准确的市场信息。

(3) 选择调研范围及调研对象。确定调研范围,从中抽取若干具有代表性的样本。

(4) 按照调研表的设计步骤设计调研表。第一,根据调研目标要求和调研课题的涉及面，拟定调研内容提纲。力求内容切合实际，能满足分析研究问题的需要；第二，根据调研对象的特点，按照调研提纲的要求，确定调研表的形式，开列调研项目清单，编写提问的命题，对于需要收集数据的指标，明确其含义和计算方法以便汇总统计。设计每个项目力求内容符合调研课题的要求，文字简明扼要，词义明确无误，避免提一般性的问题，避免用不确切的词，避免引导性的提问、避免提可能令人困窘的问题；第三，按照调研表构成的各部分的要求，把上述拟好的调研项目、提问命题、指标说明等依序列入表中，设计拟定调研以便及时发现问题，做出必需的修订；最后制定正式的调研表。

(5) 重视抽样设计。抽样的方法很多，关键要确定适当的样本量。样本过多，造成调研费用增加；样本过少，则可能出现更大的偏差。

(6) 拟定调研日程。营销策划调研，必须有详细的调研日程进度计划，以便督促或检查各阶段的工作，保证按时完成调研工作，保证策划按计划作业。

(7) 调研预算。营销策划调研计划应尽可能全面考虑调研费用的预算，以免影响调研的操作。调研费用预算一般需要考虑以下因素：调研方案设计费用，抽样设计费，问卷设计、印刷、装订费，调研实施费用(包括试调研费用、调研人员劳务费、受访对象礼品费、督导员劳务费、异地实施差旅费、交通费及其他杂费)，数据录入费用(包括问卷编码、数据录入、整理等费用)，数据统计分析费(包括上机、统计、制表、作图以及必需品费用等)，调研报告撰写费，资料费、复印费等办公费用，管理费等。

3.3.2 营销策划调研报告的编制

营销策划调研报告是营销策划调研人员对营销策划问题进行深入细致的资料收集和整理工作后，通过运用定性和定量方法对资料分析研究而形成的一种文本性报告。它是营销策划工作的市场研究阶段的成果性体现，作为营销策划者进行策划的依据。了解和掌握营销策划调研报告的编制是从事营销策划人员必备的基本能力。

1. 营销策划调研报告的基本格式

营销策划调研报告的基本格式由五部分构成。

1) 封面与标题

封面主要反映4项要素：标题、项目委托单位、营销策划单位、日期。

标题必须准确提示调研报告的主题思想，做到题文相符。标题要简单明了，高度概括，具有较强的吸引力。标题的写法灵活多样，一般是通过标题把策划单位或项目、策划的内容明确而具体地表示出来。

2) 目录

目录是阅读调研报告的导引，相当于道路上的路标，因此，目录要简洁明了，体现出导引的效果即可，切忌过细。如果有些资料内容多，可以在对应内容增加分目录。

3) 摘要

摘要包括4个方面的内容：一是简要说明调研目标，即简要说明调研的由来和委托调研的原因；二是简要介绍研究对象和调研内容，包括调研时间、地点、对象、范围、调研要点及所要解决的问题；三是简要介绍收集、整理和分析资料都采用了哪些研究方法；四是简要说明调研执行结果，包括主要发现、结论和建议(或策划的主要思路和策划执行后达到的效益与效果)。

4) 正文

正文是调研报告的主要部分。正文部分通过客观呈现市场现状的数据和资料，运用各种分析工具、数理与经验分析方法准确对现状进行分析，从而恰当地提出结论或建议。

(1) 市场现状。现状描述主要从知己、知彼两个方面描述。知己(即企业内部现状描述)主要反映策划项目委托单位的基本现状；知彼(即企业外部现状描述)主要从国家或地方相关政策、行业(或竞争对手)情况、市场与客户需求等方面反映市场与此策划项目有关系的基本现状。市场现状的描述主要任务是把经整理后的资料用凝练的语言、精准的数据、恰当的图表客观呈现出来。市场现状的描述是认识问题的过程，切记不能把对现状问题的客观认识与主观性的分析问题的内容混淆在一起。

(2) 现状分析。现状分析即运用工具、数理和经验的方法，对市场现状进行定性或定量分析的过程，对分析工具要有针对性的选择，一般可选择的分析方法如SWOT分析法、波士顿矩阵法、竞争优势五力模型分析法、三力营销分析法、鱼刺图法等。

在选择分析工具时，要选择适用的分析工具和方法。如战略策划分析可以选择竞争优势五力模型分析法、波士顿矩阵法等；营销策划分析可采用SWOT分析法、三力营销分析法等；管理策划可选择SWOT分析法、鱼刺图法等。

(3) 结论与建议。这是营销策划调研报告的落脚点，既是调研报告的结束，也是正式进行策划的开始。前期所做的大量资料收集整理和分析工作，最终的结果就是要形成对营销策划项目具有指导性的结论或建议。

建议是在结论的基础上，对今后进一步做好策划工作提出具有相对新颖性、相对超前性和可操作性的建议。

5) 附件

附件是从事营销策划调研基础工作和工作量的真实和客观反映，主要包括一手资料、二手资料和工作资料等。

附件一般资料比较多，必要时，可单独整理成册，以便于阅读和管理。也便于项目委托单位看到策划单位的劳动成果。

2. 营销策划调研报告编写要求

编写一份质量较高的营销策划调研报告，必须了解其特点，在把握整体策划的前提下，进一步掌握整个营销调研报告的编写步骤、报告的结构和编写方法。具体要求如下。

1) 实事求是

营销策划调研报告作为营销策划的阶段性成果，是基本的特点就是尊重客观实际，用事实说话。只有深入调研，力求弄清事实，摸清原因，才能真实反映事物的本来面目。

2) 符合经济规律及有关政策的规定

经济活动有其特有的规律性。因此，要掌握市场规律的变化，研究其变化的原因，加深对市场规律的认识。同时，要密切注意各个时期国家有关方针政策的变化，结合调研目标，深入分析研究，保证营销策划调研报告更加真实、准确。

3) 观点与数据要结合运用

营销策划调研报告的独特风格是以调研资料为依据，而资料中数据资料显得尤为重要，数据资料具有很强的概括力和表现力。用数据证明事实的真相往往比长篇大论更能使人信服。在营销策划研究过程中，常常会碰到一些问题、观点，用很多语言都难以表达清楚，而用一个数字、一个百分比，往往使事物的全貌一目了然。但要注意运用数据要适当，数字过少不能说明问题，使调研报告空洞无物，失去特色；过多地堆砌数字又太烦琐，反而使人眼花缭乱，不得要领。所以，要恰当地运用调研数据。

总之，一篇好的调研报告，必须是实事求是，必须符合经济规律及有关政策规定，必须有数据、有情况、有分析，既要用资料说明观点，又要有观点统率资料，二者应紧密结合、相互统一。通过定性分析与定量分析的有效结合，达到透过现象看本质的目的。

3.3.3 营销策划调研报告编写与制作应注意事项

编写与制作营销策划调研报告时，应注意以下几点。

(1) 报告内容要紧扣调研主题，突出重点，力求客观扼要。尽可能使用图表说明，便于企业决策者在最短时间内能对整个报告有一个概括的了解。

(2) 报告内容要具有可读性。调研报告的可读性表现在：一是文字简练，思维层次分明；二是分析透彻，观点鲜明、突出；三是内容的组织、安排有序；四是要行文流畅、通俗易懂；五是尽量用表格、图表、照片或其他可视物品来补充正文中关键的信息。

(3) 报告内容要具有公正性。调研报告要完整报告研究的结果，不应略去或故意隐瞒所知事实。如果在进行调研中出现严重问题(如问卷作废率过高)，调研者应及时承认，及时修正；即便是成功的调研，在调研报告中也不应只选择对自己有利的结果，而对其他避而不提。

(4) 如果有必要，还要进行追踪调研。追踪调研是指提出报告后，调研人员工作并没有最后完结，要追踪了解调研报告实施的进度和效果。

本 章 小 结

营销策划调研是指运用科学的方法，有目的、有计划、有步骤，系统地收集、记录、整理、分析、评价目标市场的各种市场信息，以及发展变化的趋势，为营销策划决策提供可靠依据的活动过程。

营销策划调研具有科学性、针对性、系统性、应用性、时效性、普遍性、创造性、经常性、主动性、不确定性等特征。

为了迅速、准确、高质量地收集到有关市场信息资料，营销策划调研必须依照一定的科学方法有步骤地进行，营销策划调研一般要经过调研准备、正式调研、结果处理3个阶段6个步骤。

营销策划调研的内容主要涉及宏观环境、市场需求、消费者行为、竞争对手、市场营销因素等几个方面。

营销策划调研应遵循准确性、系统性、及时性、针对性、经济性等原则。

营销策划调研的方法很多，按实地调研方式分类，营销策划调研可分为询问法、观察法和实验法；按选择调研对象的方法分类，可分为全面调研(又称普查)和非全面调研，其中非全面调研又可分为重点调研、典型调研和抽样调研。

开展营销策划调研首先要进行调研方案的设计，调研方案用文字语言来表示即是营销策划调研计划书，它是策划调研工作的总体规划和实施方案。

营销策划调研报告是营销策划调研人员对营销策划问题进行深入细致的资料收集和整理工作后，通过运用定性和定量方法对资料分析研究而形成的一种文本性报告。它是营销策划工作的市场研究阶段的成果性体现，作为营销策划者进行策划的依据。

关键术语

营销策划、营销策划调研、营销策划调研原则、营销策划调研流程、营销策划调研内容、营销策划调研方法、营销策划调研计划书、营销策划调研报告

习 题

一、填空题

1. 营销策划调研是指运用科学的方法,(　　)、有计划、(　　),系统地收集、(　　)、整理、(　　)、评价目标市场的各种市场信息,以及发展变化的趋势,为(　　)决策提供可靠依据的活动过程。
2. 营销策划调研应遵循(　　)、系统性、(　　)、针对性、(　　)等原则。
3. 询问调研法按询问的方式,可分为(　　)、邮寄法、(　　)和留置法。
4. 实验调研法的好处是:(　　),能够获得比较真实的(　　)。但是,这种方法也有局限性,大规模的现场实验,难以控制(　　),影响实验结果的有效性;实验(　　)较长,调研(　　)较高。
5. 在(　　)调研设计中,策划者必须解决好两个问题:一是抽样方法;二是(　　)。

二、选择题

1. 市场调研要有明确的调研方向和调研目标是营销策划调研的(　　)特征。
   A．科学性　　　B．针对性　　　C．系统性　　　D．应用性
2. 收集、整理、分析、评价和使用各种信息资料是营销策划调研应遵循的(　　)原则。
   A．准确性　　　B．系统性　　　C．及时性　　　D．针对性
3. 策划调研人员同被调研者面对面接触,通过有目的的谈话取得所需情况、数据、资料的一种调研方法是(　　)调研法的(　　)法。
   A．询问法　　面谈　　　　　　B．询问法　　电话
   C．观察法　　面谈　　　　　　D．实验法　　实验室实验
4. 开展营销策划调研首先要进行(　　)的设计。
   A．调研方案　　B．调研表　　　C．调研计划　　D．调研报告
5. (　　)是营销策划调研报告的落脚点,既是调研报告的结束,也是正式进行策划的开始。
   A．结论与建议　B．调研报告正文　C．调研方案　　D．现状分析

三、简答题

1. 营销策划调研方法有哪些类型?
2. 营销策划调研内容有哪几个方面?
3. 营销策划调研报告的编写与制作应注意哪几个问题?

四、思考题

1. 分析营销策划调研在营销策划过程中的重要作用。
2. 营销策划调研报告编写有哪些具体要求?

五、实际操作训练

实训项目1:调研某个商业企业
(1) 实训目的:熟悉调研程序,熟练掌握营销策划调研报告的制作。

(2) 实训内容：根据营销策划调研的内容进行安排。

(3) 实训要求：按不同调研任务将实训同学分组，在教师指导下对企业进行调研，写出调研报告。

实训项目2：拟定营销策划调研计划书

(1) 实训目的：熟练掌握营销策划调研计划书的制作。

(2) 实训内容：以某种产品的营销策划为例，根据营销策划调研计划书的格式写一份调研计划书。

(3) 实训要求：每个同学写出一份，在教师指导下分组进行讨论，写出实训收获。

案例分析

宝洁公司的市场调研

在市场调研方面，很多中国企业只投入销售收入的0.1%，绝大部分的美国公司投入大约1%~2%，而宝洁公司投入的市场调研费用占到销售额的3%~5%。

宝洁公司(P&G)是家庞大的生产日用消费品的公司，因业绩杰出而在全球营销界中久负盛名。公司总部设在美国辛辛那提，产品畅销全球。140多个国家的消费者都熟悉宝洁的产品，并通过其产品对宝洁公司有所认识。宝洁公司自1988年在广州设立第一家分公司以来，在500多个城市建立了合资企业，分公司、工厂和分销商网络，其品牌和产品已在中国家喻户晓。

宝洁公司有句非常经典的话："在对手关注我时，我在关注消费者。"事实上，宝洁在消费者市场研究方面始终处于领先地位，目前被广为应用的市场调研技术许多都是宝洁开创的。早在1924年，宝洁就在美国成立了消费者研究机构，成为美国工业界率先运用科学方法了解消费者需求的公司之一。宝洁发明的逐门访问的现场调研方式，至今仍是商家了解消费者需求的重要方法。宝洁也是最早使用免费电话与消费者沟通的公司之一。在中国，宝洁公司也建立了完善的市场调研系统，开展消费者追踪并尝试与消费者建立持久的沟通关系。宝洁公司在中国的市场研究部建立了庞大的数据库，把消费者意见及时分析、反馈给生产部门。

宝洁每年要通过各种市场调研工具和技术与全球多达700万消费者进行交流，电话与上门访问每年超过100万次，访问的内容涉及大约1 000个调研项目。通过入户访问、观察、举办消费者座谈会、问卷调研、访问商店、跟踪调研系统、消费者信件及接听消费者电话等措施，宝洁建立了庞大的数据库，及时捕捉消费者信息。这些信息帮助市场部创作富有说服力的广告和制订有效的市场营销计划，帮助产品开发部开发新产品，帮助销售部制订销售计划，保证了宝洁产品经久不衰的畅销。

仅2004年宝洁公司就接到超过300万个电话。顾客关系部门的工作人员接受持续的训练，包括宝洁品牌知识、产品使用说明及紧急处理等。同时，他们通过与顾客的沟通，发现潜在问题。比如，宝洁调研了中国人的洗衣方式，从而改良熊猫洗衣粉，推出含宝洁特有FDS超洁因子的熊猫超洁洗衣粉，有针对性的去污力更强；研究中国人的口腔保健习惯后，宝洁推出了第一支含中草药的佳洁士多合一牙膏。

信息技术的飞速发展，尤其是互联网技术的突破，为宝洁公司提供了一个解决与顾客互动关系问题的快速沟通渠道。例如，在对消费者价值清楚了解的基础上，针对不同的消费者群，宝洁构造了一套独特的品牌价值战略体系。

宝洁公司副董事长沃纳·葛斯勒表示，中国市场对宝洁来说充满机会。我们计划不断地扩展我们的品牌和产品目录。通过广阔的分销网络，进一步把宝洁的产品分销到中国小型城市和农村。

(案例来源：杨勇，王惠杰. 现代市场营销学[M]. 北京：中国物资出版社，2011.)

分析讨论题：

1. 结合宝洁公司市场调研案例，分析宝洁公司为什么会在全球营销界中久负盛名？
2. 从"很多中国企业在市场调研方面只投入销售收入的 0.1%。"分析我国企业发展过程中存在哪些问题？
3. 通过案例分析，结合企业管理知识，讨论宝洁公司的发展对我国企业有哪些启示？

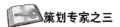策划专家之三

双栖营销实战专家——王海鹰

王海鹰，北京精锐纵横营销顾问有限公司总经理，中国顶级实战营销策划专家，破局营销体系的创立者，北京大学、清华大学、云南昆明理工大学、中央党校市场营销兼职教授，在流通企业、工业企业与咨询策划企业有多年的营销实战经历，是国内少有的既有理论高度、又有全面营销实战经验的双栖营销实战专家。潜心独创的破局营销体系得到了市场的实际验证。

北京精锐纵横营销顾问有限公司，自创立以来就摒除了策划行业浮躁的形式主义，把复杂的营销工作简单化、直接化，以实际扎实的营销实战经验协助众多企业在市场上获得巨大突破，成功为双汇冷鲜肉、双汇王中王、太太乐鸡精、伊品鸡精、农夫山泉、伊利乳业、银桥乳业、徐福记食品、好邻居糖果、金浩茶油、欧丽薇兰橄榄油、劲酒、金六福酒、贵州醇酒、小糊涂仙酒、红星二锅头、雪花啤酒、嘉禾啤酒、北美枫情地板、东鹏陶瓷、大自然地板、北新建材、红苹果家具、万嘉门业、美特斯邦威服装、劲霸男装、海尔电热水器、奥普浴霸、小护士洗面奶、立白洗衣粉、鹰牌花旗参、肠清茶、妇炎洁、颈复康、丹弗润滑油、西洋复合肥、史丹利复合肥、小肥羊火锅、豪享来餐厅等提供营销策划服务。简单高效的服务特点与良好的口碑使精锐纵横跃居中国营销策划行业第二品牌，成为国内外众多企业的首选外脑合作伙伴。

(资料来源：网易营销.)

第 4 章　营销策划思维与创意

市场营销只不过是文明化的战争冲突，在这场战争中，绝大多数战役的胜利是依靠文字、创意和严谨的思维取得的。

——艾伯特·W·埃默里

创意的时代已经到来。世界上没有任何东西比创意更有力量了。

——雨果

本章教学目标与要求

(1) 了解营销策划人员的素质要求；
(2) 熟悉营销策划思维与创意的原理与特点；
(3) 掌握营销策划思维与创意的方法。

本章知识架构

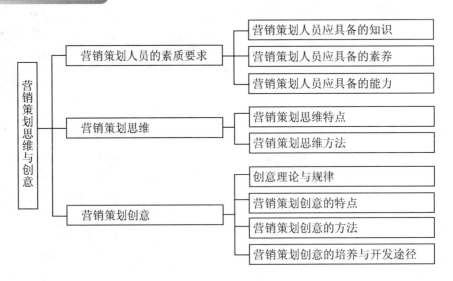

第4章 营销策划思维与创意

 导入案例

名人效应：巧用相同姓名

在美国肯塔基州的一个小镇上，有一家格调高雅的餐厅。店主人察觉到每星期二生意总是格外冷清。

一个星期二的傍晚，店主人闲来无事，随便翻阅当地的电话簿，他发现当地竟有一个叫约翰·韦恩的人，与美国当时的一位名人同名同姓。

这个偶然的发现，使他计上心来。他当即打电话给这位约翰·韦恩，说他的名字是在电话簿中随便抽样选出来的，他可以免费获得该餐厅的双份晚餐，时间是下星期二晚上8点，欢迎他偕夫人一起来。

约翰·韦恩欣然应邀。

第二天，这家餐厅门口贴出了一幅巨型海报，上面写着："欢迎约翰·韦恩下星期二光临本餐厅。"这份海报引起了当地居民的瞩目与骚动。

到了那一天，来客大增，创造了该餐厅有史以来的最高纪录，大家都要一睹约翰·韦恩这位名人的风采。

到了晚上8点，店里扩音机开始广播："各位女士、各位先生，约翰·韦恩光临本店，让我们一起欢迎他和他的夫人！"霎时，餐厅内鸦雀无声，众人目光一齐投向大门，谁知那儿竟站着一位典型的肯塔基州老农民，身旁站着和他一样不起眼的他的夫人。

人们开始一愣，当明白了这是怎么一回事之后，便迸发出了欢笑声。客人簇拥着约翰·韦恩夫妇上座，并要求与他们合影留念。

此后，店主人又继续从电话簿上寻找一些与名人同名的人，请他们星期二来吃晚餐，并出示海报，普告乡亲。

于是"猜猜谁来吃晚餐"、"将是什么人来吃晚餐"的话题，为生意清淡的星期二带来了高潮。

店主人没花一分钱便为自己的店作了很好的广告，这就归功于他大胆而新奇的创意。

(案例来源：全琳琛. 一分钟学营销——故事里的营销学[M]. 北京：人民邮电出版社，2010. 略有修改.)

从上述案例可以看出，借助名人促销，也许不需要大智慧、新思维、好创意，只要有钱就行。但如何巧用"名人"，就需要像案例中的店主人一样有超乎常规的创新思维和大胆而新奇的创意。

要提高营销策划的质量，必须从策划者的思维与创意入手。要努力提高这两方面的技能，营销策划者必须拥有渊博的文化知识、市场营销知识、策划知识、广告知识等相关知识，具备了扎实的理论知识，才能展开创意的翅膀，放飞思维的火花。营销策划是一种创造性的思维方式，是一种高级的人脑活动过程，这需要策划者有广泛敏锐、深刻的觉察力，丰富精妙的想象力，活跃、丰富的灵感。只有这样，才能把策划知识化成策划智力，使之成为策划活动的智慧能源。创造性的思维，是策划活动创造性的基础，是策划生命力的体现，没有创造性的思维，营销策划活动的创造性就无从谈起。那么，什么是营销策划的创造性思维，创意从何而来？营销策划人员应具备哪些素质才可能有超乎常规思维的创新思维和大胆而新奇的创意？这正是本章要学习和探讨的内容。

4.1 营销策划人员的素质要求

营销策划人员的良好素质是做好营销策划工作、取得策划成效的基础。作为一项科学性较强且具有创造性的工作,营销策划工作对营销策划人员提出了较高的素质要求。

有人认为,营销策划人员要求既要会"说"——善于沟通交流,又要会"做"——善于策划营销方案,还要会"写"——撰写策划活动方案;也有人认为,一个优秀的策划者既是一个"博"家,也应是一个"专"家,博中有专,专博相济;还有人认为,现代营销策划人要有儒家的德、法家的略、兵家的谋,方能修创新之身、平商战之天下。综上所述,一个优秀的营销策划人员必须具备以下条件和要求。

4.1.1 营销策划人员应具备的知识

从营销策划的角度来说,一个优秀的营销策划人员是一个复合型、实用型人才,必须具有广博的知识,懂得管理,了解生产,熟悉各种媒体,具有各种综合知识,而且还具有新闻、营销、公关等方面的专业知识。

1. 策划专业知识

从营销策划的工作角度来看,策划者应该具备的专业知识结构,见表4-1。

表4-1 营销策划专业知识结构表

知 识 类 型	涉 及 内 容
策划学的基础理论和实务知识	策划学的基本概念、基本技能、基本原则和工作程序、策划的基本方法等
企业经营管理知识	管理学、行为科学、市场营销学、推销学、决策知识以及广告学知识、企业管理理论、消费者心理学、价值理论等
与营销策划有关的社会科学知识	社会学、心理学、社会心理学等

2. 法律法规知识

以经济效益为目标,以法律法规为准绳,这是营销策划者必须认真把握和严格遵守的行为准则。营销策划者应该对国家有关的法律法规、方针政策有足够的认识与理解,包括广告法、反不正当竞争法、消费者权益保护法、经济法、公司法以及国家制定的各种相关的法规、政策等。这样才能在法律法规的范围内制定企业营销策划方案,才可能避免出现因对法律法规的无知而造成的对他人无意的伤害或不正当竞争的发生。

3. 现代金融知识

策划者应该具备现代的金融、财会、经营等方面的专业知识,并且能够具备资本经营运作能力、国际金融和贸易的判断能力等。策划者不仅应具备相应的金融专业知识,而且还应具备相应的金融操作技巧,才能够确保企业资本的创造能力得以充分发挥。

4. 现代传媒知识

营销策划的结果,是要让社会公众认识并接受企业及企业的产品或服务,所以,传媒是必不可少的媒介。策划者应该对传播学、新闻学、广告学等知识有所掌握，这也是策划的一个重要环节。

网络的出现为信息的传播与共享带来了前所未有的变革，已成为当今最发达、最快捷、最经济的传媒工具。营销策划人员必须学会运用这一宝贵资源，从而为策划活动的成功提供更为有力的保证。策划者必须对网络知识有足够的了解，它包括如何使用网络进行营销策划，如何利用网络信息进行有效的调研预测和判断以及网络应急措施等。

4.1.2 营销策划人员应具备的素养

营销策划人员应具备的素养是多方面的，概括起来有以下几个方面。

1. 道德品质

人无信不立，企业无信不昌。作为一名合格的营销策划人员，必须在诚信、奉献精神和责任感方面不断提升自我。

任何一个职业人都需要具有职业道德，这是使事业成功的基础，营销策划者更是如此。具有良好的社会公德和职业道德，以及由此决定的价值取向，是营销策划人员的基本道德修养的重要表现。营销策划人员应该自觉确立人本意识和立志服务社会的策划理念，在策划活动中遵守行业的道德规范。以诚信为本，注重企业的信誉，绝不能为谋取一时的利益而进行欺诈；要严格保守客户和本企业的秘密，切实保证本企业的信誉——营销策划产品的质量。只有这样，才能够以信誉赢得企业客户。

2. 敬业精神

敬业，是在所有的职业中都被期望和要求的。"敬业"在我国古代《礼记·学记》中就以"敬业乐群"明确提出，宋朝朱熹也说，"敬业"就是"专心致志以事其业"。

破旧立新，这是事物发展的规律。作为营销策划者，应该具备不破不立的意识。破旧，就必然要不怕困难、不畏艰辛，甚至不怕失败，就要具有开拓的精神和毅力。立新，就要具有创造性，要有足够的承担风险的心理准备，要有竞争的信心和能力，要有敢为天下先的勇气。只有这样才能在破与立中不断向前，不断发展。

3. 团队意识

对于营销策划者来说，营销策划工作不是单打独拼的工作，培养团队意识是非常重要的。团队意识即让若干个细丝拧成一根绳的意识。优秀的企业都非常注重团队协作精神，正如阿里巴巴的CEO马云所言："一定要有一个优秀的团队。光靠一个人单枪匹马不行，边上都是替你打工的也不行，边上这批人也必须为了梦想和你一样疯狂热情，而且这个梦想还必须做出来。""一个优秀的团队，优秀的同事是使一个企业做成功最重要的因素之一。"

4. 自信心

自信心可以说是一种由自我评价引起的自我肯定并期望受到他人、集体和社会尊重的积极向上的情感倾向。自信心，对于营销策划人员的成功来说是极其重要和关键的。美国作家爱默生说："自信是成功的第一秘诀。"而美国的亨利·福特说："如果你认为自己行，或不行，你总是对的。"如果你不能把自己想象为一个成功者，你将永远不会成功。只有有了自信，你才能满怀信心地面对客户，产生一股不达目的绝不罢休的气势，言谈举止表露出充分的自信,最终赢得他人、合作者、客户信任,获得营销策划的机会,取得营销策划成功。

自信不仅仅是对自己能力的肯定,更是对自己所追求的目标的坚定信念,对自己的行为的正确性坚信不移,抱有充分的信心。强烈的自信心以及追求目标实现的必胜信念是事业成功的基础,是人们行为的内驱动力,也是创新思维不竭的源泉。一个创意与策划人员,如果对自己从事的事业充满信心,那么成功的信息就会传入他的脑海,使他处于一种积极亢奋的心境之中。在这种情况下,一种强大的精神力量就会自然而生,人的潜能也会得到充分发挥,没有克服不了的困难、摆脱不了的困境,甚至还可能创造奇迹。只要相信自己,敢于向权威和现实提出挑战,善于思考问题,不怕失败,就一定能收到意想不到的结果。

在日本有所企业管理学校,其中的一门课程,便是要求学生们在一天中最热闹的时候,站在东京繁华的大街上向行人大声喊叫"我是天下第一",用以增强学生的自信和朝气。据说从这所学校毕业的学生,大多成为日本成功的企业家和企业管理人员。作为一位营销策划人员,也应当拥有这样的勇气和信心,敢于面对现实,不怕挫折,不怕被他人否定,在自己确定一项方案之后,就应当有勇气接受他人的批评与挑战,否则永远也做不出令你满意的策划方案来。

5. 激情与热忱

美国微软集团董事长兼首席软件设计官比尔·盖茨说过:"我们公司的核心文化就是激情文化,员工必须要有激情,才能全身心地投入到工作中去,而技巧是可以培养出来的……"营销策划工作是一项极富挑战性、富有创意的工作,没有激情无论如何也产生不了绝妙的创意。

热忱是一种性格的特质,也是一种对人生、对事业的态度。热情的人有较高的成就动机,渴望事业的成功。对营销策划人员来说,在策划过程中要不断地提出新的创意,就必须保持对营销策划工作极大的热情和激情。

4.1.3 营销策划人员应具备的能力

营销策划是一种跨学科的行为,作为营销策划者,其具有丰富的知识,培养了优秀的职业素养,具备了营销策划的基本条件和要求。但要真正成为一个优秀的营销策划人员,还必须具备营销策划综合能力,具体包括:创意能力、创新能力、市场调研能力、组织能力、洞察能力、整合能力、执行能力和学习能力,如图 4.1 所示。

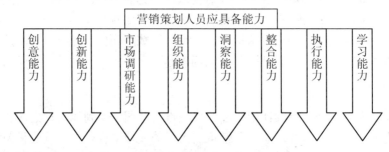

图 4.1 营销策划人员应具备能力示意图

1. 创意能力

创意能力是营销策划者最基本的能力。在市场经济条件下，市场是一切财富的源泉。谁不研究市场，谁就将在商战中败北，而要在商战中取胜，最大的法宝就是创意。创意是脑力的创造性思维，是人们面对一个具体问题所进行的不同于他人并导致新颖而有效地提出解决方案的思维过程，创意是在创造学、投资学、思维学、经营学、预测学、心理学基础之上的外在成果。创意作为创造性思维，不是一种单一的思维形式，而是多种思维形式的总和。它不是一般性的思维活动，而是一般思维的继承和发展，是对事物的本质发展、发展规律和事物的相互联系更系统、更深刻、更全面、更新颖的发现、理解和把握。

 案例

比尔·盖茨支持竞争对手

创意如同建筑中的框架结构，是企业策划的重要因素。创意是否合理，将决定企业的成败。例如，微软公司在 1998 年对陷入危机的苹果电脑公司注资 1.5 亿美元，使昔日的竞争对手的险情有所缓解，这一创意震惊了世界的同行。那么，比尔·盖茨的这种做法的意义何在？

首先，他的这种创意旨在使微软公司在商业性竞争中寻求新的能量补充。毕竟，苹果公司曾经是一家辉煌的电脑霸主，尽管元气大伤，但其潜在势力仍然不可低估，况且，许多电脑公司在苹果公司乏力的时候，谋求与其合作。而微软公司的一些主要竞争对手，如 IBM 公司、Oracle 公司、Sun 公司，特别是网景公司都在借助和苹果的合作来与微软公司明争暗斗。因此，比尔·盖茨的这种创意，有可能提高微软公司经营的安全度。

其次，如果苹果公司彻底垮了，那么微软公司操作系统软件的市场占有率将达到约 92%。按照美国《反垄断法》规定，如果某一个企业的市场占有率超过一定标准，而且市场中无对应的制衡产品，它就要面临反垄断方面的调查。一旦苹果公司不存在，按反垄断法，微软公司就要受到美国司法部门和联邦贸易委员会的质疑。如若这样，微软公司为这场诉讼要付出的费用将大大超过它能从苹果公司让出的市场份额中赚取的利润。

第三，在网上浏览器方面，由于网景公司捷足先登，占领了大部分市场，微软公司一直在暗中寻求机会，试图夺回自己在网络电脑方面的优势。现在，由于与苹果公司的联手，微软公司就可以将自己生产的因特网搜寻器附装在每一台苹果电脑的包装盒里，用户如果想用网景浏览器，就得自己去买软件，自己安装，很不方便。这就为微软公司的因特网搜寻器增加了竞争获胜的筹码。

最后，比尔·盖茨的创意还在于拉苹果公司入怀，以缓解其他大的软件公司联手开发的 Java 程序语言所造成的威胁程度。

(案例来源：何成. 我型我塑，磨炼策划[M]. 南京：南京大学出版社，2006.)

2. 创新能力

市场变幻莫测，市场竞争日趋激烈，营销策划者必须对市场了如指掌，了解客户市场的定位，了解目前市场存在的问题。要从市场实际出发，敢于承担风险，不断创新。只有及时发现问题、分析问题、解决问题、创新性地开展工作，才能使自己立于不败之地。可以说优秀的营销策划方案都离不开创新，创新意识是营销策划者的基本意识，创新能力是营销策划者最本质的能力。创新既不是想入非非，也不是闭门造车、苦思冥想所能得到的，其重在创造性的思维。

勇于创新的路易斯·格斯特纳

被西方传媒誉为"蓝色巨人救世主"的 IBM 公司总裁路易斯·格斯特纳的创新能力使得 IBM 重振雄风,取得辉煌的业绩。

绰号"蓝色巨人"的 IBM 公司,鼎盛于 20 世纪 80 年代,曾经雄居于《财富》杂志评选的世界 500 强第二位,长期以来 IBM 领导世界电脑发展的新潮流,被视为美国科技实力的象征和国家竞争的堡垒。但是,进入 20 世纪 90 年代,整个计算机产业的竞争格局发生了重大的变化,由少数大公司垄断技术、瓜分市场的昔日美景已经散尽,个人电脑和工作站技术发展迅速。但 IBM 公司没有及时进行创新,仍然固执坚持以大型主机系统为核心的经营战略,错失良机。从 1991 年开始连续 3 年严重亏损,1993 年更是创下了年度经营亏损 81 亿美元的天文数字。股东的信心严重受损,股价一路下跌,从 1987 年的 175 美元跌到 1993 年的 41 美元的最低谷。美国舆论称之为"国家的灾难",就连刚上台不久的克林顿总统也对此深表惋惜,这时 IBM 已经到了最危急的时刻。前任总裁埃克斯引咎辞职,而路易斯·格斯特纳临危受命,接任 IBM 公司总裁职务。

这位靠经营香烟和快餐起家,对计算机外行的人,正是靠着不断地创新,使 IBM 恢复了往日的辉煌。

他认为 IBM 公司最需要的是一种远见,而这种远见来自于创新。他在接任总裁后,对人事、技术、营销、合作等各个方面进行破旧立新。经过 4 年的努力,1997 年 IBM 公司的营业额为 785 亿美元,取得 68 亿美元的税后净利润(IBM 公司易主的 1993 亏损 81 亿美元),股价也达到了空前的 185 美元的水平,比最低的 1993 年翻了 4 倍。由此可见创新与不创新的差异。策划者就应该具有捕捉信息和不断利用信息进行创新的能力。

(案例来源:何成. 我型我塑,磨炼策划[M]. 南京:南京大学出版社,2006.)

3. 市场调研能力

营销策划者必须能够准确预测和善于把握市场发展的机遇,市场调研能力是必不可少的能力之一。

市场调研能力是指策划者对市场现状的分析进而预测未来趋势的能力。它要求营销策划者要有深谋远虑、未雨绸缪的战略眼光。市场调研能力如何,会直接影响策划的结果。

住进客户家里

一次,一个美国家庭住进了一位"不幸"的日本人。奇怪的是,这位"落难者"每天都在做笔记,记录美国人居家生活的各种细节,包括吃什么食物、看什么电视节目等。一个月后,日本人走了。

不久丰田公司推出了针对当今美国家庭需求而设计的价廉物美的旅行车,大受欢迎。举一个例子就能说明,美国男士(特别是年轻人)喜爱喝玻璃瓶装饮料而非纸盒装的饮料,日本设计师就专门在车内设计了能冷藏并能安全放置玻璃瓶的柜子。

直到此时,丰田公司才在报上刊登了他们对美国家庭的研究报告,并向那户人家致歉,同时表示感谢。

(案例来源:齐华. 市场调查新景观[J]. 销售与市场,2005(6).)

4. 组织能力

组织能力是指营销策划者能够根据其要求将策划资源因素进行有机结合的能力。它包括对策划人才的找寻、策划资料的搜集、策划方案的制订等,也就是对人、财、物、事的统筹安排。因此营销策划者的组织能力将直接影响企业策划结果。

具体来讲,策划者的组织能力包括内部组织调配和外部组织协调,以此达到共同策划、制作、实施的目的。

组织能力除了要求策划者具有极强的组织纪律性和团队协作精神之外,还要求策划者必须具有较强的组织领导能力。策划活动是一项集体活动,需要策划团队中每一个策划者的通力合作,才能形成策划效益,即有效的策划结果。

5. 洞察能力

洞察能力就是指策划者能够全面、正确、深入地分析认识客观现象的能力。策划者的洞察力对于策划结果的质量具有直接的影响。

策划者应该具备综观全局、全面分析的能力,具备对事物发展变化的观察力、敏感力和分析力,具备能够透过现象抓住本质以及着眼发展、科学预见的判断能力。只有这样,策划者才能够保证策划的针对性,找到解决问题的关键所在,取得策划成效。

"察人之所未察,见人之所未见"是对策划者洞察力要求的具体描述,策划者应该善于从过去和现在的资料文献中发掘具有创意策划的重要素材。

案例

奥姆的洞察能力

奥姆是美国赫赫有名的营销"教父",他最成功之处并不在于他的说服能力或推销技巧,而在于他独具慧眼的洞察能力,总能发现一般营销人员无法发现的商机。

当奥姆还是保险公司一名推销员时,有一次他偶然经过一间小公司,从外面可以看到这个公司里有十几个人正在忙忙碌碌、跑来跑去地组装个人电脑,办公室的桌子上堆满了线路板和各种机箱。办公室虽然简陋而且狭小,但是在奥姆看来,这家公司充满了勃勃生机,具有无限的发展潜力。

虽然奥姆服务的客户都是大公司,但这一次,他提出要见主管。有人把奥姆带到了一个 20 岁的年轻人面前,这个年轻人当时正在一张黑色的桌子前工作。奥姆与这位年轻人详谈之后,预感到这个年轻人构想出的公司会有一番大作为,奥姆说服了年轻人接受他们的保单。

但是,奥姆所在的保险公司在政策上不接纳雇员少于 50 人的公司作为投保对象,而这位年轻的 PC 领军人物只有 16 个雇员,奥姆决心挑战这个屏障,因为他预感这家小公司一定会有所发展。

奥姆找到自己的经理和有关组织部门,找了他能找的所有人,试图破除这个政策上的限制,经历多次挫折与失败,奥姆甚至签下了军令状,他终于使公司调整了原先的政策,接纳了这家小公司的保单。不出一年的时间,这家小企业就从 16 名员工发展到了拥有 500 名员工的大企业!而当时站在桌子前工作的那个年轻人就是迈克尔·戴尔。

像奥姆一样,出色的洞察能力对于营销策划人员来说往往是成功的起步。洞察能力来自于直觉与经验的混合。如果说直觉是源自于个人主观的感受,那么经验则是不断学习与磨炼的结果。任何一名成功的营销策划者,都必然是经过长时间的磨炼,才能练就准确的商业与社会洞察能力。

(案例来源:章蕾,林景新.营销大师的三项素质[N].中国证券报,2007.略有改动.)

6. 整合能力

营销策划者不一定比别人更高明,但必须具有整合的能力,能够把各种资源要素整合在一起,协调各方面的力量形成合力,从而达到营销策划的目的。正如被誉为"策划之神"的美国百货业巨子约翰·华那卡在实践经验中总结的成功策划方程式那样:

成功的策划＝他人的头脑＋他人的金钱

营销策划者的整合能力,不仅基于他的理性系统思维能力,还在于他对信息情报资源的大量、合理、高效的占有能力。只有在他占有足够多的信息,并且具有理性分析之后的合理取舍,才能使策划活动具有创新性和创造性。

7. 执行能力

营销策划者在完成策划之后,就应当采取实际的行动,策划者不仅要勤于思考,更要敏于行动。有时实际操作能力甚至成为营销策划方案能否成功的关键所在,何况营销不仅是做出营销策划方案,还必须设计出切实可行的操作流程和操作方法,尤其是基层的策划人员必要时要指挥、监理甚至具体操作执行。

作为一个营销策划者,主要是更多地考虑定量的战术和具体问题,他们要参与许多实际的操作过程,如市场调研、信息收集反馈、广告制作与监测、媒介的组合、销售队伍的培训、营销组合及推广等。因此,"纸上得来终觉浅,绝知此事要躬行",空谈成为不了一位成功的策划人员。

8. 学习能力

学习,包括学习动力、学习毅力和学习能力,这是人类认识自然和社会、不断完善和发展自我的主要途径和方式。无论是个人、团体,还是一个民族、一个社会,只有主动学习、不断学习、善于学习,才能不断提升自我,不断取得进步。学习能力是衡量一个人价值的重要方面。作为一个优秀的营销策划人员,必须是复合型、实用型人才,要求专业知识越多越好,相关知识越广越好。营销策划者必须树立终身学习的理念,变被动学习为主动学习,变要我学为我要学,在知识学习、实践学习两个方面不断探索学习的科学方法,不断提升自主学习能力,才能不断推出优秀营销策划成果。

总的来说,营销策划者的能力是诸多要素综合作用的结果。它既有天赋的因素,也是一个人经过长时间艰苦的自我学习、自我磨炼、自我改造、自我提高而获得的一种综合能力。因此,要成为一个合格的营销策划人员,就必须有意识地合理构造自己的知识结构,培养良好的素养,掌握娴熟的策划能力,培养严谨的工作作风,创造性地进行思维和创意,广泛地参与策划实践活动,这样才可能成为真正的复合型的营销策划人才。

4.2 营销策划思维

思维是人脑对客观现实世界能动的、概括的、间接的主观反映过程。它是在社会实践的基础上,以感觉和知觉为基础,通过对感性材料由此及彼、由表及里、去粗取精、去伪存真地分析、综合而进行的。思维分两种类型：常规思维和创新思维。常规思维是人们借助于日常生活、日常行为中的积累而展开的思考，是人们在生活感受、实践体验及传统习惯的基础上所进行的思维活动。

而策划思维是一种创新思维，它比常规思维更具复杂性。营销策划是独到的视角，用辩证的、动态的、系统的、发散的思维来整合营销策划对象所占有和可利用的各类显性资源和隐性资源，在新的排列组合方法指导下，使各种生产要素在生产经营的投入产出过程中形成最大的经济效益。营销策划是创新思维活动，在一定的资源条件下，策划的成败与否取决于策划者的思维能力。

4.2.1 营销策划思维特点

营销策划思维具有如下几个特点，如图4.2所示。

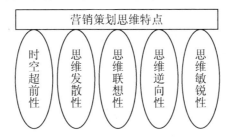

图4.2 营销策划思维特点示意图

1. 时空超前性

时空超前性是一种超越时间和空间，超越现实与常态，以未来可能发生的各种情况为依据对现实进行弹性调整的思维。空间超越即策划者跳出原有的空间范围去思考问题，在更广阔的空间思考问题；而时间超越即策划者超越原有的时间界限去思考问题，通过大脑对事物发展的趋势或未来的大致情形进行推断和估计，是对未来的一种瞻望，是高屋建瓴的设想和立意高远的构思。当然，超前思维要把握一个度，无论是空间还是时间，过于超前，反而会招致失败。

2. 思维发散性

思维发散性是指从不同的方面、不同的层次、不同的视角分别连接思维的目标，并不断向各个方向延伸的思维方式。

发散性思维分为辐射思维、旁通思维等形式。辐射思维是指围绕某一轴心联想相关事物，从而形成发散性思维；旁通思维是指摆脱习惯思维的束缚，借鉴相关事物的启发从而产生新的创意的思维方法。

外行人的创造发明

在营销史上，有许多新产品的创造发明是来自所谓的外行人。如彩色胶卷的发明者利奥波特·迈尼斯和利奥波特·戈多斯基曾是音乐家，圆珠笔的发明者拉迪斯罗·伯罗曾当过雕刻家、画家和记者，剃须刀的发明者金·坎伯·吉利原是一家酒厂的推销员。这些发明者的共同特征就是摆脱习惯思维的束缚，借鉴相关事物的启发形成差异化思维，从而产生不同的发明创造。

(案例来源：朱华锋. 营销策划理论与实践[M]. 合肥：中国科技大学出版社，2010. 略有改动.)

从上述案例可以看出，发明者虽然多为外行人，但他们共同的特征是具备各方面的知识，这也说明了思维发散性的前提是思维者必须要有丰富的知识。

3. 思维联想性

思维联想性是指由某一事物联想到另一事物而产生认识的心理过程。联想性思维在人类的思维总量中约占20%的比例，其基础是人类在发展过程中获得的各种经验、知识以及习惯，导致形成对一个事物或现象的由此及彼、由表及里的推断和创造。

4. 思维逆向性

一般人都习惯于正向思维，即按常规去思考、分析问题。企业通过正向思维，面向未来，最大限度地利用未来市场资源，获取营销机会和发展空间。在营销策划的实践中，逆向思维也是常用的一种思维方式。逆向思维又称反向思维，是指为实现某一创新或解决某一用常规思路难以解决的问题而采用反向思维寻求解决问题的方法。通过逆向思维，即在思考策划问题时打破常规进行反问、反思、反面质疑，从而摆脱习惯性思维的影响，激励新创意、新方法的产生。当然，逆向思维也必须从实际出发，审时度势，因地制宜。

案例

王老吉：正话反说的魅力

2008年5月18日在央视为四川汶川大地震举办的赈灾晚会上，生产罐装王老吉的加多宝公司当场向地震灾区捐款1亿元，这是王老吉企业2007年一年的全部利润，人们不禁为王老吉大手笔捐款赈灾的义举拍手叫好。

然而从5月19日开始，一个标题为《让王老吉从中国的货架上消失！封杀它！》的帖子开始在众多网站论坛、博客等网络空间热传。

帖子称："为了整治这个嚣张的企业，买光超市的王老吉！上一罐买一罐！"这个正话反说的"封杀王老吉"的倡议，几乎瞬间传遍国内所有知名社区的网站与论坛，迅速提升了王老吉的影响力、知名度、美誉度。

(案例来源：全琳琛. 一分钟学营销——故事里的营销学[M]. 北京：人民邮电出版社，2010. 略有修改.)

5. 思维敏锐性

思维敏锐而锋利，能迅速捕捉信息，引领潮流。在市场瞬息万变、策划新点子层出不穷甚至"过剩"的高速发展时代，成功有效的营销策划必然高度贴近目标对象的心理需求，表现出对新鲜时尚的敏锐把握和成功引领。思维的敏锐性是由思维速度和思维深度决定的，没有一定的思维速度，就达不到"敏"；没有一定的思维深度，也谈不上"锐"。

4.2.2 营销策划思维方法

营销策划需要灵活机动与系统综合地运用多种思维方法，才能找到解决营销问题的思路、策略和方法。营销策划思维方法多种多样，归纳起来有 7 种，如图 4.3 所示。

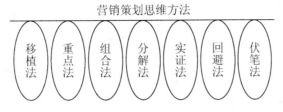

图 4.3　营销策划思维方法示意图

1. 移植法

事物总是具有某些相似性，这是哲学的根据，也是哲学的结论，这为移植法奠定了基础。

移植法就是把某一领域或地方成功的事物、做法、经验照搬到另一领域或地方而形成新事物的一种应用方法。移植法包括直接移植法和间接移植法。直接移植法就是把先进地区的新兴项目照搬到后进地区去；间接移植法就是把成熟的产业理念、原理和方法等应用于新产业设计思路中。

韩国企业家的"砌墙移植"

一位韩国的企业家在孩童时代曾仔细观察工人砌墙。他发现砌墙的方法很简单：填一层泥土，用木槌夯实一段，反复进行下去，即可造出高墙来。后来，他在做企业的时候，把砌墙的方法运用到企业治理中。他的企业经过一个大发展阶段，必然要停下来整顿，反复进行。再后来，他的小企业就变成了大企业。

(案例来源：史宪文. 现代商务策划管理教程[M]. 北京：中国经济出版社，2007. 略有修改.)

2. 重点法

重点法就是在面对复杂的策划对象时，首先要努力寻求突出某一营销环节、某一资产、某项业务等个别线索，然后加以精雕细刻，使某一点首先突破，进而把局部策划产生的功效传递给整个策划对象。

在重点法中挖掘特点是其思维的首要环节，一定要突出和显示策划对象的某一特点；把特点和整体联系起来是重点法思维的又一个重要环节，一定要通过特点联系整体，使特点的影响牵动整体提升价值。其中的特点一定是从整体价值中折射、提取出来的。重点法可以通过洛克菲勒赠送联合国一小片土地的案例充分体现出来。

洛克菲勒的"联合国赠品"

在 20 世纪 40 年代，洛克菲勒在纽约市郊买了一大片荒地，按常规地产开发办法，此地可建设一个独立的小区，可以是住宅，可以是办公区，可以是商业区，也可以综合化。但无论如何规划，这么一大片地，投资成区,会需要巨额资金,特别长的工期,且由于不在黄金地段,不会卖出好价格,所以当时许多人认为这是个投资败笔,至少也不是个好项目。

但在此时,洛克菲勒已投入了数亿美元,取得了这大片土地的独家开发权,项目已走上了无归路。这时,联合国在美国宣告成立,但一直没有一个气派的、有规模、有档次的总部办公大楼。洛克菲勒得知这个消息后,对联合国的情况进行了全方位的调查,结论是联合国将不同于其他世界性组织,它将成为处理国际性实质问题的权威机构,它的决策将涉及全世界每个国家的利益,为此各国都会花一定的代价来争取联合国做出对自己国家有利的决策,所以,联合国总部所在地,也必然是各国外交的重要发生地,各国会就近安营,派代表参与联合国事务。

尽管当时联合国还处于艰难维持的初期,但未来趋势必然如此。做出这个判断之后,洛克菲勒从他那片纽约的土地之中,分割出价值3 800万美元的一小片,以1美元的价格"出售"给了联合国,这对于尚无安身之地的联合国来说的确是雪中送炭,于是联合国决定在洛克菲勒的土地上安营扎寨。

不久,第二次世界大战结束后新的世界格局形成,获胜的大国们开始经营联合国,联合国的作用迅速显现,各国纷纷去争取在联合国的利益,许多建筑商、宾馆发展商等也都看准了联合国的商业价值,于是洛克菲勒以联合国作为王牌,在大片土地上规划了外交区,土地迅速增值,获利无法计数,且名利双收,这种投资效果,是用3 800万美元的传统广告投入所无法达到的,因为3 800万美元买不下联合国!

可见,突出一点有多么重要!

(案例来源:英子.洛克菲勒的赚钱智慧[J]. 金融经济,2008(1).)

3. 组合法

组合法是把不同的营销内容组合为一体,或把不同的营销过程组合为一个完整的营销过程。

组合分形合与意合两种类型。形合是把多个小事务整合成一个大的事务,如带橡皮头的铅笔是橡皮与铅笔的简单的材料组合;意合是把一项事务赋予多项使命,如MP3则是音响与U盘的功能组合,通过对放音功能与存储功能的结合,开发出了品质和用途更加优良的全新产品。将"形合"与"意合"结合起来,创意的效果会更好,如把沙发和床组合在一起,设计出了更加实用的沙发床,就是"形合"与"意合"的经典实例。在营销策划中,善于组合的人,能够发现策划对象的更多的价值,能够大幅度提高经营效率。

 案例

普拉斯:把产品组合起来营销

日本的普拉斯公司,是一家专营纸张、文具、图钉、回形针、尺子等文教用品的小公司。由于利润较低,公司生意始终很清淡,眼看就要陷入破产的境地。

公司里有一个名叫玉村浩美的女职员,她通过观察发现,顾客在购买文具用品的时候,都不是仅买一样东西,而是好几件一块儿买。她从中得到了启示,想出了一个新颖的经营点子——文具组合,即将铅笔、钢笔、尺子、橡皮、小刀、圆规和透明胶带等,放进一个设计精巧、轻便易带的盒子里,盒子的外表则印上色彩鲜艳和形象生动的卡通图案。

文具还是原来普拉斯公司经营的产品,但经过新奇的组合后,一上市就已成为热门商品。第一年就销售了300多万盒,获得了意想不到的巨额利润。

此后,玉村浩美再接再厉,进一步改善文具组合,在盒子里装上电子表、温度计,使它的功能趋于多样化。她还根据孩子们的好奇心理,把文具盒弄成了五花八门、千姿百态的变形金刚。

这样的文具很受孩子们的欢迎,所以销售量越来越大,很快就风行全球。

(案例来源:全琳琛. 一分钟学营销——故事里的营销学[M]. 北京:人民邮电出版社,2010.)

从上述案例可以看出,产品还是原来的产品,玉村浩美只是进行了不同的组合调整,竟使普拉斯公司获得了意想不到的巨额利润。可见,掌握了一个简单的思维组合法就可以为产品创造极高的附加值,使企业获得可观的利益。

4. 分解法

分解法可理解为组合法的逆过程,即把看似一个整体的营销过程分解为多个步骤或多个相对独立的营销子过程。把粗分类、分步的营销过程进行多级细分,或把看似一个整体的营销内容分解为多个内容或多个相对独立的营销子内容;把粗分类、分步的营销内容进行多级细分,如市场定位就是一系列的分解过程,从地域、年龄、阶层、信仰到经济能力等可以无限地分解下去。

5. 实证法

"用事实说话",实证法即用实际的,让消费者看得见的功能效果来证实产品的优越性,让消费者认识到产品的优点。

案例

茅台:摔出的世界名酒

1915 年,在巴拿马万国博览会上,各国送展的产品可谓琳琅满目,美不胜收。可是我国送展的茅台酒却被挤在一个角落,久久无人问津。

我国的工作人员心里很不服气。他眉头一皱,计上心来,便提起一瓶茅台酒,走到展览大厅最热闹的地方,故作不慎把这瓶茅台酒摔在地上。酒瓶落地,浓香四溢,招来了不少看客。人们被这茅台酒的奇香吸引住了……

通过"酒香为媒"的轰动效应,那些只饮"香槟"、"白兰地"的外国人,才知道中国茅台酒的魅力。茅台酒也成为那届博览会上的明星,最后被授予荣誉勋章金奖,享有了"世界名酒"的美誉。

(案例来源:全琳琛. 一分钟学营销——故事里的营销学[M]. 北京:人民邮电出版社,2010.)

6. 回避法

正确地提出问题等于解决问题的一半。有时销售问题解决不了,很可能问题不在销售上,而出在融资上。回避法就是不就事论事,不以原策划课题为解决对象,改换问题的内容,重新设立策划课题,再加以策划。

7. 伏笔法

营销策划是一项立足现实、面向未来的活动,伏笔法是指在开展策划时,预先创造策划依据或实施方案的基础,在进行当前策划时,为下一个策划方案的制订和实施奠定基础。

4.3 营销策划创意

营销策划是一项极富创造性的活动，没有固定的模式。纵观国内外所有的成功营销策划案例，它们都有一个共同的特性——富有创意。创意是指整个策划活动从构思到实施、从酝酿计划到统筹安排的过程中，策划者将各个思维要素整合成一个相对独立的、完整的思想体系，显示出自己的某种创造性、独特性和新颖性。营销创意是营销策划的核心和前提。策划创意是策划运行中的最高层次，只有蕴含创意的策划，才是富有鲜活个性和持久影响力的策划。

创 意 对 虾

日本小商人吉田正夫，起早贪黑地经营仍然赚不到多少钱，生活十分艰苦。

一次，吉田正夫到外地探亲，在集市上，他看见渔民正在卖一种小虾。这是观赏用的小虾。

一对对寄养在石堆里的小虾，悠闲地生活在石缝中，十分好看。

渔夫为了推销产品，给吉田正夫讲起这种小虾的故事。原来，这些小虾生活在日本的南方，自幼习惯于成双成对地在石缝中生活，它们长大后，无法再从石缝中出来，就在那里度过它们的一生。

根据这类虾的特性，渔夫们把它们置于稍作加工的石缝中，注入清水，略加装饰，作为欣赏性的小动物出售，可以换几个钱。

吉田正夫是一个有经营眼光的人，无意中掌握了小虾这个信息，认定这是有发展前途的一种商品。

吉田正夫顾不上探亲，急急忙忙地赶回东京。

经过一番策划和设计，他在东京开办了一间结婚礼品店，专卖这种对虾。他先做一个小巧玲珑的玻璃箱，放入人工制作的假石山，成为小对虾的"房子"，再装饰一些水底植物，盛入清水。在"石房子"里，对虾生活得十分安逸。这种经过精心设计的对虾纪念品，显得雅致高贵。

在每件纪念品上面，吉田正夫写有简短的说明，把小对虾从一而终、白头到老的经历，描绘得真切动人。新婚夫妇一看，觉得非买这种吉祥如意的"爱情小虾"不可。甚至许多老夫老妻，看见这种寓意深远、美观可爱的小宠物，也纷纷购买，作为观赏和纪念。

吉田正夫旗开得胜，这个产品一下成为东京最畅销的纪念品，他很快在东京各区及日本其他城市开设分店。没有几年时间，吉田正夫已经腰缠万贯。

(案例来源：胡洗铭. 黄金故事：财富版[M]. 北京：中国经济出版社，2005.)

4.3.1 创意理论与规律

创意产生于创造性思维，有其理论原理的支持。创意具有一定的系统性，也有一定的规律可循。创意理论与规律是营销策划者创意形成的基础，是保证创意富有创造性、独特性和新颖性的前提。

1. 创意理论

关于创意产生的理论很多，影响较大、应用较多的有以下几种，如图4.4所示。

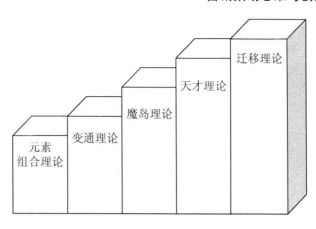

图 4.4 创意理论

1) 元素组合理论

在自然界，元素通过组合可以形成各种各样的新的不同物质，策划者通过研究各种元素的组合从而获取新的创意，这就是元素组合理论。

营销策划者不能墨守成规，必须不断尝试和揣测各种组合的可能，并从中获得具有新价值的创意。元素的组合不是简单的相加，而是在原有基础上的一种创造、一种创新。能够产生创意的元素包罗万象，可以是实际的，也可以是抽象的；可以是现实存在的，也可以是虚构想象的。电视可以论斤出售、冰淇淋可以油炸、外墙涂料可以人喝等，不一而足，都是超越常人思维习惯与方向的元素组合。

2) 变通理论

创意有时候只是"概念的一扭"，只要换一种方式去理解，换一个角度去观察，换一个环境去应用，一个新的创意就产生了，这就是创意的变通理论。

某种事物的功效作为一种能量，在一定的条件下是可以转换的，如：用于战争的兵法，经过变通可用于市场，这是一种观念的嫁接；原本属于动物本能的保护色，经过变通，可用于军队的迷彩服，这是功能的变通；民用产品可以用于军需，军需产品转为民用，这是能量与功效的传递和延伸。显然，上述各种能量的转换、功能的变通，对策划创意的产生是极有启示的。同样，知识的用途可以被拓宽，如：心理学应用于管理，产生了管理心理学，成为管理者必备的知识；军事谋略应用于商战，使精明的商人懂得韬略；公关策略引入政界，成为竞选的有力武器；等等。

对策划来说，创意就需要这种变通，创意就产生于这种变通。"改变用途"是创意的重要源泉。策划者应该善于运用这种思路，通过改变策划对象的用途，赋予策划以新奇和独创。事物的用途能交换、转换和传递。改变人的观念与改变事物的用途一样，实际上也是一种能力的改变。以一样的眼光看待不一样的事物，或对一样的事物用不一样的眼光来看待，都是一种功能变通，都能产生新的创意。

 案例

创意是腿加嘴做出来的，用腿跑，用嘴问

1997 年，李锦魁将美的、格力、海尔三者定位为空调行业的竞争对手。他通过匿名市场调查，发现有 25% 的消费者不装空调是因为害怕空气不对流而滋生各种空调病。对此他与设计师商量把换气扇装到空

调里,并美其名曰"换气空调"。他更提出"健康空调就是换气空调,换气空调最好的是美的"的口号。最终,这个"换气空调"赚了好几十个亿,也把美的的行业地位推向前3名。

之后他策划了美的饮水机。在走访了汕头、杭州、上海等地后,他发现温度可见、可调节、可降温这3个功能足以改变消费者购买饮水机的习惯。他通过技术革新,不仅把这三大问题解决了,而且还在饮水机上加上当时风靡一时的蓝色显示屏,成本只增加了区区30多块,却把美的饮水机的零售价从400多元推向1 888元,且依然供不应求。结果,美的饮水机的销量在两年之内排到了行业第一名。

(案例来源:范文瑶,何艳婷.营销路上的传经布道者——对话营销专家李锦魁[N].南方都市报,2008.)

3) 魔岛理论

魔岛理论起源于古代水手的传说。茫茫大海,波涛汹涌,海中岛礁,不可捉摸。当水手们想躲开它时,它偏偏出现了;当水手们想寻找它时,它却迟迟不肯露面,消隐得无影无踪。因此,水手们称这些岛为"魔岛"。实际上,"魔岛"是珊瑚岛,没有珊瑚年复一年的积累是生长不出来的。

创意的产生,有时也像"魔岛"一样,在营销策划者的脑海中,悄然浮现,神秘不可捉摸。"魔岛"理论认为,策划的创意和"魔岛"(珊瑚岛)一样,在人类的潜意识中,也要经历无数次的孕育、努力和培养,才能最终获得。如果你想获得好的创意,就必须像水手那样出海去探索,可能你这次空手而归,但也许下一次你就大有收获了。也就是说,创意必须通过努力才能得到。

"魔岛"理论还强调"发明",也就是彼得·德鲁克所说的"聪明的创意",即创意是主观生成的、独创的,而不是模仿的。

虽然"魔岛"理论阐明了创意的创造性和发明性,但营销策划中的创意并不仅仅是这些,它常常是"有效的模仿"、"改良性的主意"或"拼凑式的创造"。因此,"魔岛"理论无法说明所有策划创意产生的原因。

"魔岛"理论强调后天的努力和积累,却否认天生的灵感,所以无法解释下列现象:学识渊博的学者,有时却墨守成规,食古不化,毫无创意可言;而有时大字不识的文盲却能机智灵活,创意多多。

4) 天才理论

与"魔岛"理论的立意角度正好相反,天才理论推崇天才,强调创意是靠天才而获得的。世界上的确存在着不少天才,如:孙子的《兵法》是天才之谋,曹植的《七步诗》是天才之作,达·芬奇的《蒙娜丽莎》是天才之画,凯恩斯的《就业、利息与货币通论》是天才之论,比尔·盖茨的微软视窗Windows是天才的操作系统。还有其他众多的天才之想、天才之举、天才之功、天才之学、天才之用,举不胜举。在这些人身上,"勤能补拙"的格言并不适应。天才理论认为,创意并不需要苦苦求索,天才的策划家,天生就有这方面的突出才能。

在营销策划中,不承认天赋是不行的,某些杰出的策划大师,他们的随机念头,往往比我们费尽心机抠出来的营销方案不知要高出多少倍。天才理论揭示了创意的部分来源,但这一理论过分强调天生而忽视后天的努力,实际上也是片面的。如果我们相信创意大部分非天才不能为,那么策划人才如何培养?大量出现在商战中的,由普通人完成的各种成功策划又如何解释?

5) 迁移理论

这种理论认为,创意是一种迁移。所谓迁移,就是用观察此事物的办法去观察彼事物,就是用不同的眼光去观察同一个现象,就是采取移动视角的办法来分析问题。通过视角的迁移,人们可以很简单地创造出众多新鲜的、交叉的、融合的、异化的、裂变的、创新的事物来。这就是创意产生的成因。

自然科学里的转基因研究,社会科学中的交叉学科和边缘学科的出现,实际上都是学者迁移观察的结果。科研是这样,产品是这样,策划更是这样。在市场实践中,许多杰出的策划创意都源于这类的"再认识"。"现代管理之父"彼得·德鲁克在谈到创新的来源时,也认为"认识的改变"是重要的创新来源。

发明雷达的故事

第二次世界大战中,雷达的研究与应用也是一个系统的概念。脉冲技术是 1925 年发现的。一个美国人利用脉冲技术、电波反射的原理,测量电离层的高度。1935 年,一个英国人也学用这个办法来测量电离层的高度,有一次测量中,他发现有一架飞机过去,马上影响到电波的反射,意识到电波可以测量飞机的高度和飞机的位置,进而就发明了雷达。这就是世界上第一台雷达。这台雷达能发出 1.5cm 的微波,因为微波比中波、短波的方向性要好,遇到障碍后反射回的能量大,所以探测空中飞行的飞机性能好。为了安全和方便,当时称这种雷达为 CH 系统。经过几次改进后,1938 年,CH 系统才正式安装在泰晤士河口附近,这个 200km 长的雷达网,在第二次世界大战中给希特勒造成极大的威胁。随后,英国海军又将雷达安装在军舰上,这些雷达在海战中也发挥了重要作用。雷达不仅运用在军事上,还可用来探测天气,查找地下 20m 深处的古墓、空洞、蚁穴等。随着科学技术的进步,雷达的运用也越来越广泛。

(案例来源:金秀庆,100 个伟大发明的故事[M]. 李兰,译. 北京:人民邮电出版社,2006. 略有修改.)

2. 创意规律

美国广告大师詹姆斯认为创意是有规律可循的,创意的规律主要体现在以下 4 个方面,如图 4.5 所示。

图 4.5 创意规律示意图

1) 择优规律

通过"择优选取",以实现创造意图的规律。在营销策划的创造性活动中,选择无时不有,无处不在,选择就是通过比较定取舍,而择优的标准就是有利于知己、知彼,有利用正合、奇胜。由于营销活动是一个动态系统，营销策划创意择优的标准就不能一成不变。优劣是相对的，是比较的结果，所以，营销策划的择优过程是永无止境的。要本着"有所发现、有所发明、有所创造、有所前进"的原则，不断总结提高。

2) 相似规律

对客观事物中存在着大量相似的现象加以研究和运用，以实现创造意图的规律。相似不是相同，而是"相同加上变异"。营销活动中有很多问题存在着相似之处，对这些相似现象深入研究，了解它们之间的关系和规律，往往能产生新的创意。例如，"看板管理"方法的产生，最初是受到超级市场供货方式的启发。相似规律的运用，还表现在纵向的集成上，任何管理方法的发展，总是在原有的基础上一步步地改进，从量的发展，最后达到质的创新。

3) 综合规律

把解决营销问题的某些要素、原理、方法等重新加以组合，以实现创造意图的规律。管理大师熊彼特把创新定义为"生产要素的重新组合"。根据唯物论的观点，世界上一切事物，大到浩瀚宇宙，小到基本粒子，组合现象是普遍存在的，不同的组合其效应是不同的。在营销活动中，以组合为手段，以提高协作水平为标准就可以有所创意，并取得成效。例如，企业内部银行的产生，就是把银行的工作制度与企业内部经济责任制结合起来，从而提高企业经济核算工作的程序化、标准化、科学化水平。

4) 对应规律

按照事物间存在的对立性、对称性去构思，以实现创造意图的规律。一切事物都存在着对立面，对立统一规律也表现在营销活动的创新中，如少品种、大批量、追求规模效益与多品种、小批量、追求品牌效益，就是两种思路完全相反的经营方法。

在营销策划的创意活动中，对创意规律一般都是综合应用，因为它们之间相辅相成，互相渗透。在营销策划的实践中，创意既有自己的规律，也在违反已经形成的规律。营销策划创意可以违反已经形成的规律，但绝不能脱离经营或市场的实际情况，而仅从纯粹的形式上、理论上、文字上、艺术手法上、表现手段上去创意，策划创意应始终围绕具体营销环境和目标客户的实际情况去展开。否则，再好的策划创意对企业来说非但无益，甚至还可能毁了一个企业。

北京饭店的盛装晚宴

2002年8月7日，一台盛装晚宴在北京饭店的大宴会厅举办。这台晚宴不仅要重现"开国第一宴"的盛大场面，还要求所有参加晚宴的来宾身着盛装出席。并且，以后每周六在这里都要举办这样的盛装晚宴。

参加一场这样的晚宴的门票从800元到2 000元不等，其中800元一张的门票只包括国宴的餐饮和欣赏歌舞的费用，而持2 000元一张的特殊票的顾客还能得到一套从美国进口的晚礼服。晚宴的食谱包括8道凉菜、7道热菜和4道点心，其中既有清炖狮子头这样的当年国宴菜，也有银盅鱼翅这样的新添高档菜。

然而，北京饭店盛装晚宴客源稀少。到了2002年10月，虽然特殊票降价1 000元，仍少人问津，3个月只举办了5场盛装晚宴，以致后来不得不将其改为音乐会、舞会以"维持生计"。这个"开国第一宴"的策划也遭到了众多的批评。

(案例来源：邓镝. 营销策划案例分析[M]. 北京：机械工业出版社，2007.)

4.3.2 营销策划创意的特点

创意是独辟蹊径、令人耳目一新的营销谋略,其特点有以下几点,如图4.6所示。

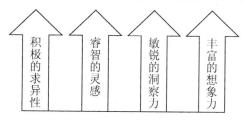

图 4.6　营销策划创意特点示意图

(1) 积极的求异性。创意思维是求异思维。求异性贯穿于整个营销策划创意形成的过程中。表现为对司空见惯的现象和人们已有的认识持怀疑、分析和批判的态度,并在此基础上探索符合实际的客观规律。营销策划活动既是一种创意活动,也是一种求异活动,只有建立在积极的求异思维基础之上,才能独树一帜,引起公众广泛的关注和支持。

创意广告:让女人戴上男帽

有一段时期,法国男子追求美式潇洒,不时兴戴帽子,市场上男帽滞销,帽商一筹莫展。最后,帽商请出著名的服装设计大师做电视广告。他只说了一句话:"女人戴男帽,俏上加俏。"

有的女郎一试戴,果然别有一番风韵。于是,一股男帽风迅速席卷法国妇女群,刮得她们晕乎乎的,一个劲地猛掏钞票购买男帽。

法国帽店因而门庭若市,不论是牛仔帽、鸭舌帽还是老式毡帽,多年的积存全部一扫而空。各时装店不得不临时增设帽子专柜,以接待潮涌而来的顾客,巴黎百货公司则干脆把男帽并入女帽部。

帽商们大发其财,抹掉一身冷汗后,喜不自禁。

(案例来源:仝琳琛. 一分钟学营销——故事里的营销学[M]. 北京:人民邮电出版社,2010. 略有修改.)

(2) 睿智的灵感。灵感是人们接受外界的触动而闪现的智慧之光,它是人们在平时知识积累的基础上,在特殊情况下受到触动而迸发出来的创新力。灵感是随意迸发的,是不可刻意企求的。

(3) 敏锐的洞察力。洞察力是以批判的眼光,准确入微、入木三分地观察并认知复杂多变的事物之间的相互关系的能力,并能提出正确的问题。敏锐的洞察力是创意者提出创意构想和成功地解决问题的方案的基础,缺乏洞察力就会遗弃和漏掉大量的创意资源。

(4) 丰富的想象力。想象是表象的深化,想象力是人们凭借感知而产生的预见、设想。想象力是发展知识的源泉,也是推动创意的源泉。想象力包括联想、设想、幻想,它是思维的无拘束的自由驰骋,也是智慧的发散和辐射。只有美妙的想象,才能产生诱惑力和色彩斑斓的世界。

案例

点亮月球天灯

月球和人们居住的地球相互绕转，月球的正面始终对着地球。月球表面有阴暗的部分和明亮的区域。月球本身并不发光，只反射太阳光。月球亮度随日、月间角距离和地、月间距离的改变而变化。平均亮度为太阳亮度的 1/465 000，亮度变化幅度从 1/630 000 至 1/375 000。满月时给大地的照度平均为 0.22 勒克斯。早期的天文学家在观察月球时，以为发暗的地区都有海水覆盖，因此把它们称为"海"。著名的有云海、湿海、静海等。而明亮的部分是山脉，那里层峦叠嶂，山脉纵横，到处都是星罗棋布的环形山。月面不是一个良好的反光体，它的平均反照率只有7%，其余93%均被月球吸收。月海的反照率更低，约为6%。月面高地和环形山的反照率为17%，在地球上看上去山地比月海明亮。改变提高反光率就是改变月陆和月海的反光率。根据月球地貌资料，围绕提高反光率这个课题，我提出了几个方案，并逐个论证如下。

方案一：镜面反射模式。提到反光率，首先想到的是镜面反射。能在月陆上实现镜面反射吗？答案是否定的。原因有二，一是工程量巨大，平整月球陆地，铺设反射镜，需要大量工程机械和人力物力资源，谈何容易，二是镜面反射有极强的方向性。在反射光方向，光照很强；离开反射光方向，光照很弱，甚至无光。这时地球人看到的月球是黑的(看不到)。月球和地球相互绕转中，反射光方向在不断改变，照耀时间短。通过计算，这种方案是不可取的，不划算的。

方案二：凹透镜反射模式。月球上遍布的陨石坑和月海，经过改造可以成为反光的凹透镜。在近轴光线条件下，凹球面成像公式为

$$1/s + 1/s' = 2/r$$

代入月地平均距离 38 万(km)和日地平均距离 15 000 万(km)，计算 $r = 75$ 万(km)。其数据远大于月球的直径，看来凹透镜反射模式模式方案也是不成立的。

方案三：漫反射模式。漫反射就是太阳光照射到月球上，以月球球心方向向四周辐射。月海和月陆由于堆积着厚厚的月尘，反光率很低。选择在面向地球一面的月海和月陆反光率很低的广大区域，散播厘米级大小的铝箔，形成漫反射光。由于月球上没有空气，铝箔可以长期保存，铝箔可以长时间地反光。这样在地球上的每一个地方，只要在该有月亮的时间里，都可以看到明亮的月光——人类希望之光。漫反射模式的方案三可以成立。接下来是初步的计算。铝箔用量：如果铝箔厚度为 $0.1\mu m$，$2.7 \times 10^3 kg$ 的铝箔可以铺设 $10\,000 km^2$ 的广大区域。点亮月球工程可以率先在月海部分区域实现。如果按半个月球表面的 1/10 计算，$400 \times 2.7 \times 10^3 kg = 1\,080 t$，用量巨大，最终完成全部工程需要全人类共同完成。如果能在月球上提炼和加工铝箔，还是可以实现的。照度预测：按同心圆球投影原理，以月心为原点，以 $3.8 \times 10^5 km$ 为半径画圆。只有地球在月表面投影的区域，才能照在地球上。近似计算，设月球的反光系数为一，反射到地球的月光约为太阳光强的万分之一，光照度提高 $4.6 \sim 16$ 倍。满月时，在月光下可以看书。

绿色、节能、环保和低碳经济将是未来社会发展的主流，为了保护我们的地球家园，减少温室气体排放是全世界全人类的共同任务。如果点亮了月球天灯，将会实现减少温室气体排放的理想。

(案例来源：南引明. 点亮月亮这盏灯[N]. 发明与创新, 2004(1). 略有改动。)

4.3.3 营销策划创意的方法

营销策划创意方法是营销策划的起点、前提、核心、精髓。一条好的营销创意，可以使企业迅速发展起来，甚至可以救活一个企业。

下面列举几种国内外常用的营销策划创意方法，如图 4.7 所示。

第4章 营销策划思维与创意

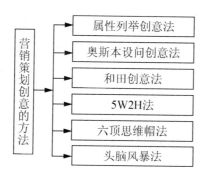

图 4.7 营销策划创意的方法示意图

1. 属性列举创意法

属性列举创意法是将事物的属性分解为不同的部分或方面，并全部列举出来，然后以某一部分或方面的属性为置换内容，提出对该问题的创新构思。此法是美国尼布拉斯加大学的克劳福德(Crawford)教授于 1954 年提出的，他认为不论某种技术原理、设备、工艺、产品，还是某种组织管理形式都有其属性。而所谓创造，在一定意义上说，就是掌握呈现在自己眼前的事物属性，并将其放置到其他事物上或者用其他形式来置换，从而实现对该事物的创新。

属性列举创意法程序包括 5 个阶段，如图 4.8 所示。

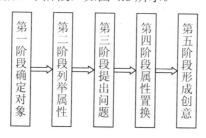

图 4.8 属性列举创意法示意图

第一阶段：确定对象。

对象的确定原则上具有任意性，但在营销策划中应该根据市场发展前景及与营销目标的关联性来确定。

第二阶段：列举属性。

所谓事物属性，包括外部特征、整体形态、功能、性能、运动方式、操作方式等方面。这些属性可以分成三大类：名词属性、动词属性和形容词属性。根据具体情况，列举属性可以是列举出对象的全部属性，也可以只列举关键属性。

第三阶段：提出问题。

将属性列举出来后，借助缺点列举法或希望点列举法，针对某一属性或某些属性提出创新问题。

第四阶段：属性置换。

属性列举法解决问题的措施就是属性互换，因此针对各属性所引发出来的问题或希望点进行分析后，就需要针对这些缺点或希望点，按照属性置换或移用的原理提出解决的方案或措施。属性互换或移用，可以是把该对象的某些属性置换或移用于其他事物上面，也可以是将其他事物的某项属性置换或移用到该对象上。

第五阶段：形成创意。

把形成的解决问题的方案具体化、方案化，形成创意，并用创意说明书进行描述与说明。

2. 奥斯本设问创意法

奥斯本设问创意法也称检核表法，是美国创造工程之父阿里克斯·奥斯本(A.F.Osbern)博士在《创造性想象》一书中总结自己和他人的创造活动，特别是新产品开发经验的基础上，概括出来的9种问题模式，并把这9种问题归纳成一张全方位的检核表。

奥斯本检核表见表4-2。

表4-2 奥斯本检核表

序号	问题	创意
1	能否改变用途	是否还有其他用途、能否用于其他场所、能否改造后另作他用
2	能否模仿	能否引用别人的创意、能否引申出新的创意
3	能否改变	能否在原来基础上改变形态、颜色、声音、味道、制造方法
4	能否缩小或舍去	能否缩小体积、减轻重量、微型化
5	能否扩大或增加	能否增大体积、增加重量、延长寿命、增加功能、扩大面积
6	能否替代	能否材料替代、工艺替代、方法替代、动力替代
7	能否重组	能否改变结构、改变布局、改变成分、改变顺序
8	能否颠倒	颠倒方向、调整正负、里外翻转、时间倒计、上下颠倒
9	能否组合	将产品功能组合到其他产品上

创意通常始于问题，有了需要解决的问题，才会有解决的办法。奥斯本检核表就是通过专门列表提问的办法，强制性地对自己已经熟悉的事物设定问题，如果找到了有价值的问题，则意味着找到了一个策划的新起点。这种强制性的设定问题的思考方式，可以有效地突破人们"固有的、已成熟的事物不可改变"这一习惯思维的束缚。在营销策划活动中，无论遇到什么项目，都可以依照这9个问题检核设问，利用奥斯本提出的9种技巧：有无别的用处、能否模仿、可否变动、扩大与增加、缩小与舍去、代用、重装与改装、颠倒、组合等，提出创新问题或寻找创意思路。

案例

多想想：从问题中寻找创新

国内有位年轻人，在晚上搭乘出租车时，发现对面的车并没有按行车规则变换远近光，刺眼的灯光晃得他很不舒服。

于是他想到这样一个问题：两辆对开的夜行汽车都开大灯，对彼此都有危险，那能不能设计制造一种会"眨眼睛"的车灯呢？这个想法非常有创意。

他到网上查了一下，世界上还没有这样的发明！连很精明的日本人，最多也只发明了一种通过手动调节杆使车灯"眼皮"半合减小亮度的装置。

于是他开始实践自己的创意。好的创意当然能设计出好的产品，他发明了一种车灯，前端装有一个光敏元件测得对面车灯很亮时，车灯就会自动调节减小电压，从而减小功率和光亮，"温柔"地让对方通行。

他把自己的样品带到了某次工业博览会上，没想到，当天就拿到了2 000万元的订单，一举打开了市场。

(案例来源：全琳琛. 一分钟学营销——故事里的营销学[M]. 北京：人民邮电出版社，2010. 略有修改.)

3. 和田创意法

和田创意法是上海市闸北区和田路小学吸收各种创新技法的精华又结合小学生的心理、生理与知识基础，将创造心理学中的"检核表法"加以改造、提炼和通俗化，逐渐归纳出 12 个"一"的"和田技法"。和田创意法以它的儿童化、通俗易懂的创意特点跻身于众多创意技法之中，多年来一样受到成年人的青睐，被国际组织宣传推广，在国内外广泛传播，显示了很强的生命力。"和田技法"不仅告诉人们如何掌握创新方法的知识，也告诉人们如何形成一种创新思考的习惯和方式。

"和田创造十二技法"包括 12 个"一"，如下所述。

"加一加"——加高、加厚、加多、组合等；

"减一减"——减轻、减少、省略等；

"扩一扩"——放大、扩大、提高功效等；

"变一变"——改变形状、颜色、气味、音响、次序等；

"改一改"——改掉缺点、缺憾，改变不便或不足之处；

"缩一缩"——压缩、缩小、微型化；

"联一联"——原因和结果有何联系，把某些似乎不相干的东西联系起来；

"学一学"——模仿形状、结构、方法，学习先进；

"代一代"——用别的材料代替，用别的方法代替；

"搬一搬"——换个地区、换个行业、换个领域，移作他用；

"反一反"——能否把次序、步骤、层次颠倒一下；

"定一定"——定个界限、标准，能提高工作效率。

案例

联一联，种树种出来的客源

美国纽约市有一家旅馆，生意一直不景气。后来，老板的一位朋友指着旅馆后面的一块空旷的平地，给他出了个主意。

次日，旅馆贴出了一则广告："亲爱的顾客，您好！本旅馆有一块空地，专门用于旅客种植纪念树。如果您有兴趣，不妨种下几棵树，本店为您拍照留念。树上可留下木牌，刻上您的名字和种植日期。当您再度光临本店时，小树已枝繁叶茂了。本店只收取树苗费 200 美元。"

广告打出后，立即吸引了不少人慕名前来，旅馆生意立即火了起来。没过多久，这里就变得树木葱郁了，旅客漫步林中，十分惬意。那些种树的人更是念念不忘自己亲手种植的小树，经常专程来看望。一批小树带回一批回头客，旅馆自然也就生意红火了。

(案例来源：全琳琛. 一分钟学营销——故事里的营销学[M]. 北京：人民邮电出版社，2010.略有修改.)

4. 5W2H 法

5W2H 法就是分别从 7 个方面去对策划创新的对象、目标进行设问。这 7 个方面既是策划的角度，也是分解创意策划对象的程序。

分解这 7 个方面的英文单词的第一个字母正好是 5 个 W 和 2 个 H，所以称为 5W2H 法。

这 7 个方面分别如下所述。

Why——为什么需要创新？

What——什么是创新的对象？即创新的内容和达成的目标。

Where——从什么地方着手？

Who——什么人来承担任务？

When——什么时候完成？

How——怎样实施？即用什么样的方法进行。

How much——达到怎样的水平？或需要多少成本。

5W2H 法能够帮助人们的思维路径实现条理化，围绕目标，理清步骤，有助于在营销策划中杜绝思维的盲目性、随意性。

5. 六项思维帽法(Lateral Thinking)

英国剑桥大学的心理学医学博士爱德华·德·波诺(Edward de Bono)，在 1980 年发明了"平行思维法"。针对一件具体事情，思维的一个小环节，在同一个时刻，人们在思考时，情感、信息、逻辑、希望、创造力等都要参与到思考之中。

该方法主张：要把情感和逻辑分开，将创造力与信息分开，以此类推。波诺先生形象地把各个概念比做不同颜色的思考帽，戴上一顶帽子代表使用一种思维方式。

白帽：纯白，纯粹的事实、数字和信息。

红帽：刺目的红，情绪和感觉，包括预感和直觉。

黑帽：漆黑，做错误倡导者，否定判断，代表负面因素。

黄帽：阳光的，明亮和乐观主义，肯定的，建设性的，机会。

绿帽：象征丰收，创造性的，植物从种子里茁壮成长，意动，激发。

蓝帽：冷静和控制，管弦乐队的指挥，对思维进行控制。

戴上上述不同颜色的帽子，分别从不同的倾向角度去面对问题，得出的结论会有所不同，综合这些思维结果所得出的总结论往往是最好的决策。

6. 头脑风暴法(Brain-Storming)

就像我国成语"集思广益"的意义一样，美国创造工程之父阿里克斯·奥斯本(A.F.Osbern)于 1938 年发明了著名的头脑风暴法，这是激发人的大脑思维产生创造性设想的一种集体讨论方法，又称 BS 法。以后各国创造学家又进一步对其丰富和发展，先后提出了默写式智力激励法、卡片式智力激励法、三菱智力激励法等。奥斯本把这种方法的有效性归因于 4 个方面。

其一，思想的产生有赖于联想，联想能力在一定程度上依赖于不同思想的相互启发和诱导。

其二，一般人在小组讨论中比单独思考更能发挥其想象力。

其三，智力活动在竞争情况下，其产生思想的能力增强 50%，其中尤其以产生灵感的能力增强最为突出。

其四，在小组中个人设想往往会立刻得到他人的鼓励、引申和发展，从而激发自己提出更好的设想。

头脑风暴法的具体做法是：围绕某个目标明确的主题，召开一次有 10 人左右参加的小组讨论会。会议主持人一定要使讨论会场面轻松、和谐，善于引导、激励会议成员积极思考。为了使会议气氛热烈，富有成效，对到会的人员约定 4 条原则：第一，不允许批评别人提出的设想；第二，提倡无约束地自由思考；第三，尽量提出新奇设想；第四，结合他人的见解提出新设想。

头脑风暴法包括准备、热身、明确问题、畅谈、加工设想 5 个步骤。通过这 5 个步骤，先把设想归为明显可行的、荒谬的和介于两者之间的 3 类，经评价筛选出最佳方案。

在头脑风暴法的基础上，日本学者武知考夫提出了 T.T.STORM 法，把创意的思维过程归结成集中目标、广泛思考、探索相似点、系统化、择优、具体化 6 个步骤。

4.3.4 营销策划创意的培养与开发途径

美国著名的广告大师、通才杂学的哲学家詹姆斯·韦伯·扬在给芝加哥大学商学院研究生讲广告创意时说："创意发现的过程就像福特在装配线上生产汽车一样；也就是说，创意发现的过程中，心智是遵循着一种可学习、可控制的操作技巧运作，这些技巧经过熟练的操作后，就跟使用其他任何工具一样。"

策划创意切忌脱离企业的实际，而只从纯粹的形式上、理论上、艺术手法上、表现手段上去提出创意。策划创意必须自始至终围绕客户的实际情况展开。所以说，营销策划创意是需要培养的。

1. 营销策划创意的培养

营销策划创意要求策划人员必须具有广博的知识、敏锐的眼光、灵活的思维和独到的见解等，此外还要有踏实、严谨的作风。策划人员要不断加强自己各方面的修养、知识，存储于头脑中的知识与智慧的要素越多，酝酿出让人印象深刻的、杰出的策划的机会就越多。

创意意识的培养途径有外部强制和自身强制之分。外部强制是指一切由外部因素激发的创意意识，如上级布置的指令性课题、领导委派的开发任务等。对于具有一定的敬业精神和责任感的人来说，外部强制也可以在一定时期保持旺盛的创意意识。自我强制是由自我需要的目的性而引发的创意意识。自我需要的目的性既有经济利益的需要，如为获取奖金、转让费等而强制自己去创意；也有个人显示心理的需要，如要借此显示自己的才能，认为发明创造是一种享受，可以满足心理上的成就欲和成功感，故强制自己去创意；更高境界的则是宏伟的抱负和崇高的理想的需要，从而激发创意意识。如果说习惯性创意意识是一种自我行为，是自然流露，那么强制性创意则是一种自觉行为，是人们理智地驱使自己按照一定目标创意的行为。

2. 营销策划创意的开发途径

1) 营销策划创意的思维原则

营销策划创意是一种复杂高级的思维活动，创意活动应遵循以下思维原则，如图 4.9 所示。

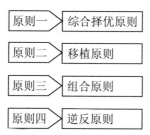

图 4.9 营销策划创意的思维原则示意图

(1) 综合择优原则。综合择优原则要求选择最可操作又最能实现意图的创意。在策划过程中，选择无时不有，无处不在。只有通过综合而择优，才能使策划的整体功能最优化。

(2) 移植原则。客观事物中存在着大量的相似现象，在相似的基础上加以适当改变，就容易产生新的创意。

(3) 组合原则。组合原则要求思维过程中把系统的各种要素、方法等加以重新组合，也容易产生新创意。组合可以是原理组合、功能组合、材料组合、方法组合。不论什么组合，一是要考虑其前提条件能否组合；二是要考虑组合后的结果是否更优。

日本三木制作所的"闹钟枕"

枕头是睡觉时用的，闹钟则是用来催人"醒觉"的，二者是否也可以组合呢？答案是肯定的。日本三木制作所巧妙地把两者原本互斥的功能结合起来，开发出一种全新产品——闹钟枕。该产品是在枕芯里镶嵌一只闹钟，如果将指针对到一定的时间，到时它就能自动把人唤醒，而不会像一般闹钟那样也吵醒了别人。由于不会影响到其他人休息，这种枕头一问世便成了人们纷纷争购的对象。连完全互斥的功能都可以相互组合，新产品的开发真的是创意无限。

(案例来源：邓镝. 营销策划案例分析[M]. 北京：机械工业出版社，2008.)

(4) 逆反原则。逆反原则是指人们习惯于按照事物间存在的对应性、对称性去构思。要产生与众不同的创意，创造出自己的特色，就必须逆向思维，不能人云亦云。

把新电梯安装在大楼外边

美国的一个城市有座著名的高层大厦，因客人不断增多，很多人常常被堵在电梯口。大厦的老板决定增建一座电梯。电梯工程师和建筑师为此反复勘察了现场，研究再三，决定在各楼层凿洞，再安装一部新电梯。不久，图纸设计好了，施工也已准备就绪。这时，一个清洁工人听说要把各层地板凿开装电梯，便说："这可要搞得天翻地覆了！"

"是啊！"工程师回答说。

"那么，这个大厦也要停止营业了？"

"不错，但是没有别的办法。如果再不安装一部电梯，情况比这更糟。"

"要是我呀，就把新电梯安装在大楼外边。"清洁工不以为然地说。

说者无意，听者有心。清洁工的一句话打破了两位工程师的思维习惯，开通了他们的创新思路，世界上第一部大楼外安装的电梯就这样诞生了。

(案例来源：王凡. 思维＋创意＝成功[M]. 北京：西苑出版社，2009.)

2) 营销策划创意的开发途径

营销策划创意的开发途径有以下5种，如图4.10所示。

```
途径1 → 模仿创造
途径2 → 移植参合
途径3 → 联想类比
途径4 → 逆向思维
途径5 → 组合创造
```

图 4.10　营销策划创意的开发途径示意图

(1) 模仿创造。模仿创造是指通过模拟仿制已知事物来构造未知事物。模仿创造又分为仿生法和仿形法。

仿生法是指对模仿的已知事物的形状进行模仿创造的方法。仿形法是指仅仅对已知事物的形状进行模仿的方法。

模仿创造法是人类创造性思维常用的方法。当人们欲构建未知事物的原理、结构和功能而不知从何入手时，最便捷易行的方法就是对已知类似事物进行模仿而再创造。几乎所有创意者的行为最初总是从模仿创造法入手的。

模仿创造法不是抄袭、照搬，而是因时、因地、因物、因势而异，而采取最适合的创意，对已知事物的模仿只是借鉴，是基础，通过借鉴在此基础上做出适合未知事物的选择、再造，仿创法不是依葫芦画瓢，而要立足于创造、创新。

(2) 移植参合。移植参合是指将某一领域的原理、方法、技术或构思移植到另一领域而形成新事物。它是策划者思维领域的一种嫁接现象。生物领域的嫁接或杂交可以产生新的物种，科技领域的移植、嫁接可以产生新科技成果。同样，企业形象策划通过对不同领域、不同行业的企业的某些方面进行移植、嫁接，从而形成新的企业形象，蕴涵新创意。

移植参合法包括如下 4 种类型。

① 原理性移植，即把思维原理、科学原理、技术原理、艺术原理移植到某一新领域的方法。如把价值工程应用于市场营销实践中，便形成了营销价值分析法，把社会化大生产原理应用于改造传统零售商业，就创造了连锁经营的形式等。

② 方法性移植，即把某一领域的技术方法有意识地移植到另一领域而形成的创造方法，如把数学的许多模型应用到经济学研究中，形成了经济数学、数理经济学等。

③ 功能性移植，即把某一种技术或艺术所具有的独特功能以某种形式移植到另一领域的方法。

④ 结构性移植，即把某一领域的独特结构移植到另一领域，形成具有新结构的事物的方法。

(3) 联想类比。联想是由一事物想到另一事物的心理过程，由当前事物回忆过去事物或展望未来事物，由此一事物想到彼一事物，都是联想。每个人都经常自觉不自觉地作各种联想。

联想是创意思维的基础。奥斯本说："研究问题产生设想的全部过程，主要是要求我们有使各种想法进行联想和组合的能力。"联想在创意设计过程中起着催化剂和导火索的作用，许多奇妙的新的观念和主意，常常首先由联想的火花来点燃。事实上，任何创意活动都离不开联想，联想又是孕育创意幼芽的温床。

案例

联想法：从普通现象中创新

有家橘子罐头厂的技术人员在逛市场时，发现鱼头比鱼身贵，鸡爪比鸡肉贵。他由此联想到厂里每年都要遗弃大量的橘子皮，是不是可以把它们变废为宝，创造新的价值呢？

于是他广泛收集资料，了解到橘皮中含有丰富的维生素，且橘络中含有大量食物纤维，有理气消滞，增进食欲等功效。

经过几个月的技术攻关，他终于研制开发出了珍珠陈皮罐头，每瓶卖到了30多元，是橘子罐头价格的10余倍。

(案例来源：全琳琛. 一分钟学营销——故事里的营销学[M]. 北京：人民邮电出版社，2010. 略有修改.)

联想类比按原理可分为直接类比、拟人类比、象征类比、幻想类比、仿生类比、因果类比、对称类比和综合类比8种。

① 直接类比。就是从自然界或者人为成果中直接寻找出与创意对象相类似的东西或事物，进行类比创意。这种类比的例子，古今中外比比皆是。我国战国时期墨子制造的"竹鹊"、三国时期诸葛亮设计的"木牛流马"、唐代韩志和创造的能飞行的飞行器等，都是仿生学的直接类比。鲁班发明锯子，也是同带齿的草叶把人手划破和长有齿的蝗虫板牙能咬断青草获得直接类比实现的。进化论的奠基人达尔文，在创立动植物世界优胜劣汰的自然选择理论时，竟在马尔萨斯的《人口论》一书的浏览中获得了直接类比，正是"踏破铁鞋无觅处，得来全不费工夫。"

案例

听诊器的发明

听诊器是1816年由法国医师雷奈克发明的。1814年，法国巴黎正流行肺结核病。年轻的法国医生雷奈克(1781—1826年)看到许多病人得病后痛苦地死去，心里十分难过。他想：一个人患了病，他内脏的运动就会不正常。能不能及早地发现人体内的这些变化呢？他整日在思索着。

一次，雷奈克为一胸痛的肥胖病人看病，他将耳朵贴在病人的胸前，但是病人肥胖的胸部，隔音效果太强了，听不到从内部传出来的声音。雷奈克非常懊恼，在小路上漫步也在思考这个问题。正好有两个小孩蹲在一条长木梁两端游戏，一个小孩敲他那一端木梁，另一端的孩子则把耳朵贴在木梁上，静听彼端传来的声音。雷奈克思路顿开，立刻返回医院，用纸卷成圆锥筒，用宽大的锥底置于病人的胸部，倾听了一阵，惊喜地发现，可以听到病人胸部内的声音了。

经过多次试验，试用了金属、纸、木等材料不同长短形状的棒或筒，雷奈克最后改进制成了长约30cm、中空、两端各有一个喇叭形的木质听筒。由于听筒的发明，使得雷奈克能诊断出许多不同的胸腔疾病，他也被后人尊为胸腔医学之父。雷奈克死于1826年，年仅45岁。

(案例来源：毛颂赞. 听诊器的发明归功于儿童游戏[J]. 为了孩子，2010(16).)

② 拟人类比。就是使创意对象"拟人化"，也称亲身类比、自身类比或人格类比。这种类比就是创意者使自己与创意对象的某种要素认同、一致，自我进入"角色"，体现问题，

产生共鸣,以获得创意。如设计师将体育馆的屋顶与人脑头盖骨的结构、性能进行了类比:头盖骨由数块骨片组成,形薄、体轻,但却极坚固,那么,体育馆的屋顶是否可做成头盖骨状呢?这种创意获得了巨大成功,于是薄壳建筑风行起来。

③ 象征类比。这是一种借助事物形象或象征符号,表示某种抽象概念或情感的类比。有时也称符号类比。这种类比,可使抽象问题形象化、立体化,为创意问题的解决开辟途径。美国麻省理工大学教授、创造学家威廉·戈登说过:"在象征类比中利用客体和非人格化的形象来描述问题。根据富有想象的问题来有效地利用这种类比。""这种形象虽然在技术上是不精确的,但在美学上却是令人满意的。""象征类比是直觉感知的,在无意中的联想一旦做出这种类比,它就是一个完整的形象。"

人们建造纪念碑、纪念馆一类建筑,需要有"宏伟、庄严"之感,于是就在其高度、范围、色彩、造型等创意设计上动脑筋,以实现这种象征意义。又如,设计咖啡馆需要幽雅的格调,茶馆要有民族风格,音乐厅必须有艺术性,公、检、法办公大楼要雄壮威严,于是就通过具体造型、色彩、装饰等来表达这种种象征的意义。

④ 幻想类比。这是在创意思维中用超现实的理想、梦幻或完美的事物类比创意对象的创意思维法。威廉·戈登对该法认为:"当问题在头脑中出现时,有效的做法是,想象最好的可能事物,即一个有帮助的世界,让最能满意的可能见解来引导最漂亮的可能解法。"

⑤ 因果类比。两个事物的各个事物之间可能存在着同一种因果关系。因此,可根据一个事物的因果关系,推测出另一事物的因果关系。例如,在合成树脂中加入发泡剂,得到质轻、隔热和隔音性能良好的泡沫塑料,于是有人就用这种因果关系,在水泥中加入一种发泡剂,结果发明了既质轻又隔热、隔音的气泡混凝土。这种创意技法,就称为因果类比法。

⑥ 对称类比。自然界和人造物中有许多事物或东西都有对称的特点。可以通过对称类比的关系进行创意,获得人工造物。例如,物理学家狄拉克从描述自由电子运动的方程中,得出正负对称的两个能量解。一个能量解对应着电子,那么另一个能量解对应着的是什么呢?人们都知道电荷正负的对称性,狄拉克从对称类比中,提出了存在正电子的对称解,结果被实践证实了。

⑦ 仿生类比。人在创意、创造活动中,常将生物的某些特性运用到创意、创造上。如仿鸟类展翅飞翔,造出了具有机翼的飞机;同样,发现了鸟类可直接腾空起飞,不需要跑道,又发明了直升飞机;当发现蜻蜓的翅膀能承受超过其自重好多倍的重量时,就采用仿生类比,试制出超轻的高强度材料,用于航空、航海、车辆,以及房屋建筑。

⑧ 综合类比。事物属性之间的关系虽然很复杂,但可以综合它们相似的特征进行类比。例如,设计一架飞机,先做一个模型放在风洞中进行模拟飞行试验,就是综合了飞机飞行中的许多特征进行类比。同样,各领域的模拟试验,如船舶模型试验、大型机械设备的模拟试验等,都是综合类比。

(4) 逆向思维。逆向思维法是指按常规思维去分析问题没有效果时,反其道而行之进行逆向思维以获得意想不到的效果的方法。

逆向思维是有意识地从常规思维的反方向思考问题的思维方式,是一种打破常规、寻求变异的思维,也就是从反面去思考。逆向思维改变了人们从正面去探索问题的习惯,主动打破了常规的意向性、单一性,虽然不符合常规思维的逻辑,却可以产生超常的构思和创新的观念。常用的逆向思维主要包括:方向逆向,即从已知事物属性或者功能的相反方向去设想,反其道而行之,从而开辟解决问题的新途径;方法逆向,即利用人们普遍认为最不可能的方法,出其不意解决问题,从而能够得到意想不到的结果。

 案例

因错得福的"吸水纸"

20世纪40年代,有一个德国工人在生产一批书写纸时,不小心调错了配方,生产出了大批不能书写的废纸,这个工人因此被解雇了。看到他生活、心情都陷入低谷,他的朋友劝他说:"把问题变换一种思路看看,说不定能从错误中找到某些有用的东西。"一句不经意的话,有如一束火花。不久,他惊异地发现这批废纸的吸水性能相当好,可以很快吸干手稿墨迹和家具上的水分。

于是,他从老板那里将所有废纸都买下来,再切成小块,换上包装,取名"吸水纸",拿到市场上去销售,竟然十分抢手。后来,他申请了专利,并组织了大批量生产,结果发了大财。

(案例来源:宏君.怎样提高自己的耐挫能力[J].中外管理,2004年(9).略有修改.)

逆向思维的运用具有前提条件:首先,要求客观事物必须具备可逆性,而且前后两者的逆向关系互为因果关系,否则强硬使用逆向思维会导致违背规律的盲动;其次,要求策划者具有超常意志,否则逆向思维往往被视为狂想或臆想而被扼杀在萌芽状态,从而丧失获取创意的机会。

逆向思维改变了人们固定的思维模式和轨迹,提供了全新的思维方式和切入点,这无疑拓宽了创意的渠道。逆向思维与正向思维往往交替进行,在交替使用这两种思维方法时,不断地变换解决问题的思路,这就要求人们运用灵活、变通的思维去寻求最恰当的方法。

(5) 组合创造。组合创造法是指将多种因素通过建立某种关系组合在一起从而形成组合优势的方法。组合创造法是现代生产经营活动中常用的方法。如市场营销过程是产品、定价、渠道、促销等可控因素的组合;整体产品是核心产品、形式产品、附加产品的组合。

组合的基本前提是各组成要素必须建立某种关系而成为统一体。没有规则约束即为堆砌,有了规则约束才会形成新的事物。

组合可以是原理组合、结构组合、功能组合、材料组合、产品组合、方法组合等。不论什么组合,一是要考虑其前提条件能否组合,二是要考虑组合的结果是否优化,是否有更佳的效果。

本 章 小 结

营销策划人员应具有策划专业知识、法律法规知识、企业经营管理知识、现代金融知识、现代传媒知识等丰富的知识,应具有道德品质、敬业精神、团队意识、自信心、热忱等素养,还应具有创意能力、创新能力、市场调研能力、组织能力、洞察能力、整合能力、执行能力和学习能力等能力。

策划思维是一种创新思维,具有时空超前性、思维发散性、联想性、逆向性、新锐性等特点。

营销策划思维方法有移植法、重点法、组合法、分解法、实证法、回避法、伏笔法等。

创意理论有元素组合理论、变通理论、魔岛理论、天才理论、迁移理论等;创意规律包括择优规律、相似规律、综合规律、对应性规律等；营销策划创意具有积极的求异性、睿智的灵感、敏锐的洞察力、丰富的想象力等特点；营销策划创意的方法有属性列举创意法、奥斯本设问创意法、和田创意法、5W2H法、六项思维帽法、头脑风暴法等。

创意意识的培养途径有外部强制和自身强制之分。

营销策划创意应遵循综合择优原则、移植原则、组合原则、逆反原则等思维原则；营销策划创意的开发途径有模仿创造、移植参合、联想类比、逆向思维、组合创造等。

关键术语

策划思维、移植法、重点法、组合法、分解法、实证法、回避法、伏笔法、元素组合理论、变通理论、魔岛理论、天才理论、迁移理论、创意规律、择优规律、相似规律、综合规律、对应性规律、属性列举创意法、奥斯本设问创意法、和田创意法、5W2H法、六项思维帽法、头脑风暴法、综合择优原则、移植原则、组合原则、逆反原则、营销策划创意、模仿创造、移植参合、联想类比、逆向思维、组合创造。

习 题

一、填空题

1. 营销策划人员应具备(　　)、创新能力、市场调研能力、(　　)、洞察能力、整合能力和(　　)。

2. (　　)是人脑对现实世界能动的、概括的、间接的反映过程，它分为两种类型：常规思维和(　　)。

3. 营销策划思维具有(　　)、发散性、(　　)、逆向性、(　　)等几个特点。

4. (　　)创造法又分为仿生法和(　　)法。

5. 联想类比法可分为直接类比、(　　)、象征类比、(　　)、仿生类比、(　　)、对称类比和(　　)8种类型。

二、选择题

1. 营销策划人员应具备的素质有(　　)。
   A. 专业知识　　　B. 广告知识　　　C. 敬业精神　　　D. 亲和力

2. 营销策划思维方式是(　　)。
   A. 移植法　　　B. 头脑风暴法　　　C. 排列法　　　D. 组合法

3. 策划方案的选择应为(　　)。
   A. 最优　　　B. 较优　　　C. 结合实际较优　　　D. 凭感觉

4. 营销策划创意的特点有(　　)。
   A. 求异性　　　B. 联想　　　C. 富有含义　　　D. 追求美

5. 营销策划创意的方法有(　　)。
   A. 专家法　　　B. 模仿法　　　C. 类比法　　　D. 逆向思维

三、简答题

1. 营销创意应遵循的原则有哪些？
2. 营销创意的思维方法有哪些？
3. 从事营销创意的人员应具备哪些素质？
4. 简述魔岛理论。
5. 创意的规律有哪些？

四、思考题

举例实践中具有代表性的营销创意，运用所学的知识进行分析。

五、思维训练

头脑风暴法训练：

1. 请对"营销"快速提出 10 个问题，并自己回答。
2. 请对"管理"快速提出 10 个问题，并自己回答。
3. 请对"控制"快速提出 10 个问题，并自己回答。

 案例分析

康立医院年终学术研讨会策划案

2004 年临近年末，国内著名的康立医疗集团的董事长邵康立面露难色。集团下辖的康立耳病医院已经连续 7 年，召集业界耳病治疗专家到医院举行耳病治疗学术研讨会，目的是提高康立医院的知名度和美誉度，提升该院医生们的耳病治疗水平，同时也让全国各大医院的专家了解康立医院的实力，加速转诊病人的介绍。但每年都是在会议室研讨，到旅游景点观光，在大酒店设宴，最后再赠送每位专家价格不菲的纪念品。这样的学术会议每次都要花费几十万元，但效果都不是特别理想！

"今年的学术会议还开不开呢？"邵康立董事长给营销策划专家樊朝晖提出了问题。通过对历届学术研讨会的情况进行分析，结合医院的实际情况，樊朝晖不假思索地回答："开，一定要开，但要换个开法。"

一所专科医院的生命力在于所掌握的医疗技术是否先进，所拥有的专家是否是国内一流的。而本次召开年终耳病治疗学术研讨会，将会有来自全国各大医院的耳鼻喉专家莅临医院参加国内最前沿的耳鼻喉学术研讨，而这些专家既然来到运城，为什么不可以为运城的耳鼻喉患者做点贡献呢？让这些专家在会议期间在医院坐诊、答疑，为运城的患者面对面诊疗。让运城的患者省去大量人力、物力和财力到全国各大医院找专家求医的麻烦。

来自全国各大医院的耳鼻喉专家们精湛的医术、先进的治疗理念、严谨的治学态度和一丝不苟的医疗作风将会对康立医院的医护人员提高耳病治疗水平、增强为患者服务的意识起到积极的引导作用。

医院名称以前是"康立耳病医院"，刚被运城市卫生局批为"运城耳鼻喉医院"，面临着要转型、扩张业务范围，同时，以前的康立耳病医院因为服务病人的病种单一，病源主要来自全国各地，而名称的转换，意味着医院的服务方向将部分向本地患者转移，目标市场方向发生转移，如何很好地切入市场，将是医院转型后面临的第一大难题！按上述思路召开耳病治疗学术研讨会，还可以为改名后的医院打开当地市场找到一个很好的切入点！

思路确定以后，樊朝晖组织策划了医院举行耳病治疗学术研讨会。

首先，他们确定了本次研讨会要达到的目的。

一是向来医院的各位专家展示医院实力，为没来医院的其他专家提供足以说服其为医院提供转诊患者的理由。

二是向当地患者发布专家来院参加学术研讨会并现场坐诊、会诊疑难病症的信息，为医院创造效益，同时，举行医院更名活动，为医院快速切入当地市场打下良好的基础。

根据目的，制订了以下几点具体操作方案。

1. 会场、分主题举办多场学术讨论会，具体事项由相关人员和专家沟通安排。
2. 医院业务部门安排专家坐诊具体事宜，由医院宣传部门，向当地市场发布专家坐诊信息。
3. 由行政部门负责向专家展示医院实力。
4. 由市场部门负责专家、运城市医疗卫生系统领导的邀请和专业庆典公司，安排更名庆典活动。
5. 后勤部门安排接待工作及娱乐活动。由外联部门，联系专业摄影、摄像人员，记录活动全过程。

本次学术研讨会活动总共进行了6天，并得到了当地媒体的大力配合，当地报纸、电视台跟踪报道宣传，学术研讨会、座谈会、专家坐诊、咨询答疑等都达到了预期的目的。

活动期间，医院门诊量是平时的五六倍，手术病人更是平时的十几倍，住院部病床相当紧张，而来院就诊的80%患者是当地人，与之前策划预测的结果相当，收到了良好的经济效益和社会效益。

来院专家看到布置一新的医院硬件环境，和络绎不绝的就诊患者，无不连连竖起大拇指赞叹，如果没有过硬的医疗技术，哪来这么多就诊患者？活动后期的电视专题片和精美宣传册，也让没来的专家耳目一新，认可医院的实力，加速了转诊病人的介绍。

通过本次活动，大大提高了"运城耳鼻喉医院"的知名度、美誉度，让更多的耳鼻喉病患者知道了本地有如此好的治疗耳鼻喉病的医院，对运城耳鼻喉医院产生了依赖。

(案例来源：北京朝晖策划公司提供.)

分析讨论题：

1. 你认为本次耳病治疗学术研讨会策划有哪些优点和不足？
2. 如果你来策划类似的会议，你会如何做？

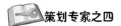策划专家之四

中国品牌博士第一人——余明阳

余明阳，上海交通大学品牌战略研究所所长，著名品牌管理专家，1979年起先后攻读并获浙江大学哲学学士、复旦大学经济学硕士、复旦大学经济学博士、复旦大学管理科学与工程博士后、北京大学应用经济学博士后。联合国国际信息科学院(IIA)院士、中国市场学会品牌战略委员会主任、中国公关协会学术委员会副主任、中国广告协会学术委员会委员、深圳市政协委员。

余明阳是中国高校第一个品牌传播研究所的所长(华中科技大学，2000)，也是中国高校第一个品牌战略研究所所长(上海交通大学，2005)。余明阳教授的学术观点与课题指导曾被几百家媒体报道，被媒体誉为"中国品牌博士第一人"和"中国公关少帅"。

(案例来源：中华商界专家网.)

第5章　营销战略策划

战略是企业目前的和计划的资源配置与环境相互作用的基本模式。该模式表明企业将如何实现自己的目标。

——美国学者霍弗和申德尔

本章教学目标与要求

(1) 了解市场细分、目标市场、市场定位、市场竞争策划的概念；
(2) 理解市场细分、目标市场、市场定位、市场竞争策划的原理；
(3) 掌握市场细分、目标市场、市场定位、市场竞争策划的基本方法。

本章知识架构

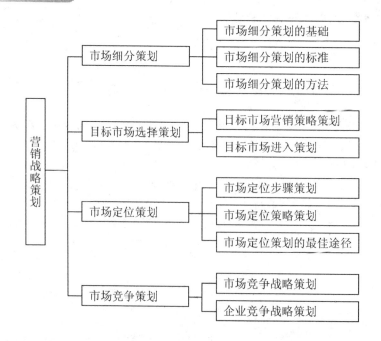

第 5 章 营销战略策划

 导入案例

玩具反斗公司细分制胜

玩具反斗公司是一家玩具专业企业，该公司总部设在美国。

长期以来，玩具都被认为是一种儿童专用的商品，市场非常小。然而，谁也想不到发展到今天，玩具已成为了国际市场的一种大商品。据统计，在美国市场常年销售的玩具达 15 万种以上，每年约有 3 000 种以上的新产品面市。进入 20 世纪 80 年代后，玩具打破了从前只是儿童专利的常规，越来越受到不同年龄段的消费者的青睐。

美国玩具反斗公司创立时间不长，在短短的 30 多年中即发展成为世界上最大的玩具连锁集团，现在它在美国有 300 多家连锁店，在国外有近 100 家连锁店。

当今玩具市场虽然非常大，但有市场必有竞争，在竞争十分激烈的情况下，美国玩具反斗公司又是怎么战胜群雄，登上世界顶尖宝座的呢？概括地说，就是该公司在运用市场细分法中，采取了多项得力的措施，壮大了自身的竞争力，以其雄厚的实力领先于竞争者。

美国玩具反斗公司经过周密的市场调查研究后，通过细分策略，接连细分出各种市场目标，使其业务得以不断扩大。比如说，该公司派出市场调查人员深入到不同年龄层次的市民访问。他们了解到以下内容。

60 岁以下的已婚男女经常会购买各种玩具，主要是买给他们的儿女或孙辈的。

60 岁以下的未婚或婚后无子女的人也常买玩具，主要是给亲戚朋友送礼，也有为娱乐身心和满足心理而买的。

60 岁以上的老人绝大多数都经常购买玩具，他们除了逢年过节给自己孙子或朋友孙子买以外，更多的是为自己。

根据以上的调查资料，玩具反斗公司细分出一个成人玩具市场来，他们认定这个细分市场前景广阔。他们的依据是：美国人的生活习俗普遍都是子女长大后，各自离家独立生活。老年夫妇独自生活，且退休后，无所事事，就产生了一种孤独感。而美国人也不如中国人那样喜欢群居，他们普遍都是单独居住一座房子，这种单家独户的生活，邻里之间一般没有交往。即便有子孙的老人也只不过是在节日之时才与他们聚一下。在这样一种生活环境中，老人们会产生各种心理需求：会返老还童般找些玩具娱乐身心，会找些心旷神怡的玩具陈设做伴，会找些惟妙惟肖的玩具动物养目顺心，会找些具有现代科技面貌的玩具模型装饰生活。

玩具反斗公司的决策人员根据这种细分市场的潜在需求，投入到各种针对性强的玩具的设计与生产中，并开展广泛的广告宣传，结果十分成功，使公司的销售额成倍增长，因为成年人所消费的玩具层次高，售价也特别高。更值得一提的是，玩具反斗公司所细分的新市场，不局限于退休的老人，还包括了大量年轻或中年的无子女夫妇和单身贵族，他们同样也有这种心理需求。

(案例来源：郑文华. 营销策划技能案例训练手册[M]. 北京：机械工业出版社，2006.)

从玩具反斗公司的市场细分制胜案例可以看出，玩具反斗公司通过一系列成功的市场细分、目标市场选择和市场定位的战略，取得了巨大成功。这个案例告诉人们，在任何市场需求的背后都隐藏着这种需求可以被进一步明确细分的潜力和可能，企业在既定的市场需求面前有许多种选择。玩具反斗公司所采取的市场细分、目标市场选择、市场定位通称为营销战略。所谓的营销战略策划也就是包括市场细分策划、目标市场选择策划、市场定位策划、市场竞争策划的总称。那么什么是市场细分策划、目标市场选择策划、市场定位

策划、市场竞争策划？它们对企业营销活动有什么作用？如何进行市场细分策划、目标市场选择策划、市场定位策划、市场竞争策划？这正是本章所要研究和解决的问题。

5.1 市场细分策划

5.1.1 市场细分策划的基础

1. 市场细分策划的作用

市场细分策划是指根据消费者对产品的不同欲望和需求、不同的购买行为与购买习惯，把整个市场划分为若干个由相似需求的消费者组成的消费者群的行为过程。

市场细分策划是现代企业从事市场营销的重要手段，对企业营销活动具有以下重要的作用，如图5.1所示。

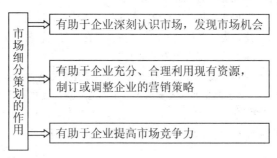

图 5.1 市场细分的作用

(1) 市场细分策划有助于企业深刻认识市场，发现市场机会。通过市场细分策划，使企业认识到细分市场上的差异性需求，寻找到目前市场上的空白点，即了解现有市场上有哪些消费需求没有得到满足，如果发现某些需求没有得到满足，或被满足的程度很低，竞争者尚未进入或竞争对手很少，本企业能够提供什么产品来满足这些消费者的需求。企业能够提供相应产品满足其需求，则可以以此作为企业的目标市场，这就是市场给予企业的最有利的经营机会。尤其是对中小企业而言，通过市场细分策划，帮助其找到一些不被大中企业重视而自己力所能及的经营机会，避免与大企业进行直接竞争，而能在大企业之间的空隙中生存和发展，起到拾遗补缺的积极作用。在科学技术高度发达、人民生活水平普遍提高的今天，消费的需求日趋多样化，这给广大的中小企业提供了更多的经营机会。

(2) 市场细分策划有助于企业充分、合理利用现有资源，制订或调整企业的营销策略。实行市场细分策划，帮助企业集中力量深入了解所选定的目标市场的需求和愿望，充分发挥自己有限的资源条件，实施或调整其营销策略。

宝洁公司的市场细分制胜

宝洁公司(P&G)是美国著名的化妆品制造企业。早在20世纪80年代就开始进入我国市场，并在护肤及卫生用品市场展开了一系列成功的市场细分、目标市场选择和市场定位的策略。而国内同一领域的企业往往是希望通过同样品牌的少数几个品种来满足所有的市场需求。在20世纪80年代初,宝洁公司针对当时我国消费者头皮屑患者较多的现象,敏锐地觉察到这一细分市场,因而率先推出具有去头皮屑功能的"海飞丝"洗发水。这一产品在市场上获得了巨大成功,并且成为当时时尚的消费品。其后,宝洁公司又针对城市女性推出了"玉兰油"系列护肤品。除以上品牌之外,宝洁公司陆续推出了针对不同细分市场的多个品牌的护肤及洗涤卫生用品,如"飘柔"洗发护发二合一,既方便又有利于头发飘逸柔顺;"潘婷"则含有维他命原 B5,可以令头发健康而亮泽。这一系列产品定位鲜明、细分市场明确的战略,在宝洁公司的发展和壮大过程中起了决定性的作用。

(案例来源:屈云波,张少辉. 市场细分——市场取舍的方法与案例[M]. 北京:企业管理出版社,2010. 略有改动.)

(3) 市场细分策划有助于企业提高市场竞争力。企业的竞争能力受客观因素的影响存在一定差别,但通过有效的市场细分策划,可以帮助企业找出每个细分市场上竞争者的优势和劣势,帮助企业充分利用竞争者的弱点,同时有效地开发本企业的资源优势,通过有限的资源优势把竞争者的顾客和潜在顾客变为本企业的顾客,提高市场占有率,从而增强竞争能力。

案例

开辟独特细分市场,"斯航"成为明星

斯堪的那维亚航空公司(简称"斯航")是由挪威、瑞典和丹麦三国合资经营的公司,由于价格竞争、折扣优惠及许多小公司的崛起,"斯航"在其国内和国际航线上都处于亏损状态。

1982年初,"斯航"首先设计了一种新的、单独的商务舱位等级,这种商务舱是根据工商界乘客不喜欢与那些寻欢作乐的旅游者同舱但又不愿意支付头等舱价格的特点设立的,对工商界乘客来说,头等舱太贵,经济舱又太嘈杂,太不舒服。工商界乘客常常因为一些情况必须改变日程,他们需要灵活性;他们在旅途中关心是把工作赶出来,这意味着他们需要读、写,为会议或谈判作准备,或睡觉——以便到达目的地后能够精力充沛地投入工作。换句话说,他们不需要分散注意力或娱乐。旅游者却没有这种压力,对他们来说,旅途就是假期的一部分,而机票价格则是一个敏感的决定因素。设置紧凑的座位和长期预备的机票,使航空公司有可能出售打折扣的机票,即使一些人获得了旅行的机会,这些人也会把省下的钱更多地花在异国情调的度假生活中。商务旅行者与此不同,他们最重视的是时间和日程表,在"斯航"以前,没有一家航空公司懂得怎样在同一架飞机上满足这两类顾客不同的需求。

"斯航"的商务舱票价低于传统的头等舱,高于大多数的经济舱,但给予顾客更多的方便。在每个机场,"斯航"都为商务舱的乘客设置了单独的休息室,并免费提供饮料,有的还可看上电影。在旅馆,为他们准备了有会议室、电话和电传设备的专门房间,并提供免费使用的打字机,使他们能够完成自己的工作,他们还可以保留这些房间,而且不受起程时间、时刻表变动及最低住宿时间的限制,所有这些都以经济实惠的价格提供。机场还为商务舱乘客设置了单独的行李检查处,他们不必去和普通乘客一起拥挤地通过安检。在飞机上,他们享有单独的宽大座椅,放腿的空间更为宽敞,还装置了一些传统的头等舱才有的装饰品,比如玻璃器皿、瓷器、台布等,他们还可享用美味佳肴。正因如此,"斯航"夺去了竞争者的生意,成为明星,许多竞争者如今也在试图仿效。

"斯航"的成功在于,其洞察到了商务乘客未被满足的独特的需求,从而开辟了一个独特的细分市场,并正在赋予它更多的价值。

(案例来源:屈云波,张少辉. 市场细分——市场取舍的方法与案例[M]. 北京:企业管理出版社,2010. 略有改动.)

2. 市场细分策划的基础

市场细分策划的基础和依据是消费需求的异质性，即消费者需求、动机和购买行为的差异性。一般来说，组成市场的无数消费者由于他们所处的地理环境和社会环境、所接受的教育及自身的心理素质、购买动机等的不同，他们对产品的价格、质量、款式等的要求也不尽相同，存在着需求的差异性。同时也有一些消费者由于同处一样的地理环境，或接受了同样教育，或相同的心理素质等，因而他们对产品各方面的需求大致相似，这样的一些消费者就构成了一个细分市场。

东方航空公司细分市场的失败

在企业的营销活动中，任何企业都会遇到各种各样的难题，每家都有一本难念的"经"。当前的市场发展趋势，正盛行个性化、多元化的潮流，怎么应用好市场的细分策略，成为考验每个企业成败的重要难题。美国东方航空公司曾用细分法分出一个令人垂涎三尺的消费市场——新婚市场，估计年营业额高达2.4亿美元。据此，他们立即投入数百万美元进行广告宣传。但由于东方航空公司细分市场之时，未能及时进行完整而充分的细分研究，在目标市场特性含混不清的情形下，就贸然投入广告宣传，结果产生错误的行为策略，以失败而告终。

(案例来源：郑文华. 营销策划技能案例训练手册[M]. 北京：机械工业出版社，2006.)

5.1.2 市场细分策划的标准

1. 有效市场细分的要求

从企业营销的角度而言，无论是消费者市场还是生产者市场，要使市场细分策划具有实际的意义，必须达到以下几个要求。

(1) 可衡量性。即根据某种特性因素划分出来的每个细分市场，其规模和购买力的大小能够进行数量化的准确的评估和推算，各细分市场有明显的区别，有容易识别的顾客群。比如在电冰箱市场上，在重视产品质量的情况下，有多少顾客更注重价格，有多少顾客更注重省电，有多少顾客注重外观或兼顾几种特性。如果被划分出来的细分市场无法衡量，这样的细分是无效的。

(2) 可进入性。所谓可进入性是指企业根据目前的人、财、物和技术信息等资源条件，通过确定适当的营销组合策略能够进入并占领某一细分市场，使该细分市场的消费者得以购买本企业的产品。可进入性分析重点要考虑消费者的集中程度、竞争对手的数量以及政府政策、交通条件等因素。

(3) 可盈利性。可盈利性是指为企业细分出来的市场应该有一定的规模和市场潜力，使企业能够在一定的时期获取足够的利润且有相当的发展潜力，值得企业为该市场制定专门的战略、策略和为此投入资源。如果企业为某个细分市场确定的营销组合并不能使企业获利，也不能在多个细分市场经营中获得联合优势，这样的市场细分也就没有了实际意义。

(4) 相对稳定性。指细分市场的标准要稳定，市场的需求具有一定的稳定性。由于市场变化是绝对的，这就要求细分的标准要粗细适当，以保证企业在相对较长的时期内能够满足其需求，获得较理想的经济效益。

2. 市场细分策划的标准

1) 消费者市场细分策划的标准

由于消费者为数众多，需求各异，所以消费者市场是一个复杂多变的市场。同时总有一些消费者有某些类似的特征。这些特征即是消费者市场细分策划的标准，大体可以分为4类，即地理标准、人口标准、心理标准和行为标准。

(1) 地理标准。指采用地理方面的一些因素，如按消费者所在的不同的地理位置(包括行政区域、地理位置、气候等)作为消费者市场细分策划的标准。处于不同地理位置上的消费者，如城市与农村、南方与北方、山区与平原、国内与国外等，具有不同的购买需要，而处于同一地理条件下的消费者，他们的需求有一定的相似性，对企业的产品、价格、分销、促销等营销措施也会产生类似的反应。

把地理因素作为标准进行市场细分策划是最简便的一种策划方法。但地理因素是一种相对静态的因素，不一定能充分反映消费者的特征，处于同一地理位置的消费者对某一类产品的需求仍有较大的差异。因此，有效的市场细分策划还必须考虑其他的一些动态因素。

(2) 人口标准。指用人口统计方面的因素来细分消费者市场，即按照人口的一系列性质因素来辨别消费者需求上的差异。所谓人口的性质因素指年龄、性别、家庭人口数、收入、职业、教育程度、家庭生命周期、宗教、种族、民族、国籍、社会阶层等。

人口的性质因素是最常用的市场细分策划标准。因为消费者的需求与这些因素有着密切的联系，而且这些因素一般比较容易衡量。如美国的服装、化妆品、理发等行业的企业一直按性别细分；汽车、旅游等企业则一直按收入水平来细分；玩具市场可以用年龄来划分；食物、房屋等则可以依据家庭的规模和家庭结构来进行划分。

随着社会的发展，某些产品的消费者在性别或其他因素上的界限会越来越不明显，如现代女性越来越多地购买和使用以往只有男性才使用的产品。因此，有必要从更深层次上即消费者的心理和行为上来进行细分策划。

(3) 心理标准。指根据消费者的心理特点来进行市场细分策划。心理标准主要表现在生活方式、个性等方面。

生活方式，指一个人或者一个群体对于生活消费、工作和娱乐的不同看法或态度，如追求时髦或顽固守旧、崇尚奢华与节俭朴素等。生活方式不同的消费者，他们的消费欲望和需求是不一样的，对企业市场营销策略的反应也各不相同。西方国家有许多企业针对不同生活方式的消费者群体，设计不同的产品和安排不同的市场营销组合，也有企业用"AIO"系数来划分消费者的不同生活方式。A 指 Activities(活动)，包括消费者的工作、假期、娱乐、运动、购物、社区交往等活动；I 指 Interests(兴趣)，指消费者对家庭、食物、服装款式、传播媒介、成就等的兴趣；O 指 Opinions(意见)，指消费者对社会问题、政治、商业、经济、教育、产品、文化、价值等的意见。企业可以通过市场调查研究，了解消费者的活动、兴趣、意见，据此来划分不同生活方式的消费者群。

个性是指消费者的个人性格。这也是消费者市场细分化的一个重要因素。很多企业给其产品赋予某些个性特征，以迎合消费者的个性并因此而获得成功。如德国奔驰汽车被赋予"一只勇猛的雄狮、一座庄严质朴的宫殿、一位严谨的老板"的个性特征，而深受消费者的厚爱。

(4) 行为标准。指消费者的购买行为、购买习惯，包括产品购买与使用时机、追求利益、使用者、使用状况、品牌忠诚度、购买阶段、购买态度等。产品购买与使用时机指有规则或无规则的购买、平常购买或节日购买；追求利益指消费者购买产品时所追求的好处，也就是产品带给消费者的利益，如高品质、优良服务、多功能等；使用者包括不使用者、潜在使用者、过去使用者、初次使用者、经常使用者等；使用状况包括使用量和使用频率等；品牌忠诚度指绝对忠诚、一般忠诚、不忠诚等；购买阶段一般包括尚未知道、知道、有购买意愿、已经购买、重复购买等阶段；态度包括喜爱、不感兴趣、讨厌等。

2) 生产者市场细分策划的一般标准

生产者市场的购买者一般是集团组织，购买的目的主要是用于再生产。生产者市场的细分标准有的与消费者市场的细分标准相似，如地理环境、产品利益、使用率、品牌忠诚度、购买阶段、态度等。但是，生产者市场还有与消费者市场不同的特点，因此，生产者市场也有其不同的细分标准。

(1) 最终用户。不同的最终用户对同一产品的市场营销组合往往有不同的要求。如同样是轮胎，不同的生产者的要求就不一样，飞机轮胎的质量要求高于拖拉机轮胎的质量要求，载重卡车与赛车的质量要求也不一样。高技术产品生产者更看重产品的质量、服务而不是价格。

(2) 用户规模。很多企业也根据用户规模的大小来细分市场。用户的购买能力、购买习惯等往往取决于用户的规模。在西方国家，很多企业把用户分成大用户和小用户，采取不同的对策与之打交道。大用户数目少，但购货量大，企业往往采用更加直接的方式与之进行业务往来，这样，可以相对减少企业的推销成本；小用户则相反，数目众多但单位购货量较少，企业可以更多地采用其他方式，如中间商推销等，利用中间商的网络来进行产品的推销工作。

(3) 用户的地理位置。用户的地理位置对于企业的营销工作，特别是产品的上门推销、运输、仓储等活动有非常大的影响。地理位置相对集中，有利于企业营销工作的运筹、开展。很多国家和地区，由于自然资源和历史的原因，形成了若干的工业区，如美国的五大湖地区是钢铁工业区，就形成了对矿产品的集中需求；在我国，随着经济结构的调整，随着西部大开发战略的实施，西部地区将对纺织机械、矿山机械、大型运输工具、建筑材料有大量需求。

5.1.3 市场细分策划的方法

按照选择市场细分标准的不同，市场细分策划可以有 3 种方法。

1. 单项变量细分法

单项变量细分法是指只选择一个市场细分标准进行细分市场的方法，即根据影响消费者需求的某一重要因素进行市场细分。例如玩具市场，影响需求量的主要影响因素是年龄，不同年龄的儿童对玩具的需求不同，可按年龄标准把市场细分为：1～3 岁玩具市场、4～5 岁玩具市场、6～7 岁玩具市场、8～12 岁玩具市场、12 岁以上玩具市场等几个细分市场。1～3 岁的玩具应该具有启蒙功能，而 12 岁以上的玩具应具有智力或科技功能。

单项变量细分法的优点是细分过程比较简单，易于操作。采用这种方法有两个适用条件：第一，市场竞争不太激烈，市场细分程度高，用单一变量能够细分出有效市场；第二，影响消费者购买的各个因素中有一项主导因素,其影响最为强烈。单项变量细分法的缺点一是形成的细分市场描述不够明确,在激烈的市场竞争环境中针对性不强;二是影响消费者或用户需求的因素是多种多样的,各种因素相互交错在一起共同对某种需求产生影响,单项变量细分法可能会因为主观原因而忽略了其中重要因素,出现细分市场不准确的情况。

2. 综合变量细分法

综合变量细分法又称为多变量法,它是指选择两个以上(少数几个)影响较大的因素为细分标准进行细分市场的方法。其中以两个或3个变量进行市场细分是最常用的综合变量细分方法。例如,对手机市场的细分采用两个细分标准如表5-1所示。

表5-1 手机市场的细分

用户年龄	18岁以下,19~34岁,35~49岁,50~64岁,65岁以上
月收入水平	1 000元以下,1 000~3 000元,3 000元以上
消费心理	求实心理,求美心理,求廉心理,求奇心理等

3. 系列变量细分法

系列变量细分法又称为多层次变量法,它是指根据企业经营的需要,选择多个细分标准,根据一定顺序由大到小、由粗到细进行系列细分市场的方法。

 案例

日本黄樱酒的市场细分

日本的黄樱酒酿造公司,依据以下思路进行市场细分(图5.2)。

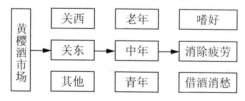

图5.2 黄樱酒的市场细分示意图

首先根据地理标准对消费者分类,他们选中了日本关东地方。因为关西地方已有许多日本名酒,如"滩之名酒"、"伏见名酒"等品牌已有较大影响;关东地方尚无名酒品牌,许多消费者在酒店要酒时,只有"一级酒"、"二级酒"的称呼。关东地方属于日本首都圈,人口比较集中,约3 000万人,同其他地方相比也占有较大优势;其次,依据消费者的年龄分类,"黄樱"选择了中年人士——他们通常是酒的爱好者,消费的主力。虽然在日本市场威士忌酒、葡萄酒、白兰地酒等大量流入,但是日本烧酒也甚流行。他们认为这个年龄层今后仍然是"黄樱"的支持者。最后,"黄樱"又用行为标准对中年人士喝酒追求的利益再次细分,最终确定了自己的目标市场。

(案例来源:屈云波,张少辉. 市场细分——市场取舍的方法与案例[M].
北京:企业管理出版社,2010. 略有改动.)

5.2 目标市场选择策划

目标市场是指企业为满足现实的或潜在的需求而开拓的特定市场。没有一个企业能够满足所有消费者的所有需求，市场细分化的目的就在于从一系列的细分市场中选择出对企业最有利的市场组成部分，即目标市场。

5.2.1 目标市场营销策略策划

江崎糖业的目标市场选择

日本泡泡糖市场年销售额约为740亿日元，其中大部分为"劳特"所垄断，其他企业再想挤进泡泡糖市场困难重重。但江崎糖业公司对此并不畏惧，公司成立了市场开发班子，专门研究霸主"劳特"产品的不足和短处，寻找市场的缝隙。经过周密的调查分析，终于发现"劳特"的4点不足：第一，以成年人为对象的泡泡糖市场正在扩大，而"劳特"却仍旧把重点放在儿童泡泡糖市场上；第二，"劳特"的产品主要是果味型泡泡糖，而现在消费者的需求正在多样化；第三，"劳特"多年来一直生产单调的条板状泡泡糖，缺乏新型式样；第四，"劳特"产品价格是110日元，顾客购买时需多掏10日元的硬币，往往感到不便。通过分析，江崎糖业公司决定以成人泡泡糖市场为目标市场，并制订了相应的市场营销策略。不久便推出了功能性泡泡糖四大产品：司机用泡泡糖，使用了高浓度薄荷和天然牛黄，以强烈的刺激消除司机的困倦；交际用泡泡糖，可清洁口腔，祛除口臭；体育用泡泡糖，内含多种维生素，有益于消除疲劳；轻松性泡泡糖，通过添加叶绿素，可以改变人的不良情绪。并精心设计了产品的包装和造型，价格定为50日元和100日元两种，避免了找零钱的麻烦。功能性泡泡糖问世后，像飓风一样席卷全日本。江崎公司不仅挤进了由"劳特"独霸的泡泡糖市场，而且占领了一定的市场份额，从零猛升至25%，当年销售额达175亿日元。

(案例来源：杨勇，王惠杰. 现代市场营销学[M]. 北京：中国物资出版社，2011.)

市场细分化的结果，使企业面临许多不同细分市场上的经营机会。确定了目标市场的范围以后，在这些目标市场的营销策略有3种类型。

1. 无差异性营销策略

指企业以整个市场作为目标市场，不区分各细分市场上需求的差异性，而是寻求各类购买者需求中相同的部分。向其提供单一的产品，采用单一的营销组合策略。这种策略要求企业向市场推出一种型号的产品，统一的包装，固定的价格，采取广泛的分销渠道，进行同一内容的广告宣传。

无差异性营销策略如图5.3所示。

图5.3　无差异性营销策略示意图

2. 差异性营销策略

差异性市场营销策略是把整体市场划分为若干需求与愿望大致相同的细分市场，然后根据企业的资源及营销实力选择部分细分市场作为目标市场，并为各目标市场制定不同的市场营销组合策略。

差异性营销策略如图 5.4 所示。

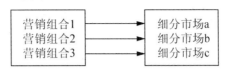

图 5.4　差异性营销策略示意图

3. 密集性营销策略

密集性营销策略又称集中性营销策略，它是指将市场分割为若干细分市场后，只选择其中某一细分市场作为目标市场。其指导思想是把企业的人、财、物集中用于某一个或少数几个小型市场，以求在这些市场上得到较大的市场份额。

密集性营销策略的优点是针对性较强，一方面能够深入了解市场，以更好地满足需求，另一方面集中精力服务于消费者，同时节省营销费用，提高投资收益率，增加盈利。这种策略的缺点是由于选定的市场范围太小，企业集中经营一个狭小的细分市场，缺乏回旋的余地，经营风险较大。

密集性营销策略如图 5.5 所示。

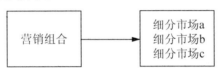

图 5.5　密集性营销策略示意图

绅宝的密集性市场选择策略

绅宝公司在二战中以制造战斗机而闻名。战后，绅宝利用自己的技术力量，生产了一种小型、廉价、注重驾驶乐趣的汽车。这种汽车由于是按照飞机驾驶的高要求设计的，因此座位舒适，控制系统比较准确，安装装置十分完备，直至 20 世纪 70 年代，人们一直把绅宝汽车视作"瑞典人的手工艺品"。每年在美国卖出 1 万辆左右，其顾客多半是工程师、大学教授和喜爱长途旅行的人。

20 世纪 70 年代末期，汽车竞争加剧，美国的通用和日本的丰田在生产经销车方面竞争十分激烈。绅宝公司也面临着两种选择：要么生产经济车；要么生产昂贵车。绅宝汽车公司选择了后者，因为按照它的经济实力及设备能力，很难与通用、丰田等大公司竞争，如果它也生产经济车，必须年产 25 万辆才能有利可图。显然它在竞争中处于不利地位，而昂贵车市场虽然很小，但由于每部车的利润高，又能发挥绅宝的技术优势，因此，进军昂贵车市场才是出路。它估计到 20 世纪 80 年代末，跑车市场将急剧扩大，购买这类跑车的顾客其年龄都在 25~44 岁之间，这一年龄阶段的顾客群增长较快，而且大都是双职工，夫妻都有较好的工作，薪水较高，比较富有，他们需要质量高、性能好、驾驶舒适、服务良好的汽车，再贵也买得起。从 1979 年开始，绅宝公司为这个市场推出了新的 SAAB9000 涡轮增压汽车，每辆汽车的售价 2

万美元。事实证明这种市场细分策略取得了很大成功,绅宝车1983年在美国的销量超过25万辆,市场供不应求,有些经销商甚至以拍卖的方式,将车卖给出价最高的人。这一年,绅宝车销售额年增长率为42%,成为汽车行业中销售增长率最高的一家。

小公司以少量的财力,较弱的生产能力,针对规模小但对品质要求高的某一细分市场集中营销,其利润反而超过了大公司。

(案例来源:屈云波,张少辉. 市场细分——市场取舍的方法与案例[M].

北京:企业管理出版社,2010. 略有改动.)

5.2.2 目标市场进入策划

所谓目标市场进入策划是指企业采取何种方式以及何时进入选定目标市场的策划和谋划。

1. 目标市场进入方式策划

目标市场进入方式策划可以分国内市场和国际市场进入方式策划,如图5.6所示。

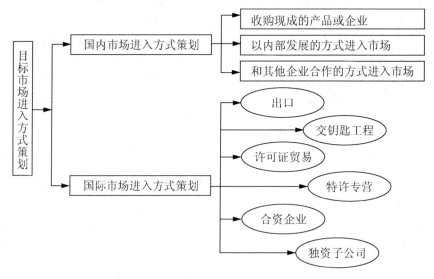

图5.6 目标市场进入方式策划示意图

1) 国内市场进入方式策划

在国内市场上,通常可能的进入目标市场的方式有如下3种。

(1) 收购现成的产品或企业。

这是进入目标市场最快捷的方式。在下列条件下收购现成产品或企业是最有利的:①企图进入该市场的企业对于这一行业的知识还很不足;②尽快进入新市场对企业有较大的利益;③企业如依靠内部发展的方式进入新市场,将遇到种种阻碍,如专利权、经济规模、原料及其他所需物资供应的限制等。

(2) 以内部发展的方式进入市场。

所谓内部发展是指企业依靠自己对目标市场的调查研究,设计、制造并推销符合目标市场需要的产品。采取这种进入市场的方式,往往要考虑下列情况:①内部发展的方式有利于巩固该企业的市场地位;②没有适当的企业可供收购;③收购的对象要价过高;④存在其他各种收购现成企业和产品的障碍。

(3) 和其他企业合作的方式进入市场。

这种进入方式有它的明显优点,首先,采用合作的方式,将使风险由于合作分担而降低;其次,合作的企业将在技术上、资源上相互支持,从而使单个企业无力开拓的市场,成为可以利用的机会;最后,合作企业可以互补长短,并能发挥协作的作用,形成大于单个企业经营能力总和的新能力。

企业间的合作可以是生产企业与生产企业合作,也可以是生产企业与销售企业合作。合作方式的选择要根据销售量、成本、利润的分析,选用对企业最有利的合作方式。

2) 国际市场进入方式策划

企业确定国际化经营的战略,就意味着国际市场进入方式的选择问题。国际市场进入方式多种多样,要从企业实际出发,选择更适合企业的进入方式。

(1) 出口。即产品在国内市场完成其开发设计和生产制造的全部或大部分过程,然后出口国外。大多数企业开始都是以出口作为进入国际市场的重要方式。

(2) 交钥匙工程。在交钥匙工程中,承包人承揽外国客户的工程项目并负责项目的一切细节,包括操作人员的培训。当合同完成的时候,外国客户将获得一个可以随时完全运作的整个设施的"钥匙"——"交钥匙"的名字由此得来。交钥匙工程实际上是向其他国家出口工艺技术的一种方法。从某种意义上来说,这是一种高度专业化的出口。化学工业、制药工业、炼油工业和冶金工业中交钥匙工程非常普遍,这是因为这些行业都使用复杂和昂贵的工艺技术。

(3) 许可证贸易。根据许可协议,许可人把"无形财产的权利"授予被许可人,供后者使用特定一段时间。作为回报,许可人将从被许可人那里获得特许权使用费。无形资产包括专利权、发明、配方、工艺、设计、版权以及商标等。

(4) 特许专营。特许专营可以说是一种专业化的许可协议。在该协议下,许可人不仅把自己的无形资产销售给被许可人,而且还要求被许可人遵守严格的经营规则。许可人经常为被许可人的连续经营提供帮助。特许专营主要为服务型企业所采用。例如:麦当劳就是通过特许专营战略发展起来的。对于被许可人应该如何经营餐馆,麦当劳都定有严格的规则,这些规则涉及对菜单、烹制方法、员工政策以及餐馆的设计和选址等方面的控制。麦当劳还为它的被许可人组织供应商链条并且为它们提供管理培训和财务支持。

(5) 合资企业。合资企业是由两个或两个以上的、本来相互独立的企业共同投资创建、共同拥有、共同经营管理的跨国企业。在合资企业中,有些合资方在合资企业中取得了多数股份,从而取得了对企业较强的控制权。

(6) 独资子公司。在独资子公司中,企业拥有100%的股权。在国际市场上建立独资子公司的方法有两个。即企业可以在当地建立新的公司,也可以通过兼并现有公司,并利用兼并的企业来促进在该国市场上的产品销售。

2. 进入时机策划

企业经过市场细分、机会分析,发掘出良好的经营机会,并选定目标市场后,并不意味着企业可以立刻向目标市场全面推进,还必须分析和把握进入市场的时机,因为过早或过迟进入市场都将导致经营受阻。

确定适当的进入市场的时间,主要取决于两个方面。

(1) 企业向选定的目标市场全面推进之前，先要计算在正常情况下，做好一切准备工作需要多长时间。准备工作包括：向目标市场提供的产品，必须进行精心设计，并在可能的条件下在用户或顾客中加以试用，以发现和扩展产品的优点，提高产品的适用性；形成预期的生产能力所需要的时间；如有必要，产品需进行试销，以调整营销策略；推销人员需进行必要的培训；等等。

(2) 调查和预测按正常时间进入目标市场时，市场形势将会出现什么变化，例如：目标市场的购买力的变化，竞争者准备抢先进入市场，新出现的竞争者进入市场的可能时间，目标市场需求是否有可能发生变化等，以便对进入市场的时间做出调整，即比正常的进入时间提前或推后。

5.3 市场定位策划

目标市场选定以后，企业为了能与竞争者的产品有所区别，为开拓和进入目标市场，取得产品在目标市场上的竞争优势，更好地为目标市场服务，还要在目标市场上给本企业产品做出具体的市场定位决策，即勾画企业产品在目标市场即目标顾客心目中的形象，使企业提供的产品有一定特色，适应一定顾客的需要和偏好，并与竞争者的产品有所区别。

市场定位策划即突出企业产品的特色，适应目标市场一定的需求和爱好，塑造产品在目标顾客心目中的良好形象，以求在顾客心目中形成一种特殊的偏爱。

 案例

"娃哈哈"的市场定位

首先，寻求和评价市场机会。"娃哈哈"的创始人宗庆后总经理认为：在中国计划生育政策下，独生子女无疑是家长的掌上明珠，孩子的健康和饮食结构也是父母最关心的问题。同时，中国有约3亿儿童，这是个有巨大潜力的市场。其次，以儿童市场为目标。"娃哈哈"集团与浙江医科大学的专家学者一起，运用中国传统的食疗理论，结合现代营养学合理营养的原则，共同研制开发了一种不含激素、营养成分齐全、味道可口的儿童营养液，并为它取了一个后来广为孩子们熟悉的名字"娃哈哈"。第三，市场定位——"特别的爱给特别的你"。"娃哈哈"一上市即受到孩子和家长们的热烈欢迎，投产当年就获利183万元。"娃哈哈"在激烈的市场竞争中独辟蹊径，以儿童市场为突破口，以"特别的爱"奉献给特别的孩子们，取得了巨大的成功，为日后进一步发展奠定了坚实的基础。

从"娃哈哈"集团的成功可以看到市场定位策划始于市场机会研究。所谓市场机会，一般是指给企业及其市场营销带来赢利的可能性的市场条件。现代市场营销观念要求，企业的一切活动应以满足顾客需求为中心。这也道出了市场机会的实质——市场上存在的尚待满足或没有完全满足的需要和欲望。了解它们、发现它们、评价它们，是市场机会研究策划的中心任务。

企业根据消费者对产品的不同需求、不同的购买习惯与购买行为，将整体市场划分为若干个消费者群体，即细分市场。之后，应将各个细分市场的发展潜力、吸引力、风险度结合自己的资源、目标进行评估分析，找出理想的细分市场作为自己企业的目标市场。例如，"娃哈哈"集团的目标市场就是儿童市场。

(案例来源：杨勇，王惠杰. 现代市场营销学[M]. 北京：中国物资出版社，2011.)

5.3.1 市场定位步骤策划

市场定位的主要任务,就是通过集中企业的若干竞争优势,将自己与其他竞争者区别开来,其关键就是企业要设法在自己的产品上寻求出比竞争者更具有竞争优势的特性。竞争优势一般有两种基本类型:一是价格优势(又称成本优势),即在同样的条件下比竞争者定出更低的价格,这就要求企业采取一切努力,力求降低单位成本;二是偏好竞争优势(又称产品差别化优势),即能提供确定的特色来满足顾客的特定偏好,这就要求企业采取一切努力在产品特色上下工夫。因此,企业的市场定位过程可以通过以下三大步骤来完成,如图 5.7 所示。

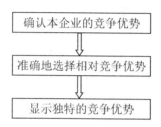

图 5.7 市场定位步骤示意图

1. 确认本企业的竞争优势

这一步骤的中心任务是要明确以下三大问题:一是竞争对手的产品定位如何?二是目标市场上足够数量的顾客欲望满足程度如何以及还需要什么?三是针对竞争者的市场定位和潜在顾客的真正需要的利益要求企业应该和能够做什么?通过明确上述 3 个问题,企业就可从中把握和确定自己的潜在竞争优势之所在。

2. 准确地选择相对竞争优势

相对竞争优势表明企业能够胜过竞争者的能力。这种能力既可以是现有的,也可以是潜在的。准确地选择相对竞争优势就是一个企业各方面实力与竞争者的实力相比较的过程。比较的指标应是一个完整的体系,通常的方法是分析、比较企业与竞争者在经营管理、技术开发、采购、生产、市场营销、财务、产品等方面究竟哪些是强项,哪些是弱项。

3. 显示独特的竞争优势

这一步骤的主要任务是企业要通过一系列的宣传促销活动,使其独特的竞争优势准确传播给潜在顾客,并在顾客心目中留下深刻印象。为此,企业首先应使目标顾客了解、知道、熟悉、认同、喜欢和偏爱本企业的市场定位,在顾客心目中建立与该定位相一致的形象。其次,企业通过一切努力强化目标顾客形象,保持目标顾客的了解,稳定目标顾客的态度和加深目标顾客的感情来巩固与市场相一致的形象。最后,企业应注意目标顾客对其市场定位理解出现的偏差或由于企业市场定位宣传上失误而造成目标顾客模糊、混乱和误会,及时纠正与市场定位不一致的形象。

5.3.2 市场定位策略策划

根据企业自身实力情况以及与竞争对手的力量对比,市场定位策略有以下 4 类供企业选择,作为营销策划者进行市场定位策划的依据。

1. 填补市场空位(又称回避定位)

指企业回避与目标市场上的竞争者直接对抗，把产品定位于目标市场上的空白处，开发并销售目前市场上还没有的某种有特色的产品。这样可以避开激烈的市场竞争，使企业有一个从容发展的机会。

采取这种策略企业必须明确 3 点：①市场空白处的潜在顾客数量；②技术上的可行性；③经济上的合理性。

2. 与现有竞争者共存

指企业把自己的产品定位在某一个竞争者的同一位置上，与现有竞争者争夺同样的顾客，彼此在产品、价格、分销及促销等各个方面差别不大。对于竞争者来说，如果有足够的市场份额，而且其既得利益没有受到多大损害，它们一般是不在乎多出一个竞争对手的。因为激烈的对抗常常会两败俱伤，很多实力不太雄厚的企业经常采用这种定位策略。

3. 逐步取代现有竞争者

如果企业实力十分雄厚，有比竞争者更多的资源，能生产出比竞争者更好的产品，不甘于与竞争者共享市场，则可以发动一场攻坚战，把现有竞争者挤出市场，自己取而代之。采用这种策略的原因，一是与企业条件相符合的市场已被竞争者占领，而且这个市场的需求不够大，不足以让两个企业共同分享；二是企业有足够的实力，想成为行业领先者。当然，采用这种策略的风险是相当大的，企业应做好充分的准备。

4. 重新定位

重新定位是指企业变动产品特色，改变目标顾客对其原有的印象，使目标顾客对其产品新形象有一个重新认识的过程。产品的重新定位对于企业适应市场环境，调整市场营销战略是必不可少的。企业产品在市场上的定位即使很恰当，但在出现下列情况时，也需要考虑重新定位：一是竞争者推出的市场定位于本企业产品的附近，侵占了本企业品牌的部分市场，使本企业品牌的市场占有率有所下降；二是消费者偏好发生变化，从喜爱本企业某品牌转移到喜爱竞争对手的某品牌。

案例

海信的品牌重新定位

海信早先的定位是"优质彩电"。随着空调、电脑、电话机、网络快车的上市，慢慢地调整并提升出"技术领先、品质可靠、服务一流、信息家电的前瞻者"的品牌形象，从而对大多数的电子电器产品特别是信息家电产品有强劲的市场促销力。

(案例来源：任淑美. 品牌诊断[M]. 北京：中国经济出版社，2005.)

5.3.3 市场定位策划的最佳途径

打造企业或企业产品特色，使本企业的产品与市场上的其他竞争者区别开来，这是市场定位策划的根本出发点和要素。要做到这一点必须进行创新策划，强化差别化优势，为此，可从以下几个方面着手策划，如图 5.8 所示。

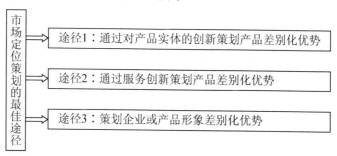

图 5.8　市场定位策划最佳途径示意图

1. 通过对产品实体的创新策划产品差别化优势

这是指对有形产品实体创造差别化优势，即对市场上同一产业内不同企业所生产的用途、功能相近的产品，进一步在产品设计、外观特征、款型构造、包装式样、质量、功能等方面寻找出一到两个创新点，以达到与众不同，差别优势化明显，从而赢得消费者的喜爱，增进消费者对本企业产品的注意力，进而做出购买决策。

2. 通过服务创新策划产品差别化优势

当有形产品的差别化优势越来越小时，无形化服务差别就可以成为企业与竞争者差别化优势的重要选择。企业通过服务创新营造差别优势，关键在于提升服务质量，增加服务数量和拓展服务内容。具体表现在向购买本企业产品的消费者以及潜在消费者提供产品信息、免费咨询、购货快递、准确配送、良好安装、调试服务、优质的顾客培训和使用指导、快捷的维修服务和产品质量承诺等，这些优质服务手段可感化消费者，使他们对本企业产品产生偏好，不断增强对本企业产品和服务的印象，从而提高本企业产品市场占有率。

案例

独特卖点：30 分钟送货上门

有家比萨店，在世界快餐业当中只能算是后起之秀，企业的管理者也知道想在快餐业中分一杯羹、占据一席之地并非易事。

经过调查，他们了解到，一些上班的白领阶层因为工作繁忙而不愿下办公楼去购买食物。尤其在冬、夏两季，他们由于害怕冷酷的寒风和炙热的太阳，更不愿意多走路。

于是，为了满足顾客的需求以及解决他们的问题，这家比萨店提出了"30 分钟内送货上门"的口号，并保证比萨送到顾客手中是温热的。

正是利用这样的独特卖点，他们的比萨很快在快餐市场中占有了一席之地，并形成自己的独有风格。

(案例来源：全琳琛. 一分钟学营销——故事里的营销学[M]. 北京：人民邮电出版社，2010. 略有修改.)

3. 策划企业或产品形象差别化优势

企业或品牌在消费者心目中形象不同，可产生巨大的竞争优、劣势。企业在营造企业或品牌形象差别化优势时，可从个性化设计来塑造良好企业或产品形象；注重标志设计来建立企业或品牌形象；借助文字、图像、声音等媒体宣传，树立企业或产品形象；积极参与社会公益活动扩散和提升企业或产品形象等。所有这些，都是"情感动力"，最终使消费者与企业距离拉近，产生动感效应，增进了解和信任。

5.4 市场竞争策划

市场竞争是指生产者为使自己经营的商品在市场上相互比较、相互争夺购买者，以求得消费者与社会的承认，从而迅速实现商品价值的一种活动。它是市场经济的基本特征之一。市场竞争所形成的优胜劣汰，是推动市场经济有序健康运行的强劲动力。企业要想在激烈的市场竞争中立于不败之地，必须树立竞争观念，不断研究市场，不断开发新产品，改进生产技术，更新设备，降低经营成本，提高经营效率和管理水平。企业必须通过市场竞争策划，认真研究竞争者的优势与劣势、竞争者的战略与策略，明确自己在竞争中的地位，制定正确的市场竞争战略，努力取得市场竞争的主动权。

5.4.1 市场竞争战略策划

如何制定正确的竞争战略，如何战胜竞争对手达到预定的营销目标，是竞争战略策划的最重要内容。从不同角度出发，形成了3种不同的市场竞争战略。

1. 总成本领先战略

总成本领先战略是指企业尽可能降低自己的生产和经营成本，在同行业中取得最低的生产成本和营销成本的做法。

实现总成本领先战略的途径主要是改进生产制造工艺技术、设计合理的产品结构、扩大生产规模、提高劳动生产率等。总成本领先战略可以说是比较传统的竞争做法，但仍是现代市场营销活动中比较常见的竞争做法。

要想实现总成本领先，一般要求取得一个比较大的市场占有份额，因此低成本和低价策略需要结合使用。企业在考虑采用这种竞争战略时，需考察行业的经验曲线形状，如果没有成本经济性上的好处，那么企业的营销利润会受到大量侵蚀。

(1) 总成本领先战略需要的基本条件：①持续的资本投资和良好的融资能力；②较高的工艺加工能力；③对工人严格的监督与管理；④产品的制造工艺设计领先，从而易于用经济的方法制造；⑤有低成本的分销渠道。

(2) 总成本领先战略需要的组织条件：①结构分明的组织结构与责任；②能满足严格的定量目标为基础的激励机制；③严格的成本控制体系与制度；④经常详细的控制报告。

(3) 总成本领先战略具有的风险。①经过多年积累取得的降低成本的投资与方法、制度、技术等可能因为新技术的出现而变得毫无用处。②后来的加入者或竞争追随者可能通过模仿或其他廉价的学习途径掌握到降低成本的方法；或者没有经过挫折与风险就掌握到降低成本的方法。因此，后来者可能具有更大的成本竞争力而抵消率先实行这种战略的企业的竞争优势。③过于注重成本的结果往往导致对市场需求变化反应迟钝，因而产品落后或不能适合需求。④往往因为定价是处于成本的最低界限边缘，因此当竞争对手发动价格进攻时，缺少回旋余地。

2. 差异化竞争战略

差异化竞争战略是指从产品定位因素、价格因素、渠道因素、促销因素及其他营销因素上造就差异，形成企业对于整个产业或主要竞争对手的"独特性"。

差异化竞争是目前市场营销活动中占主流的竞争做法。因为该种竞争战略不仅适用于目标市场营销，更重要的是，它是最符合"营销观念"的做法。

(1) 差异化竞争战略的竞争特点。①构建企业在市场竞争中的特定的进入障碍，有效地抵御其他竞争对手的攻击。因为一旦企业在营销中形成了差别，如品牌的高知名度和特色、产品独特的功能、专有的销售渠道和分销方式、顾客熟悉的广告刺激及营销沟通方式等，就很难被竞争对手模仿，因而也就很难有竞争对手能轻易打入本企业所占据的目标市场。②削弱顾客和供应商的议价能力。顾客从接受"差异"中形成了某种或若干方面的偏好，顾客购买"喜欢的品牌"而不是购买"便宜的品牌"的行为一旦确立，就不会更多地转换购买其他的品牌。到了顾客依赖于特定的品牌时，企业绝对市场地位就确立了，顾客的议价能力被大大减弱。企业一经在行业中确立了这样的营销优势或"独占"地位，也会使某些供应商更难在市场中寻找到其他更好的交易对象，供应商的议价能力也就被大大减弱。而且，供应商甚至会受到社会公众压力，使其不能轻易地拒绝为公众所喜欢的品牌产品提供资源，供应商的议价能力在这种情况下被更加削弱。③企业希望获取超额利润，也有获取超额利润的可能。原因在于，品牌差异增大时，顾客转换品牌困难，议价能力低，这就使得不少在差异竞争中得到成功的企业，可以为其产品向顾客索取一个高的溢价。如日本索尼公司在创业之初，就是把其全部经营所获利润用于树立品牌市场形象和开发新产品，取得成功后，索尼产品几乎都可以比竞争对手高5%～10%的价格销售。

(2) 差异化竞争战略需要的一般条件：①企业拥有强大的生产经营能力；②有独特的具有明显优势的产品加工技术；③对创新与创造有鉴别与敏感的接受能力；④有很强的基础研究能力；⑤有质量与技术领先的企业声誉；⑥拥有产业公认的独特资源优势或能够创造这样的优势；⑦能得到渠道成员的高度合作。

(3) 差异化竞争战略需要的组织条件：①营销部门、研究开发部门、生产部门之间能进行密切协作；②重视主观评价与激励，而不是采用制度式的定量指标进行评价与激励；③组织内具有轻松愉快的气氛，能够吸引高技能的工人、技术人员或科技人才大量加入和努力工作。

(4) 差异化竞争战略具有的主要风险：①与低成本的竞争对手比较，甚至与普通的竞争对手比较，可能成本较高，以至于各种差异对顾客的吸引力下降甚至丧失；②顾客偏好变化，导致差异不能对顾客再有吸引力；③竞争对手对于顾客特别喜欢的差异方面的模仿。

3. 重点集中竞争战略

重点集中竞争战略是指企业集中主要力量主攻某个特定顾客群、产品系列的一个细分区段或某个地区市场的经营战略。

重点集中竞争战略可能涉及少数几个营销组合因素，也可能涉及多个营销组合因素。其主要特点是，所涉及的细分市场都是特定的或是专一的。也就是说，集中竞争战略是指针对一组特定顾客的。战略的含义是：企业集中力量，以更好的效果，更高的效率为某一狭窄的服务对象提供产品或服务。

重点集中竞争战略需要的市场条件与组织条件，随集中的目标不同而变化。这一战略的前提是：企业能够以更高的效率、更好的效果为某一狭窄的目标对象服务，从而超过在更广阔范围内的竞争对手。

案例

波特油漆公司的重点集中竞争战略

美国的波特油漆公司通过市场细分，将目标市场确定为职业油漆工。公司提供油漆的服务系统灵活、及时，可以迅速将油漆送到工地，哪怕只是 1 加仑。公司同时为职业油漆工提供休息场所，还在工厂车间设计了免费咖啡屋。重点集中竞争战略使该公司在油漆行业取得了卓著的业绩。

(案例来源：杨勇. 价格竞争论[M]. 北京：中国社会出版社，2005.)

重点集中竞争战略的主要风险有以下几个。

(1) 当覆盖整个市场的那些竞争对手因为规模经济的好处大幅度降低成本，或者积极细分市场增加产品组合或产品线长度时，可能导致采用目标集中竞争战略的企业经营缺少特色或成本优势不再存在；

(2) 集中目标指向的特定细分市场的需求变得较小，因为是采用了集中的做法，所以转移产品到其他的细分市场相当困难；

(3) 在过度细分的市场上，因为市场容量很小，目标集中企业是没有明显的好处的，问题是从一般细分到过度细分的时间是否会太短。

5.4.2 企业竞争战略策划

企业在进行市场竞争分析之后，还必须明确自己在同行业竞争中所处的位置，进而结合自己的目标、资源和环境，以及在目标市场上的地位等来进行市场竞争战略策划。现代市场营销理论根据企业在市场上的竞争地位，把企业分为 4 种类型，形成不同的竞争战略。

1. 市场领导者

市场领导者是指在相关产品的市场上占有最大的市场份额，在价格变化、新产品开发、分销渠道建设和促销力量等方面处于主宰地位，对本行业其他企业起着领导作用的企业。它是市场竞争的先导者，也是其他企业挑战、效仿或回避的对象，这种领导者几乎各行各业都有，如我国一些行业著名的市场领导者企业有：彩电行业的长虹集团、冰箱行业的海尔集团、电脑行业的联想集团、烟草行业的红塔集团、微波炉行业的格兰仕集团、奶业的伊利等。

市场领导者的地位是在竞争中自然形成的,但不是固定不变的。为了维护市场领导者的优势,保住自己的领先地位,通常采取以下3种战略。

(1) 扩大市场需求总量。市场领导者占有的市场份额较大,当一种产品的市场需求总量扩大时,受益最大的自然是这些企业。例如,我国消费者如果增加微波炉的购买量,受益最大的自然是格兰仕集团。一般来说,市场领导者可通过3种途径扩大市场总需求量:开发产品的新顾客、寻找产品的新用途和增加顾客的使用量。

(2) 保护市场占有率。占据市场领导者地位的企业在力图扩大市场总需求的同时,还必须时刻防备竞争者的挑战,注意保护自己的市场阵地。市场领导者最好的防御方法是发动最有效的进攻,不断创新,永不满足,掌握主动,在新产品开发、成本降低、分销渠道建设和顾客服务等方面成为本行业的先导,持续增加竞争效益和顾客让渡价值。即使不发动进攻,至少也要加强防御,堵塞漏洞,不给挑战者可乘之机。可供市场领导者选择的防御战略有6种:阵地防御、侧翼防御、以攻为守、反击防御、运动防御和收缩防御。

(3) 扩大市场份额。市场领导者设法提高市场占有率,扩大市场份额,也是增加收益、保持市场领先地位的一个重要途径。

案例

宝洁公司保住市场领导地位的策略

宝洁公司被公认为日用化工消费品行业的市场领导者,它在8个重要的商品类别中,品牌销售量均居第一位,比如一次性婴儿尿布、洗洁剂、卫生纸、纸巾、软化剂、牙膏等。宝洁公司为了保住其市场领导地位,主要采取了以下5条策略。

(1) 注重顾客需求,提供质量最好的产品。宝洁公司不断进行连续的市场营销研究,以了解顾客的意愿,推出符合顾客意愿的产品。对推出的每一种产品,宝洁公司都要精益求精,使其质量超过一般标准,并随时准备改进产品质量。

(2) 注重产品创新,提供多种品牌。宝洁公司不仅对每一个市场机会下工夫分析研究,从而研制出最佳产品,而且还是一个积极的产品创新者,它通过不断推出新产品来吸引顾客,例如防蛀牙膏"佳洁士"的推出和有效去头屑洗发精"海飞丝"的推出都是产品创新的例子。同时,宝洁公司还习惯于在同类产品中推出多个品牌,以满足不同顾客之需。比如经常提到的宝洁公司的10种品牌洗涤去污剂,这10种品牌在顾客心目中有不同的定位,从而满足了不同的顾客需要,因此也占据了最多的市场份额。

(3) 注重品牌扩展,提供多种规格。宝洁公司善于使老品牌焕发青春,这就是品牌扩展战略,即用它现有的强势品牌名称去推出新产品,例如"象牙"牌已从肥皂扩展到液体肥皂和一种清洁剂,这样做既能使产品迅速获得广大消费者认可,又有效地降低了广告费用。同时,宝洁公司生产的品牌拥有多种规格和形式,这给予它的品牌更多的货架陈列空间,有效地防止了竞争者的渗入。

(4) 注重销售促进,投入大量广告。宝洁公司能保住市场领导地位的一个重要原因是它有一支优秀的销售队伍和采取了最有效的促销手段。花费巨额资金进行广告宣传活动来提高知名度和影响消费者购买,也是宝洁产品长盛不衰的重要原因,仅在1991年,它就花费了约21.5亿美元的广告费用。

(5) 注重品牌管理,提高生产效率。宝洁公司是著名的品牌管理系统的创始者,在这一系统中,每个经理负责一个品牌,这种制度使宝洁最大限度地利用了资源,最有效地控制了市场。其他竞争者虽然也常设立这种系统，但都没有宝洁做得那么成功。宝洁公司在提高生产效率方面也是不遗余力的，它花费大量的资金来发展和改进生产系统，以便在该行业中获取最低的制造成本。

(案例来源：邓镝编.营销策划案例分析[M]. 北京：机械工业出版社，2008.)

2. 市场挑战者

市场挑战者是指在行业中占据第二位及以后位次，有能力对市场领导者和其他竞争者采取攻击行动并希望夺取市场领导者地位的企业。

市场挑战者如果要向市场领导者和其他竞争者挑战，首先必须确定自己的战略目标和挑战对象，然后还要选择适当的进攻战略。战略目标同进攻对象密切相关，对不同的对象有不同的目标和战略。一般来说，挑战者可从下列3种方案中选择：攻击市场领导者(风险大，潜在利益也大)；攻击与自己实力相当但经营不佳、资金不足者；攻击规模较小、经营不善、资金缺乏的企业。在确定了战略目标和进攻对象之后，挑战者还需要考虑采取什么进攻战略。这里有5种战略可供选择：正面进攻、侧翼进攻、包围进攻、迂回进攻和游击进攻。通常不可能同时使用所有的进攻战略，但也很难单靠某一种战略取得成功。

3. 市场追随者

市场追随者是指那些安于市场次要地位，在产品、技术、价格、渠道和促销等大多数营销战略上模仿或跟随市场领导者的企业。在很多情况下，追随者可让市场领导者和市场挑战者承担新产品开发、信息收集和市场开发所需的大量费用，减少自己的经营风险，并避免向市场领导者挑战可能造成的重大损失。

当然，市场追随者并非完全被动地单纯跟随市场领导者，它必须找到一条既利于自我发展又不致引起竞争性报复的经营战略。以下是3种可供选择的追随战略。

紧密追随——全面模仿市场领导者；

距离追随——基本模仿，但在包装、广告和价格等方面保持一定差异；

选择追随——某些方面紧跟，某些方面自行其是。

4. 市场补缺者

所谓市场补缺者是指精心服务于市场的某些细小部分，而不与主要的企业竞争，只是通过专业化经营来占据有利的市场位置的企业。

市场补缺者的作用是拾遗补缺，见缝插针，虽然在整体市场上只占有很小的市场份额，但是比其他企业更充分地了解和满足某一细分市场的需求，能够通过提供高附加值而得到高利润和快速增长。

市场补缺者在选择市场补缺基点时，多重补缺基点比单一补缺基点更能减少风险，增加保险系数。

市场补缺者如何经营补缺基点呢？经营补缺基点的主要战略是专业化市场营销，包括：最终用户专业化、垂直专业化、顾客规模专业化、特殊顾客专业化、地理市场专业化、产品或产品线专业化、产品特色专业化、客户订单专业化、质量-价格专业化、服务专业化、销售渠道专业化。

市场补缺者面临的主要风险是当竞争者介入或目标市场的消费习惯发生变化时有可能陷入绝境。因此，市场补缺者必须完成3项任务：创造补缺市场、扩大补缺市场、保护补缺市场。

第 5 章 营销战略策划

本 章 小 结

市场细分策划是指根据消费者对产品的不同欲望和需求、不同的购买行为与购买习惯,把整个市场划分为若干个由相似需求的消费者组成的消费群的行为过程。市场细分策划有助于企业深刻认识市场,发现市场机会;有助于企业充分、合理利用现有资源,制订或调整企业的营销策略;有助于企业提高市场竞争力。

市场细分策划的基础和依据是消费需求的异质性,即消费者需求、动机和购买行为的多元性。

消费者市场细分策划的标准有地理标准、人口标准、心理标准和行为标准;生产者市场细分的一般标准有最终用户、用户规模、用户的地理位置等。

市场细分策划的方法有单项变量细分法、综合变量细分法、系列变量细分法等。

目标市场营销策略有无差异性营销策略、差异性营销策略、密集性营销策略。目标市场进入策划包括进入方式策划与进入时机策划。

市场定位策划即突出企业产品的特色,适应目标市场一定的需求和爱好,塑造产品在目标顾客心目中的良好形象,以求在顾客心目中形成一种特殊的偏爱。企业的市场定位通过以下三大步骤来完成:企业明确其潜在的竞争优势、选择相对的竞争优势以及显示独特的竞争优势。

市场定位策略有填补市场空位、与现有竞争者共存、逐步取代现有竞争者、产品的重新定位。

市场竞争从不同角度出发,形成了 3 种不同的战略:总成本领先战略、差异竞争战略、重点集中竞争战略。不同类型的企业竞争战略不同,市场领导者采用扩大市场需求总量、保护市场占有率、扩大市场份额的竞争战略,市场挑战者采用正面进攻、侧翼进攻、包围进攻、迂回进攻和游击进攻 5 种竞争战略,市场追随者采用紧密追随、距离追随、选择追随 3 种战略,市场补缺者则采用专业化市场营销包括:最终用户专业化、垂直专业化、顾客规模专业化、特殊顾客专业化、地理市场专业化、产品或产品线专业化、产品特色专业化、客户订单专业化、质量-价格专业化、服务专业化、销售渠道专业化的竞争战略。

关键术语

市场细分策划、市场细分策划基础、市场细分策划标准、目标市场选择策划、目标市场营销策略、市场进入策略、市场定位策划、市场定位策略、市场定位评估、市场竞争战略策划、市场领导者、市场挑战者、市场追随者、市场补缺者。

习 题

一、填空题

1. 有效市场细分策划的标准有( )、( )、( )、( )。
2. 市场细分策划的基础和依据是( )。
3. 差异竞争战略可以从( )、( )、( )、( )及其他营销因素上造就差异,形成企业对于整个产业或主要竞争对手的"独特性"。

4. 差异竞争战略具有的主要风险有(　　)、(　　)、(　　)、(　　)。
5. 市场追随者的策略有(　　)、(　　)、(　　)。

二、选择题

1. 有效市场细分的标准有(　　)
   A. 可衡量性　　B. 盈利性　　C. 目的性　　D. 收益性
2. 市场细分的标准有(　　)。
   A. 地理　　B. 人口　　C. 性别　　D. 国家
3. 目标市场的选择策略有(　　)。
   A. 无差异策略　　B. 追随者策略　　C. 市场渗透策略　　D. 差异化策略
4. 市场定位策略策划包括(　　)。
   A. 回避策略　　B. 与竞争者共存　　C. 另辟蹊径　　D. 取长补短
5. 下列哪种类型是现代市场营销理论定义的企业类型(　　)。
   A. 市场领导者　　B. 个人独资企业　　C. 有限责任公司　　D. 股份公司

三、简答题

1. 简述市场细分原理。
2. 简述单项变量细分法的原理。
3. 国内目标市场进入方式策略有哪些?
4. 简述市场定位的原理。
5. 市场竞争战略如何规避具有的风险?

四、思考题

分组讨论大学生市场如何进行策划及有效的市场细分。

 案例分析

摩托罗拉"组合"品牌个性

早在1988年,摩托罗拉刚进入中国无线电通讯市场时,整个无线电通讯行业还很不成熟,因此摩托罗拉的当务之急不是如何进行市场细分,而是考虑如何发展这个行业。当时寻呼机对中国内地的消费者而言是很神秘、很不了解的,有的只是听香港、新加坡的亲戚朋友说起过。摩托罗拉瞄准了这个有巨大潜力的市场。当然首先要了解的是中国政府对整个电讯行业发展的计划。当时有线电话在中国的市场占有率不是很高,政府正准备花大精力发展无线电通讯,因此,摩托罗拉首先获得了中国政府的大力支持。同时,摩托罗拉也面临着其他的挑战:当时欧美国家的寻呼机已有一系列产品,在中国应推出什么样的产品或产品怎样组合才能满足中国消费者的需求呢?这就涉及一系列的市场调研。

在产品定位、价格和分销渠道上摩托罗拉进行了广泛的市场调查,调查的目标并不宏大,只是想把一些基本的东西,如产品、消费者、价格、渠道搞清楚。通过调查,摩托罗拉了解到,无线电通讯这个市场在中国虽然是刚刚起步,但中国消费者需要的是一流的技术和一流的产品。因而在展开广告攻势时,摩托罗拉的着眼点不是市场细分,而是考虑建立品牌的基本要素:高质量,让消费者一想到摩托罗拉就想到有质量保证,以最领先的产品使消费者获得最大的益处。

在分销渠道上,摩托罗拉采取了"拉推结合"的策略,一方面通过加大运营商、机构(如邮电部)进行销售;

第 5 章 营销战略策划

另一方面也积极占领零售点,将摩托罗拉的广告摆在最"抢眼"的地方,以增强品牌知名度。当时的广告强调的不是寻呼机的某个产品,而是整个寻呼机行业,希望让消费者树立一种观念,就是在某种特殊情况(如紧急情况下)想起使用寻呼机,同时又注意把摩托罗拉品牌与这样的情景结合起来,建立行业广泛的知名度。

随着市场的不断开放与成熟,消费者的需要也随之发生变化。寻呼机由单一的商业工具的工作需要已变化为新的需求,从而产生了新的消费群体。同时,由于寻呼机发展到 20 世纪 90 年代后技术含量越来越低,有不少小生产商逐渐进入。摩托罗拉面临着竞争对手和市场的巨大变化,这就要求摩托罗拉重回市场,与消费者交流,了解不同消费者的不同需求,而这种需求在多样化正是产品细分的良机。

于是,摩托罗拉寻呼机开始了一系列的市场-产品细分,以产品组合介入市场。摩托罗拉邀请了很多专家,如专门的市场调查公司、广告公司、咨询公司来帮助他们做一系列的细分工作。这时新一轮的广告攻势定位为:寻呼机不仅仅是为了应付特殊情况,任何场合,包括娱乐休闲都可以使用寻呼机,因为它可以建立与亲朋好友之间的亲密关系。在摩托罗拉在中国的发展历史上,1993 年到 1995 年都处于这个阶段。

但是,到 1995 年年底,市场已出现了质的变化:大中城市的寻呼机市场占有率已经很高,可与中国香港、新加坡等城市相媲美,已达到或接近市场饱和。同时,从 1988 年摩托罗拉进入中国市场到 1995 年这七八年间,许多消费者使用的仍是老式寻呼机,他们期待着更新的、更现代化的产品。

这样,摩托罗拉寻呼机开始进一步细分市场,开发新市场,在进行了大量的市场调查后,摩托罗拉的产品策略确立为:一方面鼓励消费者继续把寻呼机视为一种商业工具,另一方面又努力增长非商业用途市场。在地域上,也有待开发新的市场。他们把市场共分为 3 类城市,第一类城市包括北京、上海和广州。这 3 个城市带领了整个周边地区的市场发展。如北京对北方地区、上海对长江三角洲地区、广州对珠江三角洲地区都有很强的辐射引导作用。然而市场调研发现,这类城市的市场已达饱和或趋向饱和。因此,摩托罗拉把重点放在第二、三类城市,专为满足这两类城市消费者的需求规划产品,另一方面也努力激活一些没有潜力的市场。

经过一系列的市场细分,摩托罗拉把整个消费群体分为 3 类,整个市场潜力很大,但与他们之间的沟通还有待进一步加强。一类是替换市场。摩罗拉通过每两个月一次的市场调查表明,在新寻呼机购买者中,有 28%~30% 不是第一次购机,他们对产品、服务的要求有特殊之处,往往更为挑剔。对这类消费者摩托罗拉鼓励他们将现有的产品更新为高档次的摩托罗拉寻呼机。第二类消费群体是年轻族群,这类群体的总体年龄越来越趋向年轻化,多是在校大学生和部分中学生,他们的需求与第一类消费者有明显不同。根据不同的需求摩托罗拉开发了不同的产品,以中文机为例,对于年轻族群,摩托罗拉推出了彩色凡星型中文寻呼机,其颜色漂亮,全为金属色,外形呈流线型设计,屏幕小,价格合理。这就是考虑到了他们的特殊需求:他们想拥有寻呼机,以此作为身份的标志,同时他们经济条件上又不是很好。而对于日夜忙碌的商业主管们(他们是另一类消费群体),他们对信息有很大的需求,但又没有时间收集信息,针对他们,摩托罗拉提供了一类特殊的产品:智囊加强型股票信息机。针对不同的消费群体,摩托罗拉不仅提供了不同的产品,在广告宣传上,也采用了不同的方式与之交流。如大家都很熟悉的摩托罗拉英文广告歌,在青年族群中反映很好。虽然在摩托罗拉公司有些上了年纪的员工很不喜欢这首歌,认为太吵,听不清,但广告不是由自己的员工或市场总监的个人喜好来决定的。最重要的是目标消费群体喜不喜欢。

市场细分至一定程度后,摩托罗拉的几个产品都很成功,如寻呼机、对讲机,其知名度、美誉度都很高。

(案例来源:郑文华. 营销策划技能案例训练手册[M]. 北京:机械工业出版社,2010.)

思考题:
1. 摩托罗拉公司是如何进行市场细分的?
2. 收集摩托罗拉公司相关资料,分析其发展壮大的主要原因。
3. 收集相关资料分析摩托罗拉后来失败的原因。

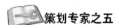
策划专家之五

中国旅游营销策划实战专家——王祖淦

王祖淦先生,天津人,1983 年毕业于天津师范大学历史学系,曾于美国达科他大学攻读 MBA,取得硕士学位,参加中国人民大学工商管理硕士班学习并曾赴日本参加 NOTS 高级企业经营管理的深造,取得证书。现任天津市旅行社协会副会长、天津市黄土地旅行社董事长、天津我行数码科技有限公司董事长。

王祖淦先生创办天津市黄土地旅行社并将其定位为自己经营和管理理念的实施平台。在多年的旅游经营管理实战工作中，王祖淦先生一直将旅行社的经营定位于旅游文化的理念上，并不断把旅游文化的内涵进行延伸和包装形成差异化的产品和市场，在全国旅行社中创造出十余种旅行社创新盈利模式，并对旅行社传统的经营模式进行多层面变革。在天津旅游市场上创造了十几个"第一"：第一年建社就一跃成为天津市国内十强旅行社，在很短时间内巧妙完成"黄土地"品牌的打造，成为天津市旅游行业的一面旗帜，一道独特而亮丽的风景。王祖淦先生被旅游界同行视为一个难解之谜，有人评价他对市场的认识非常魔鬼，对企业文化的理解非常独到，对品牌的打造非常巧妙……其实，正是王祖淦先生不断兼容中西方观念、汲取现代经营管理理念并将其成功运用于旅行社经营管理的实际操作中。他经过深刻的思考，把深奥的经济管理学理论转化为最简单易懂的方式来表述出来，解决了目前市场中困扰人们最核心的问题——如何学以致用？市场和企业是什么关系？他的总结是"舞伴"，就看谁带着谁走；什么是"商机"？他的概括是现实的和潜在的需求，盈利的源泉就在于此；什么是市场？就是站在卖的角度去看买的人；他对"喜新厌旧"的理解是人的行为本性，也是对市场的重要思维通道；他认为旅游市场的需求是一个弹性极强的"变数"，可塑和创新的余地很大，他的经营策略正如他所坚信的迎合需求只能获得常规的利润，而引导和创造需求才会有机会获得超额利润。

在多年对旅行社市场实战研究中，他不断研究总结出"分层面目标人群定位整合方法"、"旅游社会性营销"、"旅游产品密集型营销"、"扩大旅游产品策略"、"均衡投入产出比值的结构营销"以及对旅行社客户资源的"售后营销"和对流失客户的"退出管理"营销等模式。他将自己独特的思维创意和营销、管理理念及诸多的策划案例毫无保留地在教授他人的同时，又由百花文艺出版社出版发行了中国旅行业第一本描述一家个性化发展旅行社的书《我的家》，以及有实战指导作用的《导游随身宝典》等书籍。他率先在中国旅游界开辟了定位在旅行社市场实战的策划营销研究和对全国旅行社经理人的实战技术培训。其中，"旅游产品竞争的实质是人们观念的竞争"、"君子好财取之有道"、"细化消费群体与差异化产品的实战应用"、"旅游营销策划学"等课程让全国旅行社经理人耳目一新，他独特的授课方法使复杂的理论变成简单的市场行为，他授课所用的一切案例因均出自他自己实践，所以他被旅行社同行所喜爱和尊重并尊称为真正的实力派。几年来他为全国各地各种旅游界高级论坛和经理人培训班及一些有旅游专业的高校授课达100多场。

(案例来源：广东省旅游局活力广东网(www.visitgd.com)，2007.)

第 6 章 产品策划

产品是不会说话的,品牌赋予产品意义和目的。

——法国品牌专家让·诺尔·卡菲勒

本章教学目标与要求

(1) 了解新产品的种类、新产品开发的风险类型、包装策划应注意的问题;

(2) 理解产品策划、品牌策划、包装策划的含义;

(3) 熟悉如何塑造和发展品牌、产品包装策划要素;

(4) 掌握产品开发的思路、新产品开发策划方法、包装设计策划方法。

本章知识架构

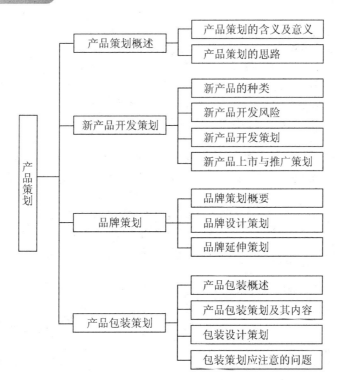

 导入案例

索尼：品牌战略

品牌是企业的无形资产，是企业发展壮大的宝贵财富，它在人们的心目中就是企业品质的代表。企业的品牌战略就是将品牌作为企业独立的资源和资本参与到营运之中，从而促进销售，有利于企业的市场扩张。

索尼公司有着一套自己的品牌战略，它已经把自己的品牌做得十分完美。索尼的品牌模式已经深入人心，不只是消费者把索尼的产品奉为至尊，而索尼品牌的理论经营方式也使得许许多多的同行业企业主纷纷表示要做本国的索尼。从专业的角度来讲，索尼目前的品牌战略是科学的、独特的品牌策略。

1. 品牌承诺

有了品牌就要培育品牌，而为了培育品牌，理解如何经营品牌是相当重要的。索尼认为品牌运营与商业运作大相径庭，就如同一个人上班与休息之间的差异一样。与通常的商业运作相比，品牌运作要求独特的视角和方法，这种方法的关键就在于索尼的品牌承诺。

比创建索尼这个品牌更进一步的措施，就是要培育索尼这个品牌。毋庸置疑，品牌承诺在这一过程中是十分重要的。索尼把品牌承诺解释成：索尼给予为顾客提供的产品或者服务的一种保证。索尼的品牌承诺主要包含3个方面的特性，首先，要承诺给消费者最好的；其次，要体现索尼对品质的保证；最后，要对公司的内涵和前景进行诠释。

索尼的品牌承诺运作沿袭着这样的步骤。

(1) 让消费者知道索尼的产品是最时尚、最具有创新精神和最有吸引力的；

(2) 让消费者使用了索尼的商品后，能感觉到一种优秀的品质、高雅的享受，也从感情上完全认可索尼；

(3) 以独特的产品特性，区别于其他的品牌而具有特别的吸引之处，这往往也是最应该为索尼的消费者所承诺的；

(4) 提供愉快、及时和周到的服务。

经过这一连串的品牌承诺，消费者很快会被索尼的品牌吸引。就像消费者购买随身听时，看见索尼的品牌很自然就会想到这是为他们量身定做的。索尼用品牌承诺牢牢抓住了消费者的心。

索尼认为，承诺了而不去做，这对企业来说是一个毁灭性的打击。索尼不仅要承诺而且还要履行承诺，只有这样，一个品牌承诺作为品牌战略的一部分才能算是完成了。索尼公司知道"轻诺必寡信"的道理，所以他们在努力地为消费者创造惊喜的同时更注重他们的能力。要有突破就不应该拿品牌承诺开玩笑，这也体现了索尼的责任心。

可以说，索尼的品牌承诺是和索尼的企业文化紧密地联系在一起的，它融入并扩展了企业文化。所以说索尼的品牌承诺不是为广告所设计的，而是索尼品牌战略的基础。

2. 提高索尼品牌优势

为了让品牌保持常青，索尼采用了一系列的手段创造自己的品牌优势。其中最重要的一项策略就是创造未来品牌，提高品牌优势。在过去的几年里，索尼一直都在进行重大的结构调整。在新技术的应用、经济全球化以及其他环境的改变等共同作用下，索尼经过慎重的考虑，最终决定用创造未来品牌的策略来保持其品牌的活力。

现在的索尼和几十年前的索尼完全不同，它有着更深刻的内涵，它给消费者呈现的是一个正在进步的形象。在这个理念的贯彻下，今天的索尼更具有时代的特点，也更加时尚、更加人性化。品牌营销是持续不断的沟通交流，并不是想起来就进行的散打战役。

为了提高品牌优势，索尼还使用了一些其他的方法。比如，索尼高瞻远瞩的一项行动——与爱立信公司合作生产手机。索尼和爱立信的品牌在手机市场上合并到一起，组成互利互惠的合作关系以发挥品牌群体的竞争优势，提升企业品牌资产，并利用杠杆作用使索尼品牌资产在手机领域最大化。这次联盟超越了

第6章 产品策划

索尼自身的局限性,所以被称为品牌联盟。索尼正是要运用它与爱立信手机品牌的联合,建立一种全新的模式以考虑顾客的需求,为顾客提供更多的解决方案。

起初,与爱立信建立品牌联盟是存在风险的,但是索尼果断地认识到品牌联盟在长期看来对于索尼是有利的。事实也是如此,在与爱立信合作进入手机市场后,索尼这个品牌在手机市场的信誉度立即提高。它在开发新产品或者服务项目方面的风险降低了,分销的速度加快了,它不仅成功地整合了资源,也创造了索尼单个品牌无法实现的效益。

经过数十年的执著努力加上变革的思想和特有的创造力,索尼这个品牌已经屹立于全世界的各个角落。索尼品牌已经是一项最有优势的资产,它甚至可以自豪地宣称,一把火烧掉索尼公司,索尼仍然可以凭借"SONY"这个品牌很快重建起来。

(案例来源:李毕华. 阿里巴巴的营销策略[M]. 深圳:海天出版社,2010. 略有修改.)

从上述案例可以看出,作为整体产品的重要组成部分,品牌是企业发展壮大的宝贵财富,它在消费者的心目中就是企业品质、产品质量的代表。索尼公司为了培育品牌,提高品牌优势,其向消费者对品牌做出承诺,采用了一系列的措施创造自己的品牌优势,从而使索尼品牌已经成为一项最有优势的无形资产。由此可知,在进行包括品牌在内的产品策划时,营销策划者除了要关注产品本身以外,还要注意产品之间的联系,注意产品与竞争者产品的区别,更要关注产品与顾客需求之间的联系,从而通过产品组合开拓产品策划的新途径。那么什么是产品策划呢?产品策划的思路有哪些呢?新产品开发、上市推广如何进行策划?品牌、包装策划应如何去做呢?这些正是本章要学习、探讨和思考的几个重要内容。

6.1 产品策划概述

6.1.1 产品策划的含义及意义

1. 产品与产品策划的概念

在现代营销学中,产品是指能够满足消费者某种需求的有形实物和无形服务的总和。包括实物、场所、服务、组织、观念等。以往营销界沿用多年来用3个层次来表述产品的整体概念,即核心产品、形式产品和附加产品(又称延伸产品)。但近年来,菲利普·科特勒等学者认为5个层次的内容更深刻而准确地表述产品的整体概念的含义,如图6.1所示。

1) 核心产品

核心产品是整体产品概念中最主要最基本的层次,是满足顾客需要的核心内容,是提供给顾客的产品的基本效用,是顾客购买产品时所追求的利益,是顾客真正想要购买的东西。营销人员的任务就是要发现隐藏在产品背后的真正需要。

2) 形式产品

形式产品是指核心产品得以实现的形式,即满足顾客需求的各种具体产品形式,一般来说,有形产品具备五方面特征:质量、特色、样式、品牌和包装。产品的基本效用必须通过某些具体形式才能得以实现。市场营销人员应努力寻求更加完善的外在形式以满足顾客的需要。

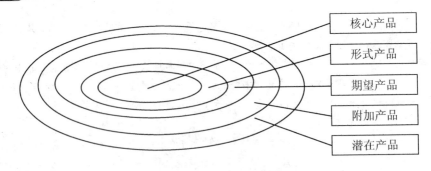

图 6.1 整体产品示意图

3) 期望产品

期望产品是指购买者在购买该产品时期望得到的与产品密切相关的一整套属性和条件,当这些期望产品大致相同时,消费者会就近购买。如旅馆的客人期望得到清洁的床位、洗浴香波、浴巾、衣帽等服务,因为大多数旅馆均能满足旅客这些一般期望,所以旅客在选择档次大致相同的旅馆时,一般不选择哪些旅馆能提供期望产品,而是根据哪家旅馆就近和方便而定。

4) 附加产品

附加产品又称延伸产品,是指顾客购买产品时所得到的全部附加服务和利益。如提供信贷、免费送货、安装、保养、包换、售后服务、技术培训等。许多企业成功的情况表明新的竞争并非各公司在其工厂所生产的产品,而是附加在产品上的包装、服务、广告、咨询、融资、运送、仓储及具有其他价值的形式,能正确发展附加产品的公司必将在竞争中赢得主动。

5) 潜在产品

潜在产品是指现有产品包括所有附加产品在内的,可能发展成为未来最终产品的潜在状态的产品。潜在产品指出了现有产品的可能的演变趋势和前景。如彩色电视机可发展为录放影机、电脑终端机等。

总之,从以上 5 个层次,不难看出,这一概念的内涵、外延都是以消费者需求为标准的,由消费需求来决定的。可以说:整体产品概念是建立在"需求=产品"这一等式基础上的,没有整体产品概念,就不可能真正贯彻现代营销观念。而产品策划也是建立在产品整体概念基础上的策划活动,必须从产品的 5 个层面出发,使得产品策划思路更加清晰。

产品策划是指企业如何使自己的整体产品或产品组合更好地适应消费者的需求与动态的有创意的市场开发活动的谋划。产品策划不是产品设计,它是从营销的角度来勾勒企业现有的产品与产品构成方案及有针对性的市场开发方案,以顺应消费者与动态市场需求的市场开发活动,使得产品更容易被顾客接受。要使顾客满意,最重要的是给顾客所需要的产品,这个思想要始终作为产品策划的实际工作基础,伴随着整个营销策划工作全过程。实际上,产品策划是营销部门代表目标顾客向设计部门提出的产品要求方案。

在营销策划中,产品策划是难度比较大的策划任务,因为产品策划是具有始发性、原创性的营销策划。

2. 产品策划的意义

产品策划的目的是为了使企业的产品能更好地满足消费者的需求。产品策划作为营销策划的重要组成部分,具有如下几个方面的意义,如图 6.2 所示。

```
作用1 → 为企业制定营销战略规划提供依据
作用2 → 创造出高质量的顾客需求
作用3 → 实现对细分市场的控制
作用4 → 为产品创造极高的附加值,延长产品寿命周期
```

图 6.2　产品策划意义示意图

1) 通过产品策划为企业制定营销战略规划提供依据

营销战略规划是指在企业总体战略指导下,根据市场等营销环境及自身营销条件的动态变化趋势,对自身营销工作做出的全局性的谋划与组织实施过程。产品策略是企业在制定营销战略规划时首先要解决的问题,是制定营销组合战略的基石。

2) 通过产品策划创造出高质量的顾客需求

顾客需求可分为显性需求与隐性需求两大类。显性需求就是大家都能看得见的市场需求,它是整个消费市场的主体和基本组成部分。大多数企业在刚刚进入市场时,首先面对的就是显性需求。

隐性需求就是可以转化为显性需求而尚未显现出来的市场需求。隐性需求的特点是多数人包括消费者自己都没有看到的。通过产品策划可以深入挖掘产品的差异性功能来满足消费者的隐性需求。

3) 通过产品策划实现对细分市场的控制

面对日趋激烈的市场竞争,企业一方面要通过产品策划,充分利用市场机会,增强企业的竞争实力;另一方面通过产品策划,使企业的产品更适应目标市场的需求,从而实现对细分市场的控制。一方面,产品好未必好卖,因为你说好,消费者未必知道你的产品好在哪里。另一方面,有些产品虽然未必见得好,但通过策划,可以根据对消费者的了解,改善产品的不足,让它更容易满足消费者的需求,使不好的产品变得好起来。

4) 通过产品策划为产品创造极高的附加值,延长产品寿命周期

产品策划不是产品设计,而是为消费者提供超越产品本身的附加价值,即在产品上的功能、包装、服务、广告、咨询、运送、仓储及具有其他价值的方面不断挖掘,寻找产品新用途、开发新市场、进行产品的重新组合等,从而不断延长产品寿命周期。

杜邦公司不断寻找尼龙新用途

美国现代化工之父——杜邦公司通过不断寻找产品新用途,给公司带来了一个个新的巨大市场,如尼龙。杜邦公司开发出尼龙新产品时,主要是用作生产降落伞绳索,用于军事目的。第二次世界大战结束,杜邦公司很快将尼龙转为民用。从生产女袜到生产男女衬衫,从生产汽车轮胎帘布到制作地毯、壁挂等,使杜邦公司通过寻找尼龙新用途,不断延长产品的生命周期,持续增强企业的优势,保持企业的市场领导地位。

(案例来源:王槐林,李林. 市场营销学[M]. 北京: 北京大学出版社,中国农业大学出版社,2010.)

6.1.2 产品策划的思路

系统的产品策划，需要依次重点思考下面这样一些问题，如图 6.3 所示。

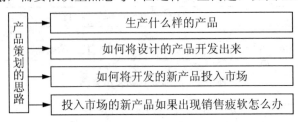

图 6.3 产品策划思路示意图

1. 生产什么样的产品

首先要确定生产什么样的产品，这是一个与企业存在价值、企业定位密切相关的问题。产品是企业呈现价值的载体，没有产品就没有价值，有什么样的产品就应该有什么样的价值，这是产品策划首先要思考的问题。在产品策划过程中，这个问题可以进一步细化和深化为一系列的问题：生产什么产品？生产多少种产品？各种产品生产多少数量？各种产品在同一时间阶段是什么样的组合关系，在不同时间阶段是什么样的前后衔接关系？这些问题都是产品策划需要经过严格的市场调研和认真思考并准确回答的。在产品策划中，把对这些问题的思考与设计归结为产品规划。

2. 如何将设计的产品开发出来

企业把产品规划出来，接下来要思考的问题就是：如何将决定生产的这些产品研发出来呢？这个问题具体细化为：战略层面如何确定配置各种开发资源设计开发产品的目标？组织层面如何才能给产品的研制与开发提供组织保障？技术层面如何合理优化产品开发流程？等。在产品策划中，把对这些问题的思考与设计称作新产品开发策划。

3. 如何将开发的新产品投入市场

开发出新产品是开拓市场的前提和基础，如何将开发出来的新产品成功投入市场就是接下来要精心策划的问题。这个问题具体细化为：新产品以什么品牌名称上市？产品实体应该怎样包装才更容易投入市场？第一个问题的实质是品牌策划，第二个问题属于产品包装策划。进一步的上市策划思考还会扩大到：产品以什么价格上市？在什么地方通过什么销售渠道上市？上市广告传播、公关传播和其他促销活动怎么展开？等。这些问题将在以后的几章中予以分析和讨论。

4. 投入市场的新产品如果出现销售疲软怎么办

新产品投入市场会出现多种销售状况，而销售疲软是新产品投入市场以后最让人担心的问题。在营销实践中确实有可能出现这样的问题，从时间上来讲，产品并没有临近寿命周期的终点，出现的疲软问题也不是产品寿终正寝的征兆，应该怎样诊断产品出现销售疲软的原因，解救产品于销售疲软状态，焕发产品应有的生机呢？产品策划中应该考虑疲软产品的改进和提升策划。

第6章 产品策划

6.2 新产品开发策划

随着科学技术的进步，消费者需求的不断变化，市场竞争的日趋激烈，产品的生命周期日趋缩短，大多数新产品问世以后，就面临着被更新产品取代的命运，而更新产品又将被更新的产品淘汰。企业要想在市场竞争中获得成功，企业的产品在市场竞争中持久地占领有利的市场地位，必须不断适应市场潮流变化，不断推出适合消费需求的新产品，才能适应变化的市场需求。因此，企业应力求采取正确的新产品开发策略，新产品开发策划成为企业必须重视的一个项目。

6.2.1 新产品的种类

市场营销学中使用的新产品概念不是从纯技术角度来理解的。即新产品并不一定是新发明的产品，它是对企业而言的新产品，是企业第一次生产、出售的，可能在世界上早已出现，在其他地区早已经销或本地区其他类似的企业已提供的产品。所谓新产品是指产品整体概念中任意一部分的创新、变革和改变，并为顾客带来新的利益。

根据上述定义，新产品可分为以下5种基本类型，如图6.4所示。

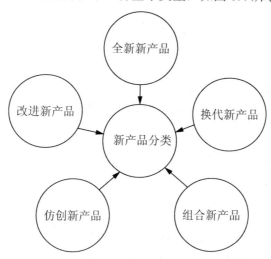

图 6.4 新产品种类示意图

1. 全新新产品

指应用科技新原理、新技术、新材料制造的前所未有的产品，它们代表着科学技术发展的方向，标志着一个新科技时代的到来，是现代科学技术的最新成果，如世界第一辆汽车、第一架飞机、20世纪90年代信息高速公路的兴起等。

2. 改进新产品

指采用新工艺、新材料、新包装等对现有产品的品质、性能、款式等作一定的改进。

3. 换代新产品

指适合新用途、满足新需要，在原有产品的基础上采用新材料、新技术、新工艺而制造出来的新产品，如黑白电视机改为彩色电视机、双桶洗衣机改为全自动洗衣机等。

4. 仿创新产品

指市场上已有的产品，本企业模仿并加以创新而生产，也称企业的新产品，日本的许多公司如松下公司就是通过开发仿创新产品而迅速发展起来的。

5. 组合新产品

指将已有产品的功能合并而成向消费者提供方便或情趣的产品，如组合音响、音乐贺卡、组合文具等。

三通电源插头的诞生

日本经营之神松下幸之助，是一位善于倾听的人，一次他在市场闲逛，听到几位妇女议论说："现在家里电器多了，家用电器的电源插头要是能同时插上几种电器，就方便多了。"说者无意，听者有心，松下幸之助回去研制，很快生产出了新插头——三通电源插头。

(案例来源：武洪明，许湘岳. 职业沟通教程[M]. 北京：人民出版社，2011.)

6.2.2 新产品开发风险

开发新产品是关系到企业生存发展的大事，企业要努力开发。但这又是一项艰难的工作，不仅需要投入大量资金，而且不是任何新产品都能获得成功，企业要承担很大的风险。

铱星的陨落

美国铱星世界通信公司(铱星公司)曾经是 20 世纪卫星通信业的代表，它作为卫星移动通信业的开拓者，曾耗资 60 亿美元，用 12 年的时间进行技术创新，研究开发出了由 66 颗低地球轨道卫星组成的移动通信网络。从理论上讲，该网络可以使用户随时随地进行通信联络。但从 1998 年 11 月投放市场以来，由于手机和服务费用昂贵等原因，该公司一直客户稀少。到 1999 年 8 月初，只有 2 万家用户，而要实现赢利则至少需要有 65 万家用户。在无法按期偿还巨额债务的情况下，铱星公司于 1999 年 8 月被迫向特拉华州的破产法院申请破产保护。到 2000 年 3 月 18 日，铱星公司终止了向它的客户提供服务。至此，这项耗费巨资的宏伟计划宣告破产。铱星公司从开始投入运营到倒闭，只间隔了一年多的时间。其间，铱星公司从一个备受推崇的高科技企业跌入破产的深渊。铱星的教训在哪里呢？

技术的超前性固然重要，但是它不能代替市场。产品的准确市场定位是制约其生命力的关键因素。像铱星这样的伟大创意，只是给少数人"享受"的未来科技，缺乏大规模的普遍的市场需求，很难有强大的生命力。铱星系统设计的初衷，是建立一个覆盖全球并在任何时间、任何地点都可以拨打的无缝隙的移动通信系统。它具有覆盖区域更广阔，信号更清晰，提供完善的寻呼服务，具备更强大的漫游功能以及完善的"千年"问题解决方案等优势。在技术上，铱星系统开创了全球个人通信的新时代，它称得上是一次通信史上的革命，是现代通信的一个里程碑。铱星网络覆盖面的 80%是人迹罕至的海洋、荒漠、高山和极地。真正对这种新产品有需求的市场群体,主要是那些经常穿梭于世界各地的跨国公司的高层管理人员,以及石油、采矿、航海等特殊行业的工作人员,而这个用户群无疑是相当狭小的,这就极大地限制了铱星电话的市场规模。铱星公司还可为一些地域广阔而人口稀少的欠发达地区提供包括语音、数据、电视节目传输在内的全方位"固定"通信服务等。然而,铱星公司预想中的主要客户却是那些商业用户和公司经理们,对他们而言,这项技术毫无必要,因为他们大多集中在大中城市。而在很大程度上忽视了个人用户以外的其他市场。

正因为在"错误的时间、错误的市场、投入了错误的产品",铱星陨落了。

(案例来源:杨勇,王惠杰. 现代市场营销学[M]. 北京:中国物资出版社,2011.)

新产品从研究到开发到生产和销售,是一个充满风险的过程。有调查表明,新产品开发的失败率为:消费品40%;工业品20%;服务产品18%。开发新产品失败的原因主要表现为以下几个方面,见表6-1。

表6-1 新产品开发失败原因

序 号	失 败 原 因	具 体 细 节
1	市场规模太小	对这类产品的需要不足
2	和公司能力不匹配	公司能力与生产和营销的需要不匹配
3	产品不够新或没有差别	创造性差的创意实际上没有向顾客提供任何新的东西。技术可能是新的,但是顾客利益不明显
4	没有真正的利润	相对于顾客需要而言,产品没有提供更好的东西,在核心技术上投资不足
5	相对于竞争者来说定位较差	竞争产品的组合超过了该产品的认知利益,价值低
6	没有分销渠道的充分支持	产品没有能够获得预计的分销渠道的支持。在需要的时候渠道却没有提供相应的产品展示,顾客无法购得产品,没有售后服务
7	预测错误	由于高估了销售量而生产过剩。因为对销售量估计不足,生产的产品不够,营销工作不足而丧失了机会
8	没有按照时间表进行	进入市场太迟,循环时间太长,丧失了技术或市场机会
9	竞争性的反应	产品在市场上获得成功之前,竞争者的反应非常迅速,降低价格和促销,竞争者模仿产品的设计并加以改进
10	出现了技术上大的转变	被所在领域技术根本的改变"打得措手不及",采用旧技术的时间太久
11	顾客口味的变化	在产品达到市场渗透之前,顾客偏好发生了根本性的变化
12	环境限制因素的变化	一些关键因素,例如经济环境或者原材料成本,发生了巨大的变化
13	重复购买太少或者没有新产品的扩散	开始顾客会购买产品,但销售量永远也达不到潜量
14	较差的售后服务	产品太复杂或是可靠性差,没有相应的服务
15	投资回报率不足	相对于投资来说,利润太少(例如销售量太低或成本太高)
16	各职能部门缺乏协调	研究开发的产品不能满足顾客需要,产品不能提供营销部门识别的利益,设计的改变使得产品生产起来很困难
17	公司本身的问题	营销、研究、生产部门相互之间有冲突。在设计和营销的关键方面缺乏充分的沟通

(案例来源:中国商业技师协会市场营销专业委员会编写的市场营销方法与实践的资料改编.)

6.2.3 新产品开发策划

1. 新产品开发的基本要求

(1) 要有市场。新产品在市场上要有一定的销量,为市场所需要,为此,要预测市场容量。

(2) 要有特色。新产品要具有独创性,有新的性能,新的用途,符合市场的新需求。

(3) 要有能力。必须根据企业自身的生产条件、技术力量、原材料资金等情况量力而行,尽可能形成一定规模的生产能力。

(4) 要有效益。企业在开发新产品前必须进行可行性分析和量本利分析,充分发挥现有生产能力,综合利用边角废料,以较少投资,获得较大收益。

2. 新产品开发的形式

(1) 独立研制。是针对企业现有产品存在的问题,开展独创性研究,创造出具有本企业特色的新产品,从而取得技术上的领先地位和市场上的优势,一般适合于资金和科研力量比较雄厚的企业。

(2) 技术引进。通过引进技术和购买专利来开发新产品,该方式可缩短研制时间,在短期内提高技术水平、生产效率和产品质量,技术引进须符合企业生产条件及市场需求,避免盲目引进。

(3) 研制与引进相结合。既重视引进先进技术,也不放弃独立研制,将技术引进与技术开发结合起来,注意消化吸收这是目前国外企业采用较多的一种形式。

(4) 协作研制。是企业与企业,企业与科研单位,企业与大专院校之间共同开发的方式,该方式利用企业外部的科研力量弥补自己的不足,也有利于科学成果商品化,加速新产品开发进程,该方式在西方企业之间尤其是军工企业之间采用得较多,这种方法也适合我国目前大多数企业。

案例

英法合作研制无人机

欧洲战斗机的制造商英国航空航天系统公司和"阵风"式战斗机制造商法国达索航空公司宣布签署一份谅解备忘录,专门开发一种中高度、大航程无人机,为西欧两大国服务。

这种无人机可以在战场上空逗留,寻找危险目标,有时也可装载武器。

两个公司在销售常规战斗机方面是竞争对手,但是当英法于2010年签署了一份重要的国防合作协议后,双方在合作研制无人机方面逐渐靠拢。

由英国公司领衔的联合开发项目的成本预计为数亿美元,是40年前"美洲虎"战斗机问世之后英法间最大一个空军合作项目。

(案例来源:参考消息,2011年3月16日.)

3. 新产品开发方向

新产品开发方向应从以下几个方面考虑,如图6.5所示。

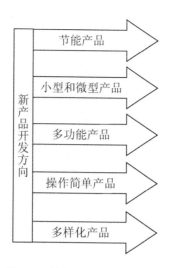

图 6.5　新产品开发方向示意图

(1) 节能产品。能源短缺是世界性和长期性问题。无论是工业产品还是日用消费品，都应尽可能少耗能。在国际汽车市场上，美国汽车一向是无可替代的。然而，20 世纪 70 年代的石油危机使得耗能少的日本汽车战胜美国汽车，动摇了其多年的霸主地位。

(2) 小型和微型产品。人们的审美观念已从厚、重、长、大转向轻、薄、短、小。因此小巧的商品受到重视，如袖珍收音机、微型计算机等。

(3) 多功能产品。指产品的性能和用途扩大。产品一物多用，一机多用。

(4) 操作简单产品。新产品趋向使用高科技，但操作要力求简单、安全、自动。例如，新型的煤气热水器做到了"水龙头一开，热水即来"，受到了消费者的偏爱。

(5) 多样化产品。指通过对现有产品的扩大、缩小、部件替换、组合等方法改变产品结构，增加品种、规格、型号等，满足更多顾客，更多方面的需求。例如，可伸缩的晾衣架给消费者带来了方便。

6.2.4　新产品上市与推广策划

某品牌啤酒的市场推广

某市的某品牌的啤酒如今在当地占据了绝对的市场。而它当初上市推广之时，还有段趣话。当时的总经理带领一班人，四处推销自己的啤酒，而当时这种啤酒也没有进行过什么策划，可以想象到推销这种啤酒的难度。有一次，总经理带着一个助手步行了几天，却一瓶啤酒也没有推销出去。在夏天的一个炎热的中午，总经理又疲劳又饥饿又伤感，在一棵大树下，他与助手大喝用来推销的啤酒直至酩酊大醉，然后把剩余的啤酒瓶全都砸烂。从此他悟出一个道理，公司没实力、产品不出名，要推销出去是多么的艰难。公司首先必须进行一些营销策划，他开始实施营销策划运作。啤酒很快得到了消费者的认可，代销商也主动找上门来订货，他再也不用像过去那样去苦苦地哀求代销商。公司经过几年的营销策划运作，很快占领了本市及周边市场，把另一个品牌的啤酒彻底挤出了当地市场。

(案例来源：吴粲. 策划学——原理、技巧、误区及案例[M]. 北京：北京师范大学出版社，2008.)

上述案例说明，新产品上市推广是需要策划的，否则，既是好产品也难以打开市场。那么如何进行新产品的上市推广策划呢？

无论你是什么样的新产品，具有什么样的新功效，想做成什么样的品牌，在新上市到市场真正启动期间，必须通过营销策划，不遗余力地集中宣传推广新产品的功效，然后才有可能打开市场，搞促销，做品牌等。

由于各种新产品都在一定程度上引起消费者生活方式和使用习惯的改变，因此，新产品被消费者普遍接受需要一个或快或慢的过程，企业必须有针对性地对不同采用者进行推广。

1. 新产品采用者类型

由于经济收入、社会地位、消费心理、产品价值观、个人性格等多种因素的影响，不同顾客对新产品采用具有很大差异，形成了不同的消费者类型，见表6-2。

表6-2　采用新产品消费者类型及比例

消费者类型	比　　例
创新采用者	2.5%
早期采用者	13.5%
早期大众	34%
晚期大众	34%
落后的购买者	16%

(1) 创新采用者：这类消费者市场信息灵通、经济富裕，喜欢标新立异，不保守，是企业投放新产品的极好目标。

(2) 早期采用者：这类消费者喜欢鉴赏评论，以领先采用为自豪，经济状况良好，但与创新者比较，较为谨慎。

(3) 早期大众：这类消费者接触外界事物较多，有较好的工作环境和固定收入，对"舆论领袖"消费行为有较强模仿心理，不甘落后于潮流，购买高档产品时特别慎重。

(4) 晚期大众：这类消费者对新事物、新环境多持怀疑或观望的态度，一般等大多数人证实新产品效用后才肯购买。

(5) 落后的购买者，这类消费者思想保守，对新事物、新变化多持反对态度，只有当新产品被一致认可后才会采用。

2. 新产品上市策划

新产品的成功，不仅取决于产品本身，还依赖企业在新产品上市时间、上市地点、上市目标等方面做出精心的营销策划。

(1) 上市时机选择。新产品上市时机选择可以分为绝对意义上的时机选择和相对意义上的时机选择。其中，绝对意义上的上市时机选择，是指一个新的产品项目在年度、季节，甚至一天中的上午、下午或某个时段上市的时机选择。相对意义上的时机选择，即一个企业的新产品上市时间与同行业其他竞争者相比的先后问题，这里所说的新产品上市时机选择主要指相对意义上的时机选择，主要有以下3种选择。

① 先于竞争者上市。该策略是指在竞争对手尚无同类或相似产品上市的情况下，率先推出企业的新产品，这种新产品又叫行业新产品。其特点是同类产品的竞争者没有，或潜

第6章 产品策划

在竞争对手的条件尚未成熟。先期上市可以"先入为主"。

② 同于竞争者上市。这是指市场一有变化，企业就闻风而动，同时开发同一新产品。由于各方面条件水平相当，很可能同时完成一项产品的创意、试制、上市，其特点是共同承担风险，共享利润成果。

③ 迟于竞争者上市。这是指在目前市场上已有此类产品或类似产品的情况下推出企业的新产品，即在产品开发、上市方面实行跟进策略。实施这一策略，已有同类产品进行了一定程度的市场开拓工作，为后来者提供了可资借鉴的经验和引以为戒的教训，可以使自己在市场开拓中少走弯路，少犯错误。这种方法，即所谓的"后发制人"。

(2) 上市地点选择。上市的地点即推出新产品的地域，即企业所选择的目标市场。企业推出新产品可以在其所有需求市场同时上市，也可以选择在某一地点上市，然后再向更大范围扩展，一般资金实力雄厚、人力资源充足的大中型企业会撒开大网，向整个地区推出，而中小型企业很少能拥有大范围的销售网络，面铺得太大会造成力量分散，最好从某个地区入手，边巩固成果边向其他地区、全国市场乃至全球市场扩展。

(3) 上市目标顾客的确定。顾客因年龄、性格、性别的不同，他们的购买需要也不相同，企业选准目标顾客，并根据他们的特点制定方针对策，方能"有的放矢"。否则，过于大众化的产品反而备受冷落。例如：领带以白领男士为主要对象，玩具以幼儿和青少年为中心，选错目标就会适得其反。

3. 新产品推广策划

新产品推广，应将重点放在"创新采用者"和"早期采用者"身上，也就是抓住市场上早期潜在买主，使其成为现实买主。取得成效后，迅速推广，扩大市场占有份额，一般有两种策略可被选择。

(1) 渐进策略：企业将新产品有选择地进入主要市场或特定地区，然后逐步扩大，这种策略比较稳妥，能使新产品产量增加与市场扩大协调起来，有利于企业不断改进、完善计划，即使出现一些问题，损失也不会太大，但采用此策略，产品推广速度较慢，收益率较低，潜在竞争威胁较大。

(2) 急进策略：企业在新产品试销效果非常理想的前提下，将产品全速推进预期各市场，这一策略收益增长率高，见效快，能有效防止竞争，但推广所花促销费用较高，而且有一定风险，因此，企业必须在正确预计新产品推广前景的情况下才能采用。

无论是选择渐进策略，还是急进策略，都要有周密的计划，而且要与企业的实际生产能力相协调。

5℃桶装天然水上市三部曲

2008年11月，山西鑫宇豪集团旗下的5℃饮用水公司的新产品——5℃桶装天然水下线了。集团公司总裁杨华对新产品的解释是：我们的优质天然水无论从水源的选择——国内稀有的原生态麦饭石矿化水，水源地的保护——国际标准的三级防护林体系建设，还是生产环境的建设——全部采用国际一流生产线和百级净化车间生产、盛水容器、运输密闭等环节，都是目前市场上一流的装备，目的就是奉献给消费者的每一滴水都是干净、卫生、矿物质丰富的原生态天然水。

有了优质的产品，原以为凭借强大的宣传力度，就可以顺利进入市场。然而经过销售人员几个月的努力，其总销售额只达到××万元，与企业的预期目标相距甚远。

5℃饮用水公司主管销售的副总王红雨找到北京朝晖营销策划公司，找到策划专家樊朝晖，寻求 5℃饮用水市场突破的方法。

一个高科技含量的新产品，尽管具有许多桶装水生产厂家无法超越的优势，但作为一个新品类，如何能快速顺利地推向市场，迅速被大多数消费者所接受和认可，这是许多新产品上市遇到的老问题。

樊朝晖首先对5℃饮用水公司进行了全面了解，设计调查问卷，采用走访式调研了当地消费者及竞争对手的市场营销策略，取得了翔实的一手资料。他们得出结论：目前的消费者对饮用水的消费关注点不仅是价格，更关注品质，加之近几年，媒体对一些黑心水商的报道，老百姓对饮用水的消费大多只能做到：眼不见为净，所以目前饮用水市场鱼龙混杂，没有几个真正能深入人心，让老百姓信得过的品牌，即使目前市场上的几个畅销品牌，也因为其生产设备老化，服务迟缓，让许多消费者不满意。综合上述多种因素，樊朝晖根据多年的营销策划经验预测到：桶装饮用水市场洗牌的时代即将来临！这正好是5℃桶装饮用水这一高端水切入市场的好时机。而5℃桶装饮用水在当地市场上认知度还不高，要开发当地市场必须解决消费者的认知问题。

为此，针对消费者目前对桶装水的消费盲区，宣传产品的功能与机理，确定 5℃桶装天然水桶/12 元的高价位，以区别普通的桶装水，不仅引起消费者的关注，更让消费者相信5℃桶装饮用水是信得过的水。他们设计制定新产品上市的宣传三部曲。

第一步：利用新闻报道的客观性优势，设计了"记者调查"专题节目。由厂家赞助，邀请当地媒体，针对目前老百姓关心的桶装水消费问题，对目标市场进行调查，重点放在对5℃水厂水源的选择、水源地的保护、生产环境的建设等方面的报道，用5℃水厂近乎完美的生产流程、生产环境告诉消费者，选择桶装饮用水，就应该选择这样的环境下生产出来的水，这样的水喝了才放心。

报道播出后，引起社会上强烈反响，消费者大都开始关注5℃水这个新生的品牌了，之后，公司市场部采用免费品尝的策略跟进，进一步勾起了部分高端消费者购买的欲望，市场的第一把火被点燃了。

第二步：耳听为虚，眼见为实。在"记者调查"反复播出后，许多消费者提出：真的有那么好吗？市场反应正如樊朝晖预测的那样，抓紧时间实行市场的第二次攻击波——邀请数百名消费者，到厂区参观，见证5℃水完整的生产流程！

活动分为3个步骤进行：①在媒体上公开邀请愿意去参观见证的消费者；②组织参观见证；③邀请多家媒体对见证活动进行报道。

参观完的当天，超过50%的参观见证者现场购买了全家一年需要的水票，之后，通过媒体"见证"活动的全方位报道，再次掀起了消费者购买水票的热潮。

第三步：亲情卡的市场扩张。在市场通过两轮媒体的高强度轰炸后，需要对已经锁定的市场进行巩固，同时，利用口碑宣传扩大消费群体。为此，推出 1:3 亲情卡服务活动。

所谓亲情卡服务活动就是为现有的消费者每人赠送3张亲情卡，此卡本人不能消费，只能赠送给自己的亲朋好友，亲朋好友拿上此卡可以免费享受公司为其提供的多种服务。此创意，就是站在消费者本人的角度，让消费者感到，5℃水不仅喝得放心，同时，还是一种联络感情的工具。

此方案推出后，95%以上的现有客户都使用了亲情卡，并且为公司能提供这样的服务表示感谢。在回收亲情卡的过程中，公司的市场人员又增加了与客户面对面沟通宣传的机会。很快就有新客户已经开始使用，销售成功率高达90%以上，此举不但巩固了公司的老消费群体，又增加了许多新顾客。

经过策划公司的周密策划，5℃饮用水公司的精心实施，新品上市三部曲实施结束，5℃桶装饮用水从开始的每天销售××桶达到了每天××桶，并且增加大量新的顾客，公司的知名度、美誉度大幅度提升。

此三部曲只是 5℃桶装饮用水正式上市的前奏曲,作为快速消费品,市场竞争很激烈,5℃桶装饮用水要想争取更多的市场份额,还需要付出更大的努力,当然每一步都必须站在消费者的角度来考量。而对消费者消费心理的研究,也是策划者终身追求的目标。

(案例来源:由北京朝晖策划公司总经理樊朝晖提供.)

6.3 品 牌 策 划

6.3.1 品牌策划概要

1. 品牌与品牌策划的含义

2005 年在央视的"品牌中国"栏目中,燕京啤酒集团李福成总经理讲道:"没有品牌的竞争是无力的竞争,没有品牌的市场是脆弱的市场,没有品牌的企业是危险的企业。"这段话以及本章的导入案例充分说明了品牌对于企业的重要意义。那么什么是品牌呢?

品牌是指用来识别某个生产者或销售者的产品或服务,并使之与竞争对手的产品或服务区别开来的商品名称及标志,它通称由文字、标记、符号、图案及颜色等要素的组合构成。品牌不仅是产品的标志,更是产品质量、性能、服务、风格、文化等满足消费者使用产品可靠程度的综合体现。在市场竞争中,品牌不仅体现了一个企业的素质、信誉和形象,更直接决定和影响企业的竞争力。

品牌策划,就是在品牌方面通过对竞争对手的否定、差异、距离来引导目标顾客的选择,是在与外部市场对应的内部市场(心理市场)上的竞争。

2. 品牌策划的作用

品牌策划的作用具体表现在以下几个方面,如图 6.6 所示。

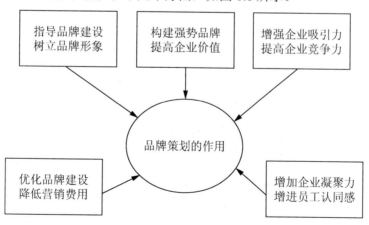

图 6.6 品牌策划作用示意图

1) 指导品牌建设,树立品牌形象

通过品牌策划明确品牌定位,树立良好的品牌形象,赋予美好的情感,或代表了一定的文化,使品牌及品牌产品在消费者或用户心目中形成美好的记忆,而且使消费者或用户对产品产生好感,从而重复购买,口碑宣传,形成品牌忠诚。

2) 构建强势品牌,提高企业价值

通过品牌策划,可以帮助企业构建强势品牌,提高企业价值。市场调研表明,市场领导者品牌的平均利润率为第二品牌的 4 倍,而在英国更高达 6 倍。强势品牌的高利润空间尤其在市场不景气或削价竞争的条件下,表现出了重要的作用。事实上,这种优势不仅仅得益于通常认为的规模经济,更重要的是来自消费者对该品牌产品价值的认同,也就是对价格差异的认同。通过品牌策划,有利于构建强势品牌,也有利于保护品牌所有者的合法权益;有利于企业约束其不良行为;有利于扩大产品组合;有利于企业实施市场细分战略;更能为企业带来溢价,具有极大的价值。

3) 增强企业吸引力,提高企业竞争力

企业品牌的吸引力是一种向心力。一个好的企业品牌将大大有利于企业知名度和竞争力的提高,这种提高不是来自人力、物力和财力的投入,而是靠"品牌"这种无形的文化力。好的企业品牌使竞争者羡慕、向往,不仅使投资环境价值提升,还能吸引人才,从而使资源得到有效集聚和合理配置。企业实力、活力、潜力及可持续发展的能力,又集中体现在竞争力的提高上。

4) 优化品牌建设,降低营销费用

在企业资源有限的情况下,品牌策划能指导品牌建设资源进行合理调配,以尽可能少的资源投入,带来尽可能多的营销产出,避免盲目行为所造成的浪费,提升企业效益。

5) 增加企业凝聚力,增进员工认同感

强势的品牌同时会产生一种向内的凝聚力,能使团队成员产生自豪感,增强员工对企业的认同感和归属感,使之愿意留在这个企业里;还有利于提高员工素质,以适应企业发展的需要,使全体员工以主人翁的态度工作,产生同舟共济、荣辱与共的思想,使员工关注企业发展,为提升企业竞争力而奋斗。

6.3.2 品牌设计策划

品牌设计就是为品牌创造出独特性,能够在消费者心目中留下深刻的印象,从而增强品牌的市场竞争能力。品牌设计主要是对品牌要素的设计。

1. 品牌设计的主要要素

品牌设计要素主要包括以下几个方面,如图 6.7 所示。

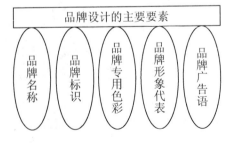

图 6.7 品牌设计要素示意图

1) 品牌名称

品牌名称,是指品牌中可以用语言称呼的部分。作为品牌识别要素,品牌名称担负着品牌的功能,是品牌识别系统的核心要素。品牌名称与品牌的核心内涵、产品特性紧密相连,是顾客判断产品质量的关键线索,在一定程度上影响着消费者的购买行为,进而影响着一个品牌的兴与衰。正如美国当代营销大师阿尔·里斯所认为的:"一个好的品牌名称是品牌被消费者认知、接受、满意乃至忠诚的前提,品牌的名称在很大程度上对产品的销售生产有直接影响,品牌名称作为品牌的核心要素甚至直接影响到一个品牌的兴衰"。

品牌名称能够直接产生对产品有利的自然联想,如提到"农夫山泉"这个名字,消费者马上就会想到它来自深山,是纯天然的;看到"红豆",马上就联想到相思豆、关爱、爱慕等内容;提到"娃哈哈"马上想到了小学生经常唱的那首歌,无形中增强了亲和力。所以许多知名企业对品牌名称的确定非常重视。

2) 品牌标识

品牌标识是指品牌中易识别、易记忆但不能用语言称呼的部分。品牌标识是形成品牌一致形象的关键元素,是品牌活力元素的重要内容。

品牌标识具有可视的特点,容易识别,如消费者一看到包装上的 Coca-Cola 的标志字体、白色水线和红底色的图案马上就知道是可口可乐,一看到 KFC 伯伯——山德士上校一身西装,满头白发及山羊胡子的形象就知道是肯德基等;标识的多样性,容易跨地域传递;标识具有的含义,可以激发消费者的联想。

要规范品牌标识的使用,避免在品牌传播过程中使用各种宣传方式时,不能够规范统一地使用品牌标识,这样会对品牌形象带来损害。

3) 品牌专用色彩

品牌的专用色彩是用来象征品牌并应用在视觉识别设计中所有媒体上的特定色彩。专用色在视觉识别中具有强烈的识别效应。如 IBM 被称为"蓝色巨人",一看见黄色的 m 型门店就想到这里出售的是汉堡包,它代表的是麦当劳,还有像可乐红、电信蓝、邮政绿等,很容易让人们记住。

品牌专用色的确定须要根据品牌的内涵而定,突出品牌与竞争者的区别,并创造出与众不同的色彩效果,吻合受众的偏好和表达品牌个性。专用色的选用是通常以国际标准色谱为标准的,品牌的专用色使用不宜过多,通常最多不超过 3 种颜色。

 案例

王老吉的"红色"

功能饮料品牌王老吉,无论是终端陈列、广告,还是产品包装都是以红色为主要基调,这样在消费者心中形成了一个鲜明的品牌个性,通过"预防上火"的诉求,在竞争激烈的饮料市场树立了差异化的形象,使销量一路飙升。

(案例来源:刘文新. 品牌战略驱动[M]. 北京:企业管理出版社,2007.)

4) 品牌形象代表

有些企业会设计品牌的形象代表,形象代表是品牌标识的一个特殊类型,往往取材于人类本身或现实生活。常见的品牌形象代表以动画人物为主,如酷儿、米老鼠等;也有一些企业会采用真实人物作为形象代表,如"王守义十三香"就是以王守义的真人照作为形象代表,已成为中国驰名商标,如 KFC 伯伯——山德士上校一身西装,满头白发及山羊胡子的形象,也已成为肯德基国际品牌的最佳象征。

5) 品牌广告语

品牌广告语是用来传递有关品牌的描述性或说服性信息的短语，是关于品牌信息的记述或品牌承诺、思想传达的短句。它告诉消费者，这是什么品牌，能提供什么帮助，品牌标语能从侧面使消费者对于品牌认识产生积极影响。广告语对于品牌认知起到非常好的效果，其与品牌名称、品牌标识、品牌专用色彩及形象代表一起构筑非常有效的品牌传播手段。如"怕上火，喝王老吉"、"麦当劳——我就喜欢"、"只有可口可乐，才是真正可乐"、"劲酒虽好，可不要贪杯哦"等，都是非常好的广告语，对品牌的传播和记忆起到了积极的作用。

2. 品牌设计的基本要求

品牌设计充满了艺术性和创造性。品牌设计的题材极其广泛，凡花鸟虫鱼、飞禽走兽、人物事件、名胜古迹、神话传说和天文地理都可作为品牌内容。但在品牌设计时应注意以下要求，如图6.8所示。

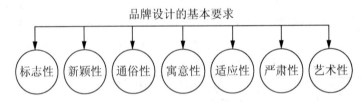

图6.8　品牌设计的基本要求示意图

(1) 标志性。即能与同类企业、同类产品有明显区别，反映本企业产品特色和风格。

(2) 新颖性。造型别致、新颖、美观大方的品牌或商标不仅能增强广告宣传效果，而且给人以美的享受。

(3) 通俗性。易认、易记、易懂，又便于产生联想的品牌才能在广告宣传的瞬间留下较深印象。因此，要求其文字内容概括、简练、醒目、主题明确、图案清晰。通俗性要强调通而不俗，不贪"俗名"，像"财神"、"肥婆"等就有点太俗了。

(4) 寓意性。品牌设计应通过直接形象、间接形象或含蓄的文字恰如其分地反映、表示、隐喻商品的特征和风格，以便唤起消费者美好的联想，如日本的富士胶卷，以富士山、蓝天白雪为消费者以联想。

(5) 适应性。品牌设计应考虑不同消费者的心理要求，在图案、颜色、符号和文字上要考虑不同民族、国籍、宗教、文化的偏好和禁忌，防止误解和引起不必要的纠纷，便于在不同场合、多种媒体使用。

(6) 严肃性。其文字、名称、图案、符号要符合中国商标法规定，不得同中国或外国的国家名称、国旗、国徽、军旗、勋章、红十字等相同或相似，不得使用政治上有不良影响或不尊重民族风俗习惯的商标。

案例

平谷大桃想叫"天安门"？

北京华邦食品有限公司欲为其生产的平谷大桃注册为"天安门"商标，想借助这个响亮的品牌将产品打入市场。据了解，国家商标局已经受理了这项商标申请，并进入审理期。但作为具有特殊含义的"天安

第6章 产品策划

门"究竟该不该被企业注册成商标却引起了不小的争议。

"被受理并不等于被批准。之后要经过一系列的审查才会得出最后结果。鉴于'天安门'的特殊性,这个商标最后被核准注册的可能性不大"。国家商标局有关人士说。

北京华邦食品有限公司市场部经理说,之所以选择"天安门"作为商标来注册,是想树立自己有机水果的品牌,体现出自己的特色,但最后能拿下来很难。

你认为呢?

(案例来源:杨勇,王惠杰. 现代市场营销学[M]. 北京:中国物资出版社,2011.)

(7) 艺术性。一个好的品牌既要能够针对消费者审美心理,启发其联想,又要强调思想内容健康,无不良意义。

6.3.3 品牌延伸策划

品牌延伸,又称为品牌扩展,它是指企业利用其成功品牌的声誉来推出改良产品或新产品,使新产品在节省促销费用的情况下顺利地进占市场。品牌延伸是企业品牌经营的重要策略之一,早在20世纪初就盛行于欧美发达国家,世界许多的著名企业大多是靠品牌延伸实现其快速扩张的。美国著名经济学家艾·里斯说:"若是撰述美国过去10年的营销史,最具有意义的趋势就是延伸品牌线"。国内企业在推出新产品、进入新领域时,也广泛采用这种策略,如娃哈哈成功推出儿童营养液以后,又利用这一品牌及图样特征成功推出果奶、纯净水、可乐、八宝粥、鲜奶等新产品,显然不利用"娃哈哈"这个成功品牌,这些新产品不一定能很快进入市场,但要注意若新产品不尽如人意,消费者不认可,也会影响该品牌市场信誉。

 案例

五粮液集团的品牌延伸

五粮液集团的前身为20世纪50年代初由8间糟房组建的五粮液酒厂。进入20世纪80年代中后期,五粮液集团抓住改革开放和机制转变的大好时机,有计划地实施了"质量效益型"、"质量规模效益型"、"质量规模效益多元化"三步发展战略,企业得到了长足的发展,进一步巩固了"中国酒业大王"的地位。其中品牌延伸也为五粮液集团的发展立下了汗马功劳。

一开始,五粮液集团产品单一,仅有五粮液、尖庄两个品牌,分属高档酒和低档酒。当时全国白酒新品牌不断涌现,竞争激烈。面对新变化,五粮液集团根据市场细分理论,充分利用"五粮液"这一品牌优势,连续开发出具有不同价位和针对不同层次的白酒新品牌。首先成功地推出了五粮春、五粮醇、五粮神、五湖液等"五"字头的全国性品牌。

同时,五粮液集团又根据我国地域差异大,各地消费者习惯、口味、经济条件都不一样的情况,有针对性地开发了系列区域性品牌,开发的金六福、浏阳河、东方龙、川酒王、老作坊、铁哥们、情酒、岁岁乐、喜寿宴、蜀帝宴、五夜丰、交杯喜等上百个品牌。深受市场欢迎。取得了良好的经济效益。

(案例来源:根据五粮液集团网站相关资料整理.)

1. 品牌延伸的原则

品牌延伸不是随心所欲的,稍有不慎可能损害原有品牌形象、淡化品牌特性。品牌延伸必须遵循以下几项原则,如图6.9所示。

图 6.9　品牌延伸的原则示意图

1) 延伸的新产品与原产品符合同一品牌的核心价值

消费者是否视新产品与原品牌一致是预测品牌延伸成功与否的关键因素。在品牌延伸中，如果破坏了品牌定位中核心价值的一致性，就会降低品牌的市场影响力。若在品牌延伸中与该品牌定位不一致，会动摇消费者心目中对该品牌的思维与情感定势，随着这种状况的持续，自然给公众传达了不利于该品牌的混乱信息，相应地该品牌的市场影响力自然就会降低，严重时会危及该品牌的市场地位。

案例

"派克"的品牌延伸之败笔

"派克"钢笔曾号称钢笔之王，是一种高档产品。人们购买"派克"笔，绝对不仅是为了买一种书写的工具，更主要是购买一种形象、体面、气派，购买一种"名牌"文化，高档次是"派克"笔的强项。尤其是重大事件、重要的人物都有派克钢笔的影子。

1945年5月，美国第34任总统艾森豪威尔以欧洲盟军统帅的身份，在法国签署第二次世界大战结束协约时所用的签字笔是派克；1945年9月，太平洋盟军总司令麦克阿瑟将军用来签署日本投降书，正式宣告太平洋战争结束，用的是派克；1972年2月，美国前总统尼克松到中国进行历史性访问时，赠送给毛泽东的礼物是一对特制的派克七五型金笔；1985年11月，美国总统里根在日内瓦赠送给苏联新任总书记戈尔巴乔夫夫妇的实物，也是一对派克笔；1987年12月8日，里根与戈尔巴乔夫在冰岛签署裁军协议时，用的是一支纯银制的派克笔。

1982年，"派克"公司新任总经理彼特森对公司进行改革。他上任后不是让长处变得更长，不把主要精力放在改进"派克"笔的款式和质量、巩固和延伸自己的市场强项——高档产品上，而是去争夺低档笔市场，热衷于生产经营每支3美元以下的大众化钢笔——吃着嘴里的，眼看碗里的"红眼病"。结果没过多久，"派克"公司不仅没有顺利打入低档笔市场，反而让另一个克罗斯公司乘虚而入，派克笔的高档笔市场被冲击，市场占有率下降到17%，销量只及克罗斯公司的一半。

(案例来源：杨勇，王惠杰. 现代市场营销学[M]. 北京：中国物资出版社，2011.)

2) 新产品属性与老产品具有较强相关性

从品牌延伸的角度讲，若新产品与原有产品存在较强相关性，如产品属性相近、目标顾客群相同等，可以采用品牌延伸策略。反之，若新产品与原有产品毫无关联或相互冲突，应慎用品牌延伸策略。因此，品牌延伸应尽可能避免在类别差异性比较大的产品间进行；在同类产品间延伸时也要注意品牌的市场和社会定位，如果该品牌具有很强的市场影响力，而且品牌和产品已画等号，就应慎重考虑该品牌延伸到其他同类产品上。比如"三九"集团开发的"三九啤酒"惨败而归，而调整为"三九药酒"则受消费者欢迎。

3) 品牌延伸应防止延伸过度

虽然延伸产品可能保持了与品牌核心价值的一致性,但若不注意量的限制也可能会影响品牌的市场影响力。正如一位品牌专家所说:"品牌是一个挂钩,如果挂的东西过多,就会把挂钩拉直了。"因为品牌所涵盖的产品种类过多,产品线过宽会造成管理上的不方便,其中任何一个产品出现问题都会导致对品牌形象的极大损害;而且不同产品毕竟在定位上还是有一定的差异性,因此会或多或少地冲淡或影响消费者心目中对该品牌的思维和情感定势。一个品牌定势的建立是和最初的产品相联系的,产品种类过多往往冲淡这种定势。所以,品牌延伸要注意对产品种类、数量的控制,尽可能选择具有较好市场前景的产品。

2. 品牌延伸策略策划

品牌延伸策略主要有以下几种,如图 6.10 所示。

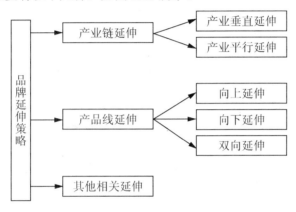

图 6.10 品牌延伸策略示意图

1) 产业链延伸

(1) 产业垂直延伸。即向产业链上游、下游分别延伸或同时向上游向下游延伸。采取这种延伸方式为材料来源、产品销路提供了很好的延伸方式。

(2) 产业平行延伸。一般适应于具有相同(或相近)目标市场和销售渠道,相同的储运方式,相近的形象特征的产品领域。这样,一方面有利于新产品的营销,另一方面有利于品牌形象的巩固。

2) 产品线延伸

包括以下 3 种延伸形式。

(1) 向上延伸。即在产品线上增加高档次产品生产线,使产品进入高档市场。向上延伸可以有效地提升品牌资产价值,改善品牌形象。一些知名品牌,特别是一些原来定位于中档的大众品牌,为了达到上述目的,不惜花费巨资,以向上延伸策略拓展市场。

(2) 向下延伸。即在产品线中增加较低档次的产品。利用高档名牌产品的声誉,吸引购买力水平较低的顾客慕名购买这一品牌中的低档廉价产品。

(3) 双向延伸。即原定位于中档产品市场的企业掌握了市场优势以后,决定向产品线的上下两个方向延伸,一方面增加高档产品,另一方面增加低档产品,扩大市场阵容。

3) 其他相关延伸

其他相关延伸也叫扩散性延伸。这对于刚成长起来的企业或品牌非常有意义。它有 4 层含义:一是单一品牌可以扩散延伸到多种产品上去,成为系列产品或品牌;二是一国一地的品牌可扩散到世界各地，成为国际品牌；三是一个品牌再扩散衍生出另一个品牌；四是名牌产品可扩散延伸到企业上去，使企业成为名牌企业。

6.4 产品包装策划

山姆森玻璃瓶

1898年鲁特玻璃公司的一位年轻工人亚历山大·山姆森在同女友约会中，发现女友穿着一套筒型连衣裙，越发显得臀部突出，腰部和腿部纤细，非常好看，约会结束后，他突发灵感，根据女友穿着这套裙子的形象设计出一个玻璃瓶。

经过反复的修改，亚历山大·山姆森不仅将瓶子设计得非常美观，很像一位亭亭玉立的少女，他还把瓶子的容量设计成刚好一杯水大小。而且使用非常安全，易握不易滑落。更令人叫绝的是其瓶型的中下部是扭纹型的，如同少女所穿的条纹裙子。瓶子试制出来后，获得大众交口称赞，有经营意识的亚历山大·山姆森立即到专利局申请专利。

当时，可口可乐的决策者坎德勒在市场看到了亚历山大·山姆森设计的玻璃瓶后，认为非常适合作为可口可乐的包装，于是他主动向亚历山大·山姆森提出购买这个瓶子的专利，经过一番讨价还价，最后可口可乐公司以600万美元的天价买下此专利。要知道在100多年前，600万美元可是一项巨大的投资，然而实践证明可口可乐公司这一决策是非常成功的。

采用亚历山大·山姆森设计的玻璃瓶作为可口可乐的包装后，可口可乐的销量飞速增长，在两年的时间内，销量翻了一倍。从此，采用山姆森玻璃瓶作为包装的可口可乐开始畅销美国，并迅速风靡世界。600万美元的投入，为可口可乐公司带来了数以亿计的回报。

(案例来源：吴健. 现代物流学[M]. 北京：北京大学出版社，2010.)

从可口可乐公司出天价购买山姆森玻璃瓶的案例可以看出，包装对于产品的销售、增加利润来说是多么重要。据国外一项调查统计资料表明，有50%～60%的消费者是受包装影响而产生购买兴趣，形成购买行为的。可以说包装是建立产品与消费者亲和力的有力手段，实现产品增值最便捷的一个方式就是包装上的改进与创新，出色的包装能够直接提高产品的价值和促进产品的销售。那么如何通过包装促进销售呢？产品包装策划能够达到预期的目的。

6.4.1 产品包装概述

1. 包装的含义

包装是对某一品牌商品设计并制作容器或包扎物的一系列活动。产品包装包括三部分，即：①首要包装：产品紧靠着的包装容器，如牙膏皮、啤酒瓶等；②次要包装：保护首要包装的包装物，又称销售包装，如牙膏软管外的纸盒；③运输包装：为储存和运输需要而形成的大包装，主要为了贮存、搬运、辨认商品，如装运牙膏的纸板箱。

此外，附在产品或包装上还有标签，在标签上一般都印有包装内容和产品所包含的主要成分、品牌标志、产品质量等级、生产厂家、生产日期、有效期和使用方法等。有些标签上还印有彩色图案或实物照片，以促进销售。

2. 包装的作用

(1) 保护产品：包装保证产品在生产过程结束后直至被消费掉以前，产品使用价值不受外来影响，产品实体不损坏、散失和变质，尤其是对易腐、易碎易燃、易爆的产品，有了完善的包装可保护其使用价值，这是包装的基本作用。

(2) 便于储运：良好的包装有助于外形不固定商品的运输和储存，既有利于堆码、装卸、陈列、清点、售卖，也方便消费者购买、携带和保管。

(3) 促进销售：包装被称为是"无声的推销员"，包装上既注明制造厂名称、品牌，便于消费者认购，又能吸引顾客，使其产生购买欲望，可以说美观、得体的包装是无声的推销员。

(4) 增加利润：通过精心设计的包装可美化生活，提高档次，满足消费者的心理要求。因此，消费者乐于按较高价格购买，而且，包装合理，可减少产品损耗，降低储运费用，增加企业利润。

6.4.2 产品包装策划及其内容

包装策划是指运用科学的方法和原理，依据消费者对包装的要求，根据包装的目的，对包装设计、材料、装潢、标识及包装策略等方面进行全面规划和谋划。

包装策划所涉及的内容包括以下几个方面。

1. 明确包装目的

在进行包装策划之前，一定要弄清楚企业包装的目的，即包装主要为企业、企业的产品带来什么用处。一般来说，对产品进行包装目的的主要有以下几点：保护产品、方便运输及使用、促进产品销售、传递产品信息、展示产品文化、增加产品利润等。不同的包装目的将会要求有不同的包装材料、包装设计、包装结构、包装定位和包装策略。

2. 确定包装设计

包装的目的明确以后，接下来要考虑的一个问题就是要确定如何进行包装设计，即根据包装目的确定包装的大小、形状、材料、色彩、文字、图案、档次等。包装目的直接决定着包装设计。

3. 选择包装策略

确定了产品包装的目的和包装设计后，还要考虑的一个问题是如何选择包装策略。这一问题在企业有多种产品时更是一个突出问题。包装策略可以概括为以下几种类型，如图6.11所示。

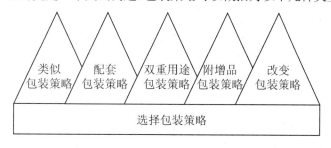

图 6.11　包装策略示意图

(1) 类似包装策略：企业所生产的各种产品都采用相同或相近图案、色彩等共同特征，包装使顾客容易辨认是同一企业的产品，使用该策略可节省包装设计费用，扩大企业声誉，有利于新产品的推销，但有时也会因为个别产品质量下降影响其他产品的销路。

(2) 配套包装策略：将多种相关联的产品配套放在同一包装物内出售。如：系列化妆品、成套经典名著等，使用该策略可方便消费者购买、携带与使用，有利于扩大产品销售，但在实践中，须注意消费者购买能力和产品之间的关联程度，切忌任意配套搭配。

(3) 双重用途包装策略：也称再使用包装，即包装内产品用完后包装物本身还可作其他用途，虽增加了成本和售价，但消费者感到值得。如：玻璃器皿、铝桶、塑料桶、手提袋等，包装材料都具有双重用途。使用该策略可刺激消费者购买欲望，也可使印有商标的包装物发挥广告效果。但要注意材料适当，成本合理。

(4) 附赠品包装策略：在商品包装物内附有赠品以诱发消费者购买，可附玩具、图片、奖券等。该策略对儿童和青少年及低收入者比较有效，不仅可引起购买兴趣，而且可增加重复购买。

(5) 改变包装策略：当某种产品销路不畅或长期使用一种包装时，企业可以依据消费的要求更换包装材料，改变包装设计，实施新的包装策略，以引起消费者注意。

 案例

森永的产品畅销了

——包装一改，财源滚滚而来

日本森永公司经营番茄酱。番茄酱是日本人最爱吃的一种调料，市场竞争十分激烈。在众多的经营者中，可果美和森永两家是最大的竞争者。长期以来，可果美的销量是森永的两倍。森永的老板反复研究自己为什么不如可果美，调查研究是：质量与可果美一样，广告宣传甚至比可果美还多。

森永公司发动员工分析原因和出谋划策。有一个推销员提出，将番茄酱包装瓶的口改大，大到汤匙可以伸进去掏。老板觉得这一建议的确是高招，立刻采纳并投入生产。果然非常成功。使销量急剧增加，没半年时间，森永公司的销量超过了可果美，一年以后，它占有了日本大部分市场。改大瓶口获得成功的奥秘何在？原来，市场上装番茄酱的玻璃包装，由于瓶口太小，消费者使用时，得用力摇后，将瓶倒过来，番茄酱才慢慢流出来，影响消费。而森永公司把瓶口改大，使原来的缺点解决了。喜欢此类产品的日本人，毫不觉得多消耗了，还夸它使用方便。

(案例来源：杨勇，王惠杰. 现代市场营销学[M]. 北京：中国物资出版社，2011. 略有改动.)

6.4.3 包装设计策划

包装设计是指根据包装的目的选用合适的包装材料，运用巧妙的工艺手段，确定包装的大小、形状、材料、色彩、文字、图案、档次等的美化装饰设计。

1. 包装设计策划应考虑的因素

包装设计，不仅要考虑保护产品、减少损失、防止污染、便利运输等实用功能，而且还应考虑传播企业文化和产品信息的媒介功能，以及提高产品知名度和美誉度，直接参与市场竞争的促销功能。因此,包装设计策划必须考虑如下几个因素。

(1) 包装设计应与商品价值或质量相适应。"一等产品,三等包装"、"三等产品,一等包装"都不利于销售。

(2) 包装设计应能显示商品的特点或独特风格。对于以外形和色彩表现其特点的商品,如服装、装饰品、食品等,包装应向购买者直接显示商品本身,以便于选购。

(3) 包装设计应方便消费者购买、携带和使用。这就要求包装有不同的规模和分量,适应不同消费者需要。

(4) 包装上的文字说明应实事求是。如产品成分、性能、使用方法、数量、有效期限等要符合实际,以增强顾客对商品信任。

(5) 包装设计装潢给人以美感。设计时要考虑消费者的审美习惯,使消费者从中获得美的享受,并产生购买欲望。

(6) 包装装潢上的文字、图案、色彩,不能与目标市场的风俗习惯、宗教信仰发生抵触。

2. 包装设计的内容

包装设计要以科学、美观、经济为原则,在以下方面展开包装的创意和组合。

(1) 包装形状方面。主要取决于产品的物理性能,如固体、液体、气体,其包装形状各不相同。包装外形应能美化商品,对用户有吸引力,方便运输、装卸、保管、携带和使用等。

(2) 包装大小方面。产品包装的大小,主要受目标顾客的购买习惯、购买力大小及产品的有效期长短等因素的影响,应力求让消费者使用方便、经济。

(3) 包装构造方面。产品包装的构造设计,要突出产品的特点,使产品外在包装和内在性能相一致,给用户留下深刻印象。

(4) 包装材料方面。包装材料是根据产品和包装材料自身的自然属性及审美需要来选择的。包装材料要求能充分保护产品,如防潮、防震、隔热等;有利促销,开启方便,便于经销储存和陈列等;节约包装费用,降低售价。

(5) 包装文字说明、配图、色彩、标签等方面。根据不同产品的特点,文字说明既要严谨,又要简明扼要。文字说明主要包括产品的名称、数量、规格、成分、产地、用途、使用与保养方法等,以及图片与色彩的搭配使用。有些产品要标明注意事项、副作用等,借以增加顾客对该产品的信任度。

6.4.4 包装策划应注意的问题

包装策划应注意的问题有以下几点。

1. 应关注消费者的要求

包装是为消费者服务的,直接影响到消费者的购买欲。从消费者使用、喜好的角度考虑是包装策划最基本的出发点。由于社会文化环境不同,不同的国家和地区对产品的包装要求不同。因此,包装的颜色、图案、形状、大小、语言文字等一定要考虑不同国家、不同地区、不同民族消费者的生活习惯和风俗以及普遍心理和不同要求。

2. 应考虑运输商的要求

运输商考虑的主要因素是商品能否以最少的成本安全到达目的地。所以要求包装必须便于装卸、结实、安全,不至于在到达目的地前就损坏。

3. 应达到中间商的要求

中间商对包装的要求是不仅外包装便于装卸、结实、安全、防盗，而且内包装的设计要合理、美观，能有效地利用货架，容易取放，同时能吸引消费者，促进销售。

4. 应符合法律法规的要求

现代社会环保意识已经成为世界大多数国家的共识。随着人们绿色环保意识的增强，要求企业包装材料的选择要符合相关的环保要求和标准，节约资源，减少污染，禁止使用有害包装材料，实施绿色战略。同时要求标签符合有关法律和规定。

本 章 小 结

产品策划是指企业如何使自己的整体产品或产品组合更好地适应消费者的需求与动态的有创意的市场开发活动的谋划。其意义有：通过产品策划为企业制定营销战略规划提供依据；通过产品策划创造出高质量的顾客需求；通过产品策划实现对细分市场的控制；通过产品策划为产品创造极高的附加值，延长产品的生命周期；通过产品策划帮助企业营销制胜。产品策划的思路：生产什么产品、如何将决定生产的产品开发出来、如何将开发出来的产品投入市场、投入市场的产品出现滞销怎么办。

新产品的基本类型：全新新产品、改进新产品、换代新产品、仿创新产品、组合新产品。新产品从研究到开发到生产和销售，是一个充满风险的过程。新产品开发的基本要求有：有市场、有特色、有能力、有效益。新产品开发的形式主要有独立研制、技术引进、研制与引进相结合、协作研制。新产品开发方向应从以下几个方面考虑：节能产品、小型和微型产品、多功能产品、操作简单产品、多样化产品。新产品采用者类型有创新采用者、早期采用者、早期大众、晚期大众、落后的购买者。新产品推广策略有：渐进策略、急进策略。

品牌策划，就是在品牌方面通过对竞争对手的否定、差异、距离来引导目标顾客的选择，是在与外部市场对应的内部市场(心理市场)上的竞争。品牌策划的作用有：指导品牌建设，树立品牌形象；构建强势品牌，提高企业价值；增强企业吸引力，提高企业竞争力；优化品牌建设，降低营销费用；增加企业凝聚力，增进员工认同感。品牌设计就是为品牌创造出独特性，能够在消费者心目中留下深刻的印象，从而增强品牌的市场竞争能力。其主要要素有品牌名称、品牌标识、品牌专用色彩、品牌形象代表、品牌广告语。品牌设计时应注意以下要求：标志性、新颖性、通俗性、寓意性、适应性、严肃性、艺术性。品牌延伸，又称为品牌扩展，它是指企业利用其成功品牌的声誉来推出改良产品或新产品，使新产品在节省促销费用的情况下顺利地进占市场。品牌延伸必须遵循以下几项原则：延伸的新产品与原产品符合同一品牌的核心价值、新产品属性与老产品具有相关性、品牌延伸应防止过度。品牌延伸策略主要有：产业链延伸、产品线延伸、其他相关延伸。

包装是对某一品牌商品设计并制作容器或包扎物的一系列活动。

包装设计是指根据包装的目的确定包装的大小、形状、材料、色彩、文字、图案、档次等，包装设计包括运输包装设计和销售包装设计。包装设计策划应考虑的因素有：包装应与商品价值或质量相适应，包装应能显示商品的特点或独特风格，包装应方便消费者购买、携带和使用，包装上的文字说明应实事求是，包装装潢给人以美感，包装装潢上的文字、图案、色彩，不能与目标市场的风俗习惯、宗教信仰发生抵触。包装策略主要有类似包装策略、配套包装策略、双重用途包装策略、附赠品包装策略、改变包装策略。包装策划应注意消费者需求、运输者的要求、中间商的要求及法律法规的要求等问题。

第 6 章 产 品 策 划

关键术语

产品策划、全新新产品、改进新产品、换代新产品、仿创新产品、组合新产品、新产品推广策略、品牌策划、品牌名称、品牌标识、品牌专用色彩、品牌形象代表、品牌广告语、品牌延伸、品牌扩展、品牌延伸策略、产业链延伸、产品线延伸、其他相关延伸、类似包装策略、配套包装策略、双重用途包装策略、附赠品包装策略、改变包装策略。

习 题

一、填空题

1．广告策划一般有两种形式。一种是单独性的，即为一个或几个单一性的广告进行策划；另一种是(   )的，即为规模较大的。
2．(   )是用来传递有关品牌的描述性或说服性信息的短语。
3．(   )可分为显性需求与隐性需求两大类。显性需求就是大家都能看得见的市场需求，它是整个消费市场的主体和基本组成部分。
4．(   )的目的是为了使企业的产品能更好地满足消费者的需求。
5．期望产品是指购买者在购买该产品时(   )与产品密切相关的一整套属性和条件，当这些期望产品大致相同时，消费者会就近购买。

二、选择题

1．在市场营销策划的许多因素中，属于策划核心的是(   )。
   A．目标　　　　B．信息　　　　C．程序　　　　D．创意
2．在企业市场营销组合策略中最关键的因素是(   )。
   A．产品　　　　B．价格　　　　C．分销　　　　D．促销
3．下列哪些属于附加产品范畴(   )。
   A．质量　　　　B．特设　　　　C．维修　　　　D．保养
4．新产品开发的种类有(   )。
   A．独立研制　　B．技术引进　　C．研制与引进相结合　　D．协作研制
5．下列(   )属于新产品推广策略。
   A．渐进策略　　B．迂回策略　　C．渗透策略　　D．侧翼进攻

三、简答题

1．市场调查的重要性主要体现在哪些方面？
2．包装的内容包括哪些？
3．简述包装的作用。
4．包装的好与否是如何影响产品策划的？
5．品牌如何进行策划？

四、思考题

1．结合实际论述，在新产品开发过程中应注重哪些问题。
2．在产品策划过程中，怎样看待包装策划。

案例分析

阿净嫂现象的背后——阿净嫂系列产品策划纪实

1997年7月份,采纳公司的一则招聘广告——《招聘让老虎飞起来的人》,引起了深圳一家精细化工厂领导的注意,经多方考察,最后决定跟采纳合作。实事求是地说,这家公司的产品——冰箱杀菌除臭剂、衣服防霉剂、卫生间除臭剂等,采纳公司的策划人员平时较少接触,因此对调研资料读得非常仔细,但是总有许多问题读不通。这些年来,我们同调研公司打过不少交道,他们有一些共同的问题就是缺少营销知识,因此从他们的报告中很难看出一些营销策略;其次报告内容繁杂,通常让人看得糊里糊涂,结论缺乏创新性分析,趋于一般化,令你不知所云。这份报告此类毛病同样存在,所以,我们决定再补充一些调研,把一些没有搞清的问题再作一些深入的研究。

1. 重新摸底

首先,到市场上调查同类产品的状况,我们发现:①这类产品没有强势品牌,销量都很低,效果差;②大部分人对此类产品不是很在意,品牌个性不明显;③同类产品很少做广告与促销,包装粗糙,漫不经心。

得出结论:目前此类产品不是走势不旺,也并非是产品不符合市场需求,更不是没有市场潜力,关键问题是商家没有着力引导人们去认识一种新的清洁革命,若能打响一个个性鲜明的品牌,一定可以冲击人们传统的消费习惯与观念。

接着,我们召开了消费者座谈会畅谈这家公司的产品,我们又发现:①该公司原产品名"冰箱宝"、"衣饰宝"、"洁室宝"太一般,没什么新意;②消费者担心的是效果、安全性、方便性3点;③消费者对这类产品存在许多认识的误区。

2. 确定营销策略

针对存在的问题,我们确定了以下的营销策略:①首先要塑造一个个性鲜明,具有亲和感和现代感的产品品牌形象,无论在标志、颜色、造型及包装设计上都要统一形象、统一风格,易于识别和记忆;②在市场推广策略上,多做消费新观念的引导,树立新的概念,制造氛围,努力创造需求;③在产品效果上大胆承诺,着重宣传产品的高效、安全、方便,提高购买信心;④抓住主要竞争对手,找准弱点,予以打击;同时不断改进自身产品,放大优点;⑤多在终端网点上做文章,多给予消费者利益,提高指名购买率和品牌忠诚度;⑥3个品种一起上,但必须选择一个主打品牌作推广,以主打品种带动其余品种的销售,这个品种必须最能代表产品特色(最后与客户共同商量,定下以冰箱除臭剂作为主打品种);⑦寻找中心事件,充分发挥整合营销的威力。

3. 重新命名与全面策划

我们觉得该公司的产品命名"××宝",没有任何个性,不能给人留下深刻的印象,必须重新命名。于是"头脑风暴"会议开始,创意出200多个名字。第一轮选出6个,最后有两个名字受到一致好评,一个是"爱家",一个是"阿净嫂"。客户决定将两个名字都去注册。我们经过反复比较,认为用"阿净嫂"比较好,一是阿净嫂源自著名京剧《沙家浜》中的阿庆嫂,27~40岁的家庭主妇,应该都熟悉她——聪明、利落、能干;二是阿净嫂个性鲜明、易记、易联想。符合产品的定位;三是阿净嫂作为家庭健康文化的代言人非常具有亲和力,也非常合适。

命名好了,采纳的设计师参考许多明星扮演的家庭主妇的形象,主要是为了增强熟悉感,设计了一个既符合现代人的审美意识,又具有传统的"阿净嫂"形象——她发梢扎一块手绢,头上系一条蓝丝带,给人干练、利落的感觉。阿净嫂形象一出,大家一片叫好声。这一形象后来在包装上、宣传品上都进行了展示,配上一句广告语:"阿净嫂——家庭健康一把手"。确实非常醒目,给人耳目一新的感觉。

品牌名定了下来,紧接着确定营销组合。经过双方人员的反复考虑,确定了以下组合,举例如下。

1) 产品及包装

(1) 多种规格:大、中、小;

(2) 各种款式：苹果为主，水果系列；
(3) 多种颜色：绿、红、黄；
(4) 适用不同容量冰箱；
(5) 单只为塑盒包装，上贴标签，背置说明书纸板。

2) 价格分析

(1)标准包装 17 元/只；
(2)小包装(2～3 个月)12 元/只；
(3)大包装(12 个月)24 元/只。

3) 渠道建设

(1) 以超市、百货为主渠道；
(2) 小型超市、便利店为辅助渠道；
(3) 建立地区性经销商；
(4) 特殊渠道——如酒楼等；
(5) 批发市场。

4) 服务体系建立

(1) 经销商送货上门，帮助终端建立、安装、布置货架；
(2) 现场演示，讲解使用方法，说明产品功能；
(3) 设立客户服务部，设咨询热线，专门受理投诉；
(4) 家庭健康专线；
(5) 阿净嫂会员系统；
(6) 家庭巡访调研活动。

5) 终端管理

(1) 终端宣传品量与品种齐全；
(2) 货品摆放与标准货架；
(3) 营业员推介；
(4) 促销与跟销；
(5) 宣传品投递与散发；
(6) 阿净嫂导购；
(7) 阿净嫂人头像；
(8) 阿净嫂不干胶。

6) 品牌形象建立

家庭主妇的形象，新生活文化的代表——阿净嫂温柔、贤惠、精明、干净，富有同情心、爱心，有较高的文化程度和修养，追求高品位生活，重视家庭幸福，是中国女性的理想形象化身。

7) 消费群体与细分

(1) 有稳定的职业和收入，追求高品位生活；
(2) 20～55 岁的已婚和未婚人群；
(3) 追求健康、幽雅、清洁的生活空间，有较高文化程度，有一定鉴赏、识别能力；
(4) 冰箱除臭剂适于所有拥有冰箱的家庭，主要以家庭主妇为主。

8) 目标市场策略

(1) 全面覆盖；
(2) 选择特定细分市场。

在制定营销组合方案时，价格问题成为大家争论的焦点，因为同类产品价格均在 10 元以内，零售价该不该突破10元，大家有所分歧。低价派认为，价格突破10元会不好卖，高价派认为应该高质高价。我们认为：一是此类产品价格并不是敏感因素；二是此类产品主要没有创造产品的附加值，因而没有价格支持；三是若定在低价值上，经销商利润空间偏低，不会积极推广；四是若定在低价上，则与同类产品混在一起，显示不出来个性。事后证明，这一定价策略也是正确的。

4. 万众瞩目的招聘健康大嫂活动

1997年十五大之后，下岗人员再就业问题成为新闻热点，深圳再就业问题尽管不是很严重，但也有4万人之多，成为政府头痛的一个问题。所以，我们决定要借用这个势，策划阿净嫂上市活动。

首先我们准备借深圳市女子就业市场开业之际，推出大型招聘下岗女工的活动。

紧跟着倡导阿净嫂就业模式，推出"阿净嫂家政服务"。

同时在各大商场，由下岗女工扮成的阿净嫂全面促销产品(我们为阿净嫂设计一套非常抢眼的促销服)。

接着不断向媒介通报阿净嫂的各种故事。

配合的公关、促销、产品广告要一轮接一轮。

全面策划准备工作已完备，在客户的配合下，我们与女子就业市场达成协议。1997年9月，一切准备妥当，向深圳各大传媒发出邀请函，请他们参加这场别开生面的招聘现场会。

确定了招聘日子之后，第一则广告在《深圳晚报》、《深圳特区报》同时出现。

阿净嫂诚聘健康大嫂：您也曾热火朝天地工作过，您也曾和姐妹们同甘共苦过，您也曾辉煌与光荣过，但由于种种原因，您下岗了。您一定渴望重燃创业的激情，重新走上岗位，发挥您的才干！

招聘条件：下岗女性，初中以上文化。健康、敬业，有商场促销经验更佳。一经录用，待遇从优。

深圳永鲜精细化工有限公司以"创建家庭健康文化，提升家庭生活品质"为经营理念，值此公司新产品——阿净嫂冰箱灭菌除臭剂、阿净嫂衣物防蛀防霉剂、阿净嫂卫生间除臭杀菌剂全面上市之际，特招聘下岗女工推广这3项高新科技产品。

我们把这一重任寄予您——勤劳、能干的大嫂，相信您一定能让"阿净嫂——家庭健康一把手"这一品牌遍及深圳的每一个家庭。

阿净嫂冰箱灭菌除臭剂——彻底杀灭冰箱细菌，除臭保鲜24小时见效。

阿净嫂衣物防蛀防霉剂——杀灭蛀虫及霉菌，让您的衣物干净如新。

阿净嫂卫生间除臭杀菌剂——让卫生间的空气更洁净、清新。

广告一出，电话咨询者络绎不绝，不少经销商也看到了，要求谈进货事宜。

女子就业市场开张这天，彩旗飘扬，一直延伸到大街上，令行人止步。因为是开张第一天，劳动局领导也应邀出席，更增添现场的气氛。上千名女工在就业市场参加应聘，热闹非凡，所有到场的新闻记者也非常兴奋，他们在采访、拍摄。

第二天，各大报就在显著位置登出了新闻与特评。《劳动时报》在头版以《女子就业市场好热闹，下岗女工竞聘阿净嫂》为题作报道，《深圳特区报》、《深圳商报》、《深圳晚报》均发表了不少文章，当晚的深圳电视台、广播电台也发了新闻。

深圳电视台的这条新闻又被广东电视台选中播出，紧接着又被中央电视台转发。

新闻的效应连锁而来，《羊城晚报》又在头版播发了《深圳新鲜事——嫁给冰箱宝，争当阿净嫂》，各报纸又跟着予以转载。

从此，阿净嫂成为深圳新闻界跟踪采访的一个话题。从阿净嫂培训上岗、阿净嫂进商场、阿净嫂再下岗、再招聘、评选先进阿净嫂以及一系列阿净嫂在促销中发生的阿净嫂的故事成了报纸、电视的新闻热点话题，特别是《深圳商报》以大篇幅报道的《阿净嫂故事》影响最大，引起深圳人的广泛关注。

与此同时，在报纸上配合投放关于冰箱除臭灭菌与健康的科普文章陆续登出。例如《浅谈冰箱病》、《全新的家庭健康文化》等，配合的广告《阿净嫂向深圳人报喜》也登出来了，一时间，给人满城争说阿净嫂的感觉。商场的促销也如火如荼地展开，促销的阿净嫂到哪里，哪里的生意就火爆，最多的一个商场一天卖出数百个，阿净嫂冰箱灭菌除臭剂销售额全面上扬。

(案例来源：朱玉童. 阿净嫂现象的背后——阿净嫂系列产品策划纪实[J]. 销售与市场，2009(09). 略有改动.)

思考题：
1. 简单分析"阿净嫂"的品牌含义。
2. "阿净嫂"系列产品营销策划思路有何问题吗？
3. 该策划公司和客户分手的原因有哪些？与客户合作应注意什么？

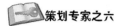策划专家之六

品牌竞争力学派创始人——李光斗

李光斗是中国品牌第一人，同时是中央电视台品牌顾问、著名品牌战略专家、影响中国营销进程的风云人物、品牌竞争力学派创始人，华盛智业——李光斗品牌营销机构创始人。

李光斗自1990年开始从事市场营销和品牌策划工作，先后担任伊利集团、蒙牛乳业、广日电梯、民生药业、古越龙山、招商银行、长虹、德尔惠、喜临门集团等全国数十家著名企业的常年品牌战略和营销广告顾问，亲历了改革开放后中国品牌发展的历程，具有丰富的品牌建设和市场营销经验，荣获中国策划业杰出功勋奖。

李光斗出身于市场营销第一线，参与并策动了中国VCD和乳业营销大战，被评为影响中国营销进程的风云人物，并任北京大学、清华大学、上海交通大学、厦门大学等EMBA品牌学特聘教授。李光斗毕业于复旦大学新闻学院，曾任复旦大学研究生会副主席，1988年代表中国大学生参加在新加坡举行的亚洲大专辩论会，荣获冠军。

(案例来源：中华商界专家网.)

第 7 章 定价策划

价格作为营销战的一把利器,可以克敌,也可能伤己。

——诺贝尔经济学奖获得者乔治·斯蒂格勒

本章教学目标与要求

(1) 了解定价策划的内涵、特点及影响定价策划的因素;
(2) 熟悉新产品定价、价格调整策划的主要内容;
(3) 掌握定价策划的方法和定价策划风险的防范。

本章知识架构

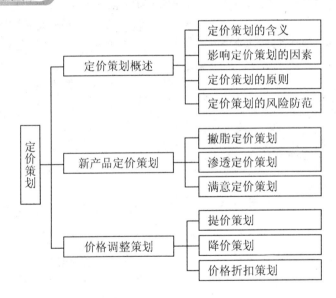

第7章 定价策划

 导入案例

定价策划之不同市场效果

在营销组合策略中,价格是灵活性最强的一个因素。无论是高价或是低价都是对的,但掌握不好,则会带来不同的市场效果。以低价为例。

1. "美佳"西服的折扣奇迹

日本东京银座"美佳"西服店为了促销他们的产品,策划了收效甚佳的折扣策略——每天降价10%。

具体是这样的:首先贴出一个公告,介绍某种产品的品质、性能等基本情况,再宣布打折的具体天数和时间,最后说明打折的方法:第一天打9折,第二天打8折,第三、四天打7折,第五、六天打折6折,以此类推,到第十五、六天打1折。这个促销方法的实践效果是这样的:第一、二天来店的人不多,有不少是专门来凑热闹或者是打探虚实的,第三、四天人渐渐多了起来,当第五、六天打6折的时候,顾客像潮水一样涌向收银台,争相购买,以后连日爆满,每到一折的售货日期,商品早已经缺货。

2. 道格魔力"赔了夫人又折兵"

欧洲有3.2亿的潜在消费者,但是道格电动吸尘器公司在欧洲的魔力英国子公司要想占领欧洲市场概率却十分小:魔力有两家生产工厂,而威尔博公司却有10个生产工厂;另外瑞典的世界最大的电器制造商伊莱克斯,意大利的莫洛理集团都是很强大的竞争对手;欧洲人对国内产品的忠诚也为道格进入欧洲市场制造了困难。

1992年8月,道格电动吸尘器有限公司魔力英国子公司策划了一种旅行营销:凡是在1993年1月前购买魔力吸尘器金额超过100英镑以上的顾客,将获得两张免费去欧洲某国的往返机票,旅行地点由顾客自己决定;超过250英镑的顾客将免费获得去美国或加拿大某城市的两张往返机票。

由于这个旅行营销,顾客疯狂购买吸尘器,因为顾客意识到机票的价值远远超过了为获得机票而购买吸尘器的代价,成千上万的顾客去抢购吸尘器,结果是吸尘器的库存全部卖光,工人开始加班加点地工作,这表面看来是十分成功的营销。

公司的老总却没有因此而高兴,道格吸尘器公司猜想,对这一促销做出反应的人应该不会超过5万人,因此免费机票数量也不是太多。但是事实上,近20万人对这一促销做出了反应,他们都有机会获得免费机票。到4月中旬为止,只有6 000人获得了机票进行了旅行,其他人要么没有机票,要么机票和自己要求时间地点不符,每天有近2 000的顾客打进投诉热线,甚至有顾客指控公司的促销行为是欺诈性的,要求赔偿。这一促销造成的总的成本费超过了5 000万英镑,相当于道格公司总收入的10%。

(案例来源:杨勇,王惠杰. 现代市场营销学[M]. 北京:中国物资出版社,2011. 略有改动.)

从上述案例可以看出,美佳和道格公司都采取了低价策略,美佳是用价格折扣的方式进行促销,道格则采取买吸尘器送飞机票的亏本低价诱导。两家公司的相似之处:第一,他们的产品都属于价格需求弹性比较高的产品,因此西服、吸尘器这两种产品的降价都会增加顾客数量;第二,顾客在购买家电产品时,并不像购买日用品等消费品一样草率,而且欧洲顾客对本国的产品的忠诚程度很高,对刚刚进入市场的道格电器并不了解。顾客仅仅因为购买吸尘器达到一定金额会有附赠的机票而抢购吸尘器,对其他的道格电器还是呈现不信任的观望态度,因此通过这个定价策略能刺激其他产品销售量的可能性不大。而美佳西服主要经营的产品就是西服,因此顾客对其他相关产品的购买的比重也不大。对任何

一个企业来说,所有有关定价的问题都不是小问题,定价直接影响企业产品能否畅销、企业盈利能力的大小甚至影响到企业的信誉。所以说,定价策划就成为定价过程中必不可少的一个环节。

那么,什么是定价策划?影响定价策划的因素有哪些?定价策划应遵循哪些原则?新产品如何定价?如何应对竞争对手价格的调整?这一系列定价策划问题在本章将会予以研究和讨论。

7.1 定价策划概述

7.1.1 定价策划的含义

市场营销学中的定价,既是一门科学,又是一门艺术,价格不仅是产品的价值体现,也是产品品质的"指示器"。在复杂的市场营销环境中,企业以怎样的价格向市场推出自己的产品或服务,如何通过价格策划赢得消费者对产品的认可,取得市场竞争优势,是每个企业首先要面对的一个问题。在市场营销组合中,也只有价格这个因素是能够为企业产生利润的一个要素。因此只有确定一个合适、合理的价格,才能达到上述的企业目的。而确定合适、合理的价格需要进行很好的价格策划,正如美国哈佛商学院雷曼德·考利教授所指出的"定价是极其重要的——整个市场营销的聚焦点就在于定价决策"。世界第一 CEO 杰克·韦尔奇说:"价格的年代,向着我们所有的人而来,如果你不能以顾客认为的最低价格将产品售出,那么你就注定会被淘汰出局。"

定价策划是指以消费者需求为中心,围绕定价目标,综合考虑各种影响定价的因素,制定最合理的定价方法,以及根据市场竞争变化调整产品价格的谋略和措施。

7.1.2 影响定价策划的因素

进行定价策划,必须考虑影响定价策划的各种因素。影响定价策划的因素是多方面的,如商品成本、市场供求状况、竞争状况、货币价值与纸币流通量、国家的经济政策及国际市场价格的变动等,如图 7.1 所示。

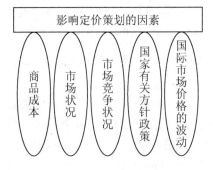

图 7.1 影响营销定价的因素示意图

1. 商品成本

企业在定价策划中,首先考虑的是商品成本,这是因为成本与价格关系密切。这种关系主要体现在以下 3 个方面。

(1) 成本是构成商品价格的主体。从商品价格构成一般情况来看,工业品成本约占价格构成的 70%～80%,农产品成本品种差异较大,约占价格构成的 50%～90%。不管具体情况如何,成本在价格构成中都占很大比重。由此可见,成本是商品价格构成的最基本、最主要的因素。

(2) 成本是制定价格的最低经济界限。进行定价策划时必须以成本为最低经济界限,这是维持正常生产经营活动的必要条件。定价大于成本,企业就盈利,反之,企业就亏损,因此定价必须考虑补偿成本。

(3) 价格水平的变化与成本变动密切相关。因为成本是构成商品价格的主体,所占比重最大,因此,一般情况下,成本与价格的变动成正比例关系,即成本上升,价格就上涨;成本下降,价格也就有下降的趋势;成本稳定,价格也相对稳定。

商品成本,包括商品进货价、进货费用、储存费用和销售费用。

进货价是企业购进商品时的进货价格,是商品成本的重要组成部分。进货费用包括采购费用、运杂费、包装费;储存费用包括保管费、利息及商品损耗;销售费用指为销售商品而追加的一切物质费用和人工报酬的总和。

商品定价随着成本高低而升降,因此,降低成本,可以使企业争取到极大的回旋余地和主动权。

2. 市场状况

(1) 市场商品供求状况。在商品经济条件下,价格受商品供求变化的影响而波动,同时,价格的高低也会引起供求的变化。价格与市场供求之间是一种互相影响、互相制约的关系。供求关系是市场的主要内容,其中商品供给是指能够提供给市场的商品,商品需求是指有支付能力的社会需要,供求关系是指市场提供的商品总量与市场有支付能力的社会需要之间的对比。具体地讲,当商品价格升高时,就会刺激生产者扩大生产,增加市场供应量;反之,就会减少市场供应量。同样,商品价格的高低,也会引起市场需求的变化。价格越低,需求量越多;反之,需求量就会减少。市场供求关系的变化,同样影响价格变动。供不应求时,商品价格就要上升,以抑制消费,增加生产;供过于求时,商品价格就要下降,以刺激消费,抑制生产。所以,在价格的形成中必须反映供求关系的变化。

(2) 价格需求弹性。价格需求弹性是指商品需求量对价格变动做出的反应程度,通常用需求弹性系数来衡量。其计算公式为

$$需求弹性系数 = \frac{\frac{需求增减量}{原需求量}}{\frac{价格增减量}{原价格}}$$

用符号表示,即

$$E_d = \frac{\Delta Q_d / Q_d}{\Delta P / P}$$

因需求量的变动与价格的变动呈相反方向,需求弹性系数即为负数,一般以其绝对值加以研究。不同的商品,价格的需求弹性是不一样的,大体有 5 种类型:①$E_d=0$,即无论价格发生何种变化,需求量不会改变,称为需求完全无弹性;②$0<E_d<1$,价格的变动率大于需求的变动率,称为需求缺乏弹性;③$E_d=1$,价格变动能导致需求同幅度变动,称为

需求单一弹性；④$E_d>1$，价格变动能引起需求更大幅度的变动，称为需求富有弹性；⑤$E_d=\infty$，任何微小的价格变动都能引起需求的极大变动，称之为需求完全弹性；

在实际工作中，主要研究的是 $E_d<1$、$E_d=1$、$E_d>1$ 这 3 种情况。

影响价格需求弹性的因素很多，主要有：人们对商品的必需程度，替代品的多少，商品价值的高低，商品使用寿命的长短，消费普及程度的高低，挑选性的强弱，需求的迫切程度等。对无价格弹性的商品降价，对企业无益。对需求弹性大的商品，价格一经调整，即会引起市场需求的较大变动，所以降价较为有利。

3. 市场竞争状况

市场竞争是商品经济的基本特征，价格在市场竞争中处于重要的地位，也是竞争的主要形式。价格受市场竞争的影响而上下波动，价格与市场竞争之间存在着密切的关系，市场竞争是供求关系影响价格水平的一般条件。当供给增大，需求小于供给时，产品出现积压，生产者竞相出售，市场价格下降；反之，当需求大于供给时，消费者竞相购买，生产者就会提高价格。

在进行定价策划时，都应考虑竞争对手的价格情况，力求定出对竞争较为有利的价格。一般来说，如商品在竞争中处于优势，可以适当采取高价策略；反之，则应采取低价策略。

4. 国家有关方针政策

在社会主义市场经济条件下，既要充分发挥市场在资源配置中的基础性作用，同时又要克服市场机制的局限性。因此，政府干预和调节则成为必然的选择。国家经济政策对价格形成的影响表现为两个方面：直接影响和间接影响。

国家政策对价格形成的直接影响主要是通过国家对商品价格的直接管理，即直接定价来实现的。一些关系国计民生、资源稀缺、自然垄断性和社会公益性以及其他不适宜竞争的重要商品和服务项目，属于政府定价或政府指导价。政府是价格形成主体的重要组成部分。

一般的商品和劳务价值都是由企业或个人通过市场竞争形成的，国家不直接干预企业商品价格的制定，而是通过实施间接影响来进行干预。

企业定价的经济政策，如产业政策、投资政策、货币政策、财政税收政策等有意扶持或有意限制一些行业，从而达到干预这些行业价格的目的。在市场经济条件下，间接干预措施是政府管理经济最常用的手段之一。

5. 国际市场价格的波动

随着我国改革开放的深化，我国对外经济交往日益发展，国际市场价格对国内企业价格形成的影响也日益增强。这主要表现在以下两方面。

(1) 国际市场价格水平影响国内企业价格形成。目前，我国许多商品价格与国际市场价格存在较大差距。我国加入世界贸易组织以后，国内企业的价格必然要逐步向国际市场价格靠拢。

(2) 国际市场价格波动，会对企业价格形成带来重大影响。随着对外贸易的发展，各国对世界经济依赖程度增强，国内经济受世界经济波动的程度和范围也会加深和扩大。因此，国际市场的供求关系变动，世界经济周期性波动，都会向国内传导，使企业价格形成受到影响。

企业定价策划,除了考虑以上几个因素之外,还要考虑消费者心理的影响。消费者购买行为的背后,都受到消费者心理支配,如消费者求廉求实惠心理、追求新潮时尚的心理、炫耀性心理、从众心理等。因此,企业定价策划时,必须适应消费者心理,才能被消费者所接受。

7.1.3 定价策划的原则

企业对产品的定价和调整价格受到多种因素的影响,需要策划者根据企业实际情况进行综合判断才能制定出定价策划的策略。做好定价策划必须遵循和把握以下几个策划原则,如图7.2所示。

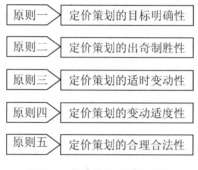

图7.2 营销策划原则示意图

1. 定价策划的目标明确性

定价策划的目标性非常强。任何策划方案都在定价目标的驱动下而展开的。定价目标是整个价格策划的灵魂,定价目标主要有如图7.3所示的几种类型。定价策划方案与定价目标相匹配时才能真正发挥作用。

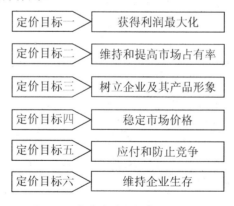

图7.3 企业定价目标类型示意图

2. 定价策划的出奇制胜性

定价策划应该出奇,方能制胜于竞争对手,实现其定价目标。定价不是一成不变的,同时也不是单纯以降价为策划依据。而要对实行低价或者是高价、降价或者是提价进行具体分析以后,才能进行策划。另外,一定要做好定价策划的保密工作,在定价策划方案推出之后方能出奇制胜。

3. 定价策划的适时变动性

定价相对稳定，无论是对厂商，还是对消费者都是有利的事情。但是，相对稳定中还要有一定的变化。随着销售时间、销售地点、目标市场、市场供需、定价目标、定价导向等诸多因素的发展变化，企业的产品价格往往也需要进行相应的变动。所以企业要根据市场状况，选择合适时机，利用定价因素实现直接获利、创造新的市场机会或竞争获胜的目的。

4. 定价策划的变动适度性

定价策划的变动适度性是指定价变动的幅度大小要适中。幅度过小，引不起消费者的关注，没有实际意义；幅度过大，可能造成老顾客心理的落差，也可能引起市场的价格恶性竞争，甚至可能触犯法律法规，从而伤害了企业自身的利益。

5. 定价策划的合理合法性

合理性是指定价成本应当反映生产经营活动正常需要，并按合理方法、合理标准核算；影响定价成本各项费用的主要技术、经济指标应当符合行业标准或公允水平。合理性原则还体现在对未来一定时期内企业成本变化的合理预期。合理性是定价成本的核心，是区别于会计成本的根本特性。其合理性应从成本构成、核算方法、成本水平3个方面进行考量。

合法性是指定价成本应当按照有关法律、法规和国家统一会计制度的规定进行核算；法律、法规和国家统一会计制度以及国家有关政策明确不能计入会计成本的，更不能计入定价成本。合法性是定价成本的一个必要条件，但不是充分必要条件，并非所有符合法律法规和有关政策规定的费用都可以计入定价成本。

7.1.4 定价策划的风险防范

从本章导入案例可以看出，美佳西服能够意识到降价的风险所在，并采取措施非常成功地控制降价所带来的风险。首先，他们在折扣期限方面做出了明确的规定，即只有16天，因此，不至于会使公司因为折扣期过长遭受利益损失。其次，美佳西服对消费者心理进行了很好的分析，在刚刚通知消费者打折信息的时候，由于前几天打的折扣比较少，加之消费者对这种全新的折扣方式不够信任，会采取观望的态度。再假设消费者都是十分理智的，那么当他们在前面几天的观察中发现这个信息属实时，消费者会等到最后两天打一折的时候前来购买，但是消费者并不是能够及时获得充分的信息，所以谁又能保证到时候还会有货呢？于是出现了头几天顾客犹豫，中间几天抢购，最后几天惋惜的情景。

对于道格公司，他们缺乏价格折扣产生风险的意识，没有对附赠促销的风险进行控制，由于道格吸尘器是以亏本的代价来吸引消费者的，所以他们应当对这种优惠的限制更加严格，特别是应当对低价产品的数量进行控制。但是，他们错误地判断了参与这个推销活动的顾客数量，只对推销活动的时间做了限制，而并没有对有吸引力的产品的数量进行限制。结果参与推销活动的顾客达到预期的4倍左右，致使产品和机票都出现了空缺，反而降低了顾客的信赖程度。

识别所存在的定价风险，测评出这些风险发生的概率和损失程度，对这些风险进行有效的控制，这是定价策划必须考虑的问题。即在定价风险发生之前，降低风险发生的概率；定价风险发生后，降低风险的损失程度。通过定价风险控制，企业将可能的损失限制在可承受的范围内，以利于营销目标的实现。具体的定价风险规避对策有以下几个方面。

第 7 章 定价策划

1. 以创造适度利润作为产品定价的基础因素

不论采用的是什么定价策略,都应以创造适度利润为基础。如果定价太低,利润过少,对企业生存与发展非常不利,而定价太高,虽利厚但购买者少,又可能引起激烈的市场竞争,相对的也难以获得较高的利润。在此基础上,运用各种方法进一步了解市场、消费者、竞争对手的情况,然后做出正确的定价。考虑价格与销售数量的相互影响,寻求价格与销售量之间的最佳组合状态;考虑价格与资金周转率的相互关系,寻求二者的最佳结合点来达到企业的经营目标。

西尔斯公司的低价策略

美国的西尔斯公司踏踏实实在为顾客以最低的价格提供最好的商品方面不懈努力,力图使每一步发展都能盈利。西尔斯公司的宗旨就是公正、诚实、慷慨地对待每一位顾客,以求得到他们公正、诚实、慷慨的回报。同时还制定了经营管理的三大准则:第一,通过大宗、现款购买以保证低买低卖,但是要保证质量;第二,通过把商品的运费降至最低来减少销售成本,但是要保证质量;第三,通过薄利多销来增加总盈利,但是要保证质量。

(案例来源:杨勇,翟艳. 市场营销的定价风险及规避对策[J]. 财会通讯,2009(5).)

2. 注重市场调查,针对顾客需求确定价格

企业应注重市场调查,立足于消费动机的分析,正确估计消费者的理解价值,站在消费者或客户的角度来确定价格。一般来说,消费者对于价值高低不同的产品价格的反应有所不同。对于那些经常购买的产品的价格反应较敏感,而对于那些不经常购买的商品,消费者相对更关注该产品能够给自己带来什么样的价值。

某香水公司的高价策略

某一家香水公司以名贵典雅著称,购买者大都是上流社会人士,这家香水公司为了确实了解消费者的购买动机,于是向购买此商品的消费者提出问题,请他们在下列各项中选一项,并且限定在 5s 内做出决定:造型美观大方;香味神秘迷人;价格公道;是上流社会的人的享受。结果以选择第四项的人居多,而选择第三项最少。由此可以推知,消费者主要是以选用这种香水来显耀自己身份高贵,满足本身的虚荣心。根据这项调查结果,香水公司以高价作为定价策略无疑是正确的,如果定低了,会有损消费者的身份而遭遇消费者的拒绝。

(案例来源:杨勇,翟艳. 市场营销的定价风险及规避对策[J]. 财会通讯,2009(5).)

3. 时刻关注竞争者的定价及价格变动

一般来说,企业定价的上限是市场需求,下限是商品的单位成本费用,在这个价格变动幅度内,价格具体确定在哪一个水平上,主要取决于竞争的程度和竞争者的价格。面对

竞争者的定价及价格变动，企业必须从以下几个方面展开调查研究并做出迅速反应。

(1) 为什么竞争者如此定价或变动价格？

(2) 竞争者打算暂时变价还是永久变价？

(3) 如果对竞争者变价置之不理，会对企业的市场占有率及利润产生何种影响？

(4) 其他企业是否会做出反应，会做何反应？

(5) 竞争者和其他企业对于本企业的每一个可能的反应又会有什么反应？

值得注意的是，面对竞争者的变价，企业不可能花很多时间来分析并采取对策。实现快速反应的唯一途径是：预料竞争者的可能价格变动，并预先准备适当的对策。

4. 建立定价风险防范与处理机制

企业应建立定价风险防范与处理机制，其工作应包括以下几个方面：一是在企业内部建立定价风险预防的规章制度，并督促制度的贯彻执行；二是调查研究相关信息资料，对客户、竞争对手的信息以及国家经济政策法律等信息进行收集分析，并周期性地评估定价策略；三是在日常管理工作中进行定价风险处理演练，以提高对定价风险处理的应对能力，使全体员工也能主动地思考战略性定价问题，强化员工的定价风险防范意识；四是在企业出现定价风险后，由定价风险防范与处理机构统一处理定价风险事件。

5. 实施差异化营销战略

最好的竞争是没有竞争。实施差异化营销战略，就是在异质市场上，企业对竞争者的价格策略及价格变动的更多的选择余地。因为在这种市场上，顾客选择产品时，不仅考虑产品价格的因素，而且考虑产品的质量、服务、性能、外观、可靠性等多方面的因素。因而在这种市场上，顾客对于较小的价格差异并不在意。企业可以采取从产品质量、产品款式等方面实现差别的产品差异化战略、向目标市场提供与竞争者不同的优异服务的服务差别化战略、通过聘用和培训比竞争者更为优秀的人员以获取差别优势的人员差别化战略、塑造不同的产品形象以获取差别优势的形象差异化战略等。并将这些差别化营销战略转化为企业的差别化优势，进而转化为顾客可感知的价值，从而避开直接的价格竞争，而转为价值的竞争。

7.2 新产品定价策划

在第 6 章中我们对新产品及新产品策划有了全面的认识和了解。新产品推向市场，能否尽快为消费者所接受，能否迅速打开市场，能否使企业尽快获得赢利，所有这些，不仅取决于新产品的功能和品牌、新产品的自身差异化、新产品的技术水平，还取决于企业的分销渠道、广告宣传，更取决于新产品的定价是否合理。因此，新产品定价策划不仅是定价策划中的一个重要问题，也是营销策划中一个十分棘手的问题。一般来说，新产品定价有 3 种策略可供策划选择，如图 7.4 所示。

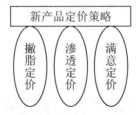

图 7.4 新产品定价策略示意图

7.2.1 撇脂定价策划

1. 撇脂定价的含义及优缺点

撇脂定价又称为高价厚利定价，是一种新产品高价进入市场的策略。新产品进入市场时，需求弹性小，竞争对手少，企业有意识地将产品价格定得偏高，远高于产品成本，以攫取最大利润，有如从鲜奶中撇取奶油。

撇脂定价有很多优点。第一，在产品生命周期的投入期实行高价，有利于提高新产品投资回报率。任何新产品从研制到投入市场，都需要有一定的投资，投资回报率是企业经营中的一种风险。对新产品采用撇脂定价，可在短期内收回开发、研制和高额促销等费用，并能获得高额利润。第二，新产品价格定得很高，往往对收入高的阶层有很大的吸引力。高收入阶层对高价格、高质量、高效能的新产品最感兴趣，他们愿意对高层次、高格调感觉的新产品支付更高价格，购买对其有很大现实价值的新产品。加上消费从众心理的影响，也可能吸引一部分中等收入消费者购买，从而有利于提高市场占有率。第三，新产品的高价格，有利于提高产品价格调整的主动权。撇脂定价可以使企业开始以高价格进入市场，在适当的时间，根据市场的实际情况，进行逐步降价，刺激市场，产生新的消费者，从而掌握调整产品价格的主动权。第四，新产品的高价格，有利于提高新产品的形象。大多数消费者对产品不具有直接比较和鉴别的能力，以质论价是消费者评判产品质量的一种取向。新产品的高价格，使消费者产生这种商品是高档商品的印象，能树立起产品的名牌形象乃至企业形象，为产品和企业的发展奠定良好基础。

撇脂定价也有其消极后果，缺点也是非常明显的。由于价高不利于市场的开发与扩大，不易较快打开市场；由于利厚会吸引竞争者加入，容易诱导盲目竞争，引发价格大战；一些对价格反应比较敏感的消费者会对新产品的高价格产生反感，从而影响销售；如果高价与高质量、优质服务不相符合，就会给企业造成不良影响，直接损害企业形象。

 案例

绅宝公司的撇脂定价策略

二战后绅宝利用自己的技术力量，按照制造飞机的高要求，生产一种小型、廉价、注重驾驶乐趣的汽车，每年在美国市场上售出一万辆左右。

20世纪70年代末期，汽车业竞争加剧，绅宝选择生产昂贵汽车。因为，经济车每部车利润小，在与通用、福特等大公司的激烈竞争中，必须每年生产25万辆以上的汽车才有利可图。而生产昂贵车，每辆车的利润高，尽管销售总量少，但绅宝可以利用自己的技术优势，生产起来驾轻就熟。因此，进军昂贵车市场才是绅宝的出路。

绅宝公司分析，到20世纪80年代末，跑车市场将急剧扩大，购买这类跑车的顾客年龄在25～44岁之间。这一年龄群增长较快，而且大都是双职工，夫妻都有较好的工作，薪水较高，比较富有。他们需要质量高、性能好、驾驶舒适和服务良好的汽车，即使贵一点也买得起。从1979年起，绅宝汽车公司推出了新的"SAAB900"涡轮增压型车，价格是每辆2万美元。广告强调它是高性能、新款式、独特形象、独一无二的高级车，而且提供消费者想要的各种高级设备。加上适当地促销和销售渠道策略，有钱人对绅宝汽车产生了强烈的购买欲望。

这种产品定位政策取得了巨大的成功。绅宝车1983年在美国的销售量超过25万辆，市场出现供不应求的局面。有些经销商甚至以拍卖方式将车出售给出价最高的人。这一年,绅宝汽车销售增长率为42%,成为汽车行业中销售增长率最高的一家。该公司的高级管理人员曾自豪地说:"通用汽车公司要卖几百个汉堡包,而我们只卖出极少的牛排便可与之竞争"。

(案例来源:宋海峰. 哈佛市场营销策略[M]. 呼和浩特:内蒙古人民出版社,2010.)

2. 撇脂定价的适用条件

并不是所有的新产品都可以采用撇脂定价。从市场营销的实践来看,在以下条件下企业可以对新产品采用撇脂定价。

(1) 市场有足够的购买者,他们的需求缺乏弹性,即使把价格定得较高,市场需求也不会有大量减少;

(2) 高价使需求减少一些,因而产量减少一些,单位成本增加一些,但这些不至于抵消高价所带来的利益;

(3) 在高价情况下,仍然独家经营,无别的竞争者。有专利保护的产品或是难以仿制的创新产品即是如此;

(4) 具有较高档次和豪华外观,能够满足高收入消费者的心理需要。新产品的价格定得很高,使消费者产生这种产品是一种高品位、高质量的高档产品的印象;

(5) 市场上暂无替代品。

7.2.2 渗透定价策划

1. 渗透定价的含义及优缺点

渗透定价又称低价定价。新产品上市后,企业以偏低的价格出售,只求保本或微利,用低价刺激消费需求迅速提高市场占有率,取得在市场上的主动权,以获取长期利润最大化。

渗透定价的优点主要表现在:第一,渗透定价有利于迅速打开销路,占领市场,提高市场占有率。第二,渗透定价不会或很少引起实际和潜在的竞争。新产品的低价,使竞争者难以与之竞争,或因为"无利可图"根本不想参与竞争。当市场成熟时,竞争者可能在价格、技术、服务等方面不占优势,从而被迫放弃竞争。第三,渗透定价有利于提高企业的知名度,树立企业良好形象,为扩大其他产品销售奠定良好基础,为企业带来长远利益。

渗透定价的缺点表现在:①渗透定价投资回收速度慢,不利于垫付资本的及时回收;②渗透定价容易被消费者误认为是低档产品,从而影响产品的形象,进而影响产品的销售;③渗透定价对新产品打开市场后的价格提高带来了困难,不利于企业利润的快速提升,因此,企业必须有一定的资金实力做后盾。

岛村芳雄:成本价销售

日本东京的岛村大楼业主、岛村产业公司及丸芳特产公司董事长岛村芳雄,在创业初期就打定主意要做纸袋绳索生意。

岛村深知自己要在激烈竞争的绳索生意中站住脚很不容易,为了开辟市场,他在初期采取了"成本价销售"的策略。

他去冈山的麻绳索商场,以一条45cm长的麻绳5角钱的价格进货,然后再以原价出售给东京的纸袋工厂,这种让利于纸袋工厂的生意做了一年后,"岛村的绳索确实便宜"的消息传开了,于是大量订货单自动找上门来了,这样岛村获得之时也来临了。

因有了大批客户和大量的订货单,岛村腰板硬了起来,他拿着进货收据找订货客户诉说:"到现在为止,我是1分钱也没有赚你们的。但是这种让我继续为你们服务的话,我便只有破产了。"客户被岛村诚实经商的做法所感动,愿意把交货价格提到5角5分钱。

接着他又去找麻绳厂商洽谈:"您卖给我一条5角钱,我是一直照原价卖给别人的,因此才得到现在这么多的订货。如果这种无利的生意让我继续做下去的话,我只有关门倒闭了。"冈山的麻绳厂商看到他开给客户的收据存根也很感动,于是一口答应将每条麻绳的价格降至4角5分钱。

就这样,开业两年后他就成了远近闻名的企业家。

(案例来源:全琳琛.一分钟学营销——故事里的营销学[M].北京:人民邮电出版社,2010.)

2. 渗透定价的适用条件

渗透定价并不适用于任何新产品,企业采取渗透定价策略需具备以下条件。

(1) 商品的市场需求量大,且商品需求弹性大,相关的替代品较多,因此,低价会刺激市场需求使销售量迅速增长;

(2) 企业具备一定的资金实力,企业的生产能力较大,生产成本和经营费用会随着生产经营经验的增加而下降;

(3) 企业有较丰富的原材料供应和较高的生产能力,随着产品需求的扩大,保证商品的充足供应;

(4) 渗透定价的新产品必须具有良好的质量和良好售后服务。渗透定价只是一种定价策略,其产品绝不能是廉价品、处理品,否则,将大大损害企业形象、产品形象;

(5) 低价不会引起实际和潜在的竞争。

7.2.3 满意定价策略

满意定价策略又称为温和定价策略、中间路线策略或君子定价策略,它是指企业为了建立企业与产品的良好形象,把价格定在适中水平,兼顾企业和消费者利益的策略。

撇脂定价以高价推出产品,对消费者不利,易引起消费者的不满和抵制以及激烈的市场竞争,具有一定的风险;而渗透定价以低价推出产品,虽对消费者有利,但企业在新产品上市之初收入较少,投资回收期长。满意定价居于二者之间,既可避免撇脂定价所具有的市场风险,又可避免渗透定价所带来的经营困难,因而对企业对消费者都较为有利。

 案例

沃尔玛:天天都是平价

"天天平价"是沃尔玛的口号,更是沃尔玛的价格策略。

沃尔玛总是想尽一切办法来降低成本,力求使沃尔玛商品比其他商店的商品更便宜。为此,一方面沃尔玛的业务人员"苛刻地挑选供应商,顽强地讨价还价",以尽可能低的价位从厂家采购商品,另一方面,他们实行高度节约化经营,处处精打细算,以降低成本和各项费用支出。

在沃尔玛，任何一位商店员工，如果发现其他任何地方卖的某样商品比沃尔玛更便宜，他就有权把沃尔玛的同类商品降价。

这样的做法使得沃尔玛成为本行业中的成本控制专家，最终将成本降至最低，真正做到了天天平价。

(案例来源：全琳琛．一分钟学营销——故事里的营销学[M]．北京：人民邮电出版社，2010.)

满意定价策略具有风险小，能为各方所接受和简便易行的优点，有利于企业扩大市场，招徕顾客，树立企业形象，维护市场价格的相对稳定。不足之处是因其特点不突出，不易打开市场；同时真正制定出令消费者满意的价格也不容易；随着消费者收入的变化，这种定价同样存在着不断修正的问题。因而满意定价策略多用于一些生产、生活必需品的定价，是生活必需品普遍使用的定价策略。

7.3 价格调整策划

产品价格确定以后，并不是固定不变的。随着销售时间、销售地点、目标市场、消费者需求、市场竞争等诸多因素的变化，企业的产品价格往往也需要进行相应的调整。在一定意义上说，价格的稳定只是相对的，而价格的调整和变化是绝对的。

奥斯登：价格变动策略

奥斯登零售公司位于德国韦特蒙德城，该公司是德国首屈一指的快速销售公司。

有一次，奥斯登公司订购了1万套内衣外穿的时装，这种时装在德国刚刚流行。内衣外穿的时装一反过去内外有别的穿着特色，让顾客感到新鲜，有极强的吸引力。奥斯登公司这种时装的定价比普通内衣高出4～5倍，但依然热销。

两个月后，当德国各大城市相继大批推出这类内衣外穿的时装时，奥斯登公司一反常态，将价格一下子骤降到只略高于普通内衣的价格。这个消息传到临近的城市，商贩顾客都闻风而来，仅用了两天的时间，全部时装就销售一空。

这样，又过了几个月，当内衣外穿的时装已经不那么吸引人的时候，奥斯登公司又以"成本价"出售，每套时装的价格比普通内衣还便宜20%，这时一些经济拮据的消费者纷纷前来购买，使得这种过时的衣服在奥斯登公司里仍然十分畅销。

(案例来源：全琳琛．一分钟学营销——故事里的营销学[M]．北京：人民邮电出版社，2010.)

企业必须根据社会经济环境的变化，竞争对手的价格变化，消费者的价值观念转变，更好地适应市场需求和成本的变化，给自己创造新的市场机会，随时对产品价格主动做出调整，包括提价、降价以及价格折扣。

7.3.1 提价策划

提价即根据市场环境的变化等原因主动提高产品价格。提价会引起消费者、经销商和企业推销人员的不满，但是一个成功的提价可以使企业的利润大大增加。企业提价的主要原因有以下几个。

(1) 物价上涨，企业的成本费用提高，因此不得不提高产品价格。在通货膨胀条件下，许多企业往往采取各种方法来提高价格；

① 采取推迟报价定价的策略。即企业暂时不规定最后价格，等到产品制成时或交货时方规定最后价格；

② 在合同上规定调整条款。即企业在合同上规定在一定时期内(一般到交货时为止)可按某种价格指数来调整价格；

③ 采取不包括某些服务的定价策略。即在通货膨胀、物价上涨的情况下，企业决定产品价格不动，但原来提供的某些服务要计价，这种一来，原来提供的产品价格实际上是提高了；

④ 降低价格折扣。即企业决定消减正常的现金和数量折扣，并限制销售人员以低于价目表的价格联系业务；

⑤ 取消低利产品的生产；

⑥ 降低产品质量，减少产品特色和服务。企业采取这种策略可保持一定的利润，但会影响其产品声誉和企业形象，失去忠诚的顾客。

(2) 产品供不应求，不能满足其所有顾客的需要。提价方式包括：①取消价格折扣；②在产品大类中增加价格较高的项目，或者开始提价；③尽量不直接提价，采用其他方法来弥补增加的成本和满足增加的需求。如按件定价的糖果、饼干，减少产品的实际数量；以便宜的配料代替价格上涨的配料；减少产品的某些特色或服务等。

(3) 提价时向顾客说明提价的原因，并帮助顾客寻找节约的途径，以减少顾客的不满和改变忠诚。

7.3.2 降价策划

有几种情况会促使企业降低价格。

(1) 生产能力过剩，需要扩大销售，但是企业又不能通过产品改进和强化营销活动来扩大销售，在这种情况下，企业就需考虑降低价格；

(2) 在强大的竞争压力情况下，企业的市场占有率在不断下降。企业为保持其市场占有份额，会被迫降低价格；

(3) 企业的成本费用比竞争对手低，企图通过降价来控制市场或提高市场占有份额，从而扩大生产和销售量，降低成本费用。在这种情况下，企业会主动发动降低价格的行为。

案例

格兰仕出色的降价策略

微波炉行业无疑是20世纪90年代中国成长最快的家电产品行业之一，其巨大的市场潜力吸引着国内外众多家电巨头，但稳坐老大宝座的格兰仕仍是无人可撼的巨无霸。

毫无疑问，格兰仕的价格战打得比一般企业出色，其规模每上一个台阶，就大幅下调价格。

格兰仕降价的特点之一是消灭散兵游勇的目标十分明确。当自己的规模达到125万台时，就把出厂价定在规模为80万台的成本价以下。这时，格兰仕还有利润，而规模低于80万台的企业便无利可图，当规模达到 300 万台时,格兰仕又把出厂价调到 200 万台的成本价以下,使对手连年亏损,缺乏赶上其规模的机会,在家电业创造了市场占有率达到 61.43%的业绩。

格兰仕降价的特点之二是狠,价格不低则已,要低就比别人低 30%以上,营销学鼻祖菲利浦·科特勒在其营销宝典《营销管理》中谈到价格策略时,第一句话便是:"没有降价二分钱不能抵消的品牌忠诚。"再说,中国市场上较格兰仕更优秀的微波炉品牌少之又少,消费者也没有别的品牌可忠诚的,格兰仕的绝对低价不仅令消费者趋之若鹜,同时又对竞争对手有足够的威慑力。竞争对手如果敢降价,他会比你降得更狠。

(案例来源:杨勇,王惠杰. 现代市场营销学[M]. 北京:中国物资出版社,2011. 略有改动.)

7.3.3 价格折扣策划

1. 价格折扣的主要类型

价格折扣是指企业在基本价格的基础上,采用多种方式给予购买者一定比例的价格减让,以促进商品销售的一种策略。价格折扣主要有以下几种类型,如图 7.5 所示。

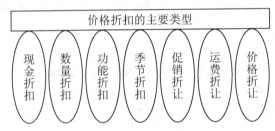

图 7.5 价格折扣的主要类型示意图

1) 现金折扣

这是企业对用现金或提前付款方式购买商品的顾客,按原定价享受一定的折扣,鼓励顾客按期或提前偿付货款,以加速商品和资金的周转。如顾客在 30 天必须付清货款,如果 10 天内付清货款,则给予 2%的折扣。

2) 数量折扣

这是企业为鼓励买方大量购买或集中某一家购买,根据买方的购买数量和金额,给予不同的价格折扣,购买的数量或金额越大,给予的折扣就越大。因为大量购买能使企业降低生产、销售、储运、记账等环节的成本费用,同时还利于建立稳固的销售渠道和拥有稳定的顾客群。数量折扣可分为累计折扣和非累计折扣。顾客在一定时期内,如一年、一季度、半年等,购买商品总量达到一定额度时,按其总量的多少给予折扣叫做累计折扣。顾客在一次购买中达到一定额度时,按其总量多少给予折扣叫做非累计折扣,又叫一次性折扣。

3) 功能折扣

这种价格折扣又叫交易折扣,是指制造商按各类中间商在市场营销中的不同功能给予不同的额外折扣,促使他们愿意执行某种市场营销功能(如推销、储存、服务)。如给予批发商的折扣大于给予零售商的折扣,以此鼓励批发商努力销售本企业商品。

4) 季节折扣

这种价格折扣是企业给那些购买过季商品或服务的顾客的一种减价,使企业的生产和销售在一年四季保持相对稳定。如滑雪橇制造商在春夏季给零售商以季节折扣,以鼓励零售商提前订货;旅馆、航空公司在旅游淡季给旅客以季节折扣,可以调节旅游的淡旺季客流量。

5) 促销折让

这一般是给予零售商的。企业对经营者为本企业经营的商品提供的各种促销活动(如刊登地方性广告，布置专门的橱窗，组织人员促销等)进行鼓励，给予津贴或减价作为报酬，这就叫促销折让，也叫推广折让。

6) 运费折让

对较远的顾客，通过减价来弥补其部分或全部运费的策略为运费折让策略。此策略可吸引远方顾客经销本企业的商品，扩大市场范围，开辟新的销路。

7) 价格折让

这是一种"以旧换新"的折扣定价策略。消费者在购买企业的产品时，若同时交回旧产品即给予降低价格的优惠。如一台液晶电视机，标价为 5 999 元，顾客以旧电视机折价 300 元购买，只需付 5 609 元即可。

2. 价格折扣应注意的几个问题

我们可以从本章导入案例中看到，美佳西服是以折扣的形式降低了价格，这种形式的降价会刺激销售量，但是通常不会低到成本以下而导致销售额无法弥补成本的情况。而急于打入欧洲市场的道格吸尘器以免费赠机票的方法吸引消费者，机票的成本大于一台吸尘器所能带来的利润。因此，道格吸尘器的吸引力也就会更大，但是道格面临的风险也是美佳西服的很多倍。也正是两个公司面临的风险大小不同，并且对风险控制的做法也不相同，导致了他们结果的差异。因此，在采用价格折扣促销策略时一定要注意以下问题。

第一，采取折扣、低价的价格策略的目的之一就是能够带动这种降价产品或该公司其他相关产品的销售量，以带来规模经济的效益。

第二，尽量挑选价格敏感度比较高的产品，价位比较适中，需求量较大的产品，因为这些产品比较容易产生拉动力。

第三，低价策略存在着较大的风险，采用这种定价方法会带来的风险要控制在可操纵的范围内。

本 章 小 结

定价策划是指以消费者需求为中心，确定定价目标，综合考虑各种影响定价的因素，制定最合理的定价方法，以及根据市场竞争变化调整产品价格的谋略和措施。影响定价策划的因素主要有商品成本、市场状况、市场竞争状况、国家有关方针政策、国际市场价格的波动。定价策划必须遵循和把握以下几个策划原则：定价策划的目标明确性、定价策划的出奇制胜性、定价策划的适时变动性、定价策划的变动适度性、定价策划的合理合法性。

定价风险规避对策有以下几个方面。以创造适度利润作为产品定价的基础因素、注重市场调查，针对顾客需求确定价格、时刻关注竞争者的定价及价格变动、建立定价风险防范与处理机制、实施差异化营销战略。

新产品定价有 3 种策略可供策划选择：撇脂定价，是一种高价进入市场的策略。新产品进入市场时，需求弹性小，竞争对手少，企业有意识地将产品价格定得偏高，以攫取最大利润，有如从鲜奶中撇取奶油。渗透定价是指新产品上市后，企业以偏低的价格出售，只求保本或微利，用低价刺激消费需求提高市场占有率，挤掉竞争对手。满意定价策略又称为温和式定价策略或君子定价策略，

> 它是指企业为了建立企业与产品的良好形象,把价格定在适中水平上的策略。
> 　　在物价上涨,企业的成本费用提高,或产品供不应求,不能满足其所有顾客的需要的情况下,会促使企业主动提高价格。在生产能力过剩,需要扩大销售,强大的竞争压力,市场占有率在不断下降,企业的成本费用比竞争对手低等情况下,会促使企业主动降低价格。折扣与折让定价策略是指,企业在基本价格的基础上,采用多种不同方式给予购买者一定比例的价格减让,以促进商品销售的一种策略。其策略有现金折扣、数量折扣、功能折扣、季节折扣、促销折扣、运费折让。

关键术语

　　定价策划、定价风险规避、新产品定价、撇脂定价策略、渗透定价策略、满意定价策略、折扣与折让定价策略、现金折扣、数量折扣、功能折扣、季节折扣、促销折让、运费折让、价格折让。

习　　题

一、填空题

1. 在市场营销组合中,也只有(　　)这个因素是能够为企业产生利润的一个要素。

2. 商品定价随着(　　)高低而升降,因此,降低成本,使企业争取到极大的回旋余地和主动权。

3. (　　)是指以消费者需求为中心,确定定价目标,综合考虑各种影响定价的因素,制定最合理的定价方法。

4. (　　)是构成商品价格的主体。从商品价格构成一般情况来看,工业品成本约占价格构成的70%~80%,农产品成本品种差异较大,约占价格构成的50%~90%。

5. 在进行定价策划时,都应考虑(　　)的价格情况,力求定出对竞争较为有利的价格。

二、选择题

1. 企业在基本价格的基础上,下列(　　)方式给予购买者一定比例的价格减让,以促进商品销售的一种策略。
　　A. 运费折让　　B. 现金折扣　　C. 功能折扣　　D. 季节折扣

2. 影响定价策划的因素有(　　)。
　　A. 商品成本　　B. 市场供求状况　　C. 竞争状况　　D. 员工因素

3. 下列(　　)因素影响价格需求弹性。
　　A. 需求增减量　　B. 供给量　　C. 原供给量　　D. 价格

4. 定价策划的原则有(　　)。
　　A. 明确性　　B. 变动性　　C. 合适性　　D. 制胜性

5. 新产品定价策略有(　　)。
　　A. 撇脂定价　　B. 季节指数　　C. 成本加成　　D. 渗透定价

三、简答题

1. 简述定价策划。
2. 影响定价策划的主要因素有哪些?
3. 简述定价策划在营销策划中的地位。
4. 定价策划中什么因素最重要?
5. 如何理解价格需求弹性,其与定价策划有什么关系?

四、思考题

定价策划在营销策划中的作用和地位是什么?

案例分析

联通 iPhone 的撇脂定价策略

2009 年,经过艰难的谈判,中国联通集团(Unicorn)与美国苹果公司(Apple Inc.)达成一致,在中国市场合作推出 iPhone。没有铺天盖地的广告攻势,没有让人眼热的促销配套,中国联通 iPhone 的定价方案远远高出人们的预期。刚推向市场时,联通引入中国市场的 3 款手机定价分别为:3G-8GB,4 999 元;3GS-16GB,5 880 元;3GS-32GB,6 999 元。这一定价水平比在中国境内可以买到的"水货"iPhone 普遍高出 1 000 到 2 000 元。

同时,中国联通还推出了 iPhone 的套餐方案:①预存话费 2 900 元到 5 999 元,可以 3 099 元至 0 元购买 3G-8GB;②预存话费 3 000 元到 6 999 元,可以 3 999 元至 0 元购买 3GS-16GB;③预存话费 3 000 至 7 999 元,可以 4 999 元至 0 元购买 3GS-32GB。与 AT&T 推出 iPhone 时搭配的两年话费套餐相比,中国联通 iPhone 方案通信资费水平类似,手机价格高出大约一倍半,远远高出市场预期。

中国联通的 iPhone 手机市场定位偏高,推出后市场反响平淡,与其在欧美引发抢购狂潮形成鲜明对比。中国联通 iPhone 为何选择这样奇怪的定价策略?

高定价策略幕后

从结成中国联通 iPhone 组合开始,联通与苹果的合作战略就让人捉摸不透。远高出市场预期的定价方案留给人的印象是合作双方似乎都不在意中国联通 iPhone 的市场反应。联通对与苹果谈判引入 iPhone 一事遮遮掩掩,在达成协议之后不见大规模的市场促销。在公布中国联通 iPhone 套餐和裸机方案之后,联通宣布从其他非官方渠道购买的裸机 iPhone 可以入网,似乎完全不在意这样做会打击中国联通 iPhone 销售。

尽管根据苹果 2009 年 10 月 27 日发布的财报,2009 财年苹果卖出 2 070 万部 iPhone,同比增长 78%,是公司战胜金融危机取得年销售额增长 12.5%的最大功臣,但苹果公司对内地市场的渗透不够,全球 273 家直销店中仅一家落户北京。苹果中文网站上对 iPhone 进行了详细的介绍,但只字未提与联通的合作计划。中国联通 iPhone 让人费解的高定价方案反映了联通和苹果各自对内地市场的理解和长期战略目标。两者瞄准的可能不是短期内的销售量,而是利润丰厚的无线数据业务。

联通在与移动的竞争中始终处于不利地位,其中一个主要原因就是移动客户群质量优于联通客户群,争取高端客户是联通中国联通 iPhone 战略的优先考量。取得较成熟的 WCDMA 牌照给联通一个宝贵的机会切入高附加值市场。推出有吸引力的智能手机是联通争取高端客户战略的重要一环。

AT&T 的经验说明 iPhone 是吸引高端客户的终极武器。在推出头半年,AT&T 激活 4.3 百万个 iPhone3G 账户,其中 40%是新签约客户。

iPhone 用户较其他手机用户使用更多数据业务,帮助 AT&T 无线数据业务营收连续两年取得 50%以上增长,在 2008 年一举超过百亿美元。中国联通 iPhone 的高定价战略用意可能是帮助联通复制 AT&T 的模式,利用中国联通 iPhone 争取到频繁使用数据业务的高端用户。

随着客户预存话费提高,中国联通 iPhone 价格迅速降低,直至免费送,这明显透露出联通的战略意图:比起对中国联通 iPhone 是否热卖,联通更关心是谁在买中国联通 iPhone,是否是数据业务的频繁使用者,能否帮助联通快速扩张无线数据业务。

从苹果角度来说,扩大手机销售固然是苹果战略考量的一方面,但更重要的也许是通过中国联通 iPhone 这一产品正式进入中国的数据业务服务市场。目前的苹果已经不再是单纯硬件制造/软件设计企业,通过 iTunes 和 App Store 平台提供内容服务已经成为苹果的新利润增长点。

与 iPod、台式机业务在 2008 年出现明显下滑不同,iTunes、App Store 业务自推出以来操持稳定高速增长。苹果看好内容供应服务业务前景,不遗余力地通过各种方式扩大其市场份额。如与亚马逊公司达成协议,在 iPhone 上可以直接购买、阅读电子图书。iPhone 通过灰色渠道已经对中国内地市场形成一定的渗透,这一方面可能降低苹果对中国联通 iPhone 在内地销售的预期;另一方面让苹果急于正式登陆,以便开展内容服务。

截至 2009 年年底,通过灰色渠道进入内地市场的 iPhone 达到 200 万部,占到苹果 2009 财年出货量将近 10%。如果这一说法属实,苹果对中国联通 iPhone 的预期不会太高。在中国联通 iPhone 方案推出前,因为主管单位迟迟不开放 WiFi 许可,iTunes 和 App Store 平台苦于没有与内地 iPhone 持有者连接的渠道。通过与联通合作,苹果得以绕过 WiFi 在内地运营 iTunes 和 App Store 平台,为苹果顺利在华开展内容服务业务扫清一个主要障碍。

中国联通 iPhone 高定价的寓意

中国联通 iPhone 定价方案的探路意味浓厚,在了解市场反应之后,中国联通 iPhone 的价格可能出现大幅调整,威胁其他运营商和手机厂商的市场份额。中国联通 iPhone 的高定价战略留下巨大的降价空间,在稳定了高端客户群之后,联通和苹果可能利用价格杠杆一点点撬动智能手机市场。随着 3G 市场的不断扩大,中国联通 iPhone 可能配合联通新服务项目或者苹果未来新版本 iPhone 的推出提供优惠配套,向价格敏感群体渗透,争取更大的市场份额。价格调整可能受到中国联通 iPhone 的市场接受程度、竞争对手的新机型推出速度等因素影响,最快于 6 个月内推出。

限制中国联通 iPhone 的技术瓶颈即 WiFi 问题目前出现了松动现象。经过多年坚持,国产标准 WAPI 成功晋身国际标准的行列。作为交换,WiFi 标准被中国主管单位悄悄放行,这可能帮助中国联通 iPhone 突出自身特点,加大与其他智能手机的产品区隔,也使得 iTunes 和 App Store 的应用更流畅。

新通信技术标准、高速无线数据传输网络的出现推动手机产业变革。智能手机成为手机市场的主要增长来源,这一趋势可能从根本上改变传统手机产业结构,未来手机产业的竞争也将主要围绕智能手机展开。高速无线数据传输网络给智能手机的开发提供强大支撑,用户对智能手机依赖性加强,不仅用其来查阅 E-mail、浏览网页,还用来购买和下载音乐、软件、图书。智能手机已经由通信终端变成一个个迷你版销售渠道、广告渠道,蕴含巨大商机。智能手机及周边产品和服务市场的光明前景和高利润吸引很多具备一定技术优势的非手机厂商纷纷加入智能手机的竞争行列。如苹果、谷歌、微软等针对智能手机推出的一系列硬件、软件及服务已经帮助他们赢得一定市场份额。中国手机市场概莫能外。

随着 3G 服务项目的不断丰富,对智能手机的支持更加充分,智能手机在整个手机市场占据的份额将会大幅增加,打破通信运营和无线终端两个市场的既有格局。值得注意的是,目前智能手机的竞争中是技术、营销战略而非价格起到关键作用,善打价格战的传统手机在竞争中处于守势。未来数年国内智能手机及周边商品将出现大幅增长,手机行业面临新一轮洗牌。

(案例来源:刘莉等. 市场营销管理实训教程[M]. 北京:清华大学出版社,北京交通大学出版社,2010.)

第 7 章 定价策划

思考题:
1. 联通的 iPhone 产品定价采用了哪些定价技巧?
2. 你认为联通的 iPhone 产品定价能否成功?
3. 你认为在什么条件下适用撇脂定价策略?

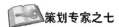
策划专家之七

知名营销实战专家——路长全

路长全,北京赞伯营销管理咨询有限公司董事长。知名营销实战专家,曾任伊利集团营销副总、巨能实业集团副总裁、(意)赞邦集团中国区营销总监、远大集团营销策划副总,为数百家企业和机构进行营销咨询和管理服务,创造一系列经典的成功案例。兼任北京大学 MBA 总裁班特聘教授、清华大学 MBA 总裁班特聘教授、海尔商学院客座教授、对外经济贸易大学工商管理学院客座教授、中央电视台广告部策略顾问等。

成功运作过著名的跨国公司、非常本土化的国内企业,行业和规模也各不相同,路长全凭借对国际经典管理理论的深刻理解和对中国市场、文化的透彻剖析与把握,通过理性但大胆的运作,帮助他所服务的企业摆脱巨大困境,走向发展之路。专著《营销运作潜规则》、《解决》、《软战争》等。中国一系列成功营销的操刀者和设计师,形成一系列最具指导价值的实践经验与理论总结。形成"产品基点"、"竞争支点"、"渠道势能"、"切割营销"等独特的运作方法,提出著名的"骆驼和兔子"管理误区观点和理论体系。

(案例来源:中华商界专家网.)

第 8 章　营销渠道策划

营销渠道决策是公司所面临的最复杂和最有挑战性的决策之一。

——菲利普·科特勒

本章教学目标与要求

(1) 了解营销渠道策划的相关概念、影响因素；
(2) 熟悉渠道风险防范管理；
(3) 掌握通路招商、物流运作方法。

本章知识架构

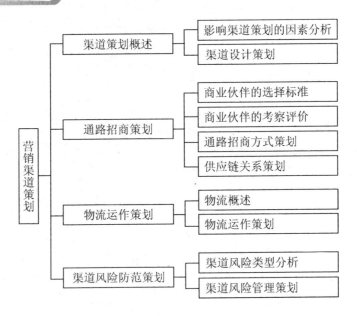

第 8 章 营销渠道策划

 **导入案例**

宝洁联合化的分销渠道策划

宝洁公司的巨大成功,除了注重市场调研、精细化的市场细分、技高一筹的品牌行销策略外,也得益于其成功地实施了联合化的分销渠道策划。1999 年,宝洁公司采取了分销商公开招标的方式,将分销商的数目削减了 40%,在全国范围内建立起由 70 家分销公司组成的、具有战略合作伙伴关系的分销商网络。宝洁公司对分销商的定位,一是现代化的分销储运中心,负责向其覆盖范围的零售商和批发商提供宝洁产品和服务,并从其客户那里赚取合理的利润;二是向宝洁公司提供覆盖服务的潜在供应商,并根据其覆盖目标及完成情况,获得宝洁公司提供的覆盖服务费;三是向中小客户提供管理服务的潜在供应商,负责向中小客户提供电子商务管理、店铺宣传、品类管理、促销管理等服务,并收取相应管理服务费。同时,宝洁公司还向分销商提供有关财务、人事、法律、信息技术、储运等方面的专业化指导,并投资 1 亿多元,用于分销商电脑系统建设和车辆购置,使全国的分销商网络基本实现管理网络化,从而全面提高了整个分销渠道系统的管理水平和运作效率。

(案例来源:秦宗槐. 营销策划[M]. 合肥:安徽人民出版社,2008. 略有改动.)

从宝洁公司的联合化分销渠道策划的案例可以看出,宝洁公司之所以能够成为世界一流企业,除了注重市场调研、精细化的市场细分、技高一筹的品牌行销策略外,也得益于其成功地实施了联合化的分销渠道策划。宝洁公司凭着规模大、实力强、品牌优势明显对渠道成员实施合同化管理,建立起政策统一、行动一致、风险共担、利益均沾的联合化分销系统,从而不断提高渠道管理水平、市场运作效率及企业的经济效益。由此可见,渠道策划对企业的营销组合来讲是一个非常重要的环节。企业在确定了目标市场之后,就应该考虑如何去接触目标客户的问题;通过制定产品策划,完成了新产品的开发或形成了一定的产品组合形式;通过价格策划,给产品制定出最有利的价格,以实现企业的定价目标。但这些产品要打开市场,最终实现其价值和使用价值,就必须经过营销渠道策划这个重要环节,来沟通生产者与消费者,克服生产者与消费者之间存在的诸多差异与矛盾,使产品适时、适地、经济、方便地提供给消费者和用户,从而解决企业销售困难的问题。那么什么是渠道策划?影响渠道策划的因素有哪些?通路招商、物流运作如何策划?渠道风险如何防范?这些问题是本章所要研究和探讨的主要内容。

8.1 渠道策划概述

8.1.1 影响渠道策划的因素分析

影响分销渠道策划的因素很多,生产者在决定选择何种分销渠道前,应将产品、市场及企业本身各种因素进行综合分析,以便做出正确选择,如图 8.1 所示。

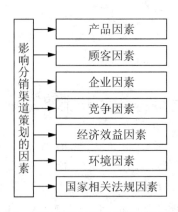

图 8.1 影响分销渠道选择的因素示意图

1. 产品因素

(1) 产品单价的高低。一般而言,单价愈高的产品,分销路线愈短或者选择直接销售渠道;单价较低的产品,分销线路就较长较宽。

(2) 产品的体积与重量。考虑到产品的运输存储条件和费用,体大量重的商品应尽量选择短的分销渠道;体小量轻的产品可采用较长较宽渠道。

(3) 产品的物理、化学性质。对于易腐、易毁、易震、易烂、易爆、易损、易碎的产品,如牛奶、水果、啤酒、蔬菜等,应尽量缩短分销途径,以最快速度出售给消费者。

(4) 产品的款式。式样多变,时尚性强的产品,如时装,应尽量缩短分销路线。

(5) 产品的类型和品种规格。产品是多种多样的,对渠道的要求也有很大的不同。日用品需求面广,一般须经批发商分销;特殊品则可由生产者直接交少数零售商销售。品种规格少而销量大的产品,可交中间商销售;而品种规格复杂,技术性较强的产品,则一般由生产商直接供应用户。

(6) 定制品和标准化产品。定制品(如客户订制的机器),通常由生产商直接销售;而标准化产品,可通过中间商按样品或产品目录出售。

(7) 新产品。为尽快把新产品投入市场,企业往往采取强有力的推销手段,直接向消费者推销。在情况许可时,也应考虑利用原有的分销途径。

2. 顾客因素

(1) 顾客的人数。顾客人数越多,生产者越倾向于利用每一层次都有许多中间商的长渠道。

(2) 顾客的地理分布。如果潜在顾客分散在广大地区,就需通过各类中间商,采用较长的分销渠道;如果潜在顾客集中在少数地区,生产商可采用最短的分销渠道,直接销售。如可口可乐和康师傅的目标市场在大城市,所以它们采用扁平化的渠道模式。

(3) 顾客的购买方式。顾客对日用品的购买,量少而频繁,并希望购买方便,生产企业就应多采用中间商,扩大销售网点;而对特殊品,生产企业一般只通过少数几个甚至一个零售商销售。

(4) 顾客的渠道要求。为顾客设计的渠道是否能够满足顾客的需要,还是应该询问顾客。在询问顾客过程中特别要注意的是,顾客对现有渠道在总体上的满足往往会掩盖某些关键服务项目上的缺陷。研究顾客不满的目的是得出新的构建渠道的方式,以克服各种问题。在这个顾客是上帝的时代，渠道设计的目标是发现顾客想从渠道中获得什么，并通过改进和创新更好地为顾客服务。

3. 企业因素

(1) 企业的财务能力、规模和知名度。企业资金雄厚，规模大，知名度高，在对中间商的选择上就有很大的自由度，甚至还可自建销售网点，实现产销合一；资金薄弱，无知名度的生产企业，则必须利用中间商分销。

(2) 企业自身的销售能力和经验。如果企业自身有足够的销售力量和丰富经验，就可少用或不用中间商。否则，只有将销售工作全部或部分交给中间商。

(3) 企业的产品组合。企业产品组合的宽度越大，则与顾客直接交易的能力越大；产品组合的深度越大，则使用独家专售或选择性代理商就越有利；产品组合的关联性越强，则越应使用性质相同或相似的市场营销渠道。

(4) 企业的营销政策。企业现行的营销政策也会影响渠道的选择。例如，企业要求严控产品价格，或者要对终端购买者提供快速交货服务，或者要为消费者和用户提供售后服务等，就采取短的分销渠道。

4. 竞争因素

策划者一定要了解到主要竞争对手使用的渠道种类以及每条渠道的市场份额，比较本企业与目标竞争对手在货物周转、市场覆盖度和成本变动趋势等方面的差别，掌握有关价格、交付条款、收益、存货周转等业绩指标的细节。

一般而言，生产企业应尽量避免和竞争者使用相同的分销渠道。有时，同类产品则采用与竞争者相同的分销渠道，以便让顾客进行质量、价格方面的比较。

5. 经济效益因素

在进行渠道策划时，必须考虑经济效益因素。在比较不同渠道选择的获利能力时，必须判断不同组合的收入、成本和资金需求情况。应详细估算相对收入、交易成本以及流动资金和固定资金需求等。

一般来说，缩短渠道能减少环节，降低流通费用，提高经济效益。但对某些产品，则需增加渠道环节，才能拓展市场，扩大销售，提高市场占有率，从而提高经济效益。是缩减渠道环节，还是增加渠道环节，企业必须视其综合效益的大小而进行决策。

6. 环境因素

渠道选择要考虑到环境因素的制约问题。例如，当经济萧条时，生产者会采用短的渠道，并免除不必要的服务，使终端顾客能以低廉价格购买其产品，这是经济环境对渠道选择的影响。

7. 国家相关法规因素

在市场经济条件下，国家已经放开对绝大多数产品的管制，这些商品的销售渠道完全由企业决定，而对极少数关系国计民生的重要商品的销售，还要受到有关法律法规的限制，如专卖制度(香烟)、专控商品(某些药品)等，需要根据有关政策法规的规定选用相应的销售渠道。

8.1.2 渠道设计策划

1. 渠道设计的原则

在细致分析了分销渠道的制约因素及他们各自渠道设计的要点之后,在分销渠道的设计中,应该遵循以下的设计原则,如图 8.2 所示。

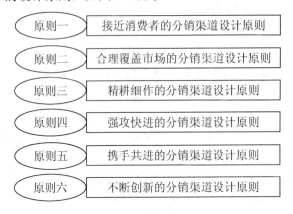

图 8.2 渠道设计原则示意图

1) 接近消费者的分销渠道设计原则

抓住终端,实际上就是和消费者面对面。因此,消费者在哪里,分销渠道的触须就必须伸到哪里,正如可口可乐所做的"哪里有商店,哪里就有可口可乐",这是分销渠道设计的基本原则。远离消费者的终端、远离消费者的分销渠道是不切实际、不可能给企业带来效益的。麦当劳、肯德基的分销渠道设计就充分体现了这个原则。

2) 合理覆盖市场的分销渠道设计原则

很多企业在分销渠道的设计和建设上要求覆盖面越广越好,区域越大越好,热心于销售网点遍布全国各地,办事处到处都是。但是遍地撒网的时候,企业应慎重考虑以下问题:企业的销售管理、市场维护是否能够跟上网络的步伐?企业有没有足够的资源去应付广大市场的巨大需求?网络建设付出的成本有多高?什么时候可以收回投资?网络是自己建设的还是借助经销商以及众多的中间商的网络?企业是否有足够的能力应付网络突发事件?竞争对手的网络情况是怎样的?网络建设不是"大跃进",没有对市场的深入研究,没有对企业资源的全面规划,没有战略思想的指导,盲目布点、遍地撒网的做法在初期可能红火一时,但最终难逃失败命运。三株、红桃 K 的最终惨败是其密集布点、盲目追求全面覆盖市场的必然结果。

3) 精耕细作的分销渠道设计原则

市场覆盖面大了,如果缺乏管理,缺乏精耕细作,那么分销渠道的危机是很显然的。从企业的长远发展及大部分优秀企业的发展历程来看,分销渠道建设是企业的百年大计,只有不断投资、不断调整、不断维护,才能有丰厚的回报。"秦池"、"三株"的危机和失败正是分销渠道粗放经营、缺乏精耕细作的结果。因此,在竞争越来越激烈的今天,抛弃粗放经营方式,实行精耕细作是很重要的,它可以保证网络的正常运转和健康发展。在精耕细作的网络设计中,所有的网络管理工作必须做到定点、定时、定人、定路线、定效应,推行细致化、个性化服务,及时准确地反馈市场信息,全面监控市场的动向。

4) 强攻快进的分销渠道设计原则

强攻快进是新产品投放市场的重要手段，强攻快进给市场、消费者及竞争品牌带来的冲击是巨大的，它可以帮助新产品有力地占据目标市场，在短时间内赢得消费者的认同。因此，强攻快进是分销渠道设计的核心一环。资源强大的大中型企业可以全面强攻，资源单薄的中小型企业可以局部快进。

5) 携手共进的分销渠道设计原则

携手共进原则要解决的问题是企业如何对待中间商。企业选择中间商的原因是他们的区域网络资源和经营实力，而中间商选择企业的依据也是看到了企业、产品能给自己带来的利润和市场空间。因此，和中间商携手共进、共存共荣是必须体现在分销渠道的设计中的。只有这样，分销渠道才能健康成长并逐步壮大。宝洁公司的案例充分说明，渠道运作的关键是和分销商达成战略上的一致，才能实现长期的稳定合作关系。这种渠道关系就是伙伴型渠道关系。要发展与经销商的长期战略伙伴关系，把分销商当成自己的生意伙伴，而不再仅仅当成自己的客户和交易对象。

6) 不断创新的分销渠道设计原则

在不同的企业发展阶段，在不同的品牌发展阶段，以及在不同的产品生命周期，对分销渠道的要求应该有所不同，因此，分销渠道的设计也应该注重求新、求变的原则。应根据竞争和市场发展的需求，根据消费者的变化和个性化需求，不断调整分销渠道，让分销渠道和企业、产品、品牌共同进步。在当今社会，渠道创新是企业分销渠道设计的趋势。

2. 渠道设计策划内容

渠道设计是渠道决策的核心，渠道设计主要包括以下内容。

1) 确定渠道的类型

渠道的类型多种多样，每种渠道类型都有其适应范围。在渠道设计中，企业首先要确定渠道的类型，即要确定企业采用哪一种或哪几种类型的渠道来分销产品。企业必须根据实际情况和制约因素来选择适合的分销渠道。

2) 确定渠道的长度

在确定了渠道的类型后，若是用间接渠道和复合渠道等分销产品，企业则面临着确定渠道长度的策划问题。技术和服务含量较高的产品，如电脑、汽车等，需要较短的渠道，消费者选择性不强的产品、要求购买方便的产品等，则适宜采用较长的渠道。

3) 确定渠道的宽度

确定渠道宽度，即企业确定在每个层次上使用中间商数目的多少，实际上是对宽窄渠道的选择确定。根据企业所追求的市场覆盖面，有 3 种可供选择：广泛分销渠道、选择分销渠道、独家分销渠道。

4) 确定渠道成员的权利和义务

在确定了渠道的类型、长度和宽度后，还要规定渠道成员相互的权利和义务，主要包括价格政策、销售条件、渠道成员的地区分权和各方面就提供的服务和义务。价格政策是生产者制定的价目表和折扣明细表，根据中间商的不同类型及经营数量给予相应的优惠。销售条件主要是指付款条件和生产者的担保，如对提前付款的中间商给予现金折扣，向中间商提供质量和价格方面的担保。对于渠道成员相互的权利和义务的确定，应本着合理、明确、公平、公正的原则来进行。

5) 渠道方案的评估

渠道设计的策划是在一个广泛的背景中做出的,因此理想的渠道还必须在战略责任、可用资源、渠道战略的历史等限制条件下实施。渠道方案评估的目的就是要把在先前的步骤中识别出的最优渠道与现实条件相匹配。如果确认某项选择适应现实条件,是可行的,还必须看它是否适应将来的战略需要。如果一种渠道方案很容易被竞争对手模仿和超越,它就不能提供一种实质性的优势。对渠道方案的评估可从以下几个方面进行。

(1) 经济性。主要是分析每一渠道的销售额与成本的关系。一方面要考虑采用企业销售人员和利用中间商这两种方式,哪一种所产生的销售额较大;另一方面要评估每一渠道的成本,渠道成本就是企业建立、发展与维持渠道所需要的费用。生产者一般要选择那些能够承担一部分广告费用和其他销售促进费用的中间商,以减少企业的负担,降低销售费用。

(2) 可控性。从长远目标来看,企业对分销渠道的选择不仅要考虑其经济性,还要考虑企业能否对其分销渠道进行有效的控制。一般来说,企业在其产品的分销渠道中涉入越深,对渠道的控制力越大,属于本企业的渠道和分销人员固然会增大投资,但毕竟最有利于控制。当销售渠道变得越来越长时,企业对价格、销售量、推销方式和零售形式等的控制力就会削弱。实践中,建立特约经销或特约代理关系的中间商比较容易控制,而对密集性分销渠道,由于涉及企业多,控制能力就比较弱。

(3) 中间商实力。生产企业要选择资金力量比较雄厚、财务状况良好的中间商,而且选择的分销渠道必须适合企业本身的特点及其产品的特点,企业要考虑中间商的销售对象是否与企业所要进入的目标市场一致,即所要选用的中间商的经营范围应该与生产企业的产品的销路基本对口。同时必须考虑中间商的经营能维持连续性,以便在整个渠道建立对厂家品牌的忠诚感。

(4) 中间商能力。选择中间商除了具有一定经济实力外,还要考虑中间商信用和分销能力。信用是指中间商的信用度大小,如履行合约的信用、回款及时性等方面的信用;分销能力是指中间商开拓市场的能力、营销能力、管理能力、提供技术支持与售后服务能力、商品储存和运输能力等。企业一般选择信用好、分销能力强、市场覆盖面大的中间商经销本企业的产品。

8.2 通路招商策划

在渠道策划中,通路招商策划是一个非常重要的内容,它直接影响着企业营销成败。

8.2.1 商业伙伴的选择标准

生产者确定了其产品分销策略后,就应根据营销的需要选择理想的中间商作为渠道成员,即招募商业伙伴。商业伙伴的选择影响到企业的分销效率与分销成本,影响到企业及产品在消费者心目中的形象与定位,关系到能否实现企业的营销目标和效率问题,因而应十分慎重。一般而言,较理想的商业伙伴应具备以下条件。

(1) 与生产企业的目标顾客有较密切的关系。所谓较密切关系,是指商业伙伴所联系的顾客,是企业所希望的销售对象。

(2) 经营场所的地理位置较理想。生产者选择批发商,往往要考虑其所处的位置是否能发挥运输、存储功能，并考虑是否能节省费用，降低成本。而对零售商的选择，则往往考察其所处位置的顾客流量，及是否有利于同竞争者产品进行比较。

（3）拥有尽可能完整的产品线。理想的商业伙伴应拥有与生产者所提供商品相关联的尽可能完整的产品线。如木材生产商愿将其产品交给拥有多种产品线的建材商出售。因为产品线齐全，就会吸引各种不同购买目的的众多土木工和消费者，而他们往往在选择其他建材同时，也可能在该店购买木材。

另外，如果商业伙伴还同时经销其他竞争者的产品，就必须考虑本企业产品的质量与价格能否在竞争中取胜。

（4）财务状况和商誉良好。所有的生产商都期望中间商能及时结清货款，有些生产商甚至希望预收货款。所以调查、了解中间商的财务状况和商誉是必不可少的。

（5）企业管理规范，拥有具有专业知识的管理阶层和营销人员。

（6）规模和效益俱佳，具有提供服务和运输存储能力。

8.2.2　商业客户的考察评价

在具体的招商过程中，在确定商业伙伴之前，要根据上述条件或选择标准对商业客户进行考察评价与筛选，其中商业信誉和经营作风是考察评价的重点。主要从以下方面进行考察评价，如图 8.3 所示。

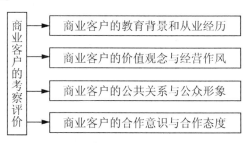

图 8.3　商业伙伴的考察评价内容示意图

1. 商业客户的教育背景和从业经历

商业客户的教育背景和从业经历的分析，主要是了解经营者本人的年龄、学历、从业经历和创业过程，经营团队主要成员的教育背景和工作经历等。

2. 商业客户的价值观念与经营作风

了解商业客户的价值观念与经营作风，主要从对正在代理和经营的产品的认识和评价，拥护生产厂家给予什么样的销售政策、利益承诺、风险保障和什么样的厂商合作方式，对同类产品的市场竞争有何看法，对与新产品、新品牌、新厂家的合作表现出的关注度等。

3. 商业客户的公共关系与公众形象

考察商业客户的公共关系与公众印象主要从走访商业客户的同行、终端消费者和用户、工商行政管理、税务、金融和司法部门等方面进行考察评价。

4. 商业客户的合作意识与合作态度

考察商业客户的合作意识与合作态度主要从是否认同企业文化与价值观念，是否认同企业的经营理念和经营模式,是否能理解和接受企业关于分销渠道模式、产品价格、推广策略、结算周期和结算方式等方面的制度规定,对新产品、新品牌是否有足够的经营信心等方面进行考察与评价。

8.2.3 通路招商方式策划

通过考察评价,选择合适的商业客户。那么如何将招商信息传递给商业客户,寻找到有合作意向的商业客户进行进一步的沟通并确定商业伙伴,是关系到招商是否成功的重要前提。根据笔者参与的招商实践,结合招商信息的传播方式,招商方式包括以下几种类型,如图 8.4 所示。

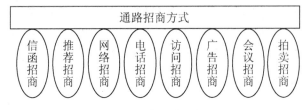

图 8.4 招商方式示意图

1. 信函招商

信函招商即通过直接给目标市场范围内的有关商业客户发出招商信函,寻求合作意向。这是较传统的招商方式,招商费用比较低,但信息意向传播、沟通不充分,客户反馈率低,反馈速度慢。这种招商方式缺乏主动权,不容易找到合适的合作伙伴。这种方式适用于商业客户类型较少、数量较少的情况。

2. 推荐招商

推荐招商即通过老客户推荐、中介提供的信息、亲朋好友或熟人介绍推荐寻找商业伙伴的招商方式。这也是一种传统的招商方式,招商效率不高,不适合快速招商,也难以异地有效使用。

3. 网络招商

通过企业网站、电子邮件、博客、微博、微信甚至手机短信等互联网渠道发布招商信息,是一种信息发布快、费用低的招商手段,但是信息发布的冲击力不强,信息反馈比较被动,招商推进速度不够快,因此,可以作为招商方式的补充手段,不宜作为大型快速招商运作的主要手段。

4. 电话招商

通过固定电话、移动电话沟通方式向商业客户传递招商信息,游说商业客户加入企业的销售网络,从事企业产品的销售工作。这种方式比信函和网络招商方式主动,信息反馈也快,因此效率比较高一些。电话招商需要与实地访问、实地考察等沟通方式相结合,才能有效提高招商沟通的质量和成果。

5. 访问招商

通过派招商人员深入市场实地考察,访问商业客户,选择合作伙伴。这也是一种传统的招商方式,速度虽然不快,但对商业客户的考察了解比较真实稳妥,因此即使是在广告招商和信函招商等招商运作方式下,也可以采取实地访问、考察商业客户的方式作为补充手段来最终确定合作关系。这种方式需要前期做好广告宣传，如果同期没有广告支持，工作的推进难度大、进展慢，取得商业客户信任和支持的难度比较大，招商速度比较慢。

6. 广告招商

这是一种通过公开发布招商广告征求合作伙伴的方式。招商广告媒体一般选择招商区域的主流报纸媒体、行业性报纸和行业性杂志或行业内期刊以及商业客户比较关注的销售与市场类实战性杂志刊物，如《销售与市场》的渠道版、《商业客户》、《商界》等。也有采取在大众媒体密集投放一个阶段的广告，这时的广告一方面是为了预热终端市场，另一方面更是为了启动招商工作。所以，与其说是做给消费者看的不如说是做给商业客户看的，这种方式声势较大，易被商业客户认为企业有实力、产品有市场，从而增加了招商谈判的实力和筹码，因此参与者比通过信函招商多且反应快，有可能找到比较有实力的合作伙伴。

7. 会议招商

在通过广告、信函、邮件、电话、网络和实地访问沟通洽谈等方式与商业客户达成一定意向后，组织这些商业客户参加企业召开的招商大会，通过产品展示、会议讲解、市场分析与研讨、企业领导与商业客户见面沟通以及会场气氛的渲染，调动商业客户的合作意愿，并通过现场签约能够享受优惠政策的刺激，达成会议期间的签约合作，完成招商的主体工作。会后再进一步跟踪有意向的商业客户，巩固和完善招商工作。

8. 拍卖招商

这是一种通过集体会议拍卖的方式选择有竞争实力的商业客户的方式。这种方式由于有现场气氛的强烈渲染和限定时间的紧迫感，因此竞争性强、收获性大，是一种比较新颖的招商方式，但是需要进行很好的招商策划，需要具备良好的营销造势实力和技巧才能成功操作。

根据拍卖的方式，拍卖招商的方式有巡回拍卖和集中拍卖两种。在缺乏销售网络的情况下，可以通过巡回拍卖舆论造势吸引商业客户参与，从而实现招商。已是雄厚的营销网络的企业，可以通过将各地商业客户召集在一起进行集中拍卖，以利于产品快速入市。

采用拍卖方式招商，主要有以下几点好处。

第一，拍卖是一种公开竞价行为，拍卖公告与招商广告合为一体，能够吸引和发现有经营实力、有合作意愿的商业客户；

第二，一般性招商活动难以成为媒体关注的新闻事件，而拍卖独家经销权可以受到媒体的关注，通过媒体的合作宣传带来较强的新闻效果，企业也可以借机进行新闻公关宣传，对产品入市进行宣传造势，也可以对其他区域的潜在商业客户形成一定的激励作用；

第三，拍卖会在确定的时间和地点举行，时间的紧迫感和现场的竞争气氛往往能促使商业客户快速做出选择，因此，企业能够快速找到有实力的合作伙伴，及时完成招商工作。

拍卖招商运作的注意事项如下所述。

(1) 拍卖招商的品牌必须是具有相当知名度的强势品牌，这是拍卖招商成功的基本前提；

(2) 拍卖招商的产品必须具有明显的消费利益、良好的市场潜力和权威的支持证明，这是拍卖招商成功的重要条件；

(3) 具有号召力和诱惑力的招商广告以及准备细致、内容丰富、具有说服力的产品推介会，是拍卖招商策划的重要内容；

(4) 选择优秀的拍卖公司进行合作是拍卖招商策划成功执行的重要保证。拍卖公司应当与拍卖会所在地的政府、新闻媒体、企业界具有良好的关系，并且富有无形资产拍卖或经销权拍卖经验。

8.2.4 供应链关系策划

1. 供应链的内涵与特点

1) 何为供应链

所谓供应链是指围绕核心企业,通过对信息流、物流、资金流等的控制,从采购原材料开始,到中间产品及最终产品,最后由分销网络把产品送到消费者手中,全过程涉及的供应商、制造商、分销商、零售商、最终用户形成一个整体性功能网络结构模式。

2) 供应链的特点

供应链是一个网链结构,由围绕核心企业的供应商、供应商的供应商和用户、用户的用户组成。一个企业是一个节点,节点企业和节点企业之间是一种需求与供应关系。供应链具有如下特点。

(1) 复杂性。因为供应链节点企业组成的跨度不同,供应链往往由多个、多层次、多类型甚至多国企业构成,所以供应链结构模式比一般单个企业的结构模式更为复杂。

(2) 动态性。供应链形成以后并非一成不变,它会因企业战略和适应市场需求的变化而变化,使得供应链具有明显的动态性。

(3) 面向用户需求。供应链的形成、存在、重构,都是基于一定的市场需求而发生,并且在供应链的运作过程中,用户的需求拉动是供应链中信息流、产品或服务流、资金流运作的驱动源。

(4) 交叉性。节点企业可以是这个供应链的成员,同时也是另一个供应链的成员,众多的供应链形成交叉结构。

2. 供应链关系策划的作用

策划建立良好的供应链关系,无论是对整个行业的进步,还是对每一个企业的生存与发展来说,都具有极其重要的作用。供应链关系策划的作用如图 8.5 所示。

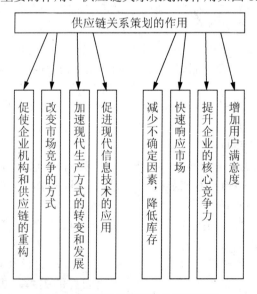

图 8.5 供应链关系策划作用示意图

1) 促使企业机构和供应链的重构

构建供应链关系不仅是技术和管理方法，还涉及企业组织和产业组织的重构等深层次的问题。要真正实施供应链关系策划，就要在企业内部进行业务流程的重构和企业组织机构的重构。

2) 改变市场竞争的方式

在传统的生产和流通中，竞争方式主要是企业之间的竞争，既有同业之间的竞争，也有供应链中上下游企业之间的竞争，这种竞争的结果往往破坏了生产和流通的规律和程序，使企业的效益下降甚至产品加速退出市场。这是一种低档次的竞争，往往以降价为主要手段。现代的供应链关系策划将使上下游企业形成战略联盟，市场竞争从企业之间的竞争转为供应链之间的竞争。

3) 加速现代生产方式的转变和发展

供应链关系策划是适应现代生产方式而产生和发展起来的现代流通方式，反过来，它的不断完善和水平的提高又加速了现代生产方式的发展。现代生产方式是依据比较优势的理论，以现代信息技术为手段，以企业的核心竞争优势为中心，实现全球化的采购、全球化的生产和全球化的销售与服务。

4) 促进现代信息技术的应用

供应链关系策划比一个企业的策划更为复杂。特别是供应链的各个企业的地域分布更广，因此，现代信息技术是供应链管理必不可少的技术，如 POS、自动补货、预先发货通知、厂家管理库存等信息技术将得到广泛的应用。

5) 减少不确定因素，降低库存

供需关系上的不确定因素可以通过相互之间的合作而消除；通过合作，共享需求与供给信息，降低甚至达到零库存。

6) 快速响应市场

集中力量于自身的核心竞争优势，充分发挥各方的优势，并能迅速开展新产品的设计和制造，从而大大缩短新产品进入市场的时间。

7) 提升企业的核心竞争力

以合作关系为基础的供应链关系策划，能发挥企业的核心竞争优势，获得竞争地位。

8) 增加用户满意度

从产品设计、产品制造过程到售后服务，供应链成员企业共同应对，合作共赢，提高了产品和服务质量，增加了用户满意度。

3. 供应链关系策划

作为供应链的"链主"(核心企业)，要处理好供应链关系，必须对供应链中的重要供应商、中间商进行更好的合作，以更好地提高供应链的运作效率，提升供应链的整体竞争实力。为此，供应链关系策划，也要从供应商和中间商两个方面考虑。

1) 供应商关系策划

供应商是指向企业及其竞争对手供应为生产特定产品和劳务所需的各种原材料、辅助材料、设备、劳务、资金等资源及商品的工商企业和个人。

(1) 供应商对企业营销活动的影响主要表现在以下几个方面。

① 供货的及时性和稳定性。现代市场经济条件下,企业必须针对瞬息万变的市场需求,

及时地调整生产和营销计划，而这一调整又需要及时地提供相应的生产资料，否则，营销目标的实现将是一句空话。所以，原材料、零部件、能源、机器设备等生产资料的保证供应，将是企业营销活动顺利进行的前提。

② 供货的质量水平。任何企业生产的产品质量，除了严格的管理以外，与供应商供应的生产资料本身的质量好坏有密切的联系。供应商的货物质量直接影响到企业产品的质量。供应商的货物质量除了本身的质量以外，还包括各种销售服务。

③ 供应资源的价格变化趋势。这将直接影响企业产品的成本，企业在营销活动中，必须要密切注意供应商的货物价格变化趋势，特别是对构成产品重要部分的原材料和主要零部件的价格现状及变化趋势。

(2) 供应商关系策划要点。由于供应商对企业营销活动产生直接影响，为了使企业在营销活动中取得最佳效果，必须要做好以下几方面的工作。

第一，企业必须选择在质量、价格以及运输、供货、承担风险等方面条件较好的供应商并保持和协调好与他们的密切关系，并且经常及时地了解和掌握供应者的变化与动态，以保证及时、连续、足额地得到资源的供应。

沃尔玛供应商关系管理

供应商参与企业价值链的形成过程，对企业的经营效益有着举足轻重的影响。建立战略性的合作伙伴关系是供应链管理的重点，沃尔玛与宝洁的产销联盟正是这种双赢关系的典范。

与供货商企业的和谐关系，使沃尔玛始终能够保持长期稳定的廉价货源。同时，这些产品也不会因为低价而导致质量下降，因为沃尔玛亲自参与了帮助企业降低生产成本的努力。一方面，供应商的产品只要能卖到沃尔玛，就不需要进场费和保证金，而且程序简单，承诺一致；另一方面，沃尔玛为关键供应商在店内安排适当空间，让供应商自行设计布置自己商品的展示区，旨在店内造成更吸引、更专业化的购物环境；另外沃尔玛还会免费为供应商提供信息管理系统的软件支持。在为供应商提供应有帮助和支持的同时，沃尔玛也对供应商制定了一系列规范并督促他们遵守，包括沃尔玛对供应商自身的报酬、工作时间、歧视权利、工作环境、环境和机密性等方面的标准和要求。

沃尔玛的实践证明，零售企业和它的供应商之间并不是永远处于不可调和的利害相争之中，在供应商与零售商之间建立共生共荣的伙伴关系，以相互合作来实现双方的长期发展目标是可以做到的。

(案例来源：王学东. 营销策划——方法与实务[M]. 北京：清华大学出版社，2010.)

第二，企业应广开供应门路，向多个供应商采购，避免过于依赖单一或少数的供应商，导致营销业务受制于人的被动局面，同时供应者和供货来源的多样化，促使供应者之间进行竞争，使企业处于一个有利的位置，从而使所供货物的质量得到提高并可稳定价格。

第三，条件成熟时，企业应采取后向一体化的策略，自己生产主要的资源，以保障企业生产的原材料供应，增强对供应链的控制能力。

2) 中间商关系策划

在进行渠道设计时，必须对中间商进行选择、激励与定期评估。

(1) 评价选择具体的渠道成员。生产者要在众多的中间商中选择自己的渠道成员，一般来讲，要对各个可选择的中间商进行全面调查和认真分析，要评估中间商经营时间的长短及其成长记录、清偿能力、合作态度和声望等。当中间商是销售代理商时，还必须评估其经营的其他产品大类的数量与性质、推销人员的素质与数量。当中间商打算授予某百货公司独家分销时，还须评估商店的位置、未来发展潜力及经常光顾的顾客类型。

(2) 激励中间商。核心企业不仅要选择中间商，而且还要与中间商建立良好关系，激励中间商，使之尽职。一般而言，对中间商的基本激励水平，应以交易关系融洽为基础。如果对中间商仍激励不足，则核心企业可考虑下列3条措施予以激励。

① 提高生产者可得的毛利率，放宽信用条件或改变交易关系组合，使之更有利于中间商；

② 采取各种方法激励中间商，使之付出更大努力，例如可挑选中间商或举办中间商销售竞赛等。

送经销商去上 MBA

美的集团认为，经销商要与美的一同进步，就必须跟上美的的步伐。

所以美的要送经销商去上 MBA，送经销商去强化培训，让他们真正学到东西，实实在在提高。这也是厂家给经销商提供的一份长远利益。

目前，一些企业进行的销售渠道的改造正是根据营销环境的变化而作出的调整。先知先为者无疑将在日后的激烈竞争中握有更重的制胜筹码。

厂家对经销商的激励措施已不再仅仅是给经销商送"红包"，而是让经销商掌握赚钱的方法，对经销商进行培训。

(案例来源：全琳琛．一分钟学营销——故事里的营销学[M]．北京：人民邮电出版社，2010.)

③ 建立战略合作伙伴关系。为了更好地培养中间商对企业的深厚感情与和谐的商业气氛，要有计划地对经营长久、思维新潮的中间商建立战略伙伴关系，通过定期举办联谊会、新品发布会、政策阐释会，会间通过新品测试、信息收集、联欢、礼品派送等形式增进双方友谊，使中间商心理形成主人翁的感性意识，从而增强品牌忠诚度。

8.3 物流运作策划

8.3.1 物流概述

为了保证产品适时、适地、适量地从生产者到达消费者或用户，满足其需求和欲望，必须进行商品的仓储和运输等进行物流管理。企业制定正确的物流管理策略，对于企业降低成本费用、增强竞争实力、提供优质服务、促进和便利顾客购买、提高经济效益等都具有重要的意义。

1. 物流的含义

物流一词源于英语的"Logistics"，原意是军事后勤保障，其核心是将战时物资的生产、采购、运输、配给等活动作为一个整体来进行统一布置，以求对战略物资进行补给的费用更低、速度更快、服务更好。第二次世界大战后，物流的概念被广泛运用于经济领域，成为一个跨学科、跨行业、涉及面广、多环节的综合性概念。根据美国物流管理协会的定义：物流是为满足消费者需求而进行的对原材料、中间库存、最终产品及相关信息从起始地到消费地的有效流动与存储的计划、实施与控制的过程。

传统的物流一般是指商品在空间与时间上的位移，以解决商品生产与消费地点差异与时间差异。进入20世纪90年代，传统的物流向现代物流转变。现代物流包括运输的合理化、仓储自动化、包装标准化、装卸机械化、加工配送一体化、信息管理网络化等。现代物流被广泛认为是企业在降低生产成本、减少物资消耗、提高劳动生产率以外的重要利润源泉。

2. 现代物流的特点

与传统的物流相比，现代物流具有如下几个特点。

(1) 现代物流是多种运输方式的集成，把传统运输方式下相互独立的海、陆、空的各个运输手段按照科学、合理的流程组织起来，从而使客户获得最佳的运输路线、最短的运输时间、最高的运输效率、最安全的运输保障和最低的运输成本，形成一种有效利用资源、保护环境的"绿色"服务体系。

(2) 现代物流打破了运输环节独立于生产环节之外的分业界限，通过供应链关系的策划建立起对企业供产销全过程的计划和控制，从整体上完成最优化的生产体系设计和运营，在利用现代信息技术的基础上，实现了商流、物流、资金流和信息流的有机统一，降低了社会生产总成本，使供应商、厂商、销售商、物流服务商及最终消费者达到共赢的战略目的。

(3) 现代物流突破了运输服务的中心是运力的观点，强调了运输服务的宗旨是客户第一，客户的需求决定运输服务的内容和方式，在生产趋向小批量、多样化和消费者需求趋向多元化、个性化的情况下，物流服务需要发展专业化、个性化的服务项目。

(4) 现代物流着眼于运输流程的管理和高科技信息情报，使传统运输的"黑箱"作业变为公开和透明的，有利于适应生产的节奏和产品销售的计划。

(5) 现代物流与电子商务日益紧密地结合在一起。随着Internet的普及，电子商务的应用呈现迅猛增长之势。电子商务的推广，加快了世界经济的一体化，使国际物流在整个商务活动中占有举足轻重的地位。电子商务带来对物流的巨大需求，推动了物流的进一步发展，而物流也在促进电子商务的发展，因此可以说二者互相依存，共同发展。

(6) 现代物流业正在全球范围内加速联系和集中，并通过国际兼并与联盟，形成越来越多的物流巨无霸。当今世界正处于新一轮的产业升级和结构调整的大潮之中，国际物流业也在加速集中。这些兼并活动不仅拓宽了这些企业的物流服务领域，而且增强了市场竞争力。

3. 物流的主要环节

根据物流的基本功能，现代物流主要包括以下环节：运输、储存、装卸搬运、包装、流通加工、配送、物流信息等，如图8.6所示。

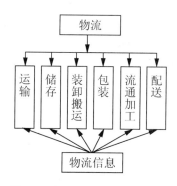

图 8.6 物流的主要环节示意图

1) 运输环节

运输是现代物流各环节中最主要的部分，运输的任务是使物资进行较长距离的空间移动。物流部门通过各种运输方式的有效组合解决物资在生产地点和需要地点之间的空间距离及时间间隔问题，从而创造商品的空间效益及时间效益，实现其使用价值，满足社会需要。运输方式有：铁路运输、公路运输、水路运输、航空运输、管道运输。

2) 储存环节

储存是在社会总生产过程中对暂时处于停留状态的那部分物资的保养过程。产品从生产出来到最终消费之前，一般都要有一个存放、保养、维护和管理的过程，也是克服季节性、时间性间隔，创造时间效益的活动。储存就是对物资的保管保养，克服产品的生产与消费在时间上的差异，创造物资的时间效用，以保证流通和生产的顺利进行。商品流通是一个由分散到集中，再由集中到分散的流通过程。为了保持不间断地销售商品，必须有一定量的周转储存。有些商品需要在流通领域内进行整理、组装和再加工，形成销售前的准备储存。正是由于某些商品在产销时间上的背离，还必须有一定的季节储存。仓储作为一种物流形态，为物流提供场所和时间，在储存期间可对储存商品进行检验、整理、分类、保管、保养和加工，然后进行集散、转换运输方式等各种作业。因此说，储存在物流中具有重要作用，成为物流的一个主要环节。

3) 装卸搬运环节

装卸搬运是在同一地域范围内，以改变物资的存放状态和空间位置为主要内容的作业活动，是运输、储存、包装等物流作业得以顺利实现的根本保证。任何商品，不管它处于什么状态，当要对它进行运输、储存、配送、包装或流通加工时，都需要进行装卸搬运作业。因此，装卸搬运是物流各环节的结合部，是连接储运的纽带，它贯穿于物流的全过程。装卸搬运作业的构成有：堆放拆垛作业、分拣配货作业、搬运作业、移送作业等。

4) 包装环节

包装是在流通过程中保护产品、方便储运、促进销售，按一定技术方法而采用的容器、材料及辅助等手段的总体名称，以及为达到上述目的而进行的操作。它是包装物和包装活动、包装手段、包装作业的总称。现代包装已不仅有保护产品的作用，而且在物流中发挥着重要的作用。包装分为两类：一类是工业包装，或叫运输包装、大包装，主要是便于运输和防止运输中途的损坏；另一类是商业包装，或叫销售包装、小包装，主要是为了便于消费者购买、使用，便于零售商销售，并能鲜明地显示商品的特点，起到商品广告宣传作用，以吸引消费者注意和使其产生偏爱，扩大产品销售。

5) 流通加工环节

流通加工是指商品在流通过程中，根据用户的要求，改变或部分改变商品的形态或包装形式的一种生产性辅助加工活动。其目的是为了克服生产加工和用户对商品要求之间的差异，同时可以节约材料、提高成品率、保证供货质量，更有效地满足用户需要，提高生产和流通的经济效益。通过集中化和专业化的流通活动，给流通带来一系列的方便，使流通加工在流通中的功能得到进一步的发挥。

6) 配送环节

配送是指在经济合理区域范围内，根据客户要求对物品进行拣送、加工、包装、分割、组配等作业，并按时送达指定地点的物流活动。在市场竞争中，将货物送达收货人的活动需要逐步降低成本、提高效率，以达到占领和扩大市场，增加企业利润的目的。对运输车辆合理配置，科学地制定运输规划，确定运送路线，并且将运送的货物事先进行配货，使得配装的措施逐步完善，形成现代的配送活动。配送的意义在于：完善了输送及整个物流系统；提高了末端物流的经济效益；可使企业实现低库存或零库存；可简化手续、方便用户；提高了供应保证程度。

案例

日本某企业的配送中心

设立在日本东京都立川市的菱食立川物流中心，拥有冷冻仓库、恒温仓库、常温仓库约 11 000m^2，其中冷库约 7 000m^2，主要配送食品、酒类、冰激凌等。配送商品种类为冷冻食品 1 500 种、酒类 1 000 种、冰激凌 200 种、食品材料 650 种。一般储存商品、酒类和食品材料 25 000 箱，冷藏商品 70 000 箱。每天配送数量：冷冻食品 18 000 箱、冰激凌 5 000 箱、酒类 1 000 箱。主要配送到关东地区的 12 个配送中心，然后由 12 个配送分中心再配送到各零售店铺。这 12 个分中心分为两种类型，一种是"通过中心"（如川口、桐生、市川、生梨等），另一种是"在库型通过中心"（如湘南、桶川、静、极木、茨城等）。通过中心是指收到商品，经分拣后再配送到中心超市，不保持库存；在库型通过中心是指对 A 级商品有一定的库存量，其他商品分拣后直接配送出去。

系统内的店铺和系统外的食品店或超市，通过 EOS 系统向菱食情报中心订货，由立川中心承担物流配送。

(案例来源：吴健. 现代物流学[M]. 北京：北京大学出版社，2010.)

7) 物流信息环节

物流活动中物品从生产到消费过程中的运输数量和品种、库存数量和品种、装卸质量和速度、包装形态和破损率等必要的信息为物流信息。物流信息是连接运输、储存、装卸、搬运、包装各环节的纽带，在物流活动中起着神经系统的作用。在物流活动中，按照所起的作用不同，将物流信息分为：订货信息、库存信息、生产(采购)指示信息、发货信息、物流管理信息等。

8.3.2 物流运作策划

物流运作策划是为满足顾客要求，有效率和有效益地对原材料、在制品和制成品从产地到消费地的流动与保管进行计划、执行和控制。就是对物料的包装、装卸搬运、运输、储存、流通加工、物流信息等环节,根据它们之间客观存在的有机联系,进行综合、系统的策划,以取得全面的经济效益的过程。

1. 物流系统的设计

目前企业物流运作模式包括自营物流、物流外包、自营和外包相结合3种运行模式。物流系统的设计主要从自营物流、物流外包两种模式考虑。

1) 自营物流系统的设计

自营物流系统的设计主要包括仓库系统、运输系统、库存系统、物流配送系统的设计,如图8.7所示。

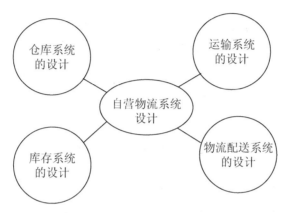

图8.7 自营物流系统设计内容示意图

(1) 仓库系统的设计。仓库系统的设计包括仓库选址、仓库数量和仓库类型。

① 仓库选址。选择仓库地址时主要考虑仓库位置与每个客户的间距及其所需的运输总量。既要方便、及时给每个客户运送货物,又要设法使运费降到最低。

② 仓库数量。生产企业的仓库数量多,分散于各地,可更好地满足客户的供货要求,可降低运输费用。但仓库多,支付的租赁费、仓库设施的投资费用也大。所以,决定仓库数量时,应把这两方面结合起来考虑。

③ 仓库类型。仓库可以自建也可以租赁。自建仓库可更适合本企业的特点需要,但建库投资较大。租赁仓库不需要投资,支付租金可根据需要随时调整增减,较为灵活,但是不一定完全适合企业特点需要。其次考虑仓库的类型、规模。单层仓库可降低搬运费用,但地基面积大,土地投资费较高。多层仓库的搬运费用较高,但土地投资较低。

生产企业在进行仓储决策时,应根据具体情况而定。随着新技术的发展,由计算机控制的简捷而自动化的仓储系统将逐渐代替以人工操作和半自动化为主的仓储系统。目前西方发达国家许多大公司已实现了仓储自动化。

(2) 运输系统的设计。在运输系统设计时,必须在符合客户要求的前提下,根据产品和市场情况将产品及时安全、准确无误地运达目的地。目前所使用的运输方式一般可以分为铁路、公路、水路、航空、管道等5种。由于不同运输方式受各自所要求的条件的限制,所以,一般只靠一种运输方式很难完成产品的运输任务。因此,在实际的运输方式选择中,多采取两种或多种运输方式结合使用，如使用铁路和公路联运，或水路、铁路、公路联运等。集装箱技术的发展，也为不同运输方式的联运创造了良好的条件。

(3) 库存系统设计。为了维持企业正常生产和销售商品的稳定以及平衡企业的物流和企业流动资金的占用，必须进行很好的库存系统的设计。在库存系统的设计中，一般是从产品存货成本和产品销售利润等多方面综合考虑。企业的库存设计主要包括两方面的内容：一是确定订货点，二是确定订货量的大小。

订货点是指重新开始订货时的存货水平，即当库存量减少到这一水平时，就必须重新订货，以补充库存。在决定订货时，还应考虑其他不可预见的因素和市场需求的变化。因此，通常实际点比理论订货点要稍高些，以保证有一个安全库存量，保证不因库存量的不足而造成交货延误。但是，也不能为追求安全库存量而无限制地提高订货点。因为提高订货点，就意味着提高存货成本。因此，订货点的确定仍是从成本收益两方面权衡来决定的。

在订货点的确定中，主要考虑两方面的因素：一是从订货到交货的时间长短，二是市场需求及其变化。对于订货到交货的时间，一般是比较容易确定的，而对于市场需求及变化，则需要认真进行市场研究才能确定。

(4) 物流配送系统的设计。物流配送系统，也称物流配送中心、购物中心，是集商流、物流、资金流、信息流于一体的现代化经营设施。策划物流配送系统的设计，要注意处理好以下几个主要问题。

配送模式的定位。目前，我国自营物流配送大致有两种模式：第一，企业(集团)内自营型配送模式，即企业(集团)通过独立组建配送中心，实现内部各部门、厂、店的物品供应——配送。它在满足企业(集团)内部生产材料供应、产品外销、零售场、店供货和区域外市场拓展等企业自身需求方面发挥了重要作用。较典型的就是连锁企业的配送。第二，共同配送模式，即配送经营企业间为实现整体的配送合理化，以互惠互得为原则，互相提供便利的配送服务的协议关系。美国的"沃尔玛"、日本的"7-11"等公司的商品配送业务大多都是委托社会物流企业承担，或与专业运输公司、仓储公司等社会物流企业合作建立物流配送中心。麦当劳公司所拥有的当今零售市场中最复杂、最先进的配销系统也是由专业化配销公司代理的。麦当劳所用的东西，从可口可乐到洗手液，从薯条到牛肉都由配送中心负责，使麦当劳公司与供应商、配送代理真正建立了共存共荣的关系。

配送中心的设置。配送中心主要有采购、配送和其他辅助功能。下面以典型的商业系统配送中心——连锁店配送中心为例，说明物流配送中心的策划设计及流程。第一，首先考虑的是配送中心的地理位置和配置数量。日本家庭连锁的物流半径确定为30km，也就是说，各连锁分店可在30km圈内，设70个店铺，一个配送中心。每个配送中心有4~5辆车，根据总部的送货单送货，一辆车一次可为10~15个店铺送货，若装车合理，送货则更方便，经济效益可以充分体现。第二，必须配备必要的现代化设施。配送中心和各分店都应具有总店提供的计算机终端，实现电脑网络化。通过现代化电脑网络的POS、EOS等系统，不但可提高订货与收货的精确性，提高销售能力，降低库存，节省人力，还可以及时收集、掌握各方信息，进行分析比较，做出正确决策。第三，为实现配货的自动化，配送中心还必须普遍建立条码自动扫描系统。运用条形码，就可利用电脑控制，进行配货、检验等工作。配送中心一般设有采购部、储运部、开发部、计划部等专门组织协调和管理，全权组织进货，负责商品的统一定价，办理发货业务，组织店内资金的合理使用，制定并实施员工培训计划，组织各项业务指标的落实，负责发展主营店的前期准备工作等。

2) 外包物流的设计

外包物流是指企业为了获得比单纯利用内部资源更多更好的竞争优势，将其部分或全部物流业务交由合作企业完成。为了保障供货的准确和及时，提高物流企业对本企业及企业客户提供服务的能力及快速反应能力，必须对外包物流加以设计。

(1) 外包物流的特点。物流的类型很多，外包物流通称为第三方物流。我国的《物流术语》国家标准中，对于第三方物流的表述是：第三方物流是独立于供需双方为客户提供专项或全面的物流系统设计或系统运营的物流服务模式。从概念可以看出，第三方物流有以下特点。

① 关系合同化。第三方物流为客户提供的服务是以合同形式确定的，又称为合同制物流。合同内容包括业务类别、业务量、时间、地点范围、价格、运输方式等。

② 服务个性化。对第三方物流的服务不同的物流消费者有不同的要求，即使同一个物流消费者在不同情况下也会有不同的要求。第三方物流企业根据物流消费者的不同要求提供针对性强的个性化服务。

③ 功能专业化。第三方物流企业的核心功能就是专业化的物流服务。对于专门从事物流服务的企业，它的物流设计、物流操作过程、物流管理都是专业化的，物流设备与设施也都是标准化的。

④ 信息网络化。信息技术是第三方物流生存和发展的基础和保障，在物流服务过程中，信息技术发展实现了信息实时共享，促进了物流管理的科学化，大大提高了物流服务的效率。

(2) 外包物流的作用。凭借着信息优势、专业优势、规模优势、服务优势等，第三方物流企业能够创造出比供应方和需求方采用自我物流服务系统运作更快捷、更安全、更高服务水准，且成本相当或更低廉的物流服务。其作用表现在以下几个方面，如图 8.8 所示。

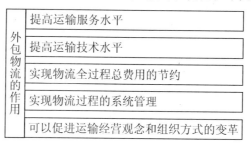

图 8.8 外包物流作用示意图

(3) 外包物流的模式。在物流系统设计中，一般仓库系统、库存系统以自营为主，外包物流主要从运输系统和物流配送系统两个方面考虑，其中物流配送系统的设计是主要内容。

外包物流的配送模式主要分两种类型：第一，单项服务外包型配送模式，这主要是由具有一定规模的物流设施设备(库存、站台、车辆等)及专业经验技能的批发、储运或其他物流业务经营企业,利用自身业务优势,承担其他生产性企业在该区域内市场开拓、产品营销而开展的纯服务性的配送。第二,社会化的中介型配送模式,即通过与上家(生产、加工企业)建立广泛的代理或买断关系,与下家(零售店铺)形成较稳定契约关系,从而将生产、加工企业的商品或信息进行统一组合、处理后,按照客户订单的要求,配送到店铺。

3) 选择物流模式的依据

企业对于物流模式的选择,是自营物流还是物流外包,都要从企业自身的资源条件和市场实际需要而定。具体应参考以下主要因素进行决策,如图8.9所示。

依据一	物流对企业发展的影响度和企业对物流的管理能力
依据二	企业对物流控制力的要求
依据三	企业产品自身的物流特点
依据四	企业的规模和实力
依据五	物流系统总成本
依据六	外包物流的客户服务能力
依据七	自拥资产和非自拥资产外包物流的选择

图 8.9 选择物流模式的依据示意图

(1) 物流对企业发展的影响度和企业对物流的管理能力。如果物流对企业发展的重要度高,企业处理物流的能力相对较低,则采用外包物流;如果物流对企业成功的重要度较低,同时企业处理物流的能力也低,则采用外购物流服务;如果物流对企业成功重要度很高,且企业处理物流能力也高,则采用自营物流。

(2) 企业对物流控制力的要求。越是市场竞争激烈的行业,企业越是要加强对供应和分销渠道的控制,企业应该自营物流。一般来说,最终产品制造商对渠道或供应链过程的控制力比较强,往往选择自营物流,即作为龙头企业来组织全过程的物流活动,制定物流服务标准。

(3) 企业产品自身的物流特点。对于大宗工业品原料的回运或鲜活产品的分销,应利用相对固定的专业物流服务供应商和短渠道物流;对全球市场的分销,宜采用地区性的专业物流公司提供支持;对产品线单一的企业,则应在龙头企业统一组织下自营物流;对于技术性较强的物流服务,如口岸物流服务,企业要采用委托代理的方式;对非标准设备的制造商来说,企业自营虽有利可图,但也可以交给专业物流服务公司去做。

(4) 企业的规模和实力。一般地,大中型企业由于实力较雄厚,通常有能力建立自己的物流系统,制定合适的物流需求计划,保证物流服务的质量。另外,还可以利用过剩的物流网络资源拓展外部业务(为别的企业提供物流服务),适宜建立自营物流模式。而中小企业则受人员、资金和管理等资源的限制,物流管理效率难以提高。此时,企业为把资源用于主要的核心业务上,就应该把物流管理交给第三方专业物流代理公司。如实力雄厚的麦当劳公司,每天必须把汉堡等保鲜食品运往中国各地,为保证供货的准确及时,就组建了自己的货运公司。

(5) 物流系统总成本。在选择是自营还是物流外包时,还必须弄清两种模式物流系统总成本的情况。成本计算公式为:

物流系统总成本=总运输成本+库存维持费用+批量成本+总固定仓储费用+总变动仓储费用+订单处理和信息费用+客户服务费用

这些成本之间存在着二律背反现象:减少仓库数量时,可降低仓储费用,但会带来运输距离和次数的增加而导致运输费用增加;如果运输费用的增加部分超过了仓储费用的减少部分,总的物流成本反而增大。所以,在选择和设计物流系统时,要对物流系统的总成本加以论证,最后选择总成本最小的物流系统。

(6) 外包物流的客户服务能力。在选择物流模式时,考虑物流成本尽管很重要,但外包物流对为本企业及企业客户提供服务的能力是选择物流服务至关重要的参考因素。也就是说,外包物流满足企业对原材料需求的能力、及时性和可靠性、外包物流提供商对企业的零售商和最终客户不断变化的需求的反应能力等方面应该作为首要的因素来考虑。

(7) 自拥资产和非自拥资产外包物流的选择。自拥资产的第三方物流是指有自己的运输工具和仓库,从事实实在在物流操作的专业物流公司。它们有较大的规模、雄厚的客户基础、到位的系统。自拥资产的第三方物流通常专业化程度较高,但灵活性往往受到一定的限制。非自拥资产第三方物流是指不拥有硬件设施或只租赁运输工具等少量资产,主要从事物流系统设计、库存管理和物流信息管理等职能,而将货物运输和仓储等具体作业活动交由别的物流企业承担,但对系统运营承担责任的物流管理公司。这类公司通常运作灵活,能够修订服务内容,可以自由混合、调配供应商,管理费用较低。企业应根据自己的要求对两种模式加以选择和利用。

2. 物流成本控制

根据中华人民共和国国家标准《物流术语》(GB/T 18354—2006)的解释,物流成本是物流活动中所消耗的物化劳动和活劳动的货币表现,即产品在实物运动过程中,如包装、运输、储存、流通加工、物流信息等各个环节所支出人力、物力和财力的总和。这是完成各种物流活动所需的全部费用。

物流策划的目标之一就是降低物流成本。物流成本控制是对从原材料供应开始直到商品送达消费者的各环节发生的费用进行计划和管理,压缩不必要的成本,以达到预期目的。

降低物流成本的方法主要有:①降低物流直接成本;②完善物流途径;③扩大运输量;④合理库存。

8.4 渠道风险防范策划

1. 渠道风险类型分析

渠道风险是指企业所选择的分销渠道不能履行分销责任和不能满足分销目标及由此造成的一系列不良后果。分销渠道风险包括中间商风险、储运风险和货款回收风险等。

(1) 中间商风险。大多数企业都选择中间商销售产品，企业在选择中间商时若出现失误，将难以达到预期的目的。中间商风险主要表现为：中间商的实力不适应企业产品销售条件、中间商的地理位置理想、各中间商之间不能协调甚至相互倾轧、中间商的其他违约行为等。

(2) 储运风险。储运风险主要是指由于产品在物流过程中导致的产品损失。主要表现为3种形式：一是产品数量上的损失，二是产品质量上的损失，三是供应时间上的损失。

(3) 货款回收风险。指企业不能按约从中间商处及时地收回货款而产生的货款被占用、损失等现象。货款回收风险是目前我国大多数企业所面临的十分棘手的问题。其主要表现有：中间商恶意拖欠和侵占货款、中间商因经营发生困难而无力支持等。

2. 渠道风险管理策划

(1) 建立渠道风险防范与处理机构。在变化的市场环境下，企业在运营中风险随时都可能发生，因此建立风险防范与处理机构就如同建立营销机构一样重要。风险防范与处理小组的工作应包括以下几个方面：一是在企业内部建立风险预防的规章制度，并督促制度的贯彻执行；二是调查研究相关信息资料，对公司客户的信息和能力进行分析和评定；三是在日常管理工作中进行风险处理演练，以提高对风险处理的应对能力，强化职工的风险防范意识；四是在企业出现风险后，由风险防范与处理机构统一处理风险事件。

(2) 充分发挥渠道信息系统的作用，加强与渠道成员之间的信息交流与沟通。渠道信息系统是以人为主导，利用计算机硬件、软件、网络通信设备以及其他办公设备，进行有关产品所有权转移信息、商品实物运动信息、回收货款等信息的收集、加工、储存、更新和维护，借以加强渠道管理，及时、准确、高效地满足顾客需要的一个人机系统。充分发挥渠道信息系统的作用，通过与渠道成员之间充分的信息交流与沟通，实现信息共享，加强彼此的了解和信任，建立和维护彼此间的良好合作关系，从而达到预防和化解渠道风险的目的。

加强与渠道成员之间的信息交流与沟通，预防和化解风险的方式很多，3M公司有许多值得我们借鉴的方法。3M公司为其办公产品分销渠道设计的方法主要有：①参加行业组织；②建立经销商建议委员会；③定期互访考察；④鼓励双方员工建立私人关系；⑤召开市场需求咨询洽谈会；⑥分销渠道成员协调会议；⑦与经销商合作开展市场研究；⑧经常举行非正式小型碰头会；⑨经常举行与个别分销商见面会；等等。通过上述几种方法，在预防和化解渠道风险方面取得了良好的效果。

(案例来源：卜妙金. 分销渠道管理[M]. 北京：高等教育出版社，2001. 略有改动.)

(3) 厂商结盟，规避风险。根据娃哈哈集团的分销渠道管理经验可以看出，对一个成熟的经销商而言，与超额利润相比，更希望有一个长期而稳定的合作同盟和收益来源。娃哈哈的"级差价格体系"、"区域责任制"、"联销体"以及"无偿助销"等，让商家觉得"能够有保证地长期挣到钱"，从而自觉维持市场秩序，使厂家最大限度地降低渠道风险。

本 章 小 结

  影响分销渠道策划的因素主要有产品因素、顾客因素、企业因素、竞争因素、经济效益因素、环境因素、国家相关法规等因素。

  分销渠道的设计应遵循以下原则：接近消费者的分销渠道设计原则、合理覆盖市场的分销渠道设计原则、精耕细作的分销渠道设计原则、强攻快进的分销渠道设计原则、携手共进的分销渠道设计原则、不断创新的分销渠道设计原则。

  商业伙伴的选择标准有以下几个：与生产企业的目标顾客有较密切的关系；经营场所的地理位置较理想；拥有尽可能完整的产品线；财务状况和商誉良好；企业管理规范，拥有具有专业知识的领导阶层和营销人员；规模和效益俱佳，具有提供服务和运输存储能力。商业伙伴的考察评价从以下几方面入手：了解商业客户的教育背景和从业经历、了解商业客户的价值观念与经营作风、考察商业客户的公共关系与公众形象、考察商业客户的合作意识与合作态度。招商方式包括以下几种类型：信函招商、推荐招商、网络招商、电话招商、访问招商、广告招商、会议招商、拍卖招商。

  供应链是指围绕核心企业，通过对信息流、物流、资金流等的控制，从采购原材料开始，到中间产品及最终产品，最后由分销网络把产品送到消费者手中，全过程涉及的供应商、制造商、分销商、零售商、最终用户连成的一个整体性功能网络结构模式。供应链具有如下特点：复杂性、动态性、面向用户需求、交叉性。供应链关系的作用主要有：促使企业机构和供应链的重构；改变市场竞争的方式；加速现代生产方式的产生和发展；促进现代信息技术的应用；减少不确定因素，降低库存；快速响应市场；提升企业的核心竞争力；增加用户满意度。供应链关系策划有两个方面：供应商关系策划；中间商关系策划。

  物流是为满足消费者需求而进行的对原材料、中间库存、最终产品及相关信息从起始地到消费地的有效流动与存储的计划、实施与控制的过程。现代物流与传统的物流相比，具有如下几个特点：现代物流是多种运输方式的集成；现代物流打破了运输环节独立于生产环节之外的分业界限；现代物流突破了运输服务的中心是运力的观点，强调了运输服务的宗旨是客户第一，客户的需求决定运输服务的内容和方式；现代物流着眼于运输流程的管理和高科技信息情报；现代物流与电子商务日益紧密地结合在一起；现代物流业正在全球范围内加速集中，并通过国际兼并与联盟，形成越来越多的物流巨无霸。物流的主要环节有运输环节、储存环节、装卸搬运环节、包装环节、流通加工环节、配送环节、物流信息环节等。

  分销渠道风险是指企业所选择的分销渠道不能履行分销责任和不能满足分销目标及由此造成的一系列不良后果。分销渠道风险包括中间商风险、储运风险和货款回收风险等。渠道风险管理要做好 3 项工作：建立渠道风险防范与处理机构；充分发挥渠道信息系统的作用，加强与渠道成员之间的信息交流与沟通；厂商结盟，规避风险。

关键术语

  分销渠道设计、商业伙伴、信函招商、推荐招商、网络招商、电话招商、访问招商、广告招商、会议招商、拍卖招商、供应链、物流、现代物流、运输环节、储存环节、装卸搬运环节、包装环节、流通加工环节、配送环节、物流信息环节、分销渠道风险、中间商风险、储运风险、货款回收风险。

习　　题

一、填空题

1. 渠道策划中，企业因素包括(　　)、(　　)、(　　)、(　　)。
2. 渠道策划的程序包括(　　)、(　　)、(　　)、(　　)。
3. 在具体的招商过程中，在确定商业伙伴之前，要根据选择标准对商业客户进行考察评价与筛选，其中(　　)和(　　)是考察评价的重点。
4. 所谓供应链是指围绕核心企业，通过对(　　)、(　　)、(　　)等的控制，从采购原材料开始，到中间产品及最终产品，最后由分销网络把产品送到消费者手中。
5. 分销渠道风险包括分销商风险、(　　)和货款回收风险等。

二、选择题

1. 供应链是一个网链结构，由围绕核心企业的供应商、供应商的供应商和用户、用户的用户组成，其特点有(　　)。
   A. 复杂性　　　　B. 动态性　　　　C. 连续性　　　　D. 关联性
2. 结合招商信息的传播方式，下列(　　)是招商方式类型。
   A. 信函招商　　　B. 现场招商　　　C. 电子招商　　　D. 网络招商
3. 渠道策划包括(　　)。
   A. 产品策划　　　B. 人员策划　　　C. 形象策划　　　D. 地点策划
4. 下列(　　)是分销渠道设计的原则。
   A. 接近消费者　　B. 精耕细作　　　C. 携手共进　　　D. 不断创新
5. 在渠道选择中，商业伙伴的选择标准有(　　)。
   A. 地理位置较理想　　　　　　　　B. 完整的产品线
   C. 商誉良好　　　　　　　　　　　D. 关系紧密不重要

三、简答题

1. 影响渠道策划的因素有哪些？
2. 渠道策划应遵循哪些原则？
3. 简述物流在渠道策划中的地位与作用。
4. 渠道风险类型有哪些以及如何规避？
5. 顾客如何影响渠道策划？

四、思考题

结合实际案例谈谈渠道策划的程序及重要性。

案例分析

可口可乐在中国的22种营销渠道

作为饮料行业的第一大品牌，可口可乐在中国不仅采用直接控股或与中粮、太古、嘉里等集团公司合资的形式广设装瓶厂,进行市场开拓与分销活动,他们还采用22种渠道,将可口可乐产品分销到每一个角落。

(1) 传统食品零售渠道:如食品店、食品商场、副食品商场、菜市场等。

(2) 超级市场渠道:包括独立超级市场、连锁超级市场、酒店和商场内的超级市场、批发式超级市场、自选商场、仓储超级市场等。

(3) 平价商场渠道:经营方式与超级市场基本相同,但区别在于经营规模较大,而毛利更低。平价商场通过大客流量、高销售额来获得利润,因此在饮料经营中往往采用鼓励整箱购买、价格更低的策略。

(4) 食杂店渠道:通常设在居民区内,利用民居或临时性建筑和售货亭来经营食品、饮料、烟酒、调味品等生活必需品,如便利店、便民店、烟杂店、夫妻店、小卖部等。这些渠道分布面广、营业时间较长。

(5) 百货商店渠道:这是指以经营多种日用工业品为主的综合性零售商店。内部除设有食品超市、食品柜台外,多附设快餐厅、休息冷饮厅、咖啡厅或冷食柜台。

(6) 购物及服务渠道:这是指以经营非饮料类商品为主的各类专业店及服务行业,经常顺带经营饮料。

(7) 餐馆酒楼渠道:这是指各种档次的饭店、餐馆、酒楼,包括咖啡厅、酒吧、冷饮店等。

(8) 快餐渠道:快餐店往往价格较低,客流量大,用餐时间较短,销量较大。

(9) 街道摊贩渠道:这是指没有固定房屋、在街道边临时占地设摊、设备相对简陋、出售食品和烟酒的摊点,主要面向行人提供产品和服务,以即饮为主要消费方式。

(10) 工矿企业事业单位渠道:这是指工矿企业事业单位为解决职工工作中饮料、工休时的防暑降温以及节假日饮料发放等问题,采用公款订货的方式向职工提供饮料。

(11) 办公机构渠道:这是指由各企业办事处、团体、机关等办公机构公款购买,用来执行客人或在节假日发放给职工。

(12) 部队军营渠道:这是指由军队后勤部供应,以解决官兵日常生活、训练及军队请客、节假日联欢之需,一般还附设小卖部,经营食品、饮料、日常生活用品等,主要向部队官兵及其家属销售。

(13) 大专院校渠道:这是指大专院校等食宿制教育场所内的小卖部、食堂、咖啡冷饮店,主要面向在校学生和老师提供学习、生活等方面的饮料和食品服务。

(14) 中小学校渠道:这是指设立在小学、中学、职业高中以及私立中、小学校等非食宿制学校内的小卖部,主要向在校学生提供课时的饮料和食品服务(有些学校提供课余时的饮料和食品服务;有些学校提供学生上午加餐、午餐服务,同时提供饮料)。

(15) 在职教育渠道:这是指设立在各党校、职工教育学校、专业技能培训学校等在职人员再教育机构的小卖部,主要向在校学习的人员提供饮料和食品服务。

(16) 运动健身渠道:这是指设立在运动健身场所的出售饮料、食品、烟酒的柜台,主要向健身人员提供产品和服务;或指设立在竞赛场馆中的食品饮料柜台,主要向观众提供产品和服务。

(17) 娱乐场所渠道:这是指设立在娱乐场所内(如电影院、音乐厅、歌舞厅、游乐场等)的食品饮料柜台,主要向娱乐人士提供饮料服务。

(18) 交通窗口渠道:这是指机场、火车站、码头、汽车站等场所的小卖部以及火车、飞机、轮船上提供饮料服务的场所。

(19) 宾馆饭店渠道:集住宿、餐馆、娱乐为一体的宾馆、饭店、旅馆、招待所等场所的酒吧或小卖部。

(20) 旅游景点渠道:这是指设立在旅游景点(如公园、自然景观、人文景观、城市景观、历史景观及各种文化场馆等)向旅游和参观者提供服务的食品饮料售卖店。一般场所固定,采用柜台式交易,销售较大,价格偏高。

(21) 第三方销售渠道:这是指批发商、批发市场、批发中心、商品交易所等以批发为主要业务形式的饮料营销渠道。该渠道不面向消费者,只是商品流通的中间环节。

(22) 其他渠道:这是指各种商品展销地、食品博览会、集贸市场、庙会、各种促销活动等其他销售饮料的形式和场所。

(案例来源:孙金霞. 市场营销[M]. 北京:电子工业出版社,2007年.)

市场 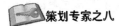 营销策划

思考题：
1. 可口可乐公司渠道设计有何优点？
2. 从可口可乐公司我们能学到什么？

策划专家之八

2005年度中国十大营销专家——朱玉童

朱玉童：深圳采纳营销策划公司总经理。2005年被南方都市报、中央电视台、新浪财经等媒体评选为"2005年度中国十大营销专家"。出版专著《曝光一个广告人的"阴谋"》、《非常策划》、《营销X档案》、《破解营销之谜》、《渠道冲突》、《挑战中国营销8大新难题》。

从业13年创造了——TCL手机"中国手机新形象"、益生堂三蛇胆"战痘的青春"系列广告、万家乐"火先锋"系列、广州移动"接受短信接受爱"、长城干红系列广告、亿家能太阳热水器系列广告、青岛啤酒原生"活的不一样"系列广告、美菱冰箱"新鲜的，美菱的"、国旅新景界、天健花园"居住文化的代表作"等经典之作。担任《销售与市场》杂志社顾问、《广告导报》理事、《市场周刊》杂志顾问、《中国经营报》专家顾问、清华大学继续教育学院客座讲师。

(案例来源：中华商界专家网.)

第 9 章 促销策划

科技为企业提供动力,促销则为企业安上了翅膀。

——美国 IBM 公司创始人沃森

我不希望听到你对我所作的广告评语是,这真有创意;而是希望引起你的兴趣,进而购买产品。

——大卫·奥格威(David Ogilvy)

本章教学目标与要求

(1) 了解促销策划的基本知识;

(2) 熟悉广告策划、人员推销策划、营业推广策划和企业形象策划的基本原理;

(3) 掌握广告策划、人员推销策划、营业推广策划和企业形象策划的方法。

本章知识架构

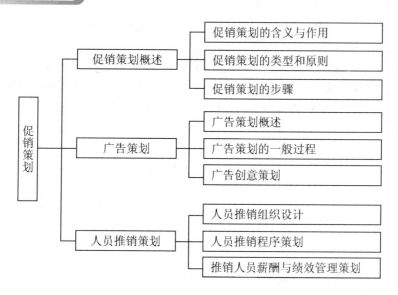

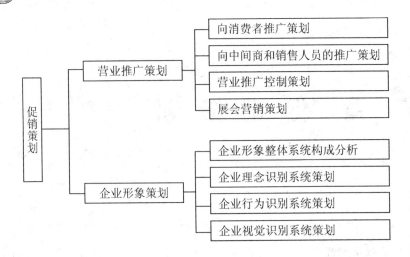

导入案例

在澳大利亚一家发行量颇大的报纸上，某日刊出一则引人瞩目的广告，意思是说广场空投手表，捡到者等于免费奉送。这一下子引起了澳大利亚人的广泛关注。空投那天，直升飞机如期而至，数千只手表从高空天女散花般地纷纷落下，早已等候多时的来自四面八方的人们沸腾了，那些捡到了从几百米高空扔下的手表的幸运者发现手表依然完好无损、走时准确时兴奋不已，一个个奔走相告。

西铁城的这一伟大创举成为各新闻媒介报道的一大热点。从此，西铁城手表世人皆知，西铁城手表的质量更是令人叹服。

（案例来源：全琳琛. 一分钟学营销——故事里的营销学[M]. 北京：人民邮电出版社，2010.）

从上述案例可以看出，西铁城手表的营销策划目标是提高西铁城手表的知名度和美誉度，于是整个策划的一切活动都是为了实现这一目标的。手表的宣传本可利用电视广告等手段来达到这一目标，但是一般的电视广告不具备创造性、创新性、创意性，也不会引起如此巨大的轰动，而西铁城手表的策划者在促销活动中融入了自己的创意，运用飞机来表现自己商品的质量，这是一种前无古人的促销策划。这种策划就当时的条件来说是可以实现的，西铁城手表的促销策划取得了巨大成功。那么，什么是促销策划？促销策划包括哪些内容？广告策划、人员推销策划、营业推广策划、企业形象策划如何运作？这是本章所探讨与学习的主要内容。

9.1 促销策划概述

9.1.1 促销策划的含义与作用

1. 促销策划的含义

促销策划分为广义促销策划和狭义促销策划。

1) 广义促销策划

广义促销策划是根据市场竞争环境分析和项目自身优劣势分析，针对目标市场需求，在对各种促销方式组合运用时具有创造性的谋划与设计,它包含以下两个层面。

(1) 整体促销策划。整体促销策划是指根据市场竞争环境分析和项目自身优、劣势分析,针对目标市场需求,对企业整个促销工作的整体谋划和设计,即人员推销、广告、营业推广和公关促销如何实现最佳配合。策划的目的是使企业形成整体促销合力,在有限的促销预算下达成最好的促销效果,如市场推广策划、市场进入策划、产品整体策划等。

(2) 单一促销策划。单一促销策划是指对企业在一定时间内,针对确定的市场采用特定的促销方式进行的单项促销活动,如公关促销策划、广告促销策划、销售促进策划和人员促销策划等。它是整体促销策划的基础,又具有相对的独立性和完整性。

2) 狭义促销策划

狭义促销策划即营业推广(又称销售促进)策划,是在市场目标的导向下,通过多种促销工具实现良好交互作用的策略设计、策略评价和策略控制,促进销售增长的一系列有计划的策略活动。

2. 促销策划的作用

通过促销策划能够帮助企业发挥和实现促销的以下 4 个方面作用,如图 9.1 所示。

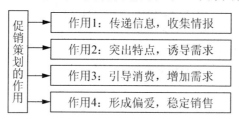

图 9.1　促销策划的作用示意图

1) 传递信息,收集情报

销售产品是市场营销活动的中心任务,信息传递是产品顺利销售的保证。信息传递有单向和双向之分。单向信息传递是指卖方发出信息买方接收,它是间接促销的主要功能。双向信息传递是买卖双方互通信息,双方都是信息的发出者,直接促销有此功效。通过促销策划,一方面,促使卖方(企业或中间商)向买方(中间商或消费者)更好更快更便捷地传递有关企业现状、产品特点、价格及服务方式和内容等信息,以此来诱导消费者对产品或劳务产生需求欲望,并采取购买行为;另一方面,收集买方向卖方反馈的产品价格、质量和服务的内容、方式是否满意等有关信息,帮助生产者、经营者及时更新改进产品,从而更好地满足消费者需求。

2) 突出特点,诱导需求

在市场竞争剧烈的情况下,同类商品很多,并且有些商品差别小,消费者往往不易分辨。如何让消费者在众多的同类商品中分辨出本企业的产品?通过促销策划,寻找本企业产品与竞争对手产品的区别,宣传说明本企业产品有别于其他同类竞争产品之处,便于消费者对产品定位、卖点及形象的认知,便于消费者了解本企业商品在哪些方面优于同类产品使消费者乐于认购本企业产品。并能通过突出产品特点的信息,变潜在需求为现实需求。

3) 引导消费,增加需求

需求是有弹性的,有效的促销活动不仅能诱导和刺激需求,而且在一定条件下可创造需求,这就需要进行行之有效的促销策划。当企业营销某种商品处于需求不足时,通过促销策划招徕更多的消费者,扩大需求;当需求处于潜伏状态时,促销可以起催化作用,实现需求;当需求波动时,促销可以起到导向作用,平衡需求;当需求衰退、销售量下降时,促销策划可以帮助市场需求得到一定程度的恢复。

4) 形成偏爱,稳定销售

在激烈的市场竞争中,企业产品的市场地位常不稳定,致使企业产品销售此起彼伏,波动较大。通过促销策划,帮助企业选择和运用适当的促销方式,开展促销活动,使较多消费者对本企业的产品产生偏爱,进而稳定住已经占领的市场,从而达到稳定销售的目的。

9.1.2 促销策划的类型和原则

1. 促销策划的类型

促销的方式有人员促销和非人员促销两类,促销策划也主要是针对人员促销与非人员促销进行谋划与设计,即人员推销策划和非人员促销策划。人员推销亦称直接推销,是企业运用推销人员向消费者推销商品或劳务的一种促销活动,它主要适合于消费者数量少、比较集中的情况下进行促销。非人员促销,又称间接推销,是企业通过一定的媒体传递产品或劳务的有关信息,以促使其产生购买欲望。发生购买行为的一系列促销活动,包括:广告、营业推广、展会营销和企业形象宣传等。它适合于消费者数量多,比较分散的情况下进行促销。通常企业在促销策划中将人员和非人员推销结合运用。

2. 促销策划的原则

促销的效果好坏直接影响甚至决定着企业在市场活动中的命运。为了取得促销的良好效果,在进行促销策划时一定要遵循以下4个原则。

(1) 出奇制胜原则。出奇制胜是营销策划的基本要求,促销更是如此。促销一定要达到新、奇、异、特的效果,抓住消费者的求新、求奇、求异、求特的心理来构思促销方案,制定促销措施。

(2) 突出优势原则。面对市场上众多的同类产品,让消费者从中准确地识别其性能和效用,是促销策划必须遵循的原则。策划者必须通过促销活动突出企业、企业产品的性能优势,或者显示产品能给消费者带来的利益,能够解决消费者某一方面的问题,从而使目标消费者对企业或产品留下深刻的印象。

(3) 时空性原则。任何促销活动都是针对一定时空条件下的特定情况进行的。无论哪一种促销方式,都要有时间、地点限制,都要确定促销的具体时间、期限。一定要做好事先周密准备、事中合理调配、事后及时总结。

(4) 针对性原则。促销是产品进入或即将进入目标市场时,企业向中间商和消费者提供信息,与中间商和消费者进行沟通的重要手段。因此,促销策划必须要有针对性,针对企业的目标市场,针对目标消费者的消费特点、购买习惯、购买力,从而既可以节约促销成本,又能确保与目标消费者沟通的有效性。

9.1.3 促销策划的步骤

促销策划,一般要经过3个阶段,如图9.2所示。

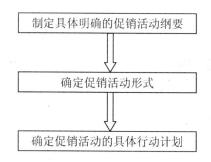

图 9.2　促销策划步骤示意图

(1) 制定一个具体明确的促销活动纲要。纲要主要包括以下几个方面的内容。
① 企业促销活动的主要任务是什么？
② 企业促销活动的主要目标是什么？如增加销售量(额)、发展新顾客、激励老顾客反复连续地购买、培养和增强顾客的忠诚度、塑造公众的品牌意识、寻求中间商的支持等。
③ 企业促销活动要针对哪些目标消费群体？
④ 促销问题可能出现在哪些环节上？
⑤ 哪些环节的问题对整个促销活动影响最大？
⑥ 促销各个环节如何协调？
⑦ 企业为促销活动需要投入多少费用？
(2) 确定促销活动形式。确定促销活动形式包括如下主要内容。
① 选择促销活动的具体形式，如公关促销、人员推销、营业推广和广告等。
② 选择奖励形式，如奖品、奖金、奖券、各种赠品或旅游活动等。
③ 确定促销活动的程序和后援支持。
(3) 确定促销活动的具体行动计划，具体工作如下所述。
确定有关活动的各项规定、各项设计工作、需要的广告宣传品和奖品、各项管理与辅助支援工作、必要的应急措施等。

9.2　广 告 策 划

一则为他人"作嫁衣"的广告策划

2004 年央视二套王牌节目《经济半小时》的中间插播广告中，有一组大约 15 秒的广告画面。画面显示一个中年女子的脸部侧面特写，她驾驶一辆轿车，神色凝重，注视前言。
画面字幕显示：廖佳，自驾车旅行者……2001 年单人驾车穿越欧亚大陆……2002 年游历中国大陆……
突然，廖佳透过车窗看见一群野马，她也立时变得神采飞扬，于是猛踩油门，与野马一起狂奔……这时候，画面显示一个木制的指路牌，字幕显示：2004 年，廖佳开始环球旅行……
后来，画面又转换到恶劣的路况上来，意即表明廖佳在旅途中遭遇到的千辛万苦。只见车轮在泥泞里打转，此时轮毂上大众汽车的 LOGO 清晰可见……

画外音播出的是廖佳的声音:"其实所谓追梦,就是在经历100次失败后,还能第101次打火、上路……,我能!"

最后画面定格标版,显示"GOTONE全球通"、"中国移动通信,移动通信专家"。

广告内容共记载了以下画面:廖佳——2001年——单人驾车——欧亚大陆——野马——泥泞道路——车轮打转——大众车标——路牌——追梦——中国移动通信。从整个演进过程来看,除了最后定格的标版外,整个广告内容与通信行业没有任何关系,当然也与中国移动没有任何关系。如果去掉最后定格标版,其实就是大众汽车的广告了。

(案例来源:张会亭. 中国移动 de 广告之败[J]. 中外管理,2004(9).)

这是一家国际著名的广告公司创意,国内一知名导演编导为中国名企——中国移动制作的广告片。很显然,这是一个失败的广告策划。分析其原因,知名电影导演对一个广告片的表现细节如何影响品牌传播了解得并不专业,而广告公司和负责此项工作的中国移动有关人员也没有很好地履行监督责任,结果导致了中国移动为"大众汽车""作嫁衣"的失败之作。这个案例提示我们,第一,广告策划是一项非常严谨的工作,不是随便一个策划公司、策划者都可以完成的工作,策划者必须要有非常专业的策划知识和创造性的思维;第二,包括策划者在内各方面参与者必须要抱着对策划对象高度负责的态度和敬业精神,否则,再著名的广告公司、再著名的导演也不可能推出优秀的广告策划;第三,策划方案出台后,相关人员必须高度负责,围绕企业的目标认真审查和把关,使广告策划真正能够与企业的广告目标相吻合。

9.2.1 广告策划概述

1. 广告策划的内涵

广告(Advertise)源于拉丁语,有"注意"、"诱导"、"大喊大叫"和"广而告之"之意。随着商品经济的高度发展,广告成为传播经济信息和促进商品销售的重要手段,尤其是在信息化程度越来越高的现代化社会中,广告日益成为一种最有效、最常见的促销手段,它在传递信息、沟通产销、激发需求、指导消费、扩大销售、增加效益、美化生活、促进文明等方面,都起着其他促销方式无法比拟的作用。美国市场营销协会定义委员会(AMA)对广告的定义是"广告是由明确的发起者以公开付费的形式、以非人员的任何形式,对产品、服务或某项行动的意见和想法等的介绍和推广。"

作为营销策划学科的一个重要分支,广告策划是指根据企业的营销策略,按照一定的程序对广告活动的总体战略进行前瞻性规划的活动。广告策划以科学、客观的市场调研为基础,以富于创造性的定位策略、创意和设计策略及媒介策略为核心内容,以具有可操作性的广告策划方案为直接结果,追求广告活动进程的合理化和效益的最大化。广告策划不能使劣质产品变为优质产品,但能使一流的产品成长为强有力的品牌,广告策划是企业营销运作的一个重要环节。

2. 广告策划对企业的重要意义

广告策划对企业产品的知名度、美誉度的提升,规避广告风险等都有非常重要的意义和作用,主要表现在以下几个方面。

(1) 广告策划为企业产品的快速销售提供了思路。广告策划帮助企业挖掘潜在的购买力,开拓新市场,促进产品销售,避免产品积压,帮助企业及时回笼资金,扩大企业再生产,提高企业盈利水平。

(2) 广告策划的创意内容和理念能够规范企业的经营行为。积极的广告策划不仅对消费者产生号召力,并且对企业和企业产品进行了高度的形象的概括。当广告把"唯全"、"唯美"、"唯信"、"唯诚"的理念传播给消费者时,也就是对企业本身提出了相应的要求,使企业必须规范经营行为,建立科学的管理制度,完善企业形象以适应消费者对企业的要求。

(3) 广告策划为树立企业整体形象发挥着重要作用。持续不断的、理性的、时尚的广告,通过各种媒介的传播,把企业在受众者心中的形象具体化、优先化,提高消费者对企业的美誉度。从而将企业文化渗透给消费者并加以强化,形成企业内部强大的凝聚力,造就出一只具备战斗力的团队;使企业外部的消费者对企业产生更多的欣赏和信赖,并对企业文化给予认可。

(4) 广告策划能使企业保持经营特色,规避竞争风险。现代市场竞争激烈,任何企业为了生存和发展必须有克敌制胜的法宝。始终生产平淡无奇、步人后尘的产品,终究是会被市场淘汰的。广告策划可以为企业提供新思路,促进企业不断创新,不断完善管理机制,使企业在竞争中保持活力。优秀的广告创意,不仅能给产品打开市场,而且能给企业带来新的启示,使企业的创新能力不断提高,争得更多的市场份额。让企业的产品保持个性和特色,不仅使企业形成独特的市场卖点,也是回击竞争对手的有力武器。

3. 广告策划的原则

进行广告策划应遵循以下几个原则,如图9.3所示。

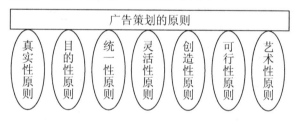

图9.3 广告策划原则示意图

1) 真实性原则

真实性原则是指广告传递的信息内容要真实、准确、明晰,虚假、欺骗性的广告结果只能是自毁信誉。真实性原则是一个涉及广告法的重要原则,也是一种商业道德和社会责任。这是广告活动的根本原则和基本规范,广告策划者也必须遵守这一原则。要做到真实性,首先要实事求是地宣传商品的特性、功能、价值及相关服务信息;其次,要求广告表述得准确贴切、清晰明确,不能模棱两可、含糊其辞。

2) 目的性原则

整体广告策划是以追求经济效益和社会效益相统一为目标的广告活动。广告策划首先要明确广告活动的目的,必须以广告主题为依据,或者是为了扩大影响,提高企业或产品的知名度;或者是为了抢占市场,取得市场竞争优势;或者是促进产品销售,追求经济效益等。

3) 统一性原则

广告活动是一个整体,要综合进行分析和策划,以选择最优方案。在广告策划过程中,必须使广告活动的各个环节保持一致,如广告目标的统一性,广告策略的统一性,广告媒体、表现形式的统一性等。这样就可以减少广告活动的随意性和无序性，逐步累积广告效果，有利于广告目标的实现。

4) 灵活性原则

广告活动的目标受众的购买动机极为复杂，广告环境和竞争状况等都不断变化，因此广告策划要有弹性。如果广告策划方案与实际情况出现偏离，就应及时调整、修订，甚至重新策划广告活动。企业还必须结合实际情况不断调整策划工作，如修改广告创意、调整广告媒体、调整地区、广告时机和方式等，以保证广告效果。

5) 创造性原则

创造性是广告策划的保证。可以从自身的产品找优势、找特色，也可以从竞争者的特点中找出空隙，挖掘竞争者没有的特点，作为广告策划的切入点。其具体表现在广告定位、广告创意、广告设计、广告媒体等各个方面。例如，广告策划专家叶茂中设计的白沙烟"鹤舞白沙，我心飞翔"广告词，朗朗上口，出奇制胜，格外引人注意。

6) 可行性原则

广告策划方案必须要从企业、企业的产品、市场需求、市场竞争等实际情况出发。广告策划方案应用科学的方法，同时还要符合相关法律法规的要求，才能被实施并且取得预期效果。不具备可操作性的策划方案，即使新颖独特，也毫无实用价值。

7) 艺术性原则

广告是一门科学，也是一门艺术。广告把真实性、思想性、针对性寓于艺术性之中。利用科学技术，吸收文学、戏剧、音乐、美术等各学科的艺术特点，把真实的、富有思想性、针对性的广告内容通过完善的艺术形式表现出来。只有这样，才能使广告像优美的诗歌，像美丽的图画，成为精美的艺术作品，给人以很高的艺术享受，使人受到感染，增强广告的效果。这就要求广告策划要构思新颖，语言生动、有趣、诙谐；图案美观大方，色彩鲜艳和谐，广告形式要不断创新。

 案例

胶粘液广告

1. 阿拉迪特胶液

英国生产胶液的阿拉迪特公司的创意则为将一辆小轿车的4个轮子涂上胶液，粘在一个广告牌上"示众"。

2. "尤赫"牌胶液

南非的帕代克斯公司为了推销自己的"尤赫牌"胶液，把一个替身演员粘在一架双翼飞机的机翼上，并在空中飞行40分钟。

3. "劳特"牌胶水

香港的"劳特"牌胶水生产厂家为了展示其产品高效的性能，竟将一枚金币粘在墙上，并声称"谁能用手把'劳特'牌胶水粘在墙上的金币拿下来，这枚金币就归他所有。"

(案例来源：杨勇，王惠杰著. 现代市场营销学[M]. 北京：中国物资出版社，2011. 略有改动.)

4. 广告策划应注意的几个问题

1) 广告策划活动必须以消费者为中心，明确广告诉求对象

广告策划必须以消费者为中心，明确其诉求对象。要明确广告诉求对象的性别、年龄、

第 9 章 促销策划

性格爱好、职业、收入、教育程度、教育背景、思维方式、生活形态、价值观念、消费观念、购买决策形式、媒体接触习惯、信息接收处理方式等方面的特征，这样才能有良好的传播沟通效果。

当然，诉求对象可以是目标消费者，也可以是目标消费者中的一部分群体，是目标消费者中具有领先消费行为和带动效应的"意见领袖"，或者是目标消费者中的购买决策者。

2) 广告要有特色和亮点，诉求点必须准确无误，恰到好处

为了吸引消费者的注意力，引起消费者的兴趣，形成美好联想与深刻记忆，广告设计必须要有特色和亮点，从而让消费者从众多同类产品中对自己的产品产生特别兴趣。

惊险广告

1983 年，美国的一个厂商生产了一种叫"超级三号"的强粘胶液，他想将这种产品打入法国市场，委托巴黎的奥布尔维和马瑟广告公司的设计师们制作广告。如何突破传统广告平铺直叙的格局，做出让人信服的广告呢？这些设计师绞尽脑汁，终于设计出一则惊险的广告：在电视画面上，有一个男人在鞋底下滴了 4 滴"超级三号"，然后将此人倒粘在天花板上，足足倒立保持了 10 秒钟，并有公证人当场监督鉴定。这个广告播出后，立刻引起了强烈的反响，不到一周这种胶液就销售出了 50 万支，1983 年总销售量为 600 万支。这则广告的绝妙之处在于：让电视观众在提心吊胆的观看过程中，真正信服了"超级三号"的可靠性。历来人们相信"耳听为虚，眼见为实"，这种惊险广告的效果比起那种长篇大论的口头宣传广告要好多了。

(案例来源：薛辛光，孙雷红. 营销策划理论与实务[M]. 北京：电子工业出版社，2009.)

3) 广告投放策略要与产品寿命周期有对应关系

产品处于产品生命周期的不同阶段，消费者对产品和品牌的了解程度不同，应采取不同的广告投放策略，见表 9-1。

表 9-1 广告投放策略与产品寿命周期对应表

产品寿命周期	广告目标、重点	广告投放策略
投入期	宣传，介绍建立产品知名度	各种介绍性广告
成长期	提高产品知名度	改变广告形式(如：形象广告)
成熟期	建立产品美誉度	改变广告形式(如：形象广告)
衰退期	维持信任，偏爱	提示性广告
整个周期阶段	消除顾客不满意感	不断改变广告内容

4) 广告发布时段的正确选择

广告发布的时段是指广告在媒体发布的具体时间或时间段。广告在不同的媒体发布的时间要依据媒体组合来确定，在各媒体发布的时段要根据受众的媒体接触情况来确定。一般来讲，广告应选择诉求对象对媒体接触最为集中的时段发布。有些广告策划方案是非常好的，但由于广告发布的时段选择不当，直接影响了广告的宣传效果，导致了企业丧失了很多与市场同类产品的品牌竞争取胜的机会。

9.2.2 广告策划的一般过程

为了保证广告策划不是缺乏章法的凭空设想，广告策划活动要遵循科学规范的程序来进行。广告策划的一般过程可以分为以下4个阶段，如图9.4所示。

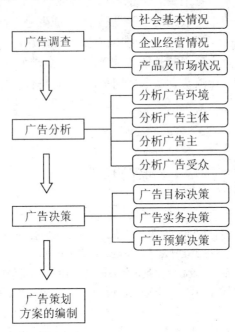

图 9.4 广告策划过程示意图

1. 广告调查

广告调查是广告策划的依据和开端，是指策划人员对与广告策划有关的一切因素开展的调查活动。主要包括三方面的内容：人口、社会文化及风土人情等社会基本情况；企业的历史与现状、企业规模与特点、经营状况和管理水平等企业经营情况；产品生产状况、产品特性、产品生命周期、市场竞争情况、消费者心理及购买行为等产品及市场状况。

2. 广告分析

首先要分析广告环境，了解其对广告活动的影响，包括对自然环境、国际环境、产业环境、政治环境、经济环境等因素的分析；其次要分析商品和服务、品牌及观念等广告主体，识别其类别和品质，了解其历史、现状及其潜在的广告机会，以及在市场中的形象；再次要分析广告主，了解广告策划项目委托者的经营资质和经营现状，分析其广告目的与期望值，了解其对广告策划认可的方式，掌握其资金支付的能力及潜在的广告机会等；最后要分析广告受众，了解广告信息主体，即目标消费者的特点。一方面要明确广告传播的信息有哪些接受者，识别有意购买者；另一方面要了解有效广告受众对该产品或该企业的关注点是什么，如性能、品牌、包装或服务等。

3. 广告决策

广告决策直接影响整个广告策划活动的水平，以及广告实际操作的效果。广告决策的具体内容如下。

第9章 促销策划

(1) 广告目标决策。在确定广告目标时,要从企业自身的资源及市场环境出发,使广告目标经过努力可以实现;而且要注意集中于最主要的问题,以保证人力、财力和物力的集中使用;还要有具体明确、便于检验广告实际操作的效果。

(2) 广告实务决策。一是要确定广告活动形式,选择广告媒体和表现形式;二是要确定广告传播的内容,选择广告将要发出的有效信息;三是要确定广告传播频率和发布时机、地点,明确广告活动的流程等内容。

(3) 广告预算决策。广告预算受产品生命周期、竞争对手的预算支出、广告目标和市场范围及企业财务状况等多方面因素的影响,在广告预算决策时要进行综合考虑,精打细算,合理预算。

4. 广告策划方案的编制

在广告调查、分析和决策过程中,策划人员逐步形成一整套广告活动构想,这种构想落到文案上,就形成广告策划方案。广告策划方案是前期广告策划工作的总结,同时又是下一步实施广告活动的指导性文件。广告策划方案完成之后,广告策划活动就告一段落。

案例

"康师傅"方便面广告策划书

随着人们生活节奏的不断加快,人们的饮食生活也被深深打上了时代的烙印。因为方便面给大家提供了很大的便利,所以成为了很多人生活中不可缺少的食物组成部分。提起方便面,很多人立刻就会想到"康师傅"这个品牌,"康师傅"方便面在中国几乎是家喻户晓的。"康师傅"塑造了一个可爱的动画人物图样,以讲究健康美味的美食专家的形象在中国市场建造了"康师傅"食品王国。大学生是方便面的重要消费群体,通过对产品市场的综合调查分析,以提高"康师傅"方便面在×××学院的市场占有率为主要目的做了一整套营销策略方案。

1. 市场分析

1) 销售环境分析

大学生是方便面的重要消费群体。就×××学院而言,学校周一到周五实行封闭式管理,学生的活动范围基本都是在校园里,食堂饭菜单一,且吃饭时间集中。同学在厌倦了食堂那永远不变口味的食物和挤食堂抢饭的烦恼时自然会选择实惠方便的方便面。

2) 自我剖析和销售比较

"康师傅"方便面品质精良、汤料香浓,碗装面和袋装面一应俱全,更重要的是它有一个"康师傅"的名字。顶新国际集团董事长魏应交曾说"许多人认为'康师傅'的老板姓康,其实不是。'康'意为要为消费者提供健康营养的食品;'傅'在华人中有亲切、责任感、专业成就的印象,这个名字有亲和力。用'康师傅'这个品牌反映了我们的责任心。"

"康师傅"是国内最大的方便面品牌,根据我们在×××学院的市场调查问卷得知,很多人在买方便面时首选是康师傅,购买原因,一是因为品牌效应,二是因为好吃。而校园外全国近期内的市场调查显示,"康师傅"的市场综合占有率保持在34%以上。

3) 消费者分析

学生一般都离不开方便面,而学生一般又会在什么情况下选择方便面呢?我们的调查结果如下。

懒。很多同学忙于学习,懒得去吃饭或者下课晚时看到食堂吃饭的人太多,会选择吃方便面。

穷。学生本身属于低消费群体,吃方便面省钱。

整天用电脑的人。学生中有很大一部分喜欢游戏或者学习电脑软件。这部分人对着电脑就不愿意离开,很多时候会选择方便面这种快餐式的饮食。

形单影只。不喜欢单独去食堂吃饭的人,会选择方便面。

真的很喜欢吃方便面的人。

既然这些人会更多地选择方便面,那怎么样才能抓住这些人的注意,让他们在买方便面时更多地购买"康师傅"方便面呢?

4) 竞争对手的分析

通过调查,相比于其他品牌,"康师傅"吸引学生群体的特点就是面筋道、滑溜、味香,品牌大,包装好看,价格适中;且"康师傅"推出各种口味的方便面时做了很全面的市场调查和分析。调查结果显示,中国人最喜欢的面条口味是牛肉味,第二、第三是排骨和鸡肉口味,第四才是海鲜口味。确定牛肉味后,经过不断改进,请上万人试吃,才终于生产出适合大众口味的产品。那么,"康师傅"的最大特色在什么地方呢?而又怎么让这些强化特点促进"康师傅"的销售呢?

2. 广告策略

经过我们多番的讨论,我们最终确定把"康师傅"品牌信誉度高,品牌形象亲切和"好吃看得见"这几点强化突出。既然这是一个老的知名品牌,广告策略重点不用放在更大的品牌宣传上,而在广告策略上侧重于深化"康师傅"这个可爱的动画人物给我们带来的亲切感,在品牌上加入人文关怀的因素,让同学们在看到听到这个品牌时就觉得有温馨的感觉,就可以强化它的品牌效应。而强调它的好吃,就可以在网络上做突出"康师傅"方便面十分好吃这个特点的 Flash 广告。我们推广的目标市场是×××学院南区,就要针对这个环境特点选用最合适的广告策略,和使用尽可能少的广告费用。

1) 广告方式

首先,选用的媒体是广播。在下课(特别是吃饭)的时间,无论身处校园的哪个角落都能听见广播。可以选在吃饭的时间在校园广播上推出一个介绍健康饮食知识的小栏目,比如说吃"康师傅"友情提示在炎热的夏天我们应该多吃点水果,吃西红柿有美容作用等,以增加其健康的良好形象。然后可以抓住大学生网络生活占了很多的课余时间这个特点,在校园网上制作一个点击网页弹出式 Flash,这个 Flash 最主要是突出康师傅的美味。另外可以在校园网上发布一个由"康师傅"公司赞助的"康师傅"网页和 Flash 设计大赛,其实这比赛就是一个很好的促销手段,因为对赛事有兴趣的同学们,就会自然而然为了更进一步了解"康师傅"这个牌子的方便面而去更多地品尝。比赛的奖品可以设为头等奖得到在"康师傅"公司打暑假工的机会,二等奖设为做"康师傅"校园销售代表,优秀奖设为"康师傅"方便面一箱和证书。

再者,我们还有如下几种策略。

(1) 根据调查,买方便面的有70%的人属于冲动型购买,在去超市之前不会计划好要买什么品牌。可以在学校的几个超市里"康师傅"方便面摆放的地方,贴上以亲切可爱"康师傅"本人形象为画面的小的指示牌。突出易看、易取、易买。

(2) 户外。可以在北区和新校区的路间设一个自行车免费充气点,摆放一把印有"康师傅"标识的大遮阳伞和一个自行车电动充气设备。

(3) 促销。南校区的宿舍楼是没有电风扇的,我们针对悄然来临的夏季,从人文关怀的角度出发,进行买五袋装的"康师傅"方便面就可获赠一把印有"康师傅"字样的漂亮纸扇的促销活动。

(4) 设临时售点。针对学生这个消费群体的特点,可以让"康师傅"方便面变得更方便,在每幢宿舍楼都设一个小的销售点(这个销售点可以是网页或者 Flash 大赛的获奖者所在的宿舍,或者是勤工俭学窗口),并开通一个免费电话和一个销售网页。学生想吃方便面了,一个电话打来或者一个信息打进来,面和水就一起送上门来。这样又进一步扩大了"康师傅"方便面的销售。

2) 广告定位

(1) 诉求点:品牌大、味道好。

(2) 广告语：随时随地关爱你——"康师傅"方便面。

3. 广告计划

1) 广告目标

通过提高品牌形象扩大销售。希望×××学院南校区夏季销售量达到 3 000 箱(如果一箱方便面厂商大概纯盈利为 8 元，那么就是 8×3 000=24 000 元)。

2) 广告时间

(1) POP 广告、广播、网络的广告时间为 6 月 1 日—6 月 30 日。

(2) 临时售点的户外广告时间为 6 月 1 日—7 月 31 日。

(3) 促销时间为 6 月 1 日—6 月 30 日之间的每周五下午。

3) 广告预算

POP 广告：100 元。

广播：100 元。

网络(含奖品)：200 元。

促销赠品：200 元。

临时售点：150 元/月×2=300 元。

户外：100 元。

总费用：1 000 元(预测波动价在 1 000～1 200 元之间)。

(案例来源：杨英梅. 商务策划实务[M]. 北京：机械工业出版社，2010.)

9.2.3 广告创意策划

巨型皮鞋的广告策略

意大利哈利兹制鞋公司在创建 50 周年庆典时，特制了一双巨型皮鞋，长 1.8m，高 1.2m。他们在制作之前，通过新闻媒介公布其制鞋的周密计划，并邀请消费者参加有奖竞猜，内容是这双巨型皮鞋要用多少张牛皮，用多少斤铁钉？……猜中者给予重奖。计划公布后，许多人积极参加。

在制作过程中，他们还不断通过新闻媒介向消费者报道制作进度，多少人参与制作和由公司总经理亲自挂帅监督制作等。

通过这次别开生面的皮鞋制作活动，公司把精细制作的过程告诉了消费者，并反复强调他们卖给消费者的每一双鞋都是精心制作而成的，货真价实。这双巨型鞋需要 6 个人方可抬起来，不仅被载入吉尼斯世界纪录大全，同时还收到了显著的广告效果。

(案例来源：吴絮. 策划学——原理、技巧、误区及案例[M]. 北京：北京师范大学出版社，2004.)

上述案例可以看出，意大利哈利兹制鞋公司通过制作巨型皮鞋的一系列活动，借助媒体一步一步将该公司的皮鞋产品的质量展现在消费者面前的富有创意的策划，收到了非常好的广告效果。由此可见，有创意的广告具有很强的吸引力和感染力，在激烈竞争中处于有利的地位。广告创意作为观念性的构思，为广告的设计提供了明确的指导思想，是广告策划的核心。

广告创意是指为了实现广告活动的目标，广告策划者对广告的主题、内容和表现形式所提出的独创性的见解与构思。正如广告大师伯恩巴克所说:"广告创意是赋予广告生命和灵魂的活动。"广告创意策划要以产品及特点为基础,以目标受众为主要对象,力求在形式和手法上有所创新,并且为目标受众所认知,最终形成受众对产品的兴趣及选购能力。

1. 广告创意的主要内容

广告创意的基础是产品及其特点。策划者要了解和熟悉产品性能,确认产品质量,分析产品与竞争者的差异,在此基础上进行广告创意。围绕产品,广告创意的内容具体包括在以下4个方面:构思的创意、语言的创意、形式的创意和运作的创意,如图9.5所示。

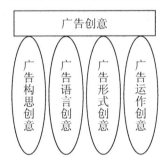

图 9.5　广告创意主要内容示意图

1) 广告构思创意

广告策划工作是对目标受众传播信息并刺激其行动的活动,广告策划的成败应视它是否能有效地把想要传达的信息在正确的时间,用正确的方式,以正确的成本,传达给正确的人,实现正确的目标。而要实现5个"正确",首先需要正确的构思。构思可以说是广告策划的灵魂,一旦确定了有创意的广告构思,其他方面的问题就比较容易解决了。

2) 广告语言创意

广告作为一门综合艺术,语言包括有声语言和无声语言,是广告中最具灵活性、应用性和表现性的艺术。广告语言要求通俗易懂、准确真实和生动幽默,广告最忌讳的是"王婆卖瓜、自卖自夸"。广告构思上的独特创意再配上精妙绝伦的广告语言,则会大大提升广告的效果。许多经典的广告用语语言精练、用词准确、主题鲜明,具有很强的影响力、冲击力、持久力,常常会令人念念不忘。

广告语摘录

"每抽一支'艾蒂多诺',就像经历了一次愉快的航程"(艾蒂多诺雪茄烟)。

"对那些嗜烟如命的人来说,抽幸运牌是明智的选择"(幸运牌香烟)。

"弹指间,尽显将军本色"(将军集团济南卷烟厂将军牌香烟)。

"我真妒忌男人们抽着烟的潇洒状态"(美国烟草公司)。

"鹤舞白沙,我心飞翔"(长沙卷烟厂白沙牌香烟)。

"车到山前必有路,有路必有丰田车"(丰田汽车)。

"来到万宝路世界——尽善尽美"(万宝路香烟)。

"永远不会背弃你的好伙伴"(荷兰人牌雪茄烟)。

"一品黄山，天高云淡"(蚌埠卷烟厂黄山香烟)。
"饭后一支烟，赛过活神仙"(新中国成立前的上海烟草)。
"不准吸烟，连环球牌也不例外"(环球牌香烟)。
"会叫的狗是绝不会咬疼你的"(狗头牌香烟)。
"假如没有联想，世界将会怎样"(联想集团)。
"喜上加喜，人人欢喜"(红双喜高级香烟)。
"不戒香烟，只戒烟油"(台海绅士香烟)。
"绝对男人味"(厦门卷烟厂石狮牌香烟)。
"超凡脱俗，醇和自然"(555牌香烟)。
"没胃口照样吃的香"(兰氏调味酱)。
"滴滴香浓，意犹未尽"(麦氏咖啡)。
"农夫山泉有点儿甜"(农夫山泉)。
"投入轻松，醇和新境界"(健牌)。
"GE带来美好生活"(通用电气)。
"药材好，药才好"(宛西制药)。
"多C多漂亮"(统一鲜橙多)。
"小即是好"(德国大众)。
"说做就做"(耐克)。

3) 广告形式创意

广告形式多种多样，一方面，广告媒体的种类繁多，如电视、报纸、杂志、广播、网络、户外广告、直接邮寄广告、POP广告等，可以使广告形式的创意多样化，另一方面，每一种广告媒体都可以进行形式创意。二者结合起来，使得广告形式创意有了更大的思维空间。

案例

喜力啤酒：全方位地做广告

在客人进入KTV消费的每一个节点上，喜力都会恰到好处地出现，让人无法逃开它的"天罗地网"，从而记住"欢乐畅饮就要喜力"这一主题广告词。

因为生产火爆，差不多所有好点的KTV都需要排队等包间，所以客人与喜力的第一个接触点就在一楼大厅。在这里的电视上，全日轮播喜力卡通片——一个圣诞老人看到别人拿走了自己的喜力啤酒就停下来发礼物的工作去找啤酒。

当客人准备乘电梯去楼上包间时，会在电梯的门上看到一张广告画：一杯清冽的喜力啤酒即将倒满，上面写着"抱歉，再等一下！"这个广告让心焦的客人望啤止渴，并渴望待会儿一定要真正喝上一杯。

当然，促销活动也是必不可少的。"买水果拼盘＋×××元便可得到3罐喜力啤酒"。可是恐怕没有人是只买了3罐的，因为喜力还有最后一个压轴戏——当你打开水单，一罐变形为麦克风形状的喜力啤酒赫然入目，后面还拖着一根长长的电线尾巴，还有一大捆喜力站在旁页，上面写着"朋友难得在一起，一定要唱个高下"。

在这种环环相扣的轮番轰炸下，恐怕再有定力的人也难以阻挡，不知不觉就掉进了喜力温柔的"陷阱"里了。即使那些没去KTV的人，也一样不能"幸免"，因为他们躲不过电视里同一主题的广告"轰炸"。

(案例来源：全琳琛.一分钟学营销——故事里的营销学[M]. 北京：人民邮电出版社，2010.)

4) 广告运作创意

广告的一个重要目标就是吸引目标受众的注意,让产品在消费者心目中占有独特的位置。广告运作创意是实现这个目标的有效途径。广告运作,就是把制作的一组或几组广告通过选定的媒体按事先的计划进行播放的过程。经过巧妙的运作,运用不同的表现技巧如写实、对比、示范、想象、艺术等多种形式,可以使一则平淡无奇的广告达到预期的效果。

2. 广告创意方法

在第 4 章已经学习了营销策划创意的基本内容,广告创意是营销策划创意的重要内容之一,其创意表现手法也是多种多样的。总结广告策划专家的创意经验,结合他们的创意思路,归纳出 10 种常见的广告创意方法,如图 9.6 所示。

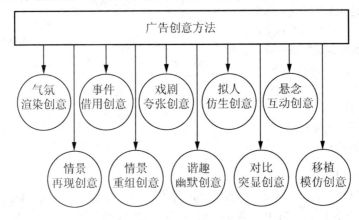

图 9.6 广告创意方法示意图

1) 气氛渲染创意

气氛渲染创意是指通过场景布置,人物语言、表情、动作、音乐、灯光等多种镜头语言,强烈地渲染消费者的心理渴求与消费享受,从而达到与目标消费者的心灵沟通。

2) 情景再现创意

情景再现创意指通过真情地再现目标消费者曾经经历过或感知过的典型而又动人的消费场景达到预期的广告效果。

案例

南方黑芝麻糊的经典广告

南方黑芝麻糊的经典广告,将时光定格在 20 世纪 30 年代的一个晚上,江南小镇的街巷,芝麻糊的香味,芝麻糊担子上的油灯,小男孩搓手舔嘴唇迫不及待的神情,吃过之后天真而自然的舔碗动作,叫人不禁想起儿时的美食,达到了与目标消费者的情感沟通。品牌和产品自然深入人心。

(案例来源:朱华锋. 营销策划理论与实践[M]. 合肥:中国科学技术出版社,2010.)

3) 事件借用创意

事件借用创意即巧妙地借用目标消费者比较熟悉的某些事物或具有深刻印象的事件表现新的广告信息,通过借用达到广告目标。

第 9 章 促销策划

 案例

一家药厂巧借克林顿因莱温斯基事件推销其头痛药

克林顿因莱温斯基事件闹得头痛不已、痛苦不堪时,一家药厂巧借这一公众熟悉的事件推销其头痛药,在广告画面的主要版面上,愁眉苦脸的克林顿,额头上贴着莱温斯基的照片,画面的右边是广告推销的头痛药。这一广告立即引起了广大受众的注意,并且过目不忘。

(案例来源:朱华锋. 营销策划理论与实践[M]. 合肥:中国科学技术出版社,2010.)

4) 情景重组创意

情景重组创意是通过戏剧性重组消费者曾经历过或见识过的不同场合的情景故事,以达到意想不到的戏剧性效果。

 案例

金莎巧克力的教堂忏悔篇

金莎巧克力的教堂忏悔篇,广告故事的情节是这样的。

寂静空洞的教堂中,一个面孔清纯的少女低头走近告解室,期期艾艾地向神父坦白,说因抵受不了诱惑,后悔发生了第一次!(观众至此已被故事情节牵引,免不了想到少男少女最不该犯的过失上去。)画面一转,少女竟解释为抵受不了金莎独特口味的诱惑而第一次将整盒金莎巧克力吃光了。(此刻观众从女主角向神父忏悔所营造的压力中突然解脱出来。)少女继续描述金莎巧克力的特质,并使之成为抵受不住诱惑的主要理由。(这样一来观众通过故事而认识金莎独特的美味,而且印象极其深刻。)画面又一转,突然出现刚才聆听少女忏悔的神父,(在吃完金莎后)就又向另一位神父开始坦白他的第一次……

(案例来源:朱华锋. 营销策划理论与实践[M]. 合肥:中国科学技术出版社,2010.)

5) 戏剧夸张创意

戏剧夸张创意是指以夸张的表现手法放大产品功能卖点,引起受众注意并达到记忆效果。

比如有一部电视广告是这样的:楼上的女士在用吸尘器打扫卫生,吸地板上的灰尘,楼下的男士被吸上天花板,并随着楼上吸尘器的运动而运动,这是伊莱克斯吸尘器强调其吸力强劲的广告。大家都知道这只是夸张,并不是说吸尘器真有这么大的吸力,因此不会被认为是虚假广告。但观众却在这种带有戏剧性的夸张中接受了伊莱克斯吸尘器吸力强劲的功能特点。

6) 谐趣幽默创意

谐趣幽默创意指利用广告语言文字的双关谐趣幽默,可以引起消费者兴趣、注意与记忆。大家都曾听过打字机的"不打不相识"、牙刷的"一毛不拔"、Anacin 去痛片的"快、快、快速见效"、清嘴含片的"你想尝尝亲嘴的味道吗?"等广告创意。这种创意表现手法只要贴切自然,是有良好传播与记忆效果的,但要注意不要故意玩弄文字语言游戏,尤其是低俗的创意,会适得其反。

7) 拟人仿生创意

拟人仿生创意是指用拟人化手法或仿生学原理表现产品利益，往往能达到意想不到的效果。

ROLO 糖的广告创意

ROLO 糖的广告创意是这样的：一位调皮捣蛋的小男孩用 ROLO 糖挑逗一头在象群中行进的小象，当小象费劲地伸长了鼻子，想接住 ROLO 糖块时，小孩却戏弄而赖皮地把糖扔到自己的嘴里，还做出个鬼脸。转而若干年后，那位孩子长成青年了，在一次庆功会上，当大象队通过青年身边时，一只大象甩出鼻子，狠狠抽了青年一个耳光，真可谓"君子报仇，十年不晚"。广告末尾，出示产品 ROLO 糖包装的同时，显示出"Think Twice What You Do With Your Last ROLO"的字幕(拥有最后一块"ROLO"的你，要三思而行)。

(案例来源：朱华锋. 营销策划理论与实践[M]. 合肥：中国科学技术出版社，2010.)

8) 对比突显创意

对比突显创意即通过与竞争者或其产品对比，突显企业或企业产品优势，从而说服目标消费者。

但应注意，运用对比与突显的广告创意手法时要注意避免触犯法律法规。

9) 悬念互动创意

悬念互动创意是指通过制造各种悬念，引起目标消费者兴趣，调动目标消费者参与，从而形成互动效果，达到广告目的。策划者要注意的问题是悬念和互动要把握好度，以免引起公众恐惧与反感。

某电风扇的 POP 广告策划案

某电风扇的 POP 广告策划是把该产品放在大商场的橱窗，旁边醒目地写着："从×年×月×日起昼夜连续运转，请你计算一下，至今已连续运转了多少小时？"独特的广告形式引起了许多人的好奇心，有人甚至在半夜三更时去察看该电风扇是否仍在转动。

(案例来源：邓镝. 营销策划案例分析[M]. 北京：机械工业出版社，2008.)

10) 移植模仿创意

移植模仿创意是指通过借鉴与模仿经典广告创意表现手法为我所用的创意手法，其前提是这种广告创意目标受众还未曾见过。

第 9 章 促销策划

案例

食品 Chipster 的香脆表现形式

有一支广告这样表现食品 Chipster 的香脆：大楼的保安在有滋有味地品尝着 Chipster，偷了世界名画的小偷在保安发出清脆的响声时抬脚迈步，当保安吃完了，不再发出清脆的响声时，小偷也无法溜走了。我国也有一支广告与其异曲同工：录音棚里，录音师正屏住呼吸调试设备准备开始录音，突然，喇叭里传出清脆的咬嚼声。奇怪，这声音是从哪里来的？录音师满脸狐疑，歌手也大吃一惊。定睛一看，原来是歌手吃隆迪曲奇发出的清脆响声！歌手与录音师相视一笑，随即歌声、笑声与音乐声起，推出广告主题：隆迪隆迪，香脆的曲奇。

(案例来源：朱华锋. 营销策划理论与实践[M]. 合肥：中国科学技术出版社，2010.)

9.3 人员推销策划

案例

一束鲜花，一笔订单

某日，海尔商用空调的董加朋接到家住青岛市的赵先生的咨询电话，小董一边回答他的提问，一边仔细地做了记录。当小董问道："您什么时候有时间，我们为您上门设计、安装？"赵先生却迟疑了："要不，等我出院再说吧。"从赵先生的这句话中，小董迅速捕捉到了一个信息：这位先生很可能在住院。小董的心里就有了心事。第二天清晨，阳光斜射在海慈医院 5 楼 9 号病房的床上，躺在病床上的赵先生闻到了一阵鲜花的清香，原来是海尔商用空调的小董拿着一束鲜花来到了他的床前！当赵先生得知小董是多方打听才得知他是住在海慈医院的时候，赵先生感动地说："海尔人能这么细致，工作能做到这份上，海尔的产品品质也肯定错不了，我一定要选用海尔商用空调，谁也不能拦我！"

(案例来源：杨勇，王惠杰. 现代市场营销学[M]. 北京：中国物资出版社，2011.)

人员推销是企业运用推销人员直接向顾客推销商品和劳务的一种促销活动。这是一种最古老、最传统、最富有技巧性的促销方式。从上述案例可以看出，人员推销在现代企业市场营销中占有相当重要的地位，特别在建立顾客关系、争取顾客偏爱、树立购买信心方面效果比较显著。

9.3.1 人员推销组织设计

1. 人员推销组织形式设计

设计何种推销组织，才能使推销人员产生最高的工作效率，这是人员推销策划中一个需要探讨和解决的问题。一般来说可供选择的人员推销组织形式有以下几种类型，如图 9.7 所示。

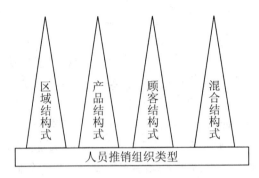

图 9.7 人员推销组织类型示意图

(1) 区域结构式。这是一种最简单的组织机构，即每一个推销员分管一个地区，负责企业所有产品在该地区的推销，这种结构适用于产品和市场较单纯，较类似的企业。它的优点是：责任明确；便于考核；节约销售费用；区域稳定；利于与当地各界公众建立固定联系；提高推销效率。

(2) 产品结构式。这是指每一个推销员负责某种或某类商品的推销业务，适用于经营商品技术性强，生产工艺复杂，经营品种多而买主又不大相同的企业。因此推销人员必须熟悉他所推销的产品。如果同一个推销员同时推销他所不熟悉的多种产品必然会影响他的推销效果。

(3) 顾客结构式。不少企业还按顾客类别来组织推销队伍，按不同行业、不同规模、不同分销渠道分别配备推销人员，优点是推销人员更加熟悉和了解自己的顾客，更能掌握其需求特点及购买过程。适用于顾客较集中，用户较大，分销策略比较稳定的企业。

(4) 混合结构式。即区域与产品、产品与顾客，顾客与区域 3 种组织形式的混合运用。适宜于顾客类别复杂而分散的企业。

总之，推销工作不仅是一门技术，而且是一门艺术，应根据不同顾客的情况和不同商品的特点，不断调整推销组织的设计，改进具体的推销方法。

2. 确定推销队伍规模

确定推销队伍规模，一般有以下 3 种方法：工作量法、下分法和边际利润法。

1) 工作量法

工作量法是企业最常采用的确定销售队伍规模的方法之一，其方法为：将顾客按年销售量分成大小类型；确定各类顾客所需要的访问次数；求出各地的访问工作量；确定一名销售代表每年能进行的平均访问次数；最后求出所需要的销售代表数。

2) 下分法

该方法先将目标市场划分为若干个地区，按每个地区的销售潜力确定所需要的推销人员数量，将各个地区所需的推销人员数量求总和，即为企业需要的推销人员数。

3) 边际利润法

因推销人员在创造利润的同时也增加了销售成本，计算每增加一名推销人员的边际利润，在边际利润递减法则发生作用之前增加推销人员，一旦发生边际利润递减现象，说明推销人员规模已饱和。

9.3.2 人员推销程序策划

推销过程一般来说分 6 个步骤：目标顾客选择、接近顾客、与顾客面谈、处理顾客异议、达成交易和跟踪服务，如图 9.8 所示。每一个步骤都需要很好的策划，方能达到预期的目标。

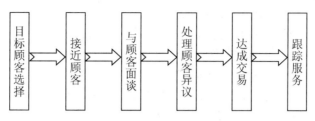

图 9.8　人员推销程序示意图

1. 目标顾客选择

1) 目标顾客选择的步骤

目标顾客，也叫准顾客，指推销员认为有接近价值和接近可能，可以作为接近目标的个人或组织。

目标顾客选择，一般按以下步骤进行。

第一，根据所推销商品的特征，提出成为目标顾客的基本条件；

第二，根据目标顾客的基本条件，通过各种线索和渠道，运用适当的方法，寻找潜在顾客；

第三，根据寻找得到的资料，拟定潜在顾客名单，为进行顾客资格审查做好准备。

2) 目标顾客寻找的方法

根据目标顾客的条件，寻找潜在顾客有以下几种方法，如图 9.9 所示。

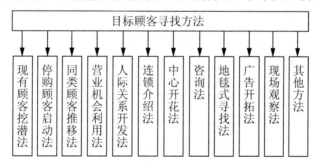

图 9.9　目标顾客寻找方法示意图

(1) 现有顾客挖潜法。现有的顾客正在使用你提供的某类产品，如他从你这里购买电动机，那么，你是否充分利用这种关系去推销电动机以外的产品。

现有顾客挖潜法，就是充分挖掘正在使用你的产品的顾客的购买力，力争做到他们所需要的所有商品，只要在你的经营范围之内，都要先从你这里进行选择，使他们成为你的新产品的目标顾客。

(2) 停购顾客启动法。一些本来由你提供产品的顾客不再到你这里来购买商品，这就是停购顾客。停购顾客启动法就是在寻找潜在顾客时，要搞清哪些顾客已经停购，分析停购原因，把具有重新购买可能的顾客列入潜在顾客名单中，通过启动措施，使他们成为目标顾客。

使用这种方法，一要及时发现停购顾客，二要弄清原因。

(3) 同类顾客推移法。如果你向某个顾客推销成功,你就应该想到,与你打交道的绝不仅仅是一个顾客,他代表一类顾客,代表一个市场面,这就是同类顾客推移法。

(4) 营业机会利用法。到营业现场来的人,有相当一部分是很好的潜在顾客,有经验的推销员重视到营业场所来的每一个人。

营业机会利用法就是推销员充分利用顾客到营业现场来的机会,想方设法地了解他们,与他们建立联系,使他们成为潜在顾客。

(5) 人际关系开发法。推销员充分利用与人交往的各种机会,让你的熟人、亲朋好友尽量成为你的顾客,使你的潜在顾客名单不断拉长。

(6) 连锁介绍法。推销人员请求现有顾客介绍未来可能成为目标顾客的方法,其实质是"客观世界普遍联系"原理在推销中的运用。

推销员在与客户商谈融洽时,向客户提出"麻烦您帮我介绍值得信赖的朋友"。然后将这些名单图表化,并将成交的部分用红笔涂去,再计划逐一攻击。

连锁介绍法有直接介绍和间接介绍两种方式。连锁介绍法的关键,是现有顾客对推销人员的信任程度。

(7) 中心开花法。也叫"有力人士利用法",即先说服在一定范围内有较大影响的中心人物,通过他来影响其他人成为准顾客的方法。这实际上是连锁介绍法的特殊形式,选择的人物一定是个中心人物。

(8) 咨询法。指推销人员利用社会上的各种技术、信息咨询部门的有偿服务和国家行政管理部门的咨询,来寻找顾客的方法。

(9) 地毯式寻找法。也称"挨门挨户寻找法",它遵循"平均法则",在被寻找的区间的所有人当中,假若一定有推销人员所要寻找的目标顾客,且这些顾客的数量与该区间人数成正比,即可认为要寻找的顾客是平均分布在某一区间的所有人当中,这样,就为地毯式寻找方法从理论上找到了依据。采用这种方法的关键,是挑选一条比较合适的"地毯"——寻找区间。地毯式寻找法最适用于寻找需求各种生活和工业消费品及人人必需的各种服务的顾客。

(10) 广告开拓法。指推销人员利用各种广告媒介来寻找顾客的一种方法。

其主要的形式有:电视与广播、报纸与杂志、广告信件与电话等。也可利用有关刊载本公司商品的报章杂志,将其剪下来或打印收集于推销目录中,用来提高本公司的信用及客户对我们的印象。

(11) 现场观察法。指推销人员在可能存在潜在顾客的现场,通过对在场人士直接观察和判断,寻找潜在顾客。现场观察法运用的关键,在于推销人员个人自身的素质和职业灵感,要善于察言观色。

(12) 其他方法。
① 集会利用法:将集会场合出现的人,列为推销的对象。
② 名录利用法:利用某些团体的名录、电话簿、同学会名录,整理成潜在客户卡。
③ 团体利用法:也就是自己加入宗教团体、政治团体、社会团体等方法。
④ 有利人士利用法:人际关系广的人。

2. 接近顾客

接近顾客是指推销人员为进行推销面谈,对目标顾客进行的初步的接触或者再次访问。

1) 接近顾客的方法

接近顾客的方法很多,概括起来有以下 11 种,如图 9.10 所示。

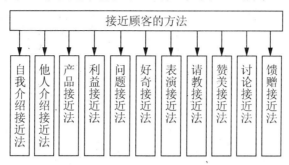

图 9.10 接近顾客方法示意图

(1) 自我介绍接近法。自我介绍是指推销人员通过自我介绍的方法达到接近顾客的目的。自我介绍法是推销员最常用的一种接近顾客的方法,大多数推销员都采用这种接近方式。在实际推销活动中,自我介绍法一般采用口头形式或书面形式进行自我介绍,由于单一的口头介绍往往不太容易引起顾客的信任,效果不明显,除了进行必要的口头自我介绍外,还要主动出示能证明自己身份的有效证件,如名片、单位介绍、工作证、身份证、委托书等,以便消除顾客的疑虑。同时,由于这种方法很难在一开始就引起赢得顾客的注意和兴趣,因此,推销员通常会配合使用其他方式和技巧,以便顺利开展推销洽谈。

(2) 他人介绍接近法。他人介绍法是指推销人员通过与顾客熟悉的第三者的介绍来达到接近顾客的一种方法。在推销员与顾客之间不熟悉的情况下,他人介绍法是一种行之有效的方式。通过第三者的介绍,可以缩短推销人员与顾客的心理距离,比较容易引起顾客的注意和信任。接近顾客时,推销人员只需递上介绍人的便条或信函或一张名片,或者只需介绍人的一个电话或者介绍人当面的一句话,便可轻而易举地接近顾客。一般情况下,介绍人与顾客之间的关系越密切,介绍的作用就越大。推销人员也就越容易达到接近顾客的目的。因此,运用这一方式来接近顾客,关键在于推销人员能否找到与顾客关系较为密切的第三者充当自己的介绍人。

(3) 产品接近法。有人说:"产品是无声的推销员"。产品接近法又称实物接近法,是指推销人员直接利用产品来吸引顾客的注意和兴趣,从而顺利转入推销洽谈的接近方法。这一方法主要是通过产品自身的魅力与特性来刺激顾客的感官,如视觉、听觉、嗅觉、触觉等。通过产品无声的自我推销,来吸引顾客,引起顾客的兴趣,以达到接近顾客的目的。

美国推销员贺伊拉说:"如果你想勾起对方吃牛排的欲望,将牛排放到他的面前固然有效,但最令人无法抗拒的是让他听到煎牛排的'滋滋声',他会想到牛排正躺在黑色的铁板上'滋滋'作响,浑身冒着油,香味四溢,不由得咽下口水。"这一推销至理名言告诉我们,利用产品自身独特的魅力刺激顾客的需求欲望,可以达到较好的推销效果。

(4) 利益接近法。利益接近法是指推销人员利用顾客求实心理,强调产品能给顾客带来的实际利益引起顾客的注意和兴趣,以达到接近顾客的一种方法。顾客之所以购买产品,是因为它能给自己带来一些实质上的利益或提供解决问题的办法,如增加收入、降低成本、提高效益等。而在实际推销活动中,许多顾客并不太了解推销品所蕴含的利益或隐性利益。又不能主动询问这方面的问题,妨碍了顾客对推销品利益的正确认识。推销人员如能及时解决好这些问题,将有利于顾客正确认识推销品利益,引起顾客的注意和兴趣,增强购买欲望,达到接近顾客的目的。

(5) 问题接近法。问题接近法也称询问接近法,是指推销人员直接向顾客提出与销售等有关问题,以引起对方注意和兴趣的方法。这一方法符合现代推销的原理,现代推销是推销人员不断帮助顾客发现需求方面的问题,进而分析问题,寻找最终解决办法的过程。把顾客需求与推销的产品有机地联系起来,通过推销人员直接面对顾客以提问的形式激发顾客的注意力和兴趣点,进而顺利进行正式面谈。

稳压器的推销

某稳压器推销员上门向家庭主妇推销。推销员:"您这边电压稳定吗?"家庭主妇:"经常停电,特别是夏天三天两头就要停一次。"推销员:"这样经常停电对您的家电影响大吗?"家庭主妇:"别提了,我家电脑前几天烧过一次,现在还没有修好。"推销员:"真是太可惜了。我们公司最近刚进了一批家用稳压器,停电后可以延迟15分钟,能够充分保护家电,价格实惠又不费电,您看需不需要买一台回去试一下?我们公司承诺一星期内无条件退货。"家庭主妇:"好吧,我买一台先试一下。"

(案例来源:冯华亚. 推销技巧与实战[M]. 北京:清华大学出版社,2008.)

运用这一方法的关键是发现并适时地提出问题,问题要明确具体,有的放矢,切入要点,针对性强。问题接近法常与其他接近顾客的方法结合起来,融会贯通,灵活运用,方能取得满意的接近效果。

(6) 好奇接近法。这种方法主要是利用顾客的好奇心理来接近对方,引起顾客的注意和兴趣,以顺利进入洽谈。推销员利用好奇心来接近、招徕顾客是一种行之有效的好方法。

(7) 表演接近法。表演接近法与产品接近法相似,是指推销人员利用各种戏剧性的表演活动来引起顾客注意和兴趣,进而转入面谈的顾客接近的方法。这是一种传统的推销接近方法,如街头杂技、卖艺等都采用现场表演的方法来招徕顾客。在现代推销活动中,有些场合仍然可以用产品演示的方法接近顾客。

(8) 请教接近法。请教接近法是指推销员以慕名拜访和上门请示指教的方式来达到接近的目的方法。请教接近法可以是真有问题需要请教,也可以是找一个借口。请教接近法在实际应用中的效果较好,尤其是面对一些较强势的专家型顾客,这种方式更受欢迎。这类顾客往往都认为自己是某个方面的专家,推销员向他们解释产品的性能或是搞点什么花样,反而会引起反感。请教接近法对于推销新手尤其适合。

(9) 赞美接近法。"人性的弱点之一,就是喜欢被别人赞美。"赞美接近法是指推销人员利用顾客的虚荣心,通过赞美顾客的优点,达到接近顾客的一种方法。每个人都有值得夸耀的地方,推销人员在了解顾客的基础上,若能适时、巧妙地利用夸奖、恭维的话真诚地赞美顾客,就可以达到缩短双方心理距离、调动顾客积极心态、成功接近顾客的目的。

推销人员赞美顾客的赞美内容可以是顾客周围的环境,如办公环境、居住环境等,也可以是顾客的外表、知识、修养、品质等。但不论赞美顾客的哪一个方面,都就本着尊重顾客的原则,讲究赞美的方式和方法,真心实意、态度诚恳、语气真挚、切合实际地对客人值得赞美的方面加以赞美,使顾客在一种自然亲切的环境中接受赞美,切记不要将赞美歪曲为巴结、卖弄、拍马屁等不良的做法。

(10) 讨论接近法。讨论接近法就是指推销员利用举办的研讨会、恳谈会、看样订货会、质量征询会等几种形式的双向或多向沟通形式接近顾客的方法。

(11) 馈赠接近法。馈赠接近法是指推销人员通过赠送小礼品,来引起顾客的注意,进而达到接近顾客目的的一种方法。把小礼品作为推销人员与顾客之间传递感情、沟通思想的媒介,对于拉近彼此的距离,形成融洽的商谈气氛具有重要的作用。

除了以上一些常见的接近顾客的方法外,在实际推销活动中,还有不少行之有效的其他方法,如调查接近法、搭讪接近法、演示接近法等。推销员应该不断实践,积极思考,在每次推销活动中选择、探索适当、有效的接近方法。

2) 接近顾客的注意事宜

接近顾客应注意以下几个问题:①拜访的时间不宜过长;②不要向不适当的人推销;③缩短与顾客的心理距离;④给顾客留下良好的第一印象;⑤正确处理各种人际关系;⑥学会与陌生人接触。

3. 与顾客面谈

接近顾客,使推销人员与顾客见了面,顾客对所推销的商品引起了注意,产生了一定的兴趣,愿意进一步了解情况,为推销人员说服顾客购买产品提供了有利条件。

与顾客面谈是指推销人员当面向顾客宣传推销品,使顾客产生购买欲望的过程。

1) 与顾客面谈的方法

常见的与顾客面谈方法主要有提示法和演示法,如图 9.11 所示。

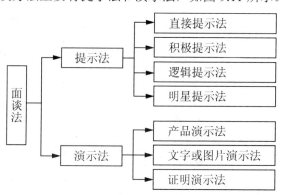

图 9.11 面谈法示意图

(1) 提示法。提示法是指推销人员通过语言和行动等,提示顾客产生购买动机,促使其做出购买决策,采取购买行为的一种推销面谈方法。具体来说,提示法可以分为直接提示法、积极提示法、逻辑提示法和明星提示法等几种形式。

① 直接提示法。直接提示法是指推销人员开门见山,直接劝说顾客购买其所推销的产品的方法。

这是被广泛运用的推销洽谈方法,这种方法的特征是推销人员接近顾客后即向顾客介绍产品,陈述产品的优点与特征,然后建议顾客购买。因而这种方法能节省时间,加快洽谈速度，符合现代人的生活节奏。所以很具优越性。

② 积极提示法。积极提示法是推销人员用积极的语言或其他积极方式劝说顾客购买推销产品的方法。所谓积极的语言与积极的方式可以理解为肯定的、正面的提示，热情的赞美等能产生正向效应的语言和行为。

③ 逻辑提示法。逻辑提示法是指推销人员利用逻辑推理劝说顾客购买的方法。它通过逻辑的力量促使顾客进行理智思考，从而明确购买的利益与好处，并最终做出理智的购买抉择。

④ 明星提示法。明星提示法是推销人员借助于一些有名望的人来说服、动员顾客购买产品的方法。这种方法迎合了消费者的求名的情感购买动机，另外由于这种方法充分利用了一些名人名家和名厂等的声望，可以消除顾客的疑虑，使推销员和推销产品在顾客的心目当中产生明星效应，有力地影响顾客的态度。

(2) 演示法。演示法是指推销员通过操作示范或者演示的途径介绍产品的一种方法。根据演示即推销工具的类别，演示法主要可分为产品演示法、文字或图片演示法、证明演示法等。

① 产品演示法。产品演示法是指推销人员通过直接向顾客展示产品本身说服顾客购买的洽谈方法。

② 文字或图片演示法。文字演示法是指推销人员展示介绍产品的图片或文字等劝说顾客进行购买的方式。推销人员在平时的工作中，应该注意收集有关文字资料，并做好文字资料的整理工作，以便推销时可以熟练、生动地向顾客进行介绍说明。在演示时，如果全部内容都采用文字的形式，可能比较单调，难以吸引顾客，或者单纯依靠文字不能或不便直接展示产品，推销人员一般应该结合有关图片，做到图文并茂，从而收到良好的推销效果。

③ 证明演示法。证明演示法是指推销员利用一些有效的证件、证书等材料来向顾客证明本人合法身份或产品质量，以赢得顾客信赖的一种方法。这一方法往往与产品演示法结合使用。

2) 与顾客面谈时应注意的问题

(1) 面谈时首先要赢得顾客信任；

(2) 说明产品给顾客带来的利益和价值；

(3) 要提供生动、有力、真实的产品证据；

(4) 要情理并重，形成互动。

4. 处理顾客异议

任何推销活动，都会遇到顾客的不同意见，甚至是反对意见，我们把顾客的这种不同或反对的议论与意见称为顾客异议。顾客异议是顾客对推销员推销意向的不同或否定的看法，即"拒绝"。顾客异议往往具有两面性：其一，它可能是达成交易的障碍，如果顾客异议没有得到很好解决，顾客没有得到满意的答复，他就不可能采取购买行动；其二，顾客提出异议也为交易成功提供了机会，如果推销人员能够恰当解决顾客提出的问题，使其对产品及交易条件有了充分的了解和认同，就可能产生购买意向。

1) 处理顾客异议的方法

现实中，顾客异议千差万别，处理顾客异议的方法也是灵活多样的，常用的方法有如下几种，如图 9.12 所示。

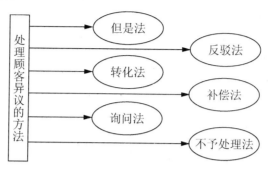

图 9.12 处理顾客异议方法示意图

(1) 但是法。但是法也称间接法，是指推销人员根据有关事实与理由来间接否定顾客异议的一种方法。在运用这一方法时，推销人员在顾客表达完异议后，首先肯定顾客的说法，对顾客异议表示同情和理解，缓解顾客的情绪，然后用类似"但是"的转折词把话锋一转，开始对顾客异议进行反驳或解释。其表现形式往往是"是的，您说得很对，但是，……"这种处理方式使顾客产生被尊重的感觉，容易保持良好的人际关系和推销气氛。但是，有时候会增加顾客异议的信心，产生更多的异议，阻碍成交。过多采用，容易弄巧成拙，使顾客感到推销员玩弄技巧，不可靠，从而拒绝购买。

(2) 反驳法。反驳法也称直接法，是指推销人员根据较明显的事实与理由，直接否定顾客异议的一种方法。反驳法一般适用于应对顾客的偏见、误解、无知等。反驳法运用恰当，可以增强销售面谈的说服力，增加顾客购买信心。但这一方法也存在明显的缺陷：容易让顾客产生反感，甚至触动其自尊心，从而引起与顾客的正面冲突，导致推销失败。

(3) 转化法。转化法亦称利用处理法，是指推销人员利用顾客异议中有利于推销成功的因素，并对此进行加工处理，转化成自己观点的一部分去消除顾客异议，说服其接受推销的方法。

转化法是一种有效地处理顾客异议的方法，推销人员改变了顾客异议的性质和作用，把顾客拒绝购买的理由转化为说服顾客购买推销品的理由。把顾客异议转化成为推销展示，把成交的障碍转化为成交的动力。不仅有针对性地转变了顾客在最关键问题上的看法，而且使之不再提出新的异议。并且这一方法里，推销人员直接承认、肯定了顾客意见，在此基础上转化顾客异议，这样可以保持良好的人际关系和洽谈气氛。

但是，如果这种方法运用不当，反而会给推销工作带来麻烦，因为推销人员是直接利用顾客的异议进行转化处理的，会使顾客感到有损自尊，产生一种被人利用的感觉，可能会引起顾客的反感甚至恼怒，也可能会使顾客失望，而提出更难以解决的异议。

(4) 补偿法。补偿法又称抵消处理法、平衡处理法，是推销人员利用顾客异议以外的，能补偿给顾客的其他利益，以对顾客实得进行补偿而处理异议的一种方法。在推销实践中，推销人员应该承认这样一个事实，那就是：本企业及其推销品并不是尽善尽美，推销活动也有疏忽与不妥之处，与市场上竞争对手的产品相比，也有优劣长短。对此，推销人员应当辩证地去看待。尊重事实，不必要回避与躲闪，并客观地看待顾客的异议。推销品的优点更多，使顾客相信推销品的优点大于缺点。

(5) 询问法。询问法又称问题引导法或追问法，是指推销人员利用顾客提出的异议，直接以询问的方式向顾客提出问题，引导顾客在回答问题过程中不知不觉地回答了自己提出的异议，甚至否定自己，同意推销人员观点的方法。

运用询问法来处理顾客异议，能使推销人员掌握更多的顾客信息，为进一步推销创造条件。但这种方法如果运用不当，可能会引发顾客的反感与抵触情绪，或在推销人员的多次询问下，产生更多的异议，破坏推销气氛，阻碍推销工作的顺利进行。

(6) 不予处理方法。不予处理方法亦称装聋作哑处理法、沉默处理法、糊涂处理法。是指推销人员有意不理睬顾客提出的异议，以分散顾客注意力、回避矛盾的处理方法。

在通常情况下，推销人员应该热情地解答顾客提出的各种各样的问题，以帮助顾客了解、认识推销品。在推销活动中，对于那些无效的、无关的、虚假的异议，推销员就可采取不予处理法，故意忽视、回避或转移话题，以保持良好的洽谈气氛，避免与顾客发生冲突。但是，在实际推销活动中，如果一味地回避问题和矛盾，也会导致顾客不满，有受冷落感，甚至对推销人员产生疑心，导致推销失败。

2) 处理顾客异议应注意的问题

(1) 尊重顾客，不直接反驳顾客异议；

(2) 适当追问，找准异议根源；

(3) 依事实与逻辑力量说服顾客，向顾客提供正确信息；

(4) 始终保持良好态度，维持良好气氛。

5. 达成交易

达成交易是顾客接受推销人员的购买建议及推销演示，完成商品交易的行动过程。"编筐织篓，全在收口。"唯有顾客的购买变成事实才能说得上推销成功。

 案例

达成交易好比是"火上房，贼上墙，小孩扒在井沿上"

上海精顺房地产营销公司总经理彭小在房产营销过程中雷厉风行，大刀阔斧，屡获成功，被誉为"中国房产界的海军司令"。他曾经碰上这么一位女客户，早在几天前就将房子看好且交了押金，到了正式签协议时，由于公司开会，销售人员晚去了一步，协议也只能推迟签，本想不过半个来小时，不会有啥问题，女客户也乐呵呵地等着。结果协议签了不到一半时，女客户的手机响了，是她老公打来的，说他正在看另外一套房子，让暂先把这边的协议缓一缓，女客户也只好停下，这事一推也就没影了。他说，达成交易是"千钧一发"的事，好比是"火上房，贼上墙，小孩扒在井沿上"。因此，要把推销工作画上圆满的句号，就必须把握时机使顾客决定购买你的推销品。

(案例来源：杨勇，王惠杰. 现代市场营销学[M]. 北京：中国物资出版社，2011.)

1) 达成交易的方法

达成交易是推销人员的直接目的，要达成交易，也是需要讲究方法的。达成交易的方法主要有如下几种，如图9.13所示。

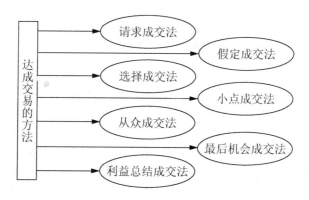

图9.13　达成交易方法示意图

(1) 请求成交法。请求成交法又称为直接成交法，是指推销人员向顾客主动提出成交的要求，直接要求顾客购买抵销品的方法，这是一种最基本、最常见的成交方法。运用这一方法，可以及时抓住各种有利的机会，有效地促成交易，节省了双方的时间，提高了推销效率。但如果时机选择不当，容易导致顾客压力过大，破坏了推销气氛。

(2) 假定成交法。假定成交法又称假设成交法，是指推销人员在假定顾客已经接受推销建议、同意的基础上，通过提出的一些具体的成交问题，直接要求顾客购买推销品的一种方法。例如：一位推销员发现顾客表现出一些购买迹象后，立即问顾客："你希望我们什么时候把货送到您府上呢？"采用此种方法来促成交易，要求推销员始终有这样的信念：准顾客将要购买，而且也一定会购买。对自己也充满了必胜的信心，认为自己的推销洽谈十分出色。推销员不仅要有这样的念头，而且应通过言谈举止、神态表情显示出来，并密切注意顾客所发出的购买信号，以及时地、主动地提出成交的假定，如果顾客不反对，交易就可达成。

(3) 选择成交法。选择成交法是指推销人员直接为顾客提供一些购买选择方案，并要求顾客立即购买推销产品的成交方法。例如：饭店服务员对顾客说："您要点什么饮料？啤酒还是可乐？"它是假定成交法的应用和发展，即推销员在假定成交的基础上向顾客提出成交选择的比较方案，先假定成交，后选择成交。顾客不是在买与不买之间选择，而只是在推销品不同的数量、规格、颜色、包装、样式、交货日期等方面做出选择，使顾客无论做出何种选择，最终的结局都是成交。

选择成交法的优点在于既调动了顾客的积极性，又将顾客的决策控制在一定范围之内。

把选择权交给顾客，但顾客往往只能在有限的范围内选择，无论顾客选择什么，都在目标范围以内，都可以实现推销目标。采用这一方法，推销人员首先应该科学设定供顾客的备选方案，确保每一个方案都是从顾客需要出发来设计的，而且备选方案的数量应该控制在一定范围，既要给顾客充分的选择余地，同时选项也不致过多，使顾客拿不定主意，反而浪费了推销时间。

(4) 小点成交法。小点成交法是指推销人员通过次要问题的解决来促成交易的一种成交方法。小点成交法是利用了心理活动规律，从顾客购买心理的角度来看，购买者对重大的购买决策往往心理压力大，较为慎重，担心有风险而造成重大损失，导致难以决断，特别是成交金额大的交易。而顾客在进行较小的交易决策时，心理压力较小，会较为轻松地接受推销员的推荐。

小点成交正是利用了顾客这一心理活动规律,避免直接提出有关大的、顾客比较敏感的成交问题。在推销过程中,先让顾客做出对推销品有关"小点"方面的决策,再就"大点"方面达成协议,从而促使交易实现。

运用小点成交法有利于减轻顾客压力,创造良好气氛,保留余地,一个"小点"不成交,可以换另一个"小点",直至达成交易。通过顾客对待"小点"的态度可以捕捉成交信号,如果顾客非常爽快地答应"小点",推销人员可以开始寻求转化为"大点"成交。但是,小点成交法也有其自身的局限性:小点成交法坚持循序渐进、积少成多的方式,可能会拖延时间,降低推销效率;将注意力集中在"小点"问题上,可能会忽略了"大点"问题的解决,不利于实现推销整体目标。

(5) 从众成交法。从众成交法指推销人员利用顾客的从众心理,促使顾客立刻购买推销产品的方法。如时装推销员向顾客介绍:"这可是今年香港最流行的时装款式!""从众"是一种比较普遍的社会心理和行为现象。顾客在购买商品时,除了满足自身需要外,还要顾及社会规范,服从于社会的某种压力,以社会上大多数人的行为作为自己选择的参考。

从众成交法利用顾客或多或少的从众心理,通过吸引一部分有影响力或有代表性顾客,由他们来影响、带动其他顾客,有利于吸引和招揽顾客,而且一旦形成某种消费,有利于促成大量交易。但是,由于从众成交法须要借助顾客之间的相互影响,推销人员失去了主动权,推销信息在顾客之间传递的过程中容易"失真",产生误会。而且,当前社会,越来越多的人开始朝着个性化消费的趋势发展,从众心理的影响可能减少,甚至导致顾客的负面评价。

(6) 最后机会成交法。最后机会成交法是指推销人员利用顾客的机会心理,利用涨价或增加费用的信息,促使顾客立刻购买推销产品的方法。这一成交方法要求推销人员运用购买机会原理,向顾客提示"机不可失,时不再来"的机会,给顾客施加一定的成交压力,使顾客感到应该珍惜时机,尽快采取购买行为。

最后机会成交法可减少顾客异议的纠缠,促使其快下决心,缩短时间。但如果运用不当,顾客可能会怀疑,采取观望态度而无法成交。

(7) 利益总结成交法。利益总结成交法是指推销人员在推销过程中,通过总结各项特色、优点、利益,促使顾客立刻购买推销产品的方法。

利益总结成交法的3个基本步骤如下。

① 推销洽谈中确定顾客关注的核心利益;
② 总结这些利益;
③ 向顾客提出购买建议。

利益总结法通过向顾客全面阐述推销品的优点,具有较大的说服力,便于激发顾客的购买欲望。但产品的优点可能有很多,如果面面俱到,顾客难以记住,反而引起顾客反感。在运用利益总结交易方法时,推销人员必须准确把握顾客真实的内在需求,有针对性地总结、阐述产品的优点,帮助顾客认识到推销品与自己利益的关联,从而愉快地做出购买决定。

2) 达成交易应注意的问题

(1) 观察购买信号,把握成交时机;
(2) 把握顾客心理,掌控交易方向;

(3) 讲究职业道德。

6. 跟踪服务

跟踪服务是推销人员在成交后继续与顾客联系,并完成与成交相关的一系列工作,提供完善的售后服务,以便更好地实现推销目标的行为过程。推销目标是在满足顾客需求的基础上实现自身利益,而顾客利益与推销人员的利益是相辅相成的两个方面,而这两个方面的利益,在成交签约后并没有真正实现。顾客还需要有完善的售后服务,推销人员还负有回收货款及发展与顾客的关系等方面的任务。因此,成交后跟踪仍是一项重要的推销工作。

跟踪服务的主要任务包括:①及时收回货款;②做好售后服务;③建立良好人际关系。

9.3.3 推销人员薪酬与绩效管理策划

1. 推销人员的薪酬策划

建立合理的薪酬制度,有利于调动推销人员的积极性、主动性、创造性,激励推销人员努力拼搏,保证企业销售目标的顺利实现,也有利于建立一支高素质的销售团队。

推销人员的薪酬方式主要有以下几种,如图 9.14 所示。

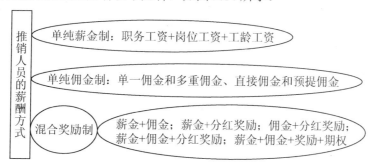

图 9.14 推销人员的薪酬方式示意图

1) 单纯薪金制

单纯薪金制亦称固定薪金制,是指在一定时间内,无论推销人员的销售业绩是多少,推销人员获得固定数额报酬的形式。具体说来就是:职务工资＋岗位工资＋工龄工资。

单纯薪金制的优点主要有:①易于操作,计算简单,易于管理;②推销人员的收入有保障,有安全感;③在调整销售区域或客户时,遇到的阻力较小。单纯薪金制的缺点主要表现在:①对销售效率和销售利润最大化缺乏直接的激励作用;②由于不按业绩获得报酬,故容易厚待业绩差的推销人员而薄待优秀者;③薪金属固定费用,在企业困难时难以进行调整。

2) 单纯佣金制

单纯佣金制是指与一定期间的销售业绩直接相关的报酬形式,即按销售基准的一定比率获得佣金。单纯佣金制的具体形式又有单一佣金和多重佣金(累退制和累进制)、直接佣金和预提佣金制之分。

单纯佣金制的优点主要表现在:①推销人员报酬是其销售行为的直接结果,富有激励作用;②业绩越大报酬越大,推销人员的努力可获得较高的报酬;③推销人员清楚了解自己薪酬(佣金)的计算方式,容易使行为与收入挂钩;④佣金属变动成本,公司易于控制销售成本;⑤奖勤罚懒的效果非常直接,业绩差的推销员通常会自动离职。

单纯佣金制的缺点主要有：①推销人员收入不稳定，精神压力大，甚至容易焦虑；②对企业的忠诚度较差，可能为了分散风险多处兼职；③推销人员采用高压式推销，不关心客户的服务需求；④推销人员不愿意调整自己的销售领域，造成管理困难；(5)在企业业务低潮时，优秀销售人员离职率高。

3) 混合奖励制

混合奖励制兼顾激励性和安全性的特点。当然，混合奖励制有效的关键在于薪金、佣金和分红的比率。一般来说，混合奖励中的薪金部分应大到足以吸引有潜力的推销人员，同时，佣金和分红竞争足以大到刺激他们努力工作。

混合奖励制的常用形式有：薪金＋佣金；薪金＋分红奖励；佣金＋分红奖励；薪金＋佣金＋分红奖励；薪金＋佣金＋奖励＋期权。

除了由上述 3 种奖励形式以外，还有特别奖励。就是在正常奖励之外所给予的额外奖励。包括经济奖励和非经济奖励。非经济奖励包括给予荣誉、表扬记功、颁发奖章等。特别奖励的具体形式有业绩特别奖、销售竞赛奖等。

2. 推销人员的绩效管理策划

为了加强对推销人员的管理，企业必须对推销人员的工作业绩进行科学而合理的考核与评估。推销人员业绩考评结果，既可以作为分配报酬的依据，又可以作为企业人事决策、晋升提拔的重要参考指标。

推销人员的绩效管理主要包括收集考评资料和建立考评标准两大内容，如图9.15所示。

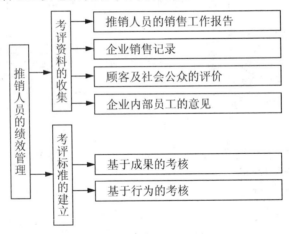

图 9.15　推销人员的绩效管理示意图

1) 考评资料的收集

收集推销人员的资料是考评推销人员的基础性工作。全面、准确地收集考评所需资料是做好考评工作的客观要求。获得考评资料主要有 4 个来源途径。

(1) 推销人员销售工作报告。销售工作报告一般包括销售活动计划和销售绩效报告两部分。销售活动计划报告作为指导推销人员合理安排推销活动日程，它可展示推销人员的地区年度推销计划和日常工作计划的科学性、合理性。销售绩效报告反映了推销人员的工作实绩，据此可以了解销售情况、费用开支情况、业务流失情况、新业务拓展情况等许多推销绩效。

(2) 企业销售记录。企业的销售记录，因其包括顾客记录、区域销售记录、销售费用支出的时间和数额等信息而使其成为考评推销业绩的宝贵基础性资料。通过对这些资料进行加工、计算和分析，可以得出适宜的评价指标，如某一推销人员一定时期所接订单的毛利等。

(3) 顾客及社会公众的评价。推销人员面向顾客和社会公众提供各种服务，这就决定了顾客和社会公众是鉴别推销人员服务质量最好的见证人。因此，评估推销人员理应听取顾客及社会公众的意见。通过对顾客投诉和定期顾客调查结果的分析，可以透视出不同的推销人员在完成推销商品这一工作任务的同时，其言行对企业整体形象的影响。

(4) 企业内部员工的意见。企业内部员工的意见主要是指销售经理、营销经理或其他非销售部门有关人员的意见。此外，推销人员之间的意见也作为考评时的参考。依据这些资料可以了解有关推销人员的合作态度和领导才干等方面的信息。

2) 考评标准的建立

评估推销人员的绩效，科学而合理的标准是不可缺少的。绩效考评标准的确定，既要遵循基本标准的一致性，又要坚持推销人员在工作环境、区域市场拓展潜力等方面的差异性，不能一概而论。当然，绩效考核的总标准应与销售增长、利润增加和企业发展目标相一致。

制定公平而富有激励作用的绩效标准，需要企业管理人员根据过去的经验，结合推销人员的个人行为来综合制定，并需在实践中不断加以修整与完善。常用的推销人员绩效考核指标主要有两类。

(1) 基于成果的考核。基于成果的考核是定量考核，主要考核以下一些指标：①销售量。最常用的指标，用于衡量销售增长状况；②毛利。用于衡量利润的潜量；③访问率(每天的访问次数)。衡量推销人员的努力程度；④访问成功率。衡量推销人员工作效率；⑤平均订单数目。多与每日平均订单数目一起用来衡量、说明订单的规模与推销的效率；⑥销售费用及费用率。用于衡量每次访问的成本及直接销售费用占销售额的比重；⑦新客户数目。用于衡量推销人员特别贡献的主要指标。

(2) 基于行为的考核。基于行为的考核是定性考核，主要考核销售技巧(包括倾听技巧、获得参与、克服异议等)、销售计划的管理(有无记录、时间利用等)、收集信息、客户服务、团队精神、企业规章制度的执行情况、外表举止、自我管理等。

9.4 营业推广策划

营业推广，又称销售促进，是指企业为了促使目标市场的顾客尽快、大量、重复购买其经营的产品而采取的一系列鼓励性促销措施，是运用于一定时期、一定条件下的短期特殊推销，营业推广是构成促销组合的一个重要组成部分，也是一种行之有效的辅助性促销方法。

营业推广的方式方法很多，可归纳为3类，一类是直接鼓励消费者和用户购买和重复购买；二类是鼓励中间商大量进货代销，加速贷款回笼；三类是鼓励推销人员努力开拓市场扩大销售，企业可以根据营销目标、实力及目标市场环境来确定适当的营业推广方式，如图9.16所示。

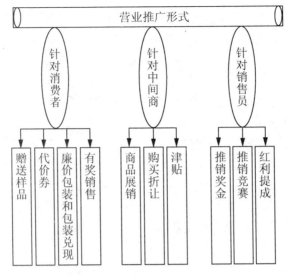

图 9.16　营业推广形式示意图

9.4.1　向消费者推广策划

针对消费者的营业推广方式多种多样，可以采用以下方式。

(1) 赠送样品。就是通过让顾客免费试用、试看、试听产品，以使消费者了解产品，产生兴趣，从而引起购买欲望，发生认购，另还可获取消费者对产品的反应，可有选择地赠送，也可在商店或闹市或附在其他商品中赠送。赠送样品方式，消费者不必付出任何代价，这是诱导消费者试用的妙方，尤其当新产品刚进入市场时，运用特别有效。但是，使用赠送样品方式的费用较高，因此事前需谨慎考虑，做好预算工作。

(2) 代价券。送给消费者的一种购货券，可按优惠价格购买某种商品。代价券可以邮寄，也可附在商品和广告之中赠送，还可向购买商品达到一定数量或数额的顾客赠送。代价券这种销售促进方式可以使消费者节省支出，引起尝试的兴趣，增多每次购买商品数量，还可以起到刺激潜在购买者的作用。专家们认为代价券要提供15%~20%的折价才有效。

(3) 廉价包装和包装兑现。廉价包装主要是吸引"经济型"顾客，可以将小包装换为大包装，还可用多用途包装、系列包装。包装兑现采用商品包装来兑现现金或实物，如收集若干某种饮料的瓶盖可兑换一定数量的现金或实物，借以鼓励消费者重复购买，也体现绿色营销观念。

(4) 有奖销售。是采用发给奖券或号码中奖的方法，使顾客在购买时不仅得到商品，而且有额外收获的方式。主要是利用顾客的侥幸心理，这是工商企业特别是零售企业常用的一种营业推广方式。

9.4.2　向中间商和销售人员的推广策划

针对中间商和销售人员的营业推广可以采用以下几种方式。

(1) 商品展销。商品展销会、交易会、订货会是不定时或定时、不定点或定点举行的应用广泛的营业推广形式，参展能显示企业自身的经济实力和贸易水平，因此是难得的营业推广机会，有效的促销方式。

(2) 购买折让。为刺激鼓励中间商大批量购买本企业产品，对中间商第一次购买和购买数量较多的给予一定折扣优待。

(3) 津贴。为中间商免费或低价提供陈列商品，支付部分广告费和部分运费等补贴或津贴，巩固与中间商的合作。

(4) 推销奖金。对经销本企业产品有突出成绩的中间商给予奖励，奖励可以是现金，也可以是免费赠送的附有企业名字的特别广告赠品，如钢笔、日历、文化衫、领带等。

(5) 推销竞赛。为刺激和鼓励中间商或本企业的推销人员努力推销，确定一些推销奖励办法，对业绩优良者进行鼓励，可以是现金也可是物品，还可以提供旅游机会等。

(6) 红利提成。为鼓励推销人员积极推销，可按业绩提成，也可按利润提成。另外，还可以奖励其股份，以增强其工作积极主动性。

9.4.3 营业推广控制策划

1. 营业推广的特点

营业推广是在短期内迅速刺激需求，取得立竿见影效果的一种促销方式，它具有如下特点。

(1) 刺激需求效果显著。为了实现一时一事的推销成功，营业推广攻势强烈，以"机不可失，失不再来"的较强吸引力，给顾客提供了一个特殊的购买机会，打破了顾客购买某一种商品的惰性，因此能花费较小的费用，在局部市场取得较大收益。

(2) 营业推广是一种辅助性促销方式。营业推广虽能在短期内取得明显效果，但由于多数营业推广方式是非正规性和非经常性的，一般不能单独使用，常常是配合广告、人员推销、宣传等常规性促销方式使用的。

(3) 营业推广有贬低产品之意。由于企业运用营业推广力图短期内实现销售目的，所以许多营业推广方式都表现出卖者有急于抛售商品的意图。若频繁使用或使用不当，往往会引起顾客对产品质量、价格等产生怀疑，有损企业或商品的形象，导致不良的促销结果。因此，营业推广只适用于一定时期、一定商品，而且营业推广手法需审慎选择。

2. 营业推广控制策划

营业推广是一种促销效果比较显著的方式，但倘若使用不当，不仅达不到目的，反而会影响产品销售、甚至损害企业形象。因此，企业在运用时应加强对以下因素的控制。

(1) 目标对象控制。由于消费者、中间商、企事业单位有各自不同的购买特点。因此在选择营业推广的方式时，应根据目标市场和整体策略来确定推广目标和对象，在企业能力所及的情况下，确定促销规模和程度。

(2) 期限控制。营业推广时间，既不能过长，也不宜过短。因为时间过长，消费者会认为这是一种长期降价，会习以为常，失去吸引力，进而伤害品牌形象；时间过短，可能会遗漏一些目标顾客，不少有希望的潜在买主也许恰好这阶段没采购，也收不到最佳促销效果，因此，要在有限的时间内，利用消费者从众心理和限期促销所产生的"机不可失、欲购从速"的紧迫感和吸引力，最大限度地拉动销售。同时，还要注意避免草率从事。

(3) 禁忌弄虚作假。营业推广这种促销方式本身就有贬低产品质量之意，企业再弄虚作假，无疑是自毁商誉。在市场竞争日益激烈的条件下，企业商业信誉是十分重要的竞争优势,企业没有理由自毁商誉。然而在实践中这样的案例还是很多的,应引起企业足够的注意,弄虚作假是营业推广中的最大禁忌。

(4) 禁忌恶俗促销。恶俗促销即与现行社会及他人的风俗习惯、道德观念相背而行、突破道德底线、诱惑"不道德"、诱惑人们行为违背自身意愿、冲击社会公序良俗的促销方式。如西安某商场搞服装促销,提出:现场哪位女性敢当众脱光衣服,就可以跑到3楼免费穿走一件任何价格、任何款式的羽绒服。结果,有16名女子脱衣后,仅穿着贴身内衣跑进商场,得到了"免费"的羽绒服。

(5) 推广中后期宣传控制。开展营业推广活动的企业比较注重推广前期的宣传,这非常必要。在此还需提及的是不应忽视推广中后期宣传。在营业推广活动的中后期,面临的十分重要的宣传内容是营业推广中的企业兑现行为。这是消费者验证企业推广行为是否具有可信性的重要信息源。所以,令消费者感到可信的企业兑现行为,一方面有利于唤起消费者的购买欲望,另一方面可以换来社会公众对企业良好的口碑效应,强化企业的良好形象。

此外,还应注意加强推广预算的控制,确定合理的推广预算,科学测算营业推广活动的投入产出比,以最小的投入实现最大的产出。

9.4.4 展会营销策划

近年来,展会营销越来越受到企业的重视,国内外各种名目的展会活动异常繁多,其信息也不断出现在各种新闻报道或广告宣传中。商业展览不仅在数量上,而且在规模上都达到了空前水平,展会营销的策划也应运而生。

1. 展会营销及其作用

展会营销是指利用展览会、博览会、展销会、看样订货会、展评会、物资交流会、供货会、商品洽谈会及其他交易会形式,多家企业集中在一起,向参观者展示自己的商品或服务,边展边销,以展促销,从而把商品宣传、产品(服务)销售、市场调研、公关活动有机地结合在一起的一种营销方式。

展会营销的作用主要表现在以下几个方面。

(1) 通过会展,企业可以展示自己的品牌,通过会展提供的信息渠道和网络宣传自己的商品(服务)。企业可以在很短时间内与目标顾客直接沟通,可将产品(服务)的信息发送给特定的客户,并可观察、收集到来自顾客的即时反应。

(2) 展会是生产商、经销商进行交流、沟通和贸易的汇聚点。专业性展会是其所代表行业的缩影,在某种程度上就是一个专业市场,企业可以在会展中建立并维持与利益相关者的关系,建立在市场中的企业整体形象。

(3) 通过展会期间的调查和观察,企业可以收集到有关竞争者、经销商和新老客户的各种信息,企业能够迅速、准确地了解国内外最新产品和发明的现状与行业发展趋势等,从而为企业制定下一步的发展战略提供依据。

(4) 展会营销成本较低。调查结果表明,会展是最佳的推销、公关、广告等营销手段,通过会展找到一个客户的成本仅相当于其他营销渠道和途径的1/70。

2. 选择展会应考虑的因素

可以说,展会营销具备了其他营销沟通工具的共同属性。作为广告工具,展会利用特定媒体将消息发送给有针对性的消费者;作为促销工具,展会具有多方面功能并提供顾客以刺激和购买的紧迫感;宣传和作为直销的一种形式,展会可产生来自消费者的即时反应;作为公共关系,展会通常可以宣传和提升企业形象。

企业准备参加展会,首先要在众多的展会中做出选择,选择展会应考虑以下因素。

(1) 展会参观者中,有多少人是本企业的目标受众,并可能购买本企业的产品(服务)。他们的地区分布、职业分布、所属单位、对本企业产品是否有支付能力等。这些情况可以从展会的主办者那里了解到,企业还必须对这些资料的可靠程度做出判断。

(2) 展会主办者的背景、主办能力和水平、信誉如何。

(3) 展会举办的历史有多久,社会影响力如何,一般能吸引多少受众参与。

(4) 展会举办的时机是否合适。如果同时或前不久已有同类型的展会举办的话,本次展会的参观者会大量减少。另外对一些销售季节性强的商品来说,或对一些流行时尚性商品来说,展出的时间应与商品的销售季节或流行时间相一致,或稍稍提前。

(5) 参展企业有哪些,这些企业的档次、规模、知名度如何等。

(6) 展会有多少媒体配合?有多少新闻记者前来采访?其宣传效果如何?

(7) 展会举办地点是否合适。展会举办的地点多选在信息辐射能力强的大城市,或某种商品的产地,或交通便利、四通八达的商品集散地城市,或商品进出口口岸城市,或旅游风景区等。展会的地点选择得合适与否将直接影响展会的效果。

(8) 参展所需基本费用如何。

此外,准备参展时可以向过去参加过类似展会的企业咨询。了解他们过去参加该展会的效果、费用开支等情况,以及遇到过什么问题,如何解决这些问题等。对选择参展将大有帮助。

9.5 企业形象策划

9.5.1 企业形象整体系统构成分析

企业形象是指企业文化的综合反映和外部表现,是企业通过自己的行为、产品、服务在社会公众心目中绘制的图景和造型,是公众以其直观感受对企业做出的评价。

从管理的角度来分类,企业形象整体系统由以下要素构成,如图9.17所示。

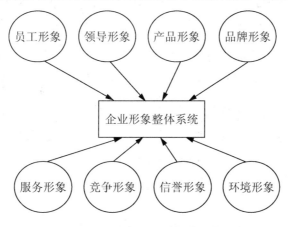

图 9.17 企业形象整体系统构成要素示意图

1. 员工形象

员工是企业的主体，是塑造和传播企业形象最活跃的决定性因素，还是企业形象的代表者、传播者和展示者。因此，塑造员工形象是塑造企业良好形象的基础。

塑造员工形象主要有 3 个途径：一是要通过培训提高员工的整体素质，促使员工不断提高自身修养与素质，认识到形象塑造的重要性，自觉成为企业形象的塑造者和代表者；二是要在实践中培养员工的敬业精神，使员工养成对事业执著追求和对工作一丝不苟的品质，自觉把自己的未来发展与企业的发展紧密结合起来；三是通过企业文化培养员工高尚的道德情操、不断进取的精神和健康向上的价值观，使企业形成蓬勃向上的活力。

2. 领导形象

领导形象是社会公众对企业领导者的总体看法和评价。它包括领导者的仪表、气质、工作方法和交际方式等外在形象，也包括领导者的理论水平、决策能力、创新精神和信念、意志力等内在的素质形象。对外而言，领导是组织的代表，领导形象在很大程度上代表着企业的形象。塑造领导形象的目标是使领导者成为有奉献精神和服务意识的高素质的决策者和精明的管理者。

塑造领导形象主要有 3 个途径：一是建立配备合理的领导结构，即要使领导者的知识结构多元化，年龄结构合理化，具有与时俱进、开拓创新、务实拼搏和朝气蓬勃的精神；二是实行唯才是举的用人方针，不拘一格地选拔那些有能力、有前途的年轻干部；三是培养领导者的服务意识，让领导者正确认识自己的角色，严于律己，爱岗敬业，率先垂范，不徇私舞弊，不投机取巧，展现良好的社会形象。

3. 产品形象

产品是企业形象最直观、最具体的代表，是公众认识企业形象的第一个接触点，在塑造企业形象中有十分重要的作用。产品包括物质产品和精神产品，物质产品形象要求实用、新颖、规格齐全、价格合理；精神产品形象要求健康、生动和富有活力。

塑造产品形象主要有 4 个途径：一是重视产品的基础设计，采用新思路、新技术、新工艺和新材料，开发富有特色的产品；二是认真实施全面质量管理，即将生产、经营或者管理过程的各工序、各岗位、各部门甚至每个员工，都制定明确的质量标准和目标，保证产品质量最优；三是注重产品的外观形象塑造，产品的式样、颜色、包装、装潢图案应该新颖别致、美观大方；四是要充分利用各种传播手段，扩大产品的知名度、提高美誉度。

4. 品牌形象

品牌是企业为自己的产品所设计的有别于其他企业产品的名称、图案、标记、颜色、符号、字母等因素及其组合。品牌形象塑造是指为本企业产品树立高美誉度、高知名度的优秀的产品形象。

品牌形象塑造主要有 3 个途径：一是要设计出顾客喜闻乐见的商品品牌；二是要实施名牌战略，即集中企业的人、财、物打名牌攻坚战；三是要既注重外在的品牌形象，设计出产品的名称、包装、广告等，也重视品牌的内在形象塑造，在产品的质量、服务、价格等方面独具特色，形成持久的市场竞争力。

5. 服务形象

21 世纪是服务竞争的营销时代，当代消费者是有文化素养、价值追求和感情需要的人，他们在购买商品的同时还要注重对服务需求的满足。

服务形象的塑造主要有以下 3 个途径：一是树立优质服务的意识，它要求企业全体员工牢固地树立起为顾客提供优质服务的观念，将自己的一切活动和工作都看作是自己为公众提供服务的机会；二是要配置完善的服务设施和条件，保障为消费者提供优质服务，因为当代公众对企业要求的是一流设施、一流环境、一流服务的统一，没有物质基础的服务是不可能达到高水平的；三是要提供周到全面细致的服务项目，即要根据顾客的需求来考虑，如供应配件、免费提供安装、调试、上门服务、培训、包退包换、建立用户档案、处理好顾客投诉等，一经承诺，就要切实履行。

6. 竞争形象

塑造企业竞争形象的目标，就是要将企业塑造成遵循竞争规则、注重相互合作、相互理解和公平竞争的形象。

塑造企业良好的竞争形象主要有 3 个途径：一是要把握竞争的焦点。企业产品的定价既要考虑竞争的要求，也要考虑顾客的需要和成本。在技术上，一方面要注重开发新的技术，另一方面也要重视技术成果的保密和有偿使用；二是要正确处理竞争矛盾。在矛盾出现后保持冷静的头脑，谨慎处理矛盾，不要因小失大，更不能通过不正当手段开展竞争；三是在竞争的同时，寻求合作的机会。因为企业不可能有永久的竞争对手和合作伙伴，在这个问题上双方可能是竞争对手，在另一个问题上双方又可能成为合作伙伴。化竞争为合作，可以增进相互之间的了解和信任，也可以减少双方的矛盾和摩擦，为企业争取更有利的营销环境。

7. 信誉形象

企业的信誉是社会公众对企业工作效益、产品质量、技术水平、服务态度、人员素质和总体实力等方面所表现出的信任程度与赞美程度。对于企业而言，信誉是其重要的无形资产，能够为企业带来高于正常投资报酬的利润。信誉形象塑造的目标是让企业在社会公众心目中树立一种恪守信用、对公众负责、勇于承担社会责任的良好形象。

塑造信誉形象的主要途径有 3 个方面：一是要注重在生产经营活动中重合同、守信用，即恪守合同，按时履约，讲究职业道德，不搞假冒伪劣，不以牺牲公众的利益来获取不法利益，不搞违法犯罪的事情；二是要勇于承担社会责任，要通过优质的产品和服务为社会做贡献，敢于对因自己过错造成的社会损失负责；三是努力为社会公众办实事，即用实际行动维护顾客的合法权益，为公众提供物质上和精神上的帮助，为社会解决如就业、污染治理等实际问题。

8. 环境形象

对社会公众而言，企业环境是他们认识和识别该企业形象的窗口；对于企业员工而言，企业环境是他们工作的岗位环境和居住的生活环境；对于企业本身而言，环境代表了企业的精神风貌和管理水平。企业环境的好坏，对员工的精神状态、行为模式、工作态度、人际关系、工作质量和数量都将产生极大的影响。环境形象的塑造也是企业形象塑造的重要方面。环境形象塑造的目标是为企业塑造出一种优美高雅、整洁有序、个性鲜明的环境形象。

塑造环境形象的途径有两个：一是要注重环境的全方位美化，要搞好厂区及周边的美化与绿化工作，要使办公和生产场地整洁有序，非正式工作场地中的雕塑、装饰及点缀设计要有特色，企业建筑群落的艺术风格和特征设计要力求精美，要搞好企业区域内的废水、废气、废渣及噪音的治理；二是强调环境的个性特征，也就是说企业的环境应当具有鲜明的特色。不管是建筑物、绿化带，还是车间、办公室、庭院的装饰和布置，均应别具一格、独树一帜，具有独特的个性差异，以充分体现本企业的形象特征。

9.5.2 企业理念识别系统策划

经营理念是指企业在组织和谋划企业的经营管理实践中所依据的指导思想和行为准则，是企业经营哲学和思维方法的体现。经营理念的设计是对企业灵魂的塑造，是将企业领导人的理念进行锤炼、抽象并形成企业管理人员和广大员工的共识，从而确定企业的经营宗旨和共同价值观的过程。

1. 企业理念识别系统策划内容

企业理念识别(MI)系统是企业赖以生存的原动力，是企业价值的集中体现。企业理念识别系统包括企业的经营方向、经营思想、经营道德、经营风格等具体内容。

1) 经营方向

经营方向是指企业的事业领域(业务范围)和企业的经营方针。企业事业领域即表明企业在哪一个或哪几个行业、领域为社会提供服务；经营方针是指企业经营战略目标及路线。

2) 经营思想

经营思想是企业生产经营活动的指导思想和基本原则，是企业领导者的世界观和方法论在企业经营活动中的运用和体现。经营思想的形成非一日之功，它是企业长期经营实践之后形成的精华。这是企业成功之所在，也是企业要永远坚持和维护的传家宝。

3) 经营道德

企业的经营道德是企业全体员工在经营活动中应该遵循的，靠社会舆论、传统习惯和内心信念来维系的行业规范的总和。企业经营道德以"自愿、公平、诚实、守信"为基本准则。

4) 经营风格

企业的经营风格是企业精神和企业价值观的体现。企业精神包括员工对本企业特征、地位、风气的理解和认同；由企业优良传统、时代精神和企业个性融合的共同信念；员工对本企业未来的发展抱有理想和希望。企业价值观是企业全体员工对其行为意义的认识体系和所推崇的行为目标的认同和取舍。

企业理念识别系统是一个完整的体系，上述内容属于这个有机整体的各个重要组成部分。

2. 企业理念识别系统的应用

企业理念识别系统的应用包括两个方面：一是将企业理念通过各种方式如口号、歌曲以及培训教育等渗透到企业员工的行为中，形成企业行为识别系统的策划；二是将理念渗透到视觉标志中，形成企业视觉识别系统的基本要素及应用要素设计的策划。

第9章 促销策划

 案例

唐时宫廷酒,今日剑南春

——剑南春(糖酒会)形象策划案例

已有45年历史的中国糖酒商品交易会,目前已经成为国内最重要的交易会之一。随着市场经济的逐步完善,糖酒会无论从内容上还是形式上都发生了巨大的变化:过去企业参加糖酒会的主要目的是签订单。如今的糖酒会,企业除了签订单的目的之外,进行企业形象展示也成为企业参展的另一个重要目的,这是因为每年两次的糖酒会集中了全国主要客商,是企业展示自身形象的最佳时机。在短短的几天时间里,展示企业形象除了可能更好地完成订货任务外,还能够大大提高产品的知名度和美誉度,给来自全国各地的客商留下深刻印象。如何更好地展示企业形象并将企业文化融入展示的形象中呢?实施企业形象策划是达到目的的最重要的手段。在2005年的全国秋季石家庄糖酒会上,四川的剑南春集团高达10m的企业形象展示模型"贵妃醉酒"成为糖酒会的亮点,赢得了众多经销商对剑南春酒的青睐,并签下了15亿元的订单。这次剑南春的糖酒会形象策划方案由深圳金必得名牌推广中心策划实施,他们的策划不仅在糖酒会众多的形象展示中赢得头彩,而且还巧妙地将剑南春的传统文化内涵表现得淋漓尽致。

1. 糖酒会背景:三大一高

糖酒会因其规模大、效果显著,因而被国内行业参会代表誉为"天下第一会"。糖酒会有"三大一高"的特点。

(1) 规模大。参会企业多达数千家,参展商品达数万种,参会代表最多时突破10万人,展场面积突破60 000m²,成交额一般在100亿元人民币左右。

(2) 作用大。中国糖业酒类集团公司组织各省、市糖酒公司作为糖酒会的固定成员参会,这一完整的糖酒经销网络对于糖酒食品生产企业具有很大的吸引力。参加糖酒会对生产企业销售产品、购买原料等具有事半功倍的良好作用。短短几天展会,对于了解行情、认识市场、把握方向也有十分显著的成效。

(3) 影响大。"民以食为天",糖酒会上交易的商品很多都是日常消费品,糖酒会的交易活动将直接影响广大人民群众的日常生活。其成效不仅影响商贸业也影响数量庞大的食品加工业。近几年来,糖酒会已形成多种经济成分竞相参会的格局,特别是境外客商逐渐增多,全国糖酒商品交易会已显露出国际食品博览会的雏形。

(4) 信誉高。糖酒会历史悠久,其前身为全国糖酒商品供应会,是以分配计划商品为主,系统内专业性行业会议。商业部在每年春秋两季召集全国糖酒系统一、二级和大、中城市主营公司,进行计划商品分配和对部分三类商品进行调剂,其权威性和信誉显而易见。到1984年自上而下的分配式供应会变为开放式交易会,在商业部(后来的国内贸易部)和承办城市的政府的精心组织、管理下,糖酒会越办越好,已逐渐发展成为以糖酒商品为主的大型食品博览会,吸引了众多的国内外厂商竞相参会。

2. 宣传:综合实力的体现

糖酒会有着一种不可抗拒的诱惑力,令广大食品企业由衷感叹:可以不参加其他交易会,但不能不参加全国糖酒交易会。

如今的糖酒会,已经演变成各大企业间综合实力的展示会,产品的竞争更是一种综合实力的角逐,而一定规模的广告宣传本身就是企业实力的体现。这时的广告宣传,不仅仅是实现销售这一目标的手段,而且展示自身形象也成为企业参会的另一个重要目的。有实力,企业就有广阔的发展前景;企业有前景,就能对经销商产生强大的吸引力,就能在经销商中树立信心。

3. 策划:找到市场和文化的结合点

深圳金必得名牌策划推广中心认为在展会上取胜必须要做到两点:①必须占领展会的制高点,由于剑南春集团是国内同行业中名列前茅的企业,所以一定要以突出的广告宣传形象夺取客商的注意力;②在实施的策划中,要体现出剑南春酒的文化内涵,必须找准剑南春文化与市场的最佳结合点。

剑南春,在唐朝就因是官廷御用酒而成为酒中翘楚。放眼当今白酒行业,剑南春品牌亦是驰誉中外,盛名远扬。如何展现剑南春"唐时官廷酒"的文化内涵就成了铸造"今日剑南春"的关键之处。

经过金必得总裁沈清的深思熟虑,认为"气若花郁、色似檀霞、状如琼浆、香若清露"的剑南春酒,必会使人想起盛唐文明,继而,又会让人联想起"回眸一笑百媚生"的杨贵妃,"贵妃醉酒"是国人熟知的故事,用贵妃醉酒来表现剑南春是最合适的了。

糖酒会开幕的时候,身高10m,立于莲花宝座,发髻高挽,绫罗披身,面含春色的杨贵妃一手托着剑南春酒,一手持"唐时官廷酒,今日剑南春"的条幅,迎风而立,出现在了千万消费者和几十万经销商的面前。莲花台下,10位身着唐装的专业乐师,演奏着古筝、洞箫、琵琶、笛子等民族乐器,悠扬的乐声、唐曲仿佛把人们带进了盛唐宫廷之中,感受着剑南玉液,浓香四溢,醉倒皇妃的场景。

4. 效果:五大亮点和15亿订单

亮点一:理念把握,诉求策略制定准确。剑南春集团以白酒为本,白酒以文化为根,策划展现了剑南春酒的文化内涵。

亮点二:形象定位,诉求表现完美。品牌表现必须与"唐时官廷酒,今日剑南春"的口号相辅相成,否则就会给人以"挂羊头卖狗肉"的错觉,如果形象表现力不够,又不免会落入俗套。表现形象稍有不适,卖点就会黯然失色。

亮点三:展示物制作精良。有了好的策略和创意,如果没有精美的制作,也会失去魅力。

亮点四:品牌推广的延续性。当贵妃献酒成为亮点的时候,剑南春的品牌影响力已在糖酒会上表现得淋漓尽致,为了让其威力不减,金必得公司充分运用强大的媒体网络传播系统,在石家庄世纪饭店为剑南春集团举行了规格高、影响大的新闻发布会。

亮点五:主会场唯一的动感形象。创意如果只能把握准确度是远远不够的,唯有奇,唯有特才能放射思想的光芒。进行品牌推广,就是要赋予品牌的生命力。

由于人们对贵妃醉酒的形象赞誉,几十万经销商对剑南春酒的青睐,使剑南春集团一举卷走订单15亿,再创全国糖酒会订单的新高。

(案例来源:秦宗槐. 营销策划[M]. 合肥:安徽人民出版社,2008. 略有修改.)

9.5.3 企业行为识别系统策划

1. 企业行为识别系统策划的内容

企业行为识别(BI)系统是动态的识别系统,主要包括对内和对外两个方面的行为规范。

1) 内部行为规范

内部行为规范包括组织结构、管理导向、运作流程、人事政策、培训制度、奖惩制度、福利政策、职业道德、行为准则、沟通方式、公司礼仪、文化活动、环境规划等。

2) 对外行为规范

对外行为规范包括市场调研、产品开发、市场推广、售后服务、物流处理、招聘方式、竞争行为、协作方式、公众咨询、社区服务、公益活动、环抱措施、展示规则、外交活动、宣传广告等。

2. 企业行为识别系统的传播与推广

1) 内部的传播与交流

可通过内部通信、公众微信平台、公告栏、板报、标语、广播、简报、企业报等;对内部员工交流的主要形式有 CIS 说明书、幻灯片、公司汇报、CIS 消息、员工手册、海报、讲习会等活动。

2) 外部的推广与途径

主要包括策划"新闻事件"、广告活动、社区交往、大型活动策划。

企业行为识别系统的宗旨是企业在内部保持协调并在对外交往中应该有一套规范性准则，这种准则具体体现在全体员工上下一致的日常行为中。也就是说，员工们的一切行为都应该代表着企业行为，能反映出企业的经营理念和价值取向，而不是独立的随心所欲的个人行为。行为识别，需要员工们在理解企业经营理念的基础上，把它转化为发自内心的自觉行动，只有这样，才能使同一理念在不同的场合、不同的层面中具体落实到管理行为、销售行为、服务行为和公共关系行为中去。

企业的行为识别系统是企业处理和协调人、事、物的动态运作系统。行为识别系统的贯彻，对内包括新产品开发、工作分配以及文明礼貌规范等；对外包括市场调研及商品促进、服务及公关准则，与社会公众、上下游合作伙伴以及代理经销商的交往行为准则。

9.5.4 企业视觉识别系统策划

1. 企业视觉识别系统策划的内容

企业视觉识别(VI)系统是最外在、最直观、最具有传播力和感染力的部分。视觉识别系统是静态的识别系统，是将企业的基本理念转化成系统化的视觉传达形式，塑造与企业经营理念、行为规范相一致的视觉形象。

视觉识别系统的基本要素为：企业名称、企业标志、企业标准字体与专用字体、企业标准色、企业象征图案、企业标准口号、企业吉祥物。

2. 视觉识别基本要素的设计与开发

视觉识别基本要素包括以下几种，如图 9.18 所示。从企业的实际出发，对基本要素进行设计与开发。

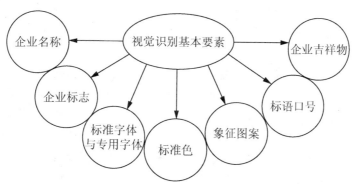

图 9.18　视觉识别基本要素示意图

(1) 企业名称。企业名称与企业形象有着紧密的联系，是 VI 设计的前提条件，是采用文字来表现的识别要素。企业名称的确定，必须要反映出企业的经营思想，体现企业理念；必须要有独特性，发音响亮并易识易读，注意谐音的含义，以避免引起不佳的联想。名称的文字要简洁明了，同时还要注意国际性，适应外国人的发音，以避免外语中的错误联想。

在表现或暗示企业形象及商品的企业名称,应与商标尤其是与其代表的品牌相一致,也可将在市场上较有知名度的商品作为企业名称。企业名称的确定不仅要考虑传统性,还要具有时代特色。

(2) 企业标志。在 VI 视觉要素中,标志是核心要素。企业标志是特定企业的象征与识别符号。企业标志是通过简明的造型、生动的形象来传达企业的理念、产品特性等信息。标志的设计不仅要具有强烈的视觉冲击力,而且要表达出独特的个性和时代感,必须广泛地适应各种媒体、各种材料及各种用品的制作,其表现形式可分为:图形表现(包括再现图形、象征图形、几何图形)、文字表现(包括中外文字和阿拉伯数字的组合)、综合表现(包括图形与文字的结合应用)3 个方面。企业标志要以固定不变的标准原型在 VI 设计形态中应用,设计时必须绘制出标准的比例图,并表达出标志的轮廓、线条、距离等精密的数值。其制图可采用方格标示法、比例标示法、多圆弧角度标示法,以便标志在放大或缩小时能精确地描绘和准确复制。

企业标志的设计要注意:①标志应简洁鲜明,富有感染力;②标志在保持相对稳定的同时,也应具有时代精神;③标志设计时应把握一个"美"字,符合人类对美的共同感知。符合点、线、面、体四大类标志设计的造型要素,能构成独立于各种具体事物的结构的美感。

(3) 标准字体与专用字体。标准字体包括中文、英文或其他文字字体。标准字体是根据企业名称、企业牌名和企业地址等来进行设计的。标准字体的选用要有明确的说明性,直接传达企业、品牌的名称并强化企业形象和品牌诉求力。可根据使用方面的不同,采用企业的全称或简称来确定。字体的设计,要求字形正确、富于美感并易于识读,在字体的线条粗细处理和笔画结构上要尽量清晰简化和富有装饰感。在设计时要考虑字体与标志在组合时的协调统一,对字距和造型要作周密的规划,注意字体的系统性和延展性,以适应于各种媒体和不同材料的制作,适应于各种物品大小尺寸的应用。企业的标准字体的笔画、结构和字形的设计也可体现企业精神、经营理念和产品特性,其标准制图方法是将标准字配置在适宜的方格或斜格之中,并表明字体的高、宽尺寸和角度等位置关系。

专用字体即对企业新使用的主要文字、数字、产品名称结合对外宣传文字等,进行统一的设计。主要包括为企业产品而设计的标识字和为企业对内、对外活动而设计的标识字,以及为报刊广告、招贴广告、影视广告等设计的刊头、标题字体。

(4) 标准色。企业的标准色是用来象征企业并应用在视觉识别设计中所有媒体上的指定色彩,如可口可乐的"红色"、IBM 的"蓝色"。透过色彩具有的知觉刺激与心理反应,可表现出企业的经营理念和产品内容的特质,体现出企业属性和情感,标准色在视觉识别符号中具有强烈的识别效应。企业标准色的确定要根据企业的行业属性,突出企业与同行的差别,并创造出与众不同的色彩效果,标准色的选用是以国际标准色为标准的,企业的标准色使用不宜过多,通常不超过 3 种颜色。

(5) 象征图案。企业象征图案是为了配合基本要素在各种媒体上广泛应用而设计的,在内涵上要体现企业精神,起到衬托和强化企业形象的作用。通过象征图案的丰富造型,来补充标志符号建立的企业形象,使其意义更完整、更易识别、更具表现的幅度与深度。象征图案在表现形式上应简单抽象并与标志图形既有对比又保持协调,也可由标志或组成标志的造型内涵来进行设计。在与基本要素组合使用时,要有强弱变化的动感和明确的主次关系，并根据不同媒体的需求作各种展开应用的规划组合设计，以保证企业识别的统一性和规范性，强化整个系统的视觉冲击力，产生视觉的冲击效果。

(6) 标语口号。标语口号是企业理念的概括，是企业根据自身的营销活动或理念而研究出来的一种文字宣传标语。企业标语口号的确定要求文字简洁、朗朗上口。准确而响亮的企业标语口号对企业内部能激发员工为企业目标而努力，对外则能表达出企业发展的目标和方向，提高企业在社会公众心目中的形象，其主要作用是对企业形象和企业产品形象进行补充，以达到使社会公众在瞬间的视听中了解企业思想，并留下对企业或产品难以忘却的印象。

(7) 企业吉祥物。企业吉祥物是为了强化企业形象而设计的企业造型和具体图案。企业吉祥物通过平易可爱的人物或拟人化形象，以较强的视觉冲击力和情感偏好来引起社会公众的注意和好感，引起社会普遍关注，从而帮助企业与社会公众之间建立良好沟通。

3. 视觉识别应用要素的设计与开发

应用要素系统设计即对基本要素系统在各种媒体上的应用做出具体而明确的规定。企业视觉识别最基本的要素如企业标志、标准字、标准色等被确定后，就要从事这些要素的精细化作业，开发各应用项目。VI各视觉设计要素的组合系统因企业规模、产品内容而有不同的组合形式。最基本的是将企业名称的标准字与标识等组成不同的单元，以配合各种不同的应用项目。当各种视觉设计要素在各应用项目上的组合关系确定后，就应严格地固定下来，以期达到通过同一性、系统化来加强视觉识别的作用。应用要素系统大致有如下几种类型，如图9.19所示。

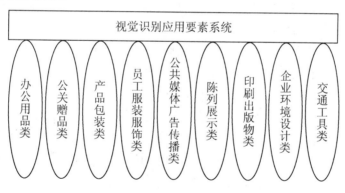

图9.19 视觉识别应用要素系统示意图

(1) 办公用品类。办公用品包括信封、信纸、便笺、名片、徽章、工作证、请柬、文件夹、介绍信、备忘录、资料袋、公文表格等。其设计与制作应充分体现出强烈的统一性和规范化，要能够表现出企业精神。其设计方案应严格规定办公用品形式排列顺序，以标志图是否安排、文字格式、色彩套数及所有尺寸为依据，形成办公用品的严肃、完整、精确、统一规范的格式，给人一种全新的感受并表现出企业的风格，同时也展示出现代办公的高度集中化和现代企业文化向各领域渗透传播的攻势。

(2) 公关赠品类。企业礼品主要有T恤衫、领带、领带夹、打火机、钥匙牌、雨伞、日历、纪念章、礼品袋等，主要是为提高企业形象而用来联系感情、沟通交流、协调关系，是以企业标志为导向、传播企业形象为目的而将企业形象组合表现在日常生活用品上的，企业赠品同时也是一种行之有效的广告形式。

(3) 产品包装类。产品包装起着保护、销售、传播企业和产品形象的作用，是一种标识化、信息化、商品化流通的企业形象，因而代表着产品生产企业的形象，并象征着商品质量的优劣和价格的高低。所以系统化的包装设计具有强大的推销作用。成功的包装是最好、最便利的宣传推广企业及产品和树立良好企业形象的途径。

(4) 员工服装服饰类。员工服装服饰类包括经理制服、管理人员制服、员工制服、礼仪制服、文化衬衫、领带、工作帽(安全帽)、胸卡等。企业整洁高雅的服装服饰统一设计，可以提高企业员工对企业的归属感、荣誉感和主人翁意识，改变员工的精神面貌，促进工作效率的提高，并强化员工纪律的严明和对企业的责任心，设计时应严格区分出工作范围、性质和特点，设计出符合不同岗位的着装。

(5) 公共媒体广告传播类。公共媒体广告传播类主要有电视广告、报纸广告、杂志广告、广播广告、路牌广告、招贴广告、网络广告等。企业选择各种不同媒体的广告形式对外宣传，是一种长远、整体、宣传性极强的传播方式，可在短期内以最快的速度，在最广泛的范围中将企业信息传达出去，是现代企业传达信息的主要手段。

(6) 陈列展示类。陈列展示主要包括有橱窗展示、展览展示、货架商品展示、陈列商品展示等，是企业营销活动中运用广告媒体，以突出形象并对企业产品或销售方式进行宣传的活动。在设计时要突出陈列展示的整体感、顺序感和新颖感，以表现出企业的精神风貌。

(7) 印刷出版物类。企业的印刷出版物品主要包括企业简介、产品说明书、产品简介、企业简报、年历等，它们代表着企业的形象，直接与企业的关系者和社会公众见面。在设计时为取得良好的视觉效果，应充分体现出强烈的统一性和规范化，表现出企业的精神，编排要一致，固定印刷字体和排版格式，并将企业标志和标准字统一安置在某一特定的版式风格，造成一种统一的视觉形象来强化公众的印象。

(8) 企业环境设计类。一是企业外部建筑环境主要包括：建筑造型、旗帜、门面、招牌、公共标识牌、路标指示牌、广告塔等。企业外部建筑环境设计是企业形象在公共场合的视觉再现，是一种公开化、有特色的群体设计和标志着企业面貌的特征系统。在设计上借助企业周围的环境，突出和强调企业识别标志，并贯彻于周围环境当中，充分体现企业形象统一的标准化、正规化和企业形象的坚定性，以便使社会公众在眼花缭乱的都市中对其产生好感。二是企业内部建筑环境。企业的内部建筑环境是指企业的办公室、销售厅、会议室、休息室、生产车间等。设计时是把企业识别标志贯彻于企业室内环境之中，从根本上塑造、渲染、传播企业视觉识别形象，并充分体现企业形象的统一性。

(9) 交通工具类。交通工具主要包括企业的轿车、中巴、大巴、货车、工具车等，这是一种流动性、公开化的企业形象传播方式，通过其多次的流动给人瞬间的记忆，有意无意地建立起企业的形象。设计时应具体考虑它们的移动和快速流动的特点，要运用标准字和标准色来统一各种交通工具外观的设计效果。企业标志和字体应醒目，色彩要强烈才能引起人们注意，并最大限度地发挥其流动广告的视觉效果。

本 章 小 结

　　促销策划可以分为广义促销策划与狭义促销策划。广义促销策划，是根据市场竞争环境分析和项目自身优劣势分析，针对目标市场需求，在对各种促销方式组合运用时具有创造性的谋划与设计。狭义促销策划即销售促进策划，是在市场目标的导向下，使促销与多种市场工具实现良好交互作用的策略设计、策略评价和策略控制，促进销售增长的一系列有计划的策略活动。

　　广告策划是指根据企业的营销策略，按照一定的程序对广告活动的总体战略进行前瞻性规划的活动。进行广告策划应遵循以下几个原则：目的性原则、统一性原则、灵活性原则、创造性原则、可行性原则。广告策划应注意几个问题：广告策划活动必须以消费者为中心，广告要有特点和亮点，诉求点必须准确无误、恰到好处，广告投放战略与产品的生命周期的对应关系，广告投放地点的正确选择。广告策划分为 4 个阶段：广告调查、广告分析、广告决策、广告策划方案的编制。广告创意是指为了实现广告活动的目标，广告策划者对广告的主题、内容和表现形式所提出的独创性的见解与构思。广告创意具体表现在以下 4 个方面：广告构思创意、广告语言创意、广告形式创意、广告运作创意。广告设计须遵守以下原则：真实性、社会性、针对性、感召力、简明性、艺术性。

　　人员推销是企业运用推销人员直接向顾客推销商品和劳务的一种促销活动。与其他促销方式相比，人员推销有 4 个显著特点：信息传递双向性、推销目的双重性、推销过程的灵活性、友谊协作长期性。人员推销组织形式有以下几种：区域结构式、产品结构式、顾客结构式、复合结构式。推销一般来说分 6 个步骤：目标顾客选择、接近顾客、与顾客面谈、处理顾客异议、达成交易、跟踪服务。推销人员的薪酬方式主要有：单纯薪金制、单纯佣金制、混合奖励制。人员推销考评资料由 4 个途径获得：推销人员销售工作报告、企业销售记录、顾客及社会公众的评价、企业内部员工的意见。常用的推销人员绩效考核指标主要有两类：基于成果的考核、基于行为的考核。

　　营业推广，又称销售促进，是指企业为了促使目标市场的顾客尽快、大量、重复购买其经营的产品而采取的一系列鼓励性促销措施，是运用于一定时期、一定条件下的短期特殊推销，营业推广是构成促销组合的一个重要组成部分，也是一种行之有效的辅助性促销方法。

　　展会营销是指利用展览会、博览会、展销会、看样订货会、展评会、物资交流会、供货会、商品洽谈会及其他交易会形式，多家企业集中在一起，向参观者展示自己的商品或服务，边展边销，以展促销，从而把商品宣传、产品(服务)销售、市场调研、公关活动有机地结合在一起的一种营销方式。其作用主要表现在以下几个方面：通过会展，企业可以展示自己的品牌，通过会展提供的信息渠道和网络宣传自己的商品(服务)，展会是生产商、经销商进行交流、沟通和贸易的汇聚点，通过展会期间的调查和观察，企业可以收集到有关竞争者、经销商和新老客户的各种信息，企业能够迅速、准确地了解国内外最新产品和发明的现状与行业发展趋势等，从而为企业制定下一步的发展战略提供依据，展会营销成本较低。企业准备参加展会，首先要在众多的展会中做出选择。选择展会应考虑以下因素：展会参观者中，有多少人是本企业的目标观众，并可能购买本企业的产品(服务)，这一展会主办者的背景、主办能力和水平、信誉如何，展会举办的历史有多久，社会影响力如何，一般能吸引多少观众参与，展会举办的时机是否合适，其他的参展企业有哪些、这些企业的档次、规模、知名度如何，这一展会有多少媒体配合，有多少新闻记者前来采访，其宣传效果如何，展会举办地点是否合适，参展所需基本费用如何。

　　企业形象是指企业文化的综合反映和外部表现，是企业通过自己的行为、产品、服务在社会公众心目中绘制的图景和造型，是公众以其直观感受对企业做出的评价。企业形象整体系统由理念识别(MI)系统、行为识别(BI)系统、视觉识别(VI)系统组成。

关键术语

广义促销策划、狭义促销策划、广告策划、广告创意、人员推销策划、营业推广策划、展会营销、企业形象策划、企业理念识别系统、企业视觉形象策划。

习 题

一、填空题

1. 促销的方式有( )和( )两类。
2. 在制定广告目标时,要结合企业( )及市场环境,使目标经过努力可以实现,而且要注意集中于最主要的问题,以保证人力、财力的集中使用。还要有( ),以便于检验广告实际操作的效果。
3. 广告创意是指为了实现( ),广告策划者对广告的主题、内容和( )所提出的独创性的见解与构思。
4. 推销一般来说分6个步骤:目标顾客选择、( )、面谈、( )、达成交易和( )。
5. 建立合理的( ),有利于调动推销人员的积极性、主动性、创造性,激励推销人员努力拼搏,保证企业销售目标的顺利实现。

二、选择题

1. 促销的实质是一种( )活动。
   A. 沟通　　　　B. 激励　　　　C. 产生需求　　　D. 实施购买
2. 广告设计策划应遵循的原则有( )
   A. 真实性　　　B. 耐人寻味　　C. 有寓意　　　　D. 社会性
3. 与非人员推销相比,人员推销的特点有( )。
   A. 信息传递双向性　　　　　　　B. 推销目的双重性
   C. 友谊协作长期性　　　　　　　D. 推销过程的灵活性
4. 奖励推销人员的方式主要有( )。
   A. 单纯薪金制　B. 单纯佣金制　C. 混合奖励制　　D. 赠送股份
5. 向消费者推广策划,针对消费者的营业推广方式多种多样,可以采用( )方式。
   A. 赠送样品　　B. 代价券　　　C. 返现金　　　　D. 送货物

三、简答题

1. 简述营业推广控制策划的内容。
2. 简要对企业形象整体系统构成进行分析。
3. 简述促销的实质和目的。
4. 简述促销策划的作用。
5. 简述促销策划的程序。

四、思考题

结合实际案例谈谈广告策划对企业的重要意义。

金星啤酒夏季促销方案

2002年，刚刚进入4月，经过几个月淡季煎熬的啤酒企业，就像刚出笼的饿虎，到处奔跑觅食，酝酿一场啤酒业的市场大战。

中国啤酒业经过十余年的高速发展，目前已成为世界第二大啤酒生产国，啤酒年产能力超过了3 000万吨。不过，2001年，啤酒总产量只有2 274万吨，产能过剩，其原因是供过于求。金星啤酒是行业的后起之秀，为了寻求更大的市场空间，准备进行一次大规模的夏日促销活动。

1. 促销目标

市场上现成的促销方式，如开瓶有奖、集盖有奖、喝啤酒中奖等，由于大家都在使用，所以促销效果呈递减趋势，另外企业促销费用也不断增高。能否有新的、更具吸引力的促销方法出现，是金星啤酒首先要考虑的问题：什么样的促销手段才是所期望的有效的促销手段？衡量的标准是什么？

金星啤酒的促销目标有如下几点：①销售额的大幅度提升；②市场占有率的扩大；③有效地扼制竞争对手；④不仅对品牌没有伤害，反而进一步提高品牌的知名度与美誉度；⑤活动过后有持久效应。

2. 促销媒体

那么采取何种促销方式才能实现这些目标呢？策划人员以此为基础开始筹划和思考。啤酒作为清凉饮品，在夏天饮用既有解热防暑的作用，同时又能止渴。若能找到在防暑、防晒上与啤酒有关联的产品，作为赠品与金星啤酒进行捆绑销售，效果一定不错。

不经意间，策划人员在马路上看见一位女士骑一辆装有遮阳伞的自行车，伞固定在自行车的把上，而且可前后灵活移动，十分抢眼，不时引来旁人的注目。策划人员眼前突然一亮：为什么不来个"喝啤酒送自行车遮阳伞"的促销活动呢？

这是一个极好的促销载体，理由有以下几点。

(1) 啤酒与伞都有防暑作用；

(2) 夏天炎炎烈日，或是大雨倾盆，人们普遍对伞有需求；

(3) 伞作为户外人们遮阳(同时也能避雨)的工具，为户外流动物，若与制伞名牌厂家如杭州天堂伞厂联系订做一批设计精美的金星啤酒特制伞，将会起到很好的宣传效果；

(4) 自行车族是一个非常庞大的群体，在自行车上安装遮阳伞，就等于把他们变成了传播的媒体，并且创意独特，个性突出，吸引力强；

(5) 赠伞与啤酒销售将会产生持续互动，啤酒销量越高，伞赠得越多，反过来伞越多对啤酒的销售促进越大；

(6) 不会对品牌造成伤害，相反能进一步树立品牌的良好形象。

3. 行动方案

(1) 活动的目的与意义。进一步促进销售，扩大市场占有率，扼制竞争对手，树立金星啤酒在消费者心目中的品牌地位。

(2) 活动时间：2002年7月1日至2002年9月30日。

(3) 活动主题："金星啤酒盛夏防晒工程"。

(4) 活动原则：①活动与宣传互动，活动促宣传，宣传促销售；②选择名牌制伞厂，走强强联合的道路；③活动与常规工作相结合，不可将二者割裂开来。如通常的渠道与终端工作不但不能放松，相反一定要强化。

(5) 广告宣传语："这个夏天不太晒"。

(6) 活动的细则：①凡一次性购买(或累计消费)金星啤酒××瓶，均可获得特制精美天堂伞一把；②兑奖地点为金星啤酒各销售点；③活动的解释权归金星啤酒集团。

(7) 活动目标：在河南省17个地市全面展开，预计3个月内实现销售量同比增长30%。

(8) 活动前期筹备：①成立活动领导小组，由销售总公司总经理任总指挥，副总经理任副总指挥；②策划中心指派专人负责媒体宣传方案制作和促销伞的设计采购及其他有关物资的准备；③各区域销售公司经理亲自负责并组织业务人员和经销商协助本市场活动的开展。

(9) 活动执行：①广告宣传。在河南卫视黄金时间和各地市有线台打字幕广告，在《东方家庭报》、《大河南报》上作1/4版广告；②区域市场经理配合策划中心人员，组织业务员和经销商在各区域市场开展活动，利用节假日在闹市区广场集中搞演出，配合活动开展，有条件的请当地媒体记者进行采访报道；③在各经销商店头和终端店头悬挂印有活动主题和奖励方式的横幅，加强宣传，现买现赠。

(10) 活动控制：①市场管理中心派人对各区域市场活动的开展情况进行监督和检查，对人员的到位情况、活动次数、参与人数、宣传力度、POP广告布置、赠品发放到位情况进行监督和检查，每项满分值10分，根据落实情况进行打分；②各区域市场上的策划中心外派人员及时对活动执行中出现的问题向策划中心汇报，及时对活动方案进行修正；③各区域市场将活动情况写成书面总结材料上报策划中心；④活动全部结束后，策划中心对本次活动进行全面总结，找出问题和不足，在以后的活动中改正和提高；⑤制订处罚措施，对因内部员工、经销商或终端原因而产生的消费者投诉、活动开展不力等问题，应及时对相关责任人进行处罚。

(案例来源：闫治民，赵建宝. 这个夏天不太晒——金星啤酒夏季促销实战方案[Z]. 中国营销传播网(http://www.emkt.com.cn)，2002. 略有删改。)

讨论题：
1. 你如何评价这一策划方案？
2. 应用本案例所给出的策划程序，分析这一策划的基本思路。它有问题吗？

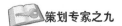

广告策划学的创建人——叶茂中

叶茂中，1968年5月31日出生，资深营销策划人和品牌管理专家，现任叶茂中营销策划机构董事长、清华大学特聘教授、南京理工大学工商管理硕士(MBA)、研究生导师、中央电视台广告部策略顾问。

叶茂中的策划生涯用他自己的话说"实际上是由一个制作人变成一个广告策划人，再变成一个营销企划人"的过程。

1989年叶茂中进入广告圈，拍摄了"一杆进六球"的春兰空调广告，从此走上广告之路。1996年，叶茂中出版了其第一本广告著作《广告人手记》，这是大陆出版的第一本由中国人自己编写的偏重实务操作的广告书籍，并成为当年的畅销书。1993年，叶茂中在北京创立了自己的广告公司，陆续服务了"圣象地板"、"北极绒保暖内衣"、"真功夫快餐"、"大红鹰"、"柒牌男装"、"雅客V9"、"361度"、"红金龙"、"蚁力神"等多个品牌，使这些品牌的知名度和销售业绩得到极大的提升。其中真功夫快餐从东莞几家小店6年达到全国直营店464家，成为本土快餐第一品牌。

叶茂中的经典广告语如下所述。

其地球人都知道——北极绒保暖内衣。

男人就应该对自己狠一点——柒牌男装。

洗洗更健康——妇炎洁。

关键时刻,怎能感冒——海王银得菲。

思想有多远,我们就能走多远——武汉红金龙。

鹤舞白沙,我心飞翔——白沙烟。

大红鹰,新时代的精神——大红鹰烟。

(案例来源:叶茂中的博客 http://blog.sina.com.cn/yemaozhongch.)

第10章 营销策划书的编制

营销策划书是策划活动的另一个环节,重点在于在已经具有可行性的市场调查报告的基础上,着手绘制一幅总的蓝图、方案、设计和规划。

——王学东

本章教学目标与要求

(1) 了解营销策划书的基本概念及基本结构;
(2) 熟悉营销策划书的基本内容;
(3) 掌握营销策划书的编写要求与编写技巧。

本章知识架构

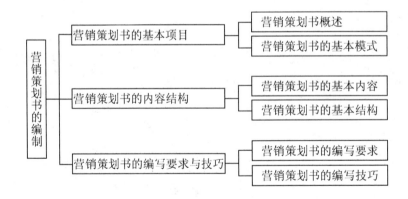

第10章 营销策划书的编制

 导入案例

乌发美髯酒市场推广营销策划书

1. 策划说明

乌发美髯酒是厦门南国酿造公司开发的新产品,目前主要在厦门地区销售,少数产品已进入北京市场。乌发美髯酒是依照中医原理精制而成的低度保健饮料酒,它通过调节人体内环境平衡,以达到防止早衰及须发早白的功效。因此,在生活节奏紧张的现代社会,具有大批的35~50岁之间的潜在顾客。本策划书希望能帮助乌发美髯酒提高知名度,成功开拓国内市场,并在不久的将来打入韩国、日本等国际市场。

2. 营销环境与状况分析

1) 宏观环境分析

(1) 文化社会环境:倡导"效率与实力"的现代社会,处处充满了竞争。激烈的竞争环境,尤其是商界纷争迭起,过度的操劳和焦虑以及无情的岁月,使许多的人英年早逝。据日本《读卖月报》调查分析表明,当今社会从事激烈脑力劳动者,尤其是商界之中坚人士,74.8%的40~50岁左右的人,常常感到日常工作力不从心,髯发渐染,出现了早衰的明显特征。

(2) 经济环境:随着人们收入和生活水平的较大幅度提高,许许多多的中老年人对自身美的追求,特别是他们对外观形象的改善越来越重视。为此,人们想方设法使自己显得年轻,但往往收效甚微。在这种背景下,依中医古法精制而成,以调节人体内环境为主,达到预防早衰、改变须发早白现象的低度保健饮料酒——乌发美髯酒应运而生。

2) 市场分析

据厦门市场调查分析表明:在35~50岁之间的男女,58.63%有少量或部分白发出现,14.3%人头发已经大部分变白,因此可大致预测至少有占人口 18.43%的消费者市场。可以推断,如果能让消费者充分了解乌发美髯酒,该产品在市场上将大有作为。

3) 产品分析

(1) 产品特点。乌发美髯酒系采用何首乌、女贞子、枸杞、当归、黄芪、熟地、杜仲等多种地道名贵药材与米酒,依中医方法精制而成的低度保健饮料酒,它通过调节人体内环境平衡,达到防止早衰、须发早白的功效。本产品酒度26°,可随量饮用,但须持续每日饮用50mL。

(2) 生命周期。该产品尚处于产品生命周期的初级阶段,即投入期阶段,目前,顾客还不大了解产品性能,购买者不多。据厂家提供的数字和策划者的调查,开业4个月共销售产品1 000多箱(6 000多瓶),盈利3万多元,市场知名度为2.42%。处于这个阶段,产品是否受到用户欢迎,能否满足社会需求,是属于光彩夺目的"明星产品"还是属于将被淘汰的"瘦狗产品",尚难以判断。因此,建议厂家应尽量加大宣传及推广力度,否则产品在此时夭折的可能性很大。

4) 竞争分析

(1) 目前同类替代产品情况:①目前,对于中老年人的早衰、须发早白症状的治疗,国外尚无显著方法,一般只是采取染发来改善外观形象;②国内仅有中外合资企业——石家庄芳坤日用化工制品有限公司生产的黑宝牙膏,通过人们日常生活中刷牙的吸收达到养润毛发、预防早白的目的。

(2) 目前行业现有企业竞争状况分析:①国外市场,目前尚无以调节人体内功能来达到乌发效果的产品;②国内市场,中外合资企业——石家庄芳坤日用化工制品有限公司生产的黑宝牙膏,在北方有较大影响,目前正向南方市场开拓。1992年春节前后,曾在厦门第一百货商店开展黑宝牙膏现场推销活动,目前厦门已有多家商业单位经销该产品。

5) 顾客分析

目前该产品主要在厦门销售，少数产品已进入北京市场。在厦门的零售点有东海大厦自选商场、市外轮友谊供应公司、市政府对外处、东湖贸易有限公司、市华丰贸易公司。根据对东海大厦自选商场销售情况的调查表明：①该产品平均月销售量为95瓶左右；②购买者情况：其中，男性占78.2%，女性占21.8%；年龄30岁以下者占14.5%，30岁至40岁者占38.5%，40岁至50岁者占31.4%，50岁以上者占15.6%；购买者文化层次：大学毕业者占21.5%，中专毕业者占22.6%，高中文化者占38.5%，初中以下文化者占17.4%；③购买用途：馈赠亲友者占45%，自用者占35.5%，另有17.5%购买者是青年人，他们是为赠送自己的父母、亲友、上司而购买。

3. 机会及障碍分析

1) 机会

从世界范围来看，中老年人早衰及须发早白者甚多，随着人民生活水平的不断提高，许多人迫切要求改变自己的形象。

2) 障碍

(1) 由于采取中医调养为主的方法，因此该酒饮用后未必都能在短时间内立竿见影，一般须持续每日饮用50mL，并坚持2~3个月才有显著效果。同时，虽然多数人饮用后身体无不适现象，但仍有少数人有微微上火而引起的身体不适。

(2) 目前，国内竞争对手黑宝牙膏在北方有一定的影响及市场占有率，据调查资料显示，该产品在北方的12个城市经销，1991年度销售量达12万箱，43.5万支，市场上知名率为48.5%。并且，该产品现在正努力开拓南方市场。

(3) 销售渠道没有疏通，中间商对产品缺乏认识。据对该产品在厦门的零售商的调查表明，对产品很信任者占18.3%，对产品一般信任者占24.6%，表示愿试一试者占52.6%，其他占4.5%。

(4) 最主要的问题是顾客还不太了解产品及其性能，销售额增长缓慢，普及率低，成本高，利润低，市场尚待开发。据产品的零售点之一——厦门东海大厦自选商场的现场抽样调查表明：①购买前对产品的知晓程度仅1.5%；②购买者对产品的信任程度：很信任者占5.3%，一般信任者占12.5%，表示可以试一试者占54.6%，不太相信者占24.3%，无所谓者占3.3%。由此可见，经营者应大力加强产品的宣传推广工作。

4. 营销目标

1) 短期目标

近期的主要目标是逐渐将产品的重心转型，从原来以生产低档产品为主转向生产中档产品为主，扩大企业生产规模，争取更大的盈利。争取在一年内将企业的年销售量从500箱扩大到10 000箱。

2) 长期目标

通过积累资金扩大再生产，把该企业发展成为年利润超百万元的企业，员工队伍增至500人以上，最终发展成为全国低度保健酒的生产基地；同时，扩大产品出口外销，走内外结合的现代型企业之路。

5. 营销战略

1) 产品策略

(1) 产品定位。①产品类型定位——低度保健饮料酒；②产品特点定位——调节人体内环境平衡；③产品档次定位——中档；④消费对象定位——35~50岁左右，从事商业活动的城镇人(商业部门的人员由于长期从事激烈竞争，焦虑和操劳常使他们过早地出现早衰)；⑤消费者心理定位——恢复精力，追求美的形象。

(2) 销售对象。依据产品的消费对象定位，目标客户应包括35~50岁之间，从事商业活动的城镇人，以及关心他们的子女、家属及亲友。

(3) 包装策略。产品的包装应与产品档次配套，设计美观大方，同时考虑出口的需要，采用汉英两种文体，主体颜色采用黑色。另外，考虑到外国人对中国医学的崇拜，在包装上还应着力体现中国特色。

2) 定价策略

由于产品档次定位为中档，又考虑到产品的消费对象从事商业，生活水平较高，往往出于大方，中等价格他们容易接受(该产品市面零售价为26.00元，批发价为20.00元)，采取投入市场之初先定一个略高价，待销路畅通后再略微降价,并保持稳定。

3) 广告策略(以电视广告为例)

(1) 广告目标:突出该酒的性能和产品形象,使之根植于消费者心中,从而达到扩大影响、实现促销的目的。

(2) 播出时间:新闻联播的前后10分钟内及经济新闻、经济专栏的前后播放。

(3) 创意简述:从产品的定位出发,在电视镜头中突出商业活动竞争激烈的气氛,并利用中老年人普遍害怕早衰、须发早白,有着"夕阳无限好,只是近黄昏"的惆怅心理。

(4) 电视广告脚本。

镜头1:一辆豪华的白色小轿车在公路上飞驰而过。

意境:节奏紧张的现代社会气息。

镜头2:(特写)镜头移近表现这辆小车与其他(两辆)小轿车的拥挤场景。

意境:充满竞争的现代社会。

镜头3:镜头切换为一个商业总经理模样、约40岁左右、头发有些白、戴金丝边眼镜的男模特在主持会议。

镜头4:(切入)男模特走出公司大门,白色轿车停在他身边,侍者开门迎候。

镜头5:男模特忽仰头,久久凝视天空,陷入沉思(男模特脸部特写,注视眼神特写)。

镜头6:天空有一轮辉煌无比的夕阳(镜头切入)。

镜头7:在侍者的多次催请下,男模特上车,汽车飞驰,驰过夕阳,(同时特写)一轮夕阳迅速落下。

镜头8:夕阳消失,天空灰暗。接着迅速出现字幕:乌发美髯酒,提醒事业发达者,留住夕阳无限辉煌。

4) 公关策略

(1) 举办新产品上市新闻发布会。乌发美髯酒是一种具有独创性的新产品,它的问世是对人类养生科学的贡献,具有重要的新闻价值,因此,有必要通过新闻媒介向外界广泛地传播信息。举办该产品上市的新闻发布会既可通过大众传播媒介向社会告知这个新产品,又能较真实、广泛地传播该产品的性能、作用。而且由于产品尚处于投入期阶段,在市场上销路还未大幅度打开,成本也较高。因此,在企业盈利不多,无法开展大规模的广告推销活动的情况下,选择这个活动既能塑造企业和产品形象,又能起到较大程度的"免费广告"效果。

(2) 销售现场免费检验头发并开展宣传活动。

在销售现场为观众免费检验头发,介绍产品,并分发产品说明书。

5) 促销(营业推广)策略

(1) 举办新产品品尝会暨联欢晚会。广泛邀请一些政府部门和主管部门领导、商业销售的负责人、品酒专家、社会名流、消费者代表、新闻媒体的记者参加新产品品尝会。通过新产品的品尝,广泛地征求社会各界的意见和建议,包括产品口感、酒度、价格、包装、宣传、销售等环节。在品尝会之后,辅以联欢晚会,以避免单调。花少量的钱财既可广泛征求社会各界对产品的看法,避免产品与市场发生较大程度的偏差,同时又广泛宣传产品,塑造良好的企业形象。

(2) 与电视台共同举办"乌发美髯"杯中老年健康知识电视大奖赛。

通过电视大奖赛,一方面推广宣传中老年人的健康知识,提高中老年人的健康意识(特别是预防早衰问题),另一方面又成功地塑造了关心中老年人健康的、充满人情味的企业形象。

6) 渠道策略

从销售地域来看,该产品应该形成以厦门经济特区为基础,向沿海城市及东南亚辐射的销售网络。首先应扎根厦门市场,再占领北京市场并辐射全国,进而瞄准韩国、日本、我国台湾地区以及东南亚其他国家与地区的市场。由于产品属于中高档商品,主要销售网点应选择在这些地区的大型商场及百货公司。

6. 具体行动方案(以销售现场免费检验头发及宣传活动为例)

主办单位:厂家与商店共同举办。

时间:(略)。

地点:规模较大的零售现场。

内容:组织一批有较好推销、演说、交际才能的公关人员,着统一制服,并在制服上配挂标有产品名称的横条，为观众免费检验头发，介绍产品，并分发产品说明书。

注意事项：①活动现场的布置，气氛的渲染；②精心设计产品的说明书。

7. 费用估算(以广告费估算为例，总计12万元，见表10-1)

表10-1 广告费用计划表

开支项目	年总份额/万元	所占百分率/%	使 用 方 法
报纸	3	25	大幅广告1万元，以后平均每月3次，并坚持半年
电视	5.5	45.83	隔天1次，隔月播发
广播	1.5	12.5	隔天1次
邮寄	1	8.33	邮寄及附在产品包装盒内
POP	1	8.33	销售现场布置
总计	12	100	

8. 其他(略)

(案例来源：邓镝. 营销策划案例分析[M]. 北京：机械工业出版社，2008.)

上述案例是关于乌发美髯酒市场推广的一份相对完整的营销策划书。从乌发美髯酒市场推广的营销策划书可以看出，营销策划书是营销策划活动的策划思路、工作程序等通过策划书的形式体现出来，是策划活动中所有创意结果的书面表达。同时，营销策划书也是下一步策划活动的指导性文件，在整个营销策划活动中起着创意与实践相结合的作用。那么什么是营销策划书？营销策划书包括哪些内容？营销策划书的基本结构、营销策划书的编写要求、编写技巧有哪些？这是本章所要解决的几个问题。

10.1 营销策划书的基本项目

要写好营销策划书，首先要对营销策划书的基本概念及基本构成有所了解。

10.1.1 营销策划书概述

1. 营销策划书的含义及作用

营销策划书又叫营销策划方案、营销策划文案、营销企划书，也叫企划案。它是将营销策划者对策划对象的创意构思与创新概念转化为一种具体的、有形的、可行的、看得见的物质载体。营销策划书是营销策划的成果，是营销策划工作的进一步深化、升华和文字化，是营销策划者为实现企业营销策划目标的行动指南和行动方案。从营销策划者的最初构想开始，营销策划书的编制工作即已开始，只不过那时的"策划书"存在于策划者的头脑中而已。从整个策划过程来看，营销策划书是实现营销策划目标的第一步，是营销策划能否成功的关键。

营销策划书的作用可以归纳为以下几个方面，如图10.1所示。

1) 充分反映营销策划的内容

营销策划书是营销策划方案的书面表达形式。因此，营销策划书的内容是否翔实、条理清晰、符合逻辑与可行，策划书的形式是否系统、规范化，策划书是否能准确、完整地传达策划者、决策者的真实意图，就显得非常重要。

图 10.1　营销策划书的作用示意图

2) 作为说服决策者的手段

营销策划书作为一种说服性材料,通过营销策划书的文字表述,通过使他人信服的材料,首先使企业决策者最大限度地认识营销策划者的意图和策划思想,在充分理解的基础上认同营销策划方案。说服企业决策者采纳营销策划中的意见,并按营销策划书的内容去实施。因此,如何通过营销策划书的文字表述魅力及视觉效果去打动及说服企业决策者,提高策划书的说服力和接受度,也就自然而然地成了策划者所追求的目标。

3) 作为实施、控制和评估的依据

营销策划书是营销策划的具体工作,策划书中不但包括营销战略和营销策略,而且还包括落实这些战略和策略的具体行动方案、企业营销活动的具体安排。因此,营销策划书作为企业实施营销策划方案的可靠依据和行动指南,有助于企业决策者最大限度地认识营销策划的意图和策划思想,能使营销职能部门在操作过程中增强行动的准确性、规范性和可控制性。同时,策划书中的营销目标,还是策划方案实施以后测评实施效果及方案效果的基本依据。

2. 营销策划书的种类

1) 按策划对象及应用范围划分

(1) 新产品(项目)营销策划书——策划型。新产品(项目)营销策划书是为企业尚未推出的产品、服务、产品线或品牌实现一定的市场目标而做出的全盘营销计划。从导入案例可以看出,在项目启动之前,制定一份完整的新产品(项目)营销策划书是完全必要的。即使这个阶段的一些市场信息仍不是很明确,但仍须在投入大量资源之前尽早做出筹划,这样可以提高企业投入营销资源的有效性、竞争性。

(2) 营销诊断书——诊断型。企业在运营活动中不可避免地会出现各种问题,有了问题就要找出原因所在,提出改进的对策和方法。这就是营销策划中营销诊断书所要解决的问题。营销诊断书通过分析调查企业经营的实际状况,发现运营中存在的问题,然后运用科学的方法,有针对性地进行分析,查找产生问题的原因,提出切实可行的改进方案,从而调整行动方向,绕过阻碍,以最小的代价实现企业目标。

(3) 年度营销计划书——计划型。年度营销计划书是企业提前对下一年的营销工作做出的规划。年度计划书需要接受企业高层管理人员的正式审核、批准,一般为当年年底做出,一年一次。当然,也要随着环境的变化做出相应的调整和修改。

2) 按照策划书呈报对象划分

按照策划书呈报对象的不同,可把营销策划书分为内部营销策划书和外部营销策划书两大类。

内部营销策划书是指呈报给本企业的各级领导,供其作为决策依据的策划书。内部营销策划书是绝密级的,要求在以下方面有详细说明,并对外严格保密:策划实施方面的人的传播媒介关系对策；策划实施中的障碍因素及消除对策；与策划实施有关的政府机构对策；与策划实施有关的法律问题。

外部营销策划书是指呈报给企业的顾客或经营伙伴等与企业经营相关的个人、组织或机构的策划书。外部营销策划书是非绝密文件(但对一般公众仍旧保密)。在外部营销策划书中应把握好保密的"度"；站在对方的立场上，使语言、思路都让对方满意；强调营销策划给对方带来的利益。

不论内部营销策划书还是外部营销策划书，每一类中又可按照具体内容细分出许多不同主题的策划书，如市场调研策划书、市场定位策划书、产品策划书、价格策划书、渠道策划书、物流策划书、促销策划书等。

3. 营销策划书的编制原则

为了提高营销策划书撰写的准确性和科学性，首先应把握好营销策划书编制的以下几个重要原则，如图10.2所示。

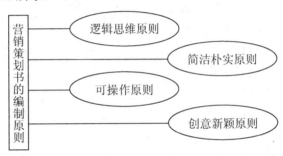

图10.2　营销策划书的编制原则示意图

1) 逻辑思维原则

营销策划的目的在于解决企业营销过程中存在的问题，营销策划书的编制必须按照逻辑思维，首先是设定问题，交代策划背景，分析产品或服务的市场现状，明确营销策划的目的；其次是在此基础上进行具体策划内容的详细阐述；再次是明确提出方案实施、控制及评估的对策。

2) 简洁朴实原则

简洁朴实原则强调既要注意全面又要突出重点，要抓住企业营销过程中所要解决的核心问题，深入分析研究，提出具有可行性、针对性强的相应对策，具有实际操作指导意义。

3) 可操作原则

撰写的营销策划书要用于指导营销活动，其指导性涉及营销活动中的各个方面及每个人的工作及各环节关系的处理，因此，其操作性非常重要，不能操作的方案创意再好也没有任何价值。

4) 创意新颖原则

要求营销策划的创意新、内容新，表现方法也要新，给人以全新的感受。新颖的创意是营销策划书的核心。

10.1.2　营销策划书的基本模式

为了使大家更清晰地了解营销策划书的结构，表10-2给出营销策划书的一个通用模式，营销策划者在实践中应灵活掌握。

表 10-2　营销策划书通用模式

营销策划书
封面
策划书及客户名称
策划机构或策划人名称
策划完成日期
策划使用的时间段
保密级别及编号
前言
目录
策划提纲
正文
概要
策划主要内容概要
策划目的
策划目的及相关内容说明
界定问题
明确策划目标、策划主题
环境分析
市场需求状况
竞争状况
分销状况
宏观环境状况
SWOT 分析
问题点及机会点
优势、劣势
分析问题、发现机会、扬长避短
具体目标
市场目标
财务目标
营销战略
市场细分
目标市场
市场定位
营销组合策略
产品策略
价格策略
渠道策略
促销策略
行动方案
人员安排
道具设备
时间计划
地点选择
财务分析
损益表等财务报表
营销费用预算

续表

营销策划书
策划控制方案
方案执行控制
风险预测
应急方案
结束语
突出策划的内容要点
附录
调查报告及其调研原始资料
主要参考文献
其他材料(照片、录像带、录音带、实物等)

10.2　营销策划书的内容结构

　　可以说营销策划书没有一成不变的模式，它要依据企业的产品状况或营销活动的不同要求，在营销策划的内容与编制格式上也有变化，但是，从营销策划活动的一般规律来看，依据 10.1 节中所提出的营销策划书的基本模式，营销策划书的内容结构框架应由以下几个部分组成。

　　1. 封面

　　营销策划书重在内容，但也不能忽略了封面的形象效果。营销策划书需要有一个美观的封面，这是因为阅读者首先看到的是封面，封面能在视觉效果上给人强烈的视觉冲击，从而给人留下良好的第一印象，进而有助于营销策划内容的形象定位。

　　封面可以起到美化、装饰营销策划书，清晰表明营销策划的标题，传达营销策划内容，表述在正文中不宜表达的内容等作用。封面设计的原则是醒目、整洁，切忌花哨，至于字体、字号、颜色，则应根据视觉效果具体考虑。

　　封面应该提供如下信息。

　　(1) 委托方。如果是受委托的营销策划，那么在策划书的封面上要把委托方的名称列出来，如××公司××营销策划书。这里要注意不能出现错误，否则会给人留下不好的印象。

　　(2) 标题。标题要简洁明了。有时为了突出策划的主题或者表现策划的目的，也可以加副标题或小标题。

　　(3) 日期及本策划适用时间段。日期应以正式提交日为准，不应随便定一个日期，同时要有完整的年月日表示，如 2014 年 3 月 18 日。注明本营销策划的适用时间段主要是由于营销策划具有一定时间性，不同时间段上市场的状况不同，营销执行效果也不一样。

　　(4) 策划者。一般在封面的最下部标出营销策划者。如果营销策划者是公司，则须列出公司全称。

　　(5) 保密级别及编号。一般在封面的上方一角注明保密级字样与策划书的编号。

　　2. 前言

　　前言一方面是对营销策划内容的高度概括和表述，另一方面在于引起阅读者的注意和兴趣，使其关注正文。前言的文字不能太长，一般不要超过一页，字数控制在1000字以内。前言的具体内容如下。

(1) 简单论述接受营销策划委托的情况，如：××公司接受××公司的委托，就××年度的新产品开发计划进行具体策划。

(2) 进行策划的原因。将策划的重要性和必要性表达清楚，以吸引读者进一步去阅读正文。如果这个目的达到了，那么前言的作用也就被充分发挥出来了。

(3) 策划的目的及策划实施后要达到的理想状态。

(4) 策划及策划书的特色，策划过程的概略介绍，参加人员的情况，致谢等。

3. 目录

目录即营销策划的提纲。目录的作用是使营销策划书的结构一目了然，同时也使阅读者能方便地查询营销策划书的内容。因此，策划书中的目录不宜省略。但如果营销策划书的内容篇幅比较少，目录可以和前言同列。列目录时要注意目录中所标页码与实际页码必须一致，否则会损害营销策划书的形象。

4. 概要

概要是对营销策划书的总结性陈述，使阅读者对营销策划内容及策划结论有一个非常清晰的概念，便于阅读者理解策划者的思路、意图和观点。通过概要可以大致理解策划内容的要点。

概要的撰写要注意以下几点。

(1) 选择适合自己的写作顺序。概要有的在撰写策划书正文前写就，这样就可以使策划内容的正文撰写有条不紊地进行，从而能有效地防止正文撰写离题或无中心化；有的是在营销策划书正文结束后写就，这样简便易行，只要策划内容归纳提炼就行了。

(2) 提纲挈领，勾画出策划的骨架。

(3) 巧妙地利用框图。

5. 营销策划目的或目标

营销策划目的的部分主要是对营销策划所要实现的目标进行全面描述，它是营销策划活动的原因和动力。如《乌发美髯酒市场推广营销策划书》文案中，对策划书的目的描述得非常具体清晰。其短期目标是逐渐将产品的重心转型，从原来以生产抵档产品为主转为生产中档产品为主，扩大企业生产规模，争取更大的盈利。争取在一年内将企业的年销售量从500箱扩大到10 000箱。而长期目标是通过积累资金扩大再生产，把该企业发展成为年利润超百万元的企业，员工队伍增至500人以上。最终发展成为全国低度保健酒的生产基地。同时，扩大产品出口外销，走内外结合的现代型企业之路。这一部分使整个方案的目标方向非常明确、突出。

6. 环境分析

环境分析是营销策划的依据与基础，所有营销策划都是以环境分析为出发点的。环境分析一般应在外部环境与内部环境中抓重点，描绘出环境变化的轨迹，形成令人信服的依据资料。

环境分析的内容如下。

(1) 市场状况。列出目标市场近3~4年的数据，通过年度相对指标对比，得出分析结果。

(2) 竞争状况。对主要的竞争对手进行确认，并逐项描述他们的规模、目标、市场份额、产品质量、营销战略和其他特征，从而恰如其分地了解他们的意图和行为。

(3) 分销状况。列出在各个分销渠道上的销售数量资料和重要程度。

(4) 宏观环境状况。描述宏观环境的主要趋势(如人口的、经济的、政治法律的、社会文化的)，阐述它们与本企业产品的某种联系。

环境分析研究整理要求做到明了性和准确性。

明了性是指列举的数据和事实要有条理，使人能抓住重点。在具体进行环境分析时，往往要收集大量的资料，但所收集的资料并不一定都要放到营销策划书的环境分析中去，因为过于庞大繁杂的资料往往会减弱阅读者的阅读兴趣。如果确需列入大量资料，可以用"参考资料"的名义列在最后的附录里。因此，分析的明了性是策划者必须牢记的一个原则。

准确性是指分析要符合客观实际，不能有太多的主观臆断。任何一个带有结论的说明或观点都必须建立在客观事实的基础上，这也是衡量策划者水平高低的标准之一。

7. SWOT分析

对企业内部环境的优势(Strengths)、劣势(Weaknesses)、外部环境的机会(Opportunities)、威胁(Threats)的全面评估称为SWOT分析。这一部分和前面的环境分析可以看作一个整体。

在这一部分，要从上面的环境分析中归纳出企业的机会与威胁、优势与劣势，然后找出企业存在的真正问题与潜力，为后面的方案制定打下基础。企业的机会与威胁一般通过外部环境的分析来把握；企业的优势与劣势一般通过内部环境的分析来把握。在确定了机会与威胁、优势与劣势之后，再根据对市场运动趋势的预测，就可以大致找到企业问题所在了。

SWOT分析的主要内容如下。

(1) 机会/威胁分析。根据外部环境的分析归纳出企业从事某一行业或特定业务所面临的主要机会(或有利影响)和威胁(或不利影响)。

(2) 优势/劣势分析。根据内部环境的分析归纳出企业相对于行业中的竞争对手而言，在资源、技术、产品、渠道、定价及促销宣传等方面所具有的优势和劣势。

(3) 综合分析。应用以上两方面的分析，根据企业内部资源状况及外部环境变化，确定企业必须注意的主要问题及发展的潜力，制定相应的营销策略并确定营销方案。

8. 营销战略

根据SWOT分析的结果，确定企业的市场营销战略。市场营销战略主要由市场细分、目标市场选择、市场定位三部分组成。可以用文字表述，也可列表说明。

(1) 市场细分。依据一定的细分标准，对市场进行细分。

(2) 目标市场战略。选定企业准备进入的细分市场，并确定采用哪种目标市场策略：无差异性市场营销、差异性市场营销还是密集性市场营销。不同的细分市场在顾客偏好、对市场营销行为的反应、盈利潜力及企业能够或者愿意满足其需求的程度等方面各有特点，所以企业需要在精心选择的目标市场上，慎重地分配其市场营销资源和能力。

(3) 市场定位。在对市场分析和细分化的基础上，寻求建立某种产品特色，通过为自己的产品创立鲜明的个性，从而塑造出独特的市场形象来实现。

9. 营销组合策略

确定营销目标、目标市场和市场定位以后,就需要在各个细分市场采取具体的营销策略,以及确定相关的营销组合策略。

所谓营销组合策略,就是企业的综合营销方案,即企业根据自己的营销目标与资源状况,针对目标市场的需要对自己可控制的各种营销因素(产品、价格、渠道、促销)进行优化组合和合理的综合运用。

(1) 产品策略。阐述产品体系、品牌体系、品牌管理、包装体系、包装设计、产品服务等内容。

(2) 价格策略。阐述定价原则、定价方法、价格体系、调价体系等内容。

(3) 渠道策略。阐述渠道建设指导方针、渠道开发步骤、渠道网络架构、渠道激励措施等内容。

(4) 促销策略。阐述人员推销、广告、营业推广、企业形象的方式方法。

10. 行动方案

要实施营销策划,各项营销策略必须要转化成具体的活动程序。为此,必须设计详细的策略行动方案。通常,行动方案要落实人员安排、工具设备、时间计划、地点选择等具体问题。在行动方案中,需要明确以下内容。

要做什么作业?

何时开始?何时完成?其中的个别作业为多少天?个别作业的关联性怎样?

在何地?需要何种方式的协助?需要什么样的布置?

要建立什么样的组织机构?由谁来负责?

实施怎样的奖酬制度?

需要哪些资源?各项作业收支预算为多少?

这些内容使策划活动由单纯的构想一步一步地付诸实施,并作为检验策划活动的标准。这是营销策划进一步具体化的表现,也是营销策划活动得以实施的必要保证。

(1) 组织机构。在此应列明实施策划的组织机构及其相应的职责。对于专项的营销活动,企业一般要建立临时的专门机构来实施营销方案,临时机构的人员由在企业的正式组织中的相关人员组成。对于常规的营销活动,一般不建立临时的组织机构,而是指定组织的相关部门的人员负责专项活动。

(2) 营销行动程序安排。对于常规的营销活动,一般把行动的程序、负责人、预算及行动方案评估和控制方法等内容集中在一起。营销行动的程序安排一般用甘特图和箭头线图表示,这样既能够使行动安排一目了然,又能明确各项作业之间的关联性。为了进一步明确行动的具体负责人、费用和行动方案的评估及控制方法等内容,再列出一张"行动方案安排表"。

11. 营销预算

整个营销策划方案的实施过程中的费用支出包括营销策划实施过程中的总费用、阶段费用、项目费用等,其原则是争取以较少投入获得最优营销效果。营销费用的测算要有凭有据。

从第10章导入的案例中可以看出,在营销预算费用时,最好列出表格,列出总目和分目的支出内容,并计算出费用总额。这样既方便核算、醒目易读、简单明了,又便于以后查对。

12. 营销控制

营销控制主要说明如何对营销策划方案的执行过程、进度进行管理，分为一般程序和例外管理两个方面的工作。

一般程序的常用做法是把目标、预算按月或季度分开，便于上级主管及时了解各个阶段的销售实绩，掌握未能完成任务的部门、环节，分析原因，并要求限期做出解释和提出改进措施。

例外管理是指针对意外事件的应急计划。应急计划要简要列举出可能发生的各种不利情况或特殊事件，发生的概率和危害程度，应当采取的预防措施和必须准备的善后措施。制订和附列应急计划，目的是事先考虑可能出现的重大危机和可能产生的各种困难。

13. 结束语

结束语作为对整个营销策划方案的要点和重点进行归纳总结，要与前言相呼应，使策划书有一个圆满的结束，主要是再重复一下主要观点并突出要点。

14. 附录

附录是营销策划书的附件，附录的内容对整个营销策划方案起着补充说明的作用，便于实施者了解有关问题的来龙去脉，为营销策划提供有力的佐证，从而增加营销策划书的可信性。

凡是有助于阅读者对策划内容理解的可信资料都可以列入附录，如引用的权威数据等资料。但是为了突出重点，可列可不列的资料以不列为宜。作为附录的另一种形式是提供原始资料，如消费者问卷的样本、座谈会原始照片、座谈会记录等。在策划书中列出附录，既能补充说明一些正文内容的问题，又显示了策划者负责任的态度，同时也能增加策划方案的可信度。作为附录也要标明顺序，以便查找。

总之，营销策划书的内容结构由以上14项内容构成。由于企业不同，企业产品不同，企业产品需要解决的问题不同，企业的营销环境、营销目标不同，因此所侧重的内容在编制上也有所不同。

10.3 营销策划书的编写要求与技巧

1. 营销策划书的编写要求

1) 营销策划书表述要简明扼要，通俗易懂

营销策划书是一种说服性的材料，一定要与使用者的思维习惯和理解能力相一致。营销策划书的体系要简明扼要、井然有序，各个部分之间要承上启下、顺理成章，局部内容也可采用通俗易懂的方法表达。所涉及的概念要深入浅出，使人容易理解；策划书中标明的总费用和明细费用详尽明确，使人知晓；策划书显示的方案全貌要使人一目了然。

2) 营销策划书要体现可操作性

根据营销策划书的编制原则，编制的策划书是要用于指导具体的营销活动的，因此营销策划书的可操作性非常重要。不能操作的方案创意再好也无任何价值。不易于操作也必然要造成大量人、财、物的耗费，管理复杂，成效低。

3) 营销策划书要有一定的灵活性

营销策划书的实施过程会受到众多因素的干扰和影响，往往容易打乱策划书的实施进

程,因此,策划书的执行进度与计划进度很难相符。过于刚性的计划进度不适于营销活动动态的背景环境;过于柔性的计划进度不利于控制营销活动的节奏,不便于规范营销操作质量。实践证明,在编制营销策划书时,尽量使用具有较大灵活性的计划方法,如甘特图表明营销策划的进度,以指导企业营销的进展。

4) 营销策划书要实事求是,增强可信度

营销策划书涉及的数据、图表等资料一定要注明出处,确保准确无误。要以可信的资料对营销策划的预期效果进行预测,同时对可能产生的成本收益状况也要一并说明。从说服的角度来看,如果将该企业或类似企业的成功范例作为实证的依据将会增大策划书被接纳的可能性。另外,对策划过程中遇到的难点问题不应回避,在策划书中阐明问题的实质,提出策划实施应特别注意的事项,并将其做成备忘录,简洁地附在策划书中。

5) 营销策划书要浓缩精华,重点突出

当策划主体面对错综复杂的营销问题时往往产生很多想法,然而,不可能把这些想法全部纳入策划书中,否则策划方案里面的构想、创意太多,目标分散,不易形成策划焦点,也会分散使用者的注意力,使其不易聚合能量解决要害问题。因此,撰写策划书的关键性要求是尽量浓缩精华,突出重点,便于使用者更好地理解营销策划书。

6) 营销策划书要独具特色

前文已经提到,营销策划书没有统一模式。优秀的营销策划书往往显示出独特的策划特色,正是这种独特的思维方式和策划特色,使之别具特色,从而才能抓住策划方案使用者的心理,引起共鸣,获得依赖。

2. 营销策划书的编写技巧

营销策划书与一般的文书材料不同,它对新颖性、严密性、可操作性、可信性以及说服力的要求是非常高的。因此,编写营销策划书不仅要严格按照营销策划书的编写要求去做,同时在策划书编写过程中还必须掌握一定的技巧。

1) 要提供一定的理论依据

要提高营销策划内容的可信度,就必须为策划者的观点提供理论依据。必须以全面信息为依据,通过建立广泛的信息网络,尽可能全面地收集同决策与营销策划有关的各种资料,以增加决策与策划的准确性,从而提高说服力。但是,理论依据一定要有对应关系,纯粹的理论堆砌不仅不能提高可信度,反而因为脱离实际而被拒绝。

2) 要充分利用数据说明问题

营销策划书是一份指导企业营销实践的文件,其可靠程度如何是决策者首先要考虑的。营销策划书中的任何一个论点都要有依据,而数字是最好的依据,是最具说服力的。在策划书中利用各种绝对数和相对数来进行比较是必不可少的。要注意的是,各种数据都要有出处以证明其可靠性。

3) 要运用图表帮助理解

图表的主要优点在于有着强烈的直观效果,运用图表能帮助企业决策者、策划执行者更好地理解策划内容,同时,图表还能提高方案版面的美观性。利用图表进行比较分析、概括归纳、辅助说明等十分有效。

4) 要合理利用版面安排

营销策划书视觉效果的优劣在一定程度上影响着策划效果的发挥。合理的版面设置也是策划书撰写的技巧之一。版面设置包括字体、字号的大小、字与字的空隙、行与行的间隔、黑体字的采用以及插图和颜色等。如果整篇策划书的字体、字号完全一样，没有层次、主辅，没有图表、数据，那么这份策划书就会显得呆板。总之，通过版面安排可以使重点突出、层次分明、严谨而不失活泼。

5) 要注意细节，消灭差错

可以想象，一份营销策划书中错别字、漏字、错误标点连续出现的话，企业决策者不可能会对策划者有好的印象。因此，对营销策划书要反复检查，不允许有一个差错出现，特别是对于企业的名称、专业术语等应仔细检查。

本 章 小 结

营销策划书又叫营销策划方案、营销策划文案、营销企划书，也叫企划案。它是将营销策划者对策划对象的创意构思与创新概念转化为一种具体的、有形的、可行的、看得见的物质载体。从整个策划过程来看，营销策划书是实现营销策划目标的第一步，是营销策划能否成功的关键。

营销策划书的作用可以归纳为以下几个方面：充分反映营销策划的内容，作为说服决策者的手段，作为实施、控制和评估的依据。

营销策划书按策划对象及应用范围划分新产品(项目)营销策划书——策划型、营销诊断书——诊断型、年度营销计划书——计划型，按照策划书呈报对象的不同，可把营销策划书分为内部营销策划书和外部营销策划书两大类。

为了提高营销策划书撰写的准确性和科学性，首先应把握好营销策划书编制的以下几个重要原则：逻辑思维原则、简洁朴实原则、可操作原则、创意新颖原则。

营销策划书的内容结构框架由 14 个部分组成：封面、前言、目录、概要、营销目的、环境分析、SWOT 分析、营销战略、营销战术、行动方案、营销预算、营销控制、结束语、附录。由于企业不同，企业产品不同，企业产品存在的问题不同，企业的营销环境、营销目标不同，所侧重的内容在编制上也有所不同。

营销策划书的编写要符合以下要求：营销策划书的表述要通俗易懂、营销策划方案要体现可操作性、营销策划方案要有一定的弹性、营销策划书要注意增强可信度、营销策划书要注意重点突出、营销策划书要独具特色。

编写营销策划书不仅要严格按照营销策划书的编写要求去做，同时在策划书编写过程还必须掌握一定的技巧：提供一定的理论依据，充分利用数字说明问题，运用图表帮助理解，合理利用版面安排，注意细节、消灭差错。

关键术语

营销策划书、营销策划方案、营销策划文案、营销企划书、企划案、新产品(项目)营销策划书——策划型、营销诊断书——诊断型、年度营销计划书——计划型、内部营销策划书、外部营销策划书、逻辑思维原则、简洁朴实原则、可操作原则、创意新颖原则。

第10章 营销策划书的编制

习 题

一、填空题

1. ( )是营销策划的成果,是营销策划工作的进一步深化、升华和文字化,是营销策划者为实现企业营销策划目标的行动指南和行动方案。

2. ( )通过分析调查企业经营的实际状况,发现运营中存在的问题,然后( ),有针对性地进行分析,查找产生问题的原因,提出切实可行的改进方案。

3. 营销策划书的编制必须按照( ),首先是( ),交代策划背景,分析产品或服务的市场现状,把营销策划的目的明确。

4. 要提高营销策划内容的可信度,就必须为策划者的观点提供( )。

5. 按照策划书呈报对象的不同,可把营销策划书分为( )和( )两大类。

二、选择题

1. 营销策划书的内容结构框架由( )组成。
   A. 封面　　　　B. 前言　　　　C. 营销目的　　　　D. 营销控制

2. 营销策划书的编写应包括( )技巧。
   A. 要有理论基础　　　　　　　B. 新颖性
   C. 可操作性　　　　　　　　　D. 有说服力

3. SWOT分析法O代表( )。
   A. 机会　　　　B. 威胁　　　　C. 优势　　　　D. 劣势

4. 营销策划书的编制遵循原则有( )。
   A. 简洁朴实原则　　　　　　　B. 美观原则
   C. 可操作原则　　　　　　　　D. 可衡量性原则

5. 营销策划书是营销策划的具体工作,策划书中不但包括( )和营销策略,而且还包括落实这些战略和策略的具体行动方案、企业营销活动的具体安排,并指导其活动。
   A. 广告策略　　　B. 促销策略　　　C. 推销策略　　D. 营销战略

三、简答题

1. 简述营销策划书的内容结构框架的组成。
2. 营销策划书的编写过程应注意哪些?
3. 简述SWOT分析法及其在营销策划中的应用。
4. 营销策划书的编制应遵循什么原则?
5. 目前营销策划书的种类有哪些?

四、思考题

思考营销策划书的编写作用及程序。

Yoyo 蜡烛市场营销策划书

本营销策划书首先对美国的蜡烛市场状况进行了简单的分析，并从中发现美国市场对蜡烛需求很大，本公司产品有进入的机会，其次对美国市场蜡烛产品和 A 公司的产品进行了比较，从而确定本公司产品进入市场获利的几率还是很大的。通过相关资料的分析和研究，本公司选择了直接出口和许可经营两种产品进入战略。最后对营销组合进行了详细的介绍，同时也对风险的规避策略进行了介绍。

1. 市场营销策划书的目的

国内市场有一万多家蜡烛企业，市场竞争异常激烈。A 公司已经在国内蜡烛市场占领了一定的份额，并且美国的市场需求很大。为了公司长远的发展，本公司拟将产品出口，在美国市场进行销售。制定本计划就是想求得公司各级领导的重视和支持，使各部门各环节能达成共识，明确面对这项工作以及我们所应该采取的策略和具体措施，以便统一思想、协调行动，共同完成好这项具有重要意义的工作。

2. 目前营销状况

1) 美国蜡烛市场状况

(1) 美国知名商业、宗教系统的蜡烛生产企业只有 300 多家。

(2) 中国有 106 家蜡烛企业(它们的产品原材料以棕榈油为主)出口到美国，还有其他大约 9 000 多家也出口美国(他们的产品原材料以石蜡为主)，共计一万多家。

(3) 由于中国的出口退税政策的原因，一个成本 2 元的芳香蜡烛，出口价可以卖到 2 美元，在美国市场的成本要远远低于国内的价格。

(4) 中国蜡烛 2002 年、2003 年、2004 年对美出口金额分别为 1.61 亿美元、1.65 亿美元和 1.98 亿美元。

(5) 2001 年美国市场蜡烛零售额为 23 亿美元，其中不包括蜡烛相关产品的销售额。蜡烛销售额以 10%～15%的速度增长，其中 96%的购买者为女性。

(6) 在美国，有 70%的家庭要使用蜡烛。蜡烛在美国主要用于晚餐、节日、宗教礼仪以及礼品。

2) 产品状况

(1) 市场上有很多种蜡烛，从功能方面考虑可分为两种——基本蜡烛和装饰蜡烛。基本蜡烛是指随时随地都用得上的蜡烛。装饰蜡烛一般是供节日或送礼用的，蜡烛会被设计成各式各样的图案和形状，以配合不同情况下的需要。目前市场上的蜡烛，不仅外观造型千姿百态，色彩缤纷，烛心的制作也让人大开眼界，有圆的、方的和扁的，达 100 多种。

(2) 蜡烛在美国市场的零售价从 50 美分一个的祭祀蜡烛到 75 美元一个的大型圆柱烛不等。某些特殊设计的蜡烛售价高达 200 美元。

3) 竞争状况

本公司主要的竞争对手如下。

(1) 大连达伦特工艺品有限公司。其注册资金 1974 万元人民币，企业总部设在大连市区，工业园区位于普兰店市。公司系生产和销售工艺蜡烛的专业厂商，拥有自己的注册商标"TALENT"，并已在全球 100 多个国家注册。目前已经开发出 100 多个系列、上千种蜡烛。企业引进了国际最先进的德国自动化生产线，有效扩大了生产规模，还兼营其他礼品、家居用品等，产品热销欧美、日、韩等 80 多个国家和地区，与美国的沃尔玛公司、德国的麦德龙公司，瑞典的宜家公司等超级跨国零售连锁企业建立了长期、稳定的供求关系。企业曾获得"大连市优秀企业"称号，同时是大连市外经贸委重点扶持的名优企业，被 IKEA(全球最大的家居用品零售商)评为最优秀的供应商。

(2) 美国的 Blyth 公司。是美国最大蜡烛制造商，占有美国市场 80%的份额，每年的销售收入是 17 亿美元，以生产高档蜡烛为主。

4) 分销状况

在美国，蜡烛的主要销售渠道有3种，即百货商店、超市和折扣商场，均为连锁销售。

5) 宏观环境

(1) 人口环境。2004年，美国人口约为2.965亿人。其中，白种人占80%以上。美国的有色人种主要是黑人，约占全国人口的12%。华人和华侨在美国将近100万。随着"银发浪潮"的到来，目前美国65岁以上的人口增长速度越来越快，其中增长最快的一群人是在85岁以上。战后，即从1945年到1965年，美国出现了一个生育高峰。美国人口结构老龄化，已变成一个老年、中年人口多而青年人口少的社会。美国26%的家庭是单身家庭，而双亲家庭仅为23.5%，其中只有7%是父亲在外供职、家庭主妇带孩子的传统家庭模式。美国孩童在亲生父母身边长大的比率从1960年的88%下降到68%。20~24岁的未婚美国女性数量从36%增加到73%，而30~34岁的未婚女性则从6%上升到22%，是过去的3倍多。

(2) 政治环境。早在1986年，美国商务部即做出过仲裁，对原产于中国的石油蜡烛征收反倾销税，税率为54.21%。2004年又将这一税率提高到108.3%。据美国海关最新的提议，"节日蜡烛"将由原来归于编号3406下的"蜡烛"一项改为归于编号9505下的"节日物品"一项。编号更改以后，"节日蜡烛"的进口关税将降为零。目前，"圣诞蜡烛"的进口编号为3406，进口关税为2.3%；"圣诞及感恩节蜡烛"的关税税率为1.2%。在更改为"节日、嘉年华会之娱乐用物品"以后，两者的关税都将降为零。

(3) 经济环境。美国经济状况稳健，美国人有充足的理由对经济前景持乐观态度。美国是世界上主要工业化国家中经济增长最快的国家。美国2004年第三季度GDP报告称美国经济增长速度快于预期，美国GDP第三季度(7—9月)以4.3%的速度增长，增强了美国应对创纪录的能源成本的能力。第三季度最新GDP数据从初值3.8%修正到4.3%，GDP增长受到了来自私人投资和商业投资增长的支持；而第二季度(4—6月)GDP增长率为3.3%，最大预测值为4%。预计2005年的GDP为12.07万亿美元，而2004年的GDP是11.66万亿美元。美国家庭的年收入为35 060美元，并且一直在增长。美国推行减税政策，因此，人均消费支出提高了。

(4) 社会文化环境。美国人强调独立、个性而又不互相排斥。他们具有冒险、开拓、创新、自由、平等精神。他们是物质主义、实用主义的崇尚者。在美国，蜡烛几乎是每个家庭必备的生活用品，它不仅是停电时的照明替代品，也是增进生活情趣的催化剂。在美国，蜡烛的购买者中，96%为女性，20~24岁的未婚女性购买者数量从36%增加到73%，而30~34岁的未婚女性购买者则从6%上升到22%。因为独身而且收入不菲，未婚女性是最理想的顾客——与其他阶层相比较，她们更有花钱的激情和冲动，只要东西够时髦、够奇趣，她们就会一掷千金。

美国的宗教，五花八门，丰富多彩，但主要有三大教派：来自北欧、西欧的新教，来自东欧、南欧的天主教，来自欧洲各地及中东地区的犹太教。因为教派林立，宗教习俗多样化，所以，美国各教派之间建立了一种较高程度的宽容性。在许多宗教仪式中，他们都要用蜡烛，特别是在圣诞节的时候，教堂要举行拜火仪式，在他们心目中，烛光能够消除灾难。

(5) 科学技术环境。美国是世界上科技最发达的国家，其科技体制的特点是多元化和多样性。全国的研究与发展工作主要由联邦政府实验室、私人公司、大学以及非营利性研究组织等来进行。美国联邦政府非常重视对科技的投入。1994—2000年，是美国有科技统计数据以来R&D支出增长最快的5年，从1 692亿美元激增到2000年的2 642亿美元(当年11月份估计数字)。扣除通货膨胀因素，平均真实年增长率高达6%，大大超出同期真实GDP增长率。1999年，美国全国研究与发展经费为2 470亿美元，占国内生产总值的2.79%，其中约69%或者1 690亿美元来自企业的投入。联邦政府投入约占27%，剩下的部分则为高等学校、民间基金会、非营利性机构以及州和地方政府的投入。

3. SWOT问题分析

1) 优势

芳香透明果冻蜡烛是高新技术的结晶，是蜡烛制品发展史上的一项重大革命。单品、单工厂手工蜡烛生产规模进入全球同行业前 4 位。本公司有自己的研发机构，本公司的产品在其他国家非常畅销。自主研制的替代传统石蜡制品的新型聚合物基质复合体新材料被定为国内同类产品的质量标准。我国拥有丰富低廉的蜡烛原材料。

2) 劣势

本公司的经济实力不如美国最大的蜡烛制造商 Blyth 公司，并且 Blyth 公司的市场份额很高，美国国际贸易委员会对原产于中国的石蜡、蜡烛发布反倾销税征收令。

3) 机会

在国际贸易中，蜡烛属于农产品范畴。中国蜡烛 2002 年、2003 年、2004 年对美出口金额分别为 1.61 亿美元、1.65 亿美元和 1.98 亿美元。美国知名的商业、宗教系统的蜡烛生产企业只有 300 多家。美国蜡烛市场的需求量很大，并仍在增长。芳香透明果冻蜡烛是一种高新技术，它的市场还没有被完全占领，可以从中获得利润。其他种类的蜡烛的市场需求量在增加，所以也有进入的机会。

4) 威胁

(1) 虽然美国本土的蜡烛企业无法满足国内需求，但美国仍然会对其国内的蜡烛企业实行保护政策，这样有可能会对中国的蜡制产品进一步增加关税。

(2) 美国的 Blyth 公司占据着美国蜡制品 80% 的市场，因此市场空间有限。

4. 营销策划的目标

(1) 财务目标：公司未来 3～5 年的年均销售收入(融资成功情况下)预测为 1 000 万美元。

(2) 营销目标：市场占有率达 4%，销售利润达 350 万美元。

5. 营销战略

1) 目标市场

本公司的产品销售对象主要以追求时尚、浪漫的女性为主。

2) 定位

我们把本公司定位在美国 Blyth 公司产品之后。

3) 产品策略

(1) 产品特性(共性)。本公司的产品生产材料是以石蜡、高分子聚合物以及其他生产材料为主。产品具有无毒、无烟、可消除臭味的特性。燃烧温度高达 85℃。翻倒以后不易燃烧，火焰柔和不刺眼。还提供 DIY 制作。灯芯燃烧时不产生 CO，燃烧气体对环境无污染。产品为天然有机物质，易溶解，用肥皂和清水很容易清洗。

(2) 产品种类。

① 彩焰蜡烛：固体彩焰烛和液体彩焰烛。

成分：石蜡、发色剂和其他助剂。

颜色：红色(代表激情)，黄色(代表真诚)，绿色(代表青春)，蓝色(代表浪漫)，紫色(代表神秘)。

② 工艺品蜡烛：香熏蜡烛、浮水蜡烛、造型蜡烛。

第一，香熏蜡烛(水果蜡烛)。

成分：石蜡、高分子聚合物、香精。

香味：草莓、椅子、柠檬、绿苹果、葡萄、菠萝 6 种。

第二，浮水蜡烛。

成分：石蜡、高分子聚合物、彩色沙。

颜色：红色、黄色、蓝色。以花型为主。

第三，造型蜡烛。

成分：石蜡、高分子聚合物。

形状：各种花型、各种水果等。

③ 芳香果冻蜡烛。

成分：石蜡、香精、高分子聚合物。

种类：用不同的器皿和颜色以及香味组成不同的种类。

④ 圣诞蜡烛和礼品蜡烛。

第一，圣诞蜡烛。

成分：石蜡、高分子聚合物。

颜色：红、绿、白。

第二，礼品蜡烛：由各种蜡烛制品组合而成。

⑤ 照明蜡烛。

成分：石蜡、高分子聚合物。

种类：各种传统的祭祀蜡烛、锥形烛、晚餐杆烛、圆柱烛。

蜡手制作：每消费一次10美元。

(3) 产品服务。如果消费者遇到任何问题，或者有任何意见或建议，可以通过电话和E-mail的形式与本公司联系，本公司会尽快回复。

(4) 产品商标。整体上看，商标像一个小屋里面燃烧着蜡烛，它代表Yoyo蜡烛将给每一个家庭带来温馨和浪漫。下面三横代表我们公司的路越走越宽广，我们的产品品质更上一个新的台阶。心型代表着顾客永远在我们的心中。

(5) 产品使用注意事项。

① 每次燃烧最好不超过2h。

② 保持烛芯垂直且长度在0.5cm为宜，并经常清理烛芯结碳。

③ 假如火苗太小，请先把蜡烛熄灭，再小心地将蜡液倒掉。

④ 蜡烛燃烧时必须放在隔热表面。

⑤ 勿在无人照看的情况下点燃蜡烛，并远离儿童。

4) 产品定价

工艺蜡烛和照明蜡烛目前在美国市场的需求很大。收入较高的美国人对价格不是很敏感，而是对产品的质量有着比较高的要求。本公司采取高质量高价格(相对于美国市场)的溢价战略，这种有利于树立优质产品的形象。

(1) 定价方法。按照本行业的现行价格水平来定价，即随行就市定价。这样有利于公司在进入期具有价格优势，避免由于不了解购买者对价格的反应而带来的风险。

下面是各类产品的价格。

① 彩焰蜡烛：20美元(低于竞争对手5美元)。

② 香熏蜡烛：水果蜡，一般为8美元，造型奇特的定价为10美元。

③ 浮水蜡烛：5美元。

④ 造型蜡烛：根据具体的形状来定(形状越复杂越贵)，5美元到20美元不等。

⑤ 芳香果冻蜡烛：5美元。

⑥ 圣诞蜡烛：35美元。

⑦ 礼品蜡烛：50～100美元。

⑧ 传统蜡烛：根据尺寸(长×直径，单位：cm)的大小定价，1美元(20×1)，2美元(25×2)，3美元(30×3.5)，8美元(60×8.5)。

(2) 修订价格。由于本公司刚开始对市场价格不大了解，在公司产品进入稳定期时，公司将对需要修订价格的产品进行修改。

5) 进入美国市场的战略

采取直接出口的进入战略和许可贸易进入战略。

6) 分销

在美国，蜡烛属于日常消费用品。并且蜡烛的销售在美国有 3 种很成熟的经营模式：百货商店、超市和折扣商场。所以本公司选择在美国第二大连锁超市阿尔博特森(Albertsons)设立柜台(为了避免和美国 Blthy 公司和达伦达特竞争)，进行销售。

本公司还将以特许连锁商店形式和美国本土商人合作，主要是以蜡烛手工制作为主，并代理各种蜡烛的批发销售。

7) 促销

(1) 广告。由于现在美国人上网的时间已经超过了看电视的时间。所以本公司选择在网络上发布广告。并采取以下两种方式。

① 在美国最大的电子商务网站——美国环球商务通发布一个平面广告。广告的内容主要以介绍 Yoyo 蜡烛产品为主，吸引更多的女性来购买。

② 在美国雅虎上做一个有关 Yoyo 蜡烛的 Flash 动画，主题要体现出 Yoyo 蜡烛是时尚的代言人，吸引那些追求时尚的人来购买。

(2) 人员推销。本公司的推销人员主要为顾客介绍我们的产品，收集客户的使用感受，对大客户进行上门拜访。建立一个客户管理系统，用以了解客户的需求变动。

(3) 公共关系。最近几年美国的火灾发生率有所上升，许多火灾是由于蜡烛的不合理使用造成的。本公司采取下面两种公关方式：以宣传单形式宣传防火的重要性，在美国电视上做一个公益性广告。

蜡烛是温暖、祥和、光明、浪漫和幸福的象征，所以在美国这个离婚率较高的国家，我们应该和美国当地一些致力于防止离婚的组织联合起来，劝诫人们要理性地看待婚姻，不要草率地离婚。还应制作一个以亲情为主题的短片加以宣传。

8) 营业推广

随着本公司产品逐渐为美国人所熟悉，通过客户管理系统所得到的信息，可以采取以下措施：对那些经常购买我们产品的顾客，在其购买数量和购买金额达到一定额度时，赠送一套纪念蜡烛。在 Yoyo 蜡烛专卖柜台的销售过程中，利用美国传统节日，根据习俗赠送一些小礼物。

9) 行动方案

商业广告和公益性广告在产品初期就开始投入，以提高产品在美国市场的知名度。在安息日将一些产品赠送给教堂，而且每一个季度都要赠送。当然，不是向所有教堂赠送，而是选择部分教堂。在圣诞节，美国人对蜡烛的需求量特别大，所以本公司打算于圣诞节做一个促销活动，在圣诞节的晚上举行一场大型烛光圣诞晚会。

在情人节，我们的蜡手制作连锁店将向情侣们赠送一些情侣礼物。

10) 方案的控制

(1) 风险的来源。美国商务部曾做出过仲裁，对原产于中国的石油蜡烛征收反倾销税。现在中国蜡制产品的价格还是很低，在很大程度上影响着美国蜡制工业的发展。也许美国会对中国蜡制产品进一步提高关税。

(2) 控制方法。中国蜡制企业联合起来向有关国际组织提出起诉，要求进行仲裁，并研发新的材料来替代石蜡，以避免产品被征收反倾销税。在必要时应通过当地的一些商人和大型企业、组织来说服美国政府。

(案例来源：周玫. 营销策划[M]. 武汉：华中科技大学出版社，2009. 略有改动.)

思考题：

1. 你认为 Yoyo 蜡烛市场营销策划书的编制有哪些优点？有哪些不足？
2. 结合 Yoyo 蜡烛市场营销策划书案例，分析市场营销策划书的编制应注意哪些事项？

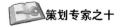 策划专家之十

中国策划界三雄之一——徐大伟

徐大伟,山东烟台人,当代著名营销策划家、新浪博客商界英才推荐人物、中国十大策划案例奖金奖获得者。徐大伟与叶茂中、李光斗并称为21世纪中国广告界的策划三雄。

徐大伟思维活跃、气宇不凡,对于市场策划往往有着别具一格的想法。创办电子报刊《想法日报》,赢得了各界人士的一致好评。其个人专著:《老徐的100个策划》《老徐的100个创意》被业内人士奉为营销策划必修课程。

2005年,徐大伟主持策划了海尔药业海名威全国肝病防治慈善救助中国行活动,被《市场圈》、中国策划研究会、中国策划网联合评为2005年经典策划案例。从而开创了中国慈善营销的新篇章。2009年徐大伟发起"民间流动图书馆",面向大学生及外来务工者免费赠书,获得了媒体的关注与好评。

徐大伟对于影视娱乐业也有着浓厚的兴趣。他相貌英俊、风度翩翩,素有"中国策划界第一美男"之称。2003年,徐大伟创作了电影剧本《中雨》,受到徐静蕾、姜武、刘仪伟等影视明星的强烈关注。

(案例来源:中华商界专家网.)

第 11 章 营销策划管理

思想和战略固然重要,但实施这些思想和战略才是真正的挑战。

——波西·尼克维克

本章教学目标与要求

(1) 熟悉营销策划的流程;
(2) 理解营销策划的组织与控制;
(3) 掌握营销策划的实施过程及评估方法。

本章知识架构

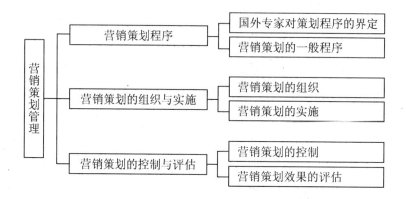

第11章 营销策划管理

 导入案例

南阳卷烟厂的递进式目标管理

河南中烟工业有限责任公司南阳卷烟厂(简称南阳卷烟厂)始建于1950年。2007年,河南中烟工业有限责任公司对属下的8家卷烟厂实施一体化重组,南阳卷烟厂成为河南中烟工业有限责任公司下属生产厂之一,从具有产供销功能的独立法人,转变成为以生产加工为主的卷烟加工制造企业。其基本职责是按照公司下达的生产计划组织生产,保质保量完成卷烟指令性生产任务。

在烟草专卖管理体制下,卷烟生产企业无法通过扩大产量的方式增加效益,只能通过强化内部管理、提高产品质量、降低生产成本等方式提高管理效率,不断提升企业的经营业绩。南阳卷烟厂作为一家具有近60年厂龄的烟草工业企业,存在管理目标制定得比较保守、目标管理的创新力度不够、指标的先进性、挑战性不强等问题。面对烟草行业快速发展的改革重组形势,南阳卷烟厂在硬件条件不占优势的前提下,必须扬长避短,狠抓内部管理,继续发挥自己已有的管理优势,主动拉高标杆,以目标管理为引导,努力打造行业优秀卷烟工厂。为此,从2007年起,南阳卷烟厂在狠抓企业内部管理的基础上,大力实施创新突破举措,创造并实施了卷烟生产企业以业绩持续提升为核心的递进式目标管理。

(1) 树立一流管理意识,明确企业发展目标。
(2) 建立三级递进式目标体。
(3) 强化组织领导,实施动态管理。
(4) 健全激励约束机制,增强内部动力支撑。
(5) 完善保障措施,助推目标顺利递进。
(6) 建立持续改进管理机制,促进三级目标持续提升。

据统计,2008年末,在河南中烟工业有限责任公司考核的生产计划完成率、产品质量抽检率等26项责任制目标(含临时目标和加分项目标)中,南阳卷烟厂完成责任制目标26项,完成率达到100%。在河南中烟工业有限责任公司参与排序的22项工作中,南阳卷烟厂现场管理、在线质量评价、物耗指标等16项工作位居河南中烟前3名。生产成本和管理费用累计降低1 650.3万元。

(案例来源:河南中烟工业有限责任公司南阳卷烟厂. 南阳卷烟厂的递进式目标管理[J]. 企业管理,2010(7). 略有改动)

从上述案例可以看出,河南中烟工业有限责任公司南阳卷烟厂通过递进式目标管理,极大地调动了全体职工工作的积极性、主动性、创造性,大大提高了劳动生产率,降低了生产成本和管理费用,提高了经济效益。南阳卷烟厂递进式目标管理的成功案例告诉我们,只要加强管理,必然能够提高效率,增加效益。营销策划作为一项非常复杂的颇具创新的系统性活动,更离不开严格的管理。营销策划管理是指将管理的基本职能应用到营销策划活动实践的过程,即根据企业的营销策划目标,运用计划、组织、领导、沟通、控制及培训教育等基本职能来实现企业营销策划工作的有效运作。营销策划管理的工作主要涉及营销策划程序、营销策划的组织与实施、营销策划的控制与评估等内容。

11.1 营销策划程序

营销策划程序是指营销策划运作的先后次序和顺序。营销策划是一项非常复杂的颇具创新的系统性活动，优秀的、适用的营销策划方案的形成，必须按照合理的策划程序进行。而营销策划方案的成功实施，有赖于营销策划者明确先做什么、后做什么，按照一定的步骤去思考和处理营销策划问题。哪一个环节出现差错都会影响到其他部分的效率和效果，从而影响整个营销策划方案的形成与实施，最终影响的是企业的切身利益。

11.1.1 国外专家对策划程序的界定

1. 约翰·迈力特的策划三阶段论

约翰·迈力特是美国著名的策划大师，他曾参加过美国国家资源策划委员会的许多策划活动，有着丰富的策划经验。他在论述政府策划时，提出了著名的策划过程三阶段论。他指出，策划通常要经历如下 3 个阶段，如图 11.1 所示。

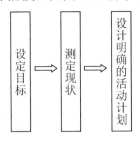

图 11.1 约翰·迈力特的策划三阶段论

第一阶段，设定目标；
第二阶段，测定现状；
第三阶段，设计明确的活动计划。

约翰·迈力特认为，因为策划是对行政运营提示方向的手段，如果这 3 个阶段不能实现，便无法实现对行政运营提示方向的功能。其中特别是第三个阶段"设计明确的活动计划"，在研究有关策划的问题时，常有被忽略的倾向，如被误认为策划只需对目标及现状提供资料就足够了。但在行政范围内，对行动路线如果没有具体性的提案，计划也就无法成立。

约翰·迈力特在其后来出版的著作中，对策划过程有更具体、卓越的见解。他认为，将管理所推行的策划业务分成 3 个广泛的阶段，似乎易于理解。这 3 个阶段相互间有密切的关联，大体上同时进行，一定能相互给予影响。这 3 个阶段与特定事业计划相似，是属于一般的政策问题。其可以区分为：①设定一般目标或一般目的；②评价为实现这种目标所能使用的手段或资源；③准备为达成业已决定的目标实行计划。

2. 江川郎的策划四阶段论

日本策划大师江川郎先生在他的《策划技术手册》中提出，策划划分为 4 个阶段 15 个步骤，如图 11.2 所示。

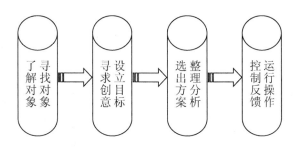

图 11.2 江川郎的策划四阶段论

第一阶段：寻找对象、了解对象。
(1) 发现策划对象；
(2) 选出策划对象；
(3) 明确认识策划对象；
(4) 调查、掌握策划对象。

这一阶段是知己知彼的阶段，策划只有在掌握具体环境和条件的基础上才有可能取得成功，那种闭门造车、纸上谈兵式的策划大多要失败。实践出真知，条件对策划的影响是客观存在的。

第二阶段：设立目标、寻求创意。
(1) 描述策划轮廓；
(2) 设立策划目标；
(3) 探求策划着眼点；
(4) 酝酿创意，产生构想。

这一阶段主要是描述策划的大轮廓，设定策划可期待的成果目标，为构筑具体创意探求着眼点。

第三阶段：整理分析、选出方案。
(1) 整理策划；
(2) 预测结果；
(3) 选出策划案。

这一阶段是根据策划的具体环境研究如何解决问题的阶段。当找到了解决方法之后，即应形成策划书。策划书是策划行动的指南，实施策划要靠策划书的指导。为了保证策划的成功，对于形成策划书的策划方案，也必须进行相应的挑选和预测，从理论上加以论证。

第四阶段：运行操作、控制反馈。
(1) 准备提案；
(2) 提案；
(3) 付诸实施；
(4) 将结果运用于下一个策划。

这一阶段是付诸实施阶段，要考虑用什么样的提案方法比较合适，如何才能让上司接受等。付诸实施后，要观察结果，作为下一次策划的参考。

3. 艾得伍德·班菲尔德的策划四阶段论

美国哈佛大学教授艾得伍德·班菲尔德先生在他的论文中提出："为了便于计划，通常将策划分为下列 4 个阶段，从而使策划更合理"，如图 11.3 所示。

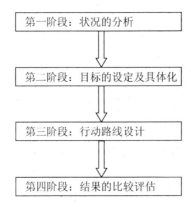

图 11.3 艾得伍德·班菲尔德的策划四阶段论示意图

第一阶段，状况的分析。策划者的任务虽然是依据目前的情况预测达到目标采取何种手段，但其想象常受状况设定诸条件的约束，特别是受其能利用的资源(不但是指自然资源，还包括法律上及其他权限、信息、时间等在内)与策划中各种障碍的约束。有时，达到目标的途径甚至会被完全阻断。因此，策划者要寻找约束与障碍尽量少的行动路线，以增大成功的机会。

第二阶段，目标的设定及具体化。所谓目的或目标，是指事物未来状态的影像。所以，目的的设定，极易流于模糊而且散漫。因此，想使目的能在具体环境下作为选择的基准，需要用明晰的、具体的词语来表达它。目的的设定有时比较概略，这时，策划者应对其具体的内容作明确的说明。而且目的有积极性的要素和附带的要素，策划者应对两者进行明确区分，然后在对两者相对价值判断的基础上，设定行动路线。

第三阶段，行动路线设计。设定行动路线是事业计划或运营计划的基础。行动路线不能被随意选定，而应对各参考方案及其结果作细致的参考。

第四阶段，结果的比较评估。要想使计划合理、可行，必须对所有可能的结果——包括策划当初未预料到的结果，作全面的考察。杰出的策划能够预见难以预料的结果，并预先想好对策。一旦行动路线确定，就无法只选择好的结果，无论结果如何，都只能一概接受。如果结果能以数字指标来表示，对其评估也就一目了然，而对于不能数字化的无形结果，则只有进行比较评价。

艾得伍德·班菲尔德教授认为，若想使计划合理、可行，必须对策划方案进行必要的评估和预测，从而做好事先的准备。

4. 赫伯特·莫里森的策划五阶段论

赫伯特·莫里森不仅是英国资深工党领袖，也是著名的策划大师。他在论述经济策划时，建议把策划过程划分为 5 个阶段，如图 11.4 所示。

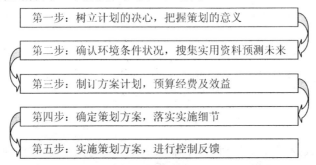

图 11.4 赫伯特·莫里森的策划五阶段论示意图

赫伯特·莫里森认为，5 个阶段中最为重要的是第一阶段，它是策划方案成功实施的重要保证。

一般来说，大多数策划学者都把营销策划的进程分为 5 个阶段，即事先协调准备阶段、分析构思阶段、各类资源安排阶段、创意策划设计阶段和策划书落实及方案实施阶段。而每一个阶段都是一个非常复杂的运行过程。

11.1.2 营销策划的一般程序

营销策划作为一门实践性很强的科学性与艺术性相结合的企业市场活动行为，其本身既有严谨的内在逻辑联系性，又有可操作性的市场营销程序。在进行营销策划时，要按照一定的流程逐步进行，以提高营销策划的质量和科学性。营销策划的一般程序如图 11.5 所示。

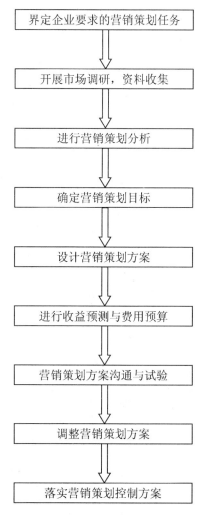

图 11.5　营销策划程序示意图

1. 界定企业要求的营销策划任务

营销策划是一种目的性很强的综合性活动。任何一个营销策划方案的产生，无不是针对企业的某个营销问题或是针对某个特定的目标。因此,策划的第一个必要程序就是设定问题与目标。准确的目标是整个策划活动取得某种效果的必要前提,也是评价策划方案、评估实施效果的基本依据。

可以说,营销目标设定是营销策划的首要步骤,是营销策划工作的起点。明确策划的目标,以便使营销策划做到有针对性、有的放矢、对症下药。营销目标设定的具体步骤如下。

1) 提出营销问题

人们往往重视问题的解决,对问题的设定却重视不够。其实,只有提出问题,才能切中要害,只要把握住设定的问题,把问题简单化、明确化和重要化,那么问题就解决了一半。

在提出问题过程中,要注意选择最重要的问题进行设定。如果认为件件事都重要,结果就会是每件事都不重要。正如要在同一时间内完成多个目标,其结果往往是一事无成。

 案例

彼得·杜拉克的对问题设定的方法

世界知名的管理学家彼得·杜拉克在从事诊断顾问工作时,对问题的设定总是慎之又慎。当客户提出一大堆的难题向杜拉克请教时,杜拉克却避而不答,反而问客户说:"你最想做的事是什么时候呢?"、"你为什么要去做呢?"、"你现在正要做什么呢?"、"你为什么这样做呢?"杜拉克不替客户"解决问题",而是替客户"设定问题"。他从不同的角度改变客户所提的问题,然后提出一连串问题反问客户,其目的是要引导客户理清思路,找出问题,然后让客户自己动手去解决最需要处理的问题。

(案例来源: 王学东. 营销策划——方法与实务[M]. 北京: 清华大学出版社, 2010.)

2) 确立营销目标

明确问题后,就要确立目标,目标有以下几种。

(1) 生存目标。如果企业生产能力过剩,或面临激烈竞争,出现了诸如资金无法周转、产品大量积压、员工情绪低落等生存危机,则需要把维持生存作为主要目标。为了确保工厂继续开工和使存货出手,企业通过制定较低的价格,并希望市场是价格敏感型的,以此渡过难关。

(2) 预期收益目标。企业对所投入的资金均希望在一定的时期内收回并能获得一定收益。因此,在给产品定价时,一般应在总成本及费用的基础上再加上一定比例的预期收益。价格的高低便完全取决于企业所确定的预期收益率的高低。预期收益率可以是长期的,也可以是短期的,期限随企业和产品的不同而不同。如对于新产品,预期收益率的确定往往侧重于短期,力求尽快收回研制开发成本。此定价目标适用于在行业中具有较强的优势,规模大、竞争力强、拥有较高市场占有率的企业,或是其产品在性能、外观、材料等方面与同类产品相比,具有较大不同,采取此定价目标对企业日后发展无不利影响的企业。

(3) 利润目标。企业利润来自于全部收入扣除全部成本以后的余额,追求利润最大化并非意味着企业产品价格定得最高,它往往更多地取决于合理价格以及由此推动的市场需求量的增加。为使企业能够获得长期的最大利润,短期的亏损也许在某种程度上是不可避免的。如新产品上市时,将产品价格定得很低,甚至低于成本,低价去开拓市场,逐步扩大市场占有率，为日后取得长期的最大利润打下基础。

获取最大利润，不仅是长期的最大利润，而且是总体上的最大利润。当企业经营多种产品时，对相关商品之间的价格确定要慎重，以求总体利润最大化。如将录音机的价格下调，磁带的价格上调，用低价刺激录音机的销售，由此带动磁带需求量的扩大，求得总体利润的最大化。

(4) 扩大市场占有率目标。市场占有率是指一家企业销售量在市场销售总量中所占的比率。企业确信赢得最高的市场占有率之后，将享有最低的成本和最高的长期利润，所以企业制定尽可能低的价格来追求市场占有率领先地位。

(5) 应付或防止竞争目标。在买方市场条件下，企业对竞争者的竞争手段十分敏感，有意识地通过给商品的恰当定价等手段去应付竞争或避免竞争的冲击。也就是用价格作为应对竞争的一种手段，以追求一定的定价目标。必须经常广泛地收集竞争对手的相关资料，及时准确地把握竞争对手的竞争策略，并将企业产品与竞争者类似的产品做审慎的比较后，确定本企业竞争的对策。

(6) 疏通营销渠道目标。由于市场竞争激烈，导致工商关系发生了新的变化，供货商特别是品牌供货商对销售商的选择有了更大的余地，销售商需要供货商的合作与支持，合作越好，支持越大，竞争力就越强。因此商贸企业应主动与供货方协商定价，保证供销双方利益，稳定并扩大进货渠道，对企业的经营发展和长期利润目标是十分有利的。

3) 量化营销目标

营销目标的设定要明确量化，否则策划时对象就会很模糊，不易产生策划构想。在设定具体营销目标时必须注意以下几点。

(1) 营销策划目标要尽量量化，以便于考量。对于不易量化的目标，也要尽量想出较为客观的评价标准。

(2) 营销目标不能设定太高，也不能设定得太低。太低，起不到激励效果，达不到营销策划的目的；太高，难以实现，容易造成消极影响。

(3) 如果存在多个营销目标，那么应该强调营销目标之间的相互协调一致性。在目标之间有难以协调的矛盾时，要明确表述目标的优先顺序。

2. 开展市场调研，资料收集

依据营销策划任务确定需要收集的资料内容，确定收集资料的方式和方法，整理收集到的资料。这是营销策划的初始阶段，也是营销策划的基础。资料的收集可以分成两部分，即第一手资料(原始资料)和二手资料(文书资料)。

第一手资料(原始资料)是指直接从市场上获得的，反映市场行为动态的信息资料。策划中某些特定的内容必须通过第一手资料才能获得，例如：目标顾客的需求的界定。第一手资料还可以验证二手资料的真实性。对于许多二手资料，由于采集的出发点有差异，所以必须验证它的针对性和可靠性。第一手资料的收集过程最大的好处还在于能够产生对市场的感觉和策划的灵感。

二手资料(文书资料)由内部资料和外部资料两个方面所构成。内部资料是指企业内部可用于影响营销决策的文字信息资料。外部资料是指可获得的对企业营销决策有影响的公开刊物、局部发行资料、国家统计数据、政府文件及网络资料等。

资料收集既要包括对现状资料的收集，又要包括对历史资料的收集，因为信息的连续性、有序化可以产生判断，对历史资料的了解可以看出事物发展变化的轨迹，从而有助于营销方案的制订。

3. 进行营销策划分析

对于收集到的各种资料要进行系统整理、仔细分析，从繁杂的数据中归纳出问题所在，理出头绪，把握住企业所处营销环境的真实状况。资料分析还要对策划对象今后的发展趋势与走向做出预测。

策划分析是策划活动中的重头戏，一般包括 STP 分析、营销环境分析、企业资源分析、产品分析、SWOT 分析等。策划是针对特定的需要与现实条件进行谋划。策划者必须尽可能多地掌握各种背景材料和现实情况，包括有利的与不利的信息，并全面分析与研究材料，寻找出问题的实质和主要矛盾，再进行策划。这样的策划针对性强，合理可行。

4. 确定营销策划目标

这个目标是策划中的过程目标，它是在分析研究的基础上，为了实现企业策划目标而确立的。根据现有资源信息，判断事物变化的趋势，确定可能实现的具体目标和预算结果。目标设计要有的放矢、切实可行，这是目标设计的基本原则。具体策划目标是策划成功的关键。策划一定要围绕既定的目标或方针，努力把各项工作从无序转化为有序。策划可以使人们正确地把握事物发展变化的趋势及可能带来的结果，从而确定能够实现的工作目标和需要依次解决的问题。对营销方案所要达到的目标加以说明，所有的行动方案将围绕着营销目标而展开。策划目标越具体、准确，策划效果就越显著。

营销策划目标的确定包含两个方面的内容：其一是目标体系的构成；其二是目标值的确定。构成目标体系的主要项目因不同研究者、不同的策划项目内容而各有特点，但是基本内容是相同的。

5. 设计营销策划方案

营销策划方案设计是营销策划的关键阶段，它决定了营销策划的成功与否、质量高低。因为营销策划的核心内容是体现在营销目标与方案的设计上。对于策划者来说，其主要的精力与策划重点应放在这一阶段上。人们需要运用各种不同的思考方法进行构想，策划在本质上是一种运用脑力的理性行为，是关于整体性和未来的策略规划，必须经过从构思、分解、归纳、判断，一直到拟定策略、方案的过程，根据策划目标来设计、选择能产生最佳效果的资源配置与行动方案。

6. 进行收益预测及费用预算

收益预测是指对营销活动通过策划而产生的收益的预测。营销策划收益可分为直接收益和间接收益。直接收益是指企业在实施营销策划方案后，未来给企业带来的直接收益；间接收益是指企业执行营销策划方案后的附加收益，如通过营销策划提升企业的知名度和美誉度等，给企业未来发展奠定了基础。

费用预算是指为了达到营销目标而实施营销方案所需开支的预算，预算根据目标与方案设计的内容来匡算。费用预算不能只有一个笼统的总金额，要进行分解，计算出每一项营销行动的费用。如在匡算促销费用时,要匡算出广告费用、推销员费用或营业推广费用等。在广告费中,还要分解成电视广告费用、电台广告费用等。费用匡算实际上与前面的目标和方案设计是紧密联系的,绝对不能把两者割裂开来。在进行营销方案设计时,本身就要考虑到费用的支出。没有预算成本的营销策划方案,违反切实可行的基本原则。

7. 营销策划方案沟通与试验

方案沟通是指策划者将营销策划方案与企业决策者及相关的经营管理人员进行沟通,听取他们的意见,进一步了解最高决策者的意图,以使营销策划方案更符合实际。

有些涉及面广、投入多、大规模使用的策划方案还要先在小范围内进行试验运行,借此判断该方案的可行性,取得试验数据和经验后再对营销策划方案进行进一步的修正,以确保策划方案实施成功。

8. 调整营销策划方案

营销策划都是以一定的时间为基础的。在某一时间范围内,营销环境发生变化,例如这一变化超出了原来营销策划中所预计的范围,那么营销方案实施的可靠性就会降低。另外,通过与企业的决策人员或经营管理人员进行沟通,可能会发现原来设计的营销方案有不合理的地方。因此,在计划时间内,策划要根据不断变化的营销环境对营销方案做出适时的调整,以确保营销方案的可靠性。

9. 落实营销策划控制方案

营销策划方案付诸实施时有许多人为因素干扰,为了保证策划方案顺利执行就必须设置控制方案,实际上是设置控制点和控制标准以及调整对策。在策划执行过程中进行评估,查看营销策划控制目标是否达到,是否有差距存在。如果有差距存在,则要找出原因,以便对营销方案进行调整。

11.2 营销策划的组织与实施

为了保障营销策划方案能够按照既定的程序逐步进行,从而提高营销策划的质量和科学性,实现企业预期目标,必须做好营销策划的组织与实施工作。

11.2.1 营销策划的组织

组织是两个以上的人在一起为实现共同目标而协同行动的集合体。组织是管理过程中不可或缺的手段,一个理想的组织结构是营销策划活动得以完成的根本保证。在营销策划的目标明确以后,就必须考虑进行有效的组织设计以保证策划目标的实现。

1. 营销策划组织设计的原则

营销策划组织设计必须遵循以下原则,如图11.6所示。

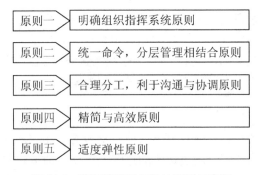

图 11.6　营销策划组织设计原则示意图

1) 明确组织指挥系统原则

在营销策划组织设计过程中，首先必须明确规定组织机构中的各级关系，让每一位员工明确只对一个上司负责，服从命令和指挥。组织机构系统的明确过程，实际上是分权的过程，能将职权自上而下逐步适当地转移下去，实行权力分解，有利于建立有效的组织控制系统。

2) 统一命令，分层管理相结合原则

在营销策划实施过程中，对于战略性、全局性、决策性的重大事项，管理控制权限应集中在企业策划高层部门，在管理活动中做到统一指挥统一领导，确保企业市场营销活动顺利进行。营销策划系统中每个部门的主管也要拥有一定的权利，承担一定的责任。也就是说，营销策划系统中各层管理组织在规定的权限范围内，能够灵活地处理与本部门相关的业务事项，使责权利有机结合起来。

3) 合理分工，便于沟通与协调的原则

企业是一个开放的系统，所有营销业务活动之间存在着相互影响、相互促进、相互制约的关系。因此，完善的营销策划机构必须从企业营销业务活动的本质和营销策划的目标出发，有利于组织内部各种业务职能的分工合理、职责分明。同时，营销策划机构的组建，要有利于组织各职能机构纵向协调和横向合作，使信息能有效地沟通，资源能够最佳利用。

4) 精简与高效原则

建立企业营销策划组织机构的根本目的是通过最佳地配置营销资源以有效地实现营销目标。因此，企业营销系统内部各部门和环节都必须与其承担的职能相符，必须杜绝环节重叠、功能冲突、人浮于事的事件发生，只有精简的组织机构才能创造出较高的效率；营销策划机构要精简，这样才能够以最小的营销策划成本获取最大的营销策划收益。

5) 适度弹性原则

现代营销活动日趋复杂，知识化、智能化、专业化和科技化程度日益提高，且影响营销活动的环境也难以预测，因此营销策划组织机构也应随其市场营销活动的动态变化而进行相应调整，以适应营销环境的发展变化，提高企业策划组织机构的应变能力。有时，企业为了实现某一特定目标，还需要聚合有关专家，适时地组建临时性机构，并通过临时性授权以完成某个特定的目标任务。这种适度弹性，有利于提高企业营销策划机构的战斗力，提高企业的经济效益。

2. 营销策划组织常见的形式

营销策划组织形式主要有企业自主型营销策划和外部代理型营销策划两种，如图 11.7 所示。

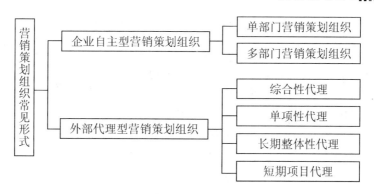

图 11.7　营销策划组织常见形式示意图

1) 企业自主型营销策划组织

企业自主型营销策划是指由企业内部以营销职能部门为策划的主体单位，借助企业原有的市场营销组织机构和人员来采集信息、制订营销策划方案并组织实施。

企业自主型营销策划组织可以分为单部门的营销策划组织和多部门的营销策划组织。

单部门的营销策划是指通过企业的营销部门按企业决策层的意图，制定具体的营销方案，然后经过相关部门选择确定后执行。这是众多中小企业所采用的一种常用的营销策划形式。

多部门策划是指由企业设立的战略计划部门，根据企业总体营销目标，并听取、借鉴营销部门及企业其他各部门意见，策划与制定营销策划方案，经决策层选择确定后执行。

2) 外部代理型营销策划组织

外部代理型营销策划是指企业委托从事营销策划的专业组织机构(如营销策划公司、咨询公司、广告公司或公关公司等)提出营销策划方案。代理方式有综合性代理、单项性代理、长期整体性代理和短期项目代理等。

外部代理型营销策划的特点是：显性费用较高、隐性费用较少，但创意新颖、视角独特。不过，如果对行业、企业、市场、竞争、产品的具体情况缺乏深入细致的调查了解，可操作性可能不强。

在外部代理型的情况下，营销策划要在营销策划者与客户建立友好合作关系的前提下和环境中，才能和谐展开的一个协同、互动的过程。营销策划能否成功，主要取决于能否处理好策划者与客户的关系。

处理好营销策划者与客户的关系，需要在以下 4 个方面予以把握，如图 11.8 所示。

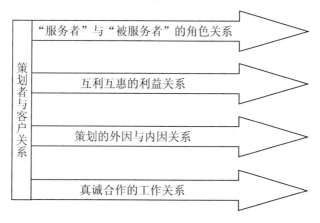

图 11.8　策划者与客户关系示意图

(1)"服务者"与"被服务者"的角色关系。在营销策划过程中,策划者与客户首先表现为"服务者"与"被服务者"的关系。策划者扮演"服务者"角色,客户扮演"被服务者"的角色。角色不同,立足点不同,考虑问题的重点也会不完全相同,但又以彼此认同为前提。营销策划者作为服务者,只有通过自己的策划实力、良好的策划声誉,赢得客户的理解、信任和合作,才能开展并实施营销策划工作。

(2)互利互惠的利益关系。作为营销策划者所提供的服务是有偿的,而客户在接受有偿服务的同时,也要求通过营销策划取得实际营销效果。也就是说,营销策划者与客户关系本质上是服务交换关系,双方都要考虑营销策划的投入与产出。只有双方在服务价格与支付方式、策划费用等问题上,达成明确且互利的协议时,双方的合作关系才会开始,而这种互利关系应自始至终维持,否则不可避免地会由某一方提出异议而中途停止。因此,对于策划者而言,在为客户服务时,一定要以提高客户的经济效益、管理效率为出发点,不能急功近利,努力寻找双方的利益平衡点。

(3)策划的外因与内因关系。从表面上看,客户产生营销策划需求的动机是通过营销策划提高企业的经济效益,实际上,客户由于营销方面出现这样或那样的营销问题而产生营销策划需求动机,这是内因,而营销策划的过程是外因。营销策划实施的过程是内因与外因相互作用、相互影响的过程。只有通过借助于客户的营销战略、竞争策略、市场方略,营销策划方案才能得以正确实施,并达到预期的效果。

(4)真诚合作的工作关系。营销策划的目的是帮助客户组织提高营销效率,增加营销效益。在营销策划方案实施过程中,营销策划者与客户之间必然发生着各种工作关系,因此,一定要建立彼此理解、信任的合作关系,达到有效合作;处理好营销策划与客户正常生产营销管理工作的关系,在保证企业正常运营的前提下,全面推进营销策划的实施工作;建立良好的人际关系,正如富兰克林说:"成功的第一要素是懂得如何搞好人际关系"。

案例

采纳与"阿净嫂"的分手

采纳策划公司与深圳一家精细化工厂进行了"阿净嫂"上市的推广合作,并取得了良好的效果,但最终二者还是分手了。以下是采纳策划公司的感想和体会。

其一,策划公司不是万能公司。而客户却不这样想,客户与策划公司一签定合同,就认定策划公司是万能公司。什么都可以干,凡事都交给策划公司。我们在服务客户时,简直比当保姆还累,从培训到会场布置,科普文章写作、服装设计……"鸡毛蒜皮、针头线脑",全都让你干,客户成了"爱生气的公土",你稍有拒绝,就发牢骚。不看主干,专挑枝叶,搞得你心神不宁。

其二,不及时付款。约定好的合约不认真遵守,要求付款时难上加难,他给你派活时却丝毫不允许拖延,整个的不平等。而你还不好说什么,说多了就扣你款。你说,在心惊胆战的情况下,策划人员会有好创意吗?

其三,策划公司人员的水平高低不同,操作某一件事的效果就不同。这种情况导致服务水平有起伏,引起客户不满。

其四，策划公司与客户对某些市场问题认识不同，造成难以沟通。结果造成设计、策划作品的不断返工，策划公司的工作人员很辛苦，而客户却很容易把责任推给策划公司，抱怨时间慢。

其五，对待专业人员，客户应表现出体谅之情。不少客户喜欢责怪、批评专业人员，令专业人员在很压抑的情况下工作。

其六，策划公司往往不只服务一家客户，根据轻重缓急有所安排，但有时会安排不当，引发纠纷。

实际上，国内的一些客户与策划公司合作往往带着急功近利的思想，而不是本着树品牌，将策划公司发展成战略伙伴关系的考虑。一有问题，马上拉下面孔，而不是坐下来大家协商、沟通。一位国际化大广告公司的朋友对我说："大陆客户与策划公司的合作，太像找情人，需要时去找一下，而我们与客户的合作更像夫妻，讲究伙伴、合作，讲究天长地久……"听到这儿，我陷入沉思。我干策划已近5个年头了，至今仍是"露水夫妻"多，当然自己的问题也不少，但真的渴求"天长地久"，渴求战略伙伴关系，可能那时中国的策划日子才得好过！

阿净嫂，"没有我们的日子里"，祝您好运吧！

(案例来源：朱玉童. 阿净嫂现象的背后——阿净嫂系列产品策划纪实(节选)[J]. 销售与市场，2009(09). 略有改动.)

11.2.2 营销策划的实施

习近平总书记在中央党校2011年春季学期开学典礼上强调："各级领导干部要深入贯彻落实科学发展观，牢固树立宗旨意识和正确政绩观，狠抓落实、善抓落实，用百折不挠的意志争创一流业绩，不断开创各项工作新局面。"科学发展观需要落实，营销策划更需要落实，正如日本策划专家江川郎所提出的，杰出的策划是：杰出的创意×实现可能性=最大的期待效果。据美国的一项研究表明，被调查的企划人员中90%的人认为，他们制定的战略和战术之所以没有成功，是因为没有得到有效的执行。可见，营销策划仅有杰出的创意是远远不够的，策划的效用最终表现在它的实施上。营销策划成功与否最终取决于是否有效地实施策划。

1. 营销策划实施的重要性

对于整个营销策划活动来说，策划的实施是最为关键的一环。这其中的道理其实很简单：策划得再好，谋划得再周全，如果策划本身缺乏可行性或者不能使策划方案有效地实施或付诸实践，那么一切都将是空谈。对策划活动的领导者来说，能否让营销策划书中的各项措施落到实处，能否让营销策划者的意图得到真正的体现，将直接影响营销策划活动的效果及策划目标的实现。

每项成功的策划方案，无论是其最初的创意、开发，还是后来的制作、文案到提案成功，无不凝结着策划者大量的心血和辛勤的劳动。如果策划方案得不到落实，或者在实施过程中变形走样，那么这些工作的成绩都将被抹杀。如果将策划方案的通过看作策划工作的阶段性胜利，那么真正的胜利将是策划方案的成功实施。

另外，策划的实施阶段也是对策划方案的检验阶段。策划过程中，策划者在制定策划方案时难免会出现考虑不周或过于理想的问题。只有通过实施过程的检验，策划者才能进一步发现策划方案中存在的不足，从而为今后更好地进行策划工作积累经验。

总之，营销策划的实施对整个策划过程都至关重要，策划的实施应给予高度重视。

2. 营销策划的实施过程

1) 营销策划实施前的准备工作

营销策划的实施过程是一件比较复杂的工作过程，策划的实施者不仅要面对市场环境的变化，还要面临各种不确定因素带来的各种挑战。要使营销策划的实施工作顺利进行，必须在营销策划方案实施之前做好落实实施组织和人员、物资筹办、对相关人员的培训以及各部门之间的协调等方面的充分准备，如图11.9所示。

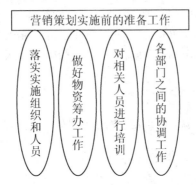

图 11.9　营销策划实施前准备工作示意图

(1) 落实实施组织和人员。任何方案的实施都必须有具体组织和人员来执行，营销策划方案的实施也不例外。落实营销策划方案的执行组织和人员，是进行营销策划实施准备工作的首要任务。

执行组织和人员的落实，要围绕营销策划方案和具体的行动计划来进行。首先，要根据行动计划明确承担执行策划方案的机构，并组织、调配各层级及设立相应的领导班子；在此基础上划定每个职位的职责、权限及与其他组织间的关系；同时，要制定相应的规章制度，并交代注意事项等。

落实策划方案的执行组织和人员，关键的一点是要使每个执行组织和人员的分工、责任明确，从而使每个执行者能够各司其职，使策划方案的各项措施都能落到实处。其实，这也正是组织落实的目的所在。

(2) 做好物资筹办工作。任何一项营销策划活动，无论其规模大小、内容多少、时间长短，假如没有各种经费和物质的保障，想要成功是绝不可能的。物资的筹办工作主要有两部分内容：一是物资的筹措，二是对物资进行部署。物资筹措主要是对有形物资进行筹集。这些有形物资既包括用于各项开支费用的资金，也包括实施各项活动所必需的资料、设备和工具等。而物资部署则主要是对筹措到的各种有形物资按编制预算进行最佳分配和调拨。

(3) 对相关人员进行培训。策划方案的实施，最终是要由具体的操作人员来执行。操作人员的素质、能力及对方案的理解程度，都是决定实施工作能否顺利进行的重要条件和因素。因此，在正式实施方案之前，对相关人员进行培训就显得十分重要，也十分必要。

培训应根据策划活动的复杂程度及实施人员已有的素质和水平进行灵活安排。

一般情况下，培训的内容主要包括营销策划的意图、策划的目标、策划实施的内容、实施步骤及实施的要领和注意事项等。而培训的目的也就在于使实施者能够了解或熟练掌握它们，从而为更好地实施方案创造条件。

另外，在进行具体培训的过程中，关于方案的目标、意义及要求部分等内容，既可以由策划者来讲解，也可以由企业或部门的领导人来讲解；而对于具体操作及专业性较强的内容，则应由相应的技术人员来说明。

总之，通过实施前的培训，要使每一个实施人员对营销策划的实施工作都能获得比较清晰的了解和认识。只有当这种认识变得更清楚、理解变得更深刻时，营销策划实施工作成功的把握才会越大。

(4) 进行思想动员和部门间协调。营销策划方案实施前，进行思想动员和部门间协调也是非常必要的。虽然是两项不同的措施，但思想动员和进行部门间协调的目的是相同的，即都是为策划方案的顺利实施统一步调，扫除障碍。

① 通过思想动员解决思想认识问题。思想动员，主要是通过对营销策划方案进行广泛而深刻的宣传和讲解，为营销策划活动的实施争取更多人的理解、支持与协作。它解决的是实施者思想上和认识上的问题。

思想动员是非常必要的。在策划方案实施的过程中经常会出现下面的问题：实施者对营销策划方案知道，但并不一定就理解得准确、深刻；实施者对策划任务明确，但并不一定就能积极去完成。这些问题的存在，客观上需要在策划实施前进行思想动员。

积极进行思想动员，能有效调动实施者的工作热情，为营销策划方案的实施创造出更为强大的推进力量。

② 通过有效协调化解部门间冲突。营销策划方案的实施需要组织中各个部门的相互配合与协作。然而，各部门都有各自不同的利益，营销策划的实施又经常会引发部门间利益的调整，这样在营销策划实施过程中出现部门间冲突就不可避免了。

但是，这种冲突对营销策划方案的实施来说是很不利的，在极端的情况下甚至会导致营销策划方案根本无法推行。因此，必须采取有效措施提前化解部门间的冲突。这就需要企业或组织的领导出面，对各个相关部门提出具体要求或进行协调，以避免不协调的现象在策划方案实施过程中出现。

2) 营销策划方案的具体实施

营销策划方案的具体实施大体可以由以下 3 个步骤构成，如图 11.10 所示。

图 11.10　营销策划方案实施步骤示意图

(1) 模拟实施。营销策划方案的模拟实施是事前对真实场景的"模拟"。当然，这种模拟与模拟演练中的真实模拟也有一定的区别，它既可以是依靠形象思维将策划方案在大脑中进行的"彩排"，也可以是策划方案在小范围内的尝试执行和实施。

在模拟实施过程中，首先，要熟悉策划方案实施的整个过程和程序；其次，在实施模拟过程中找出关键环节；另外，还要尽可能地发现实施过程中可能遇到的各种问题，从而及时准备，早做预防。

当然，模拟实施更多的是出于策略上的考虑，也可以省去。

(2) 正式实施。所谓正式实施，其实就是全面落实营销策划方案各项措施的具体过程。这也是整个营销策划方案实施工作中最为核心的部分，它不仅直接关系着策划目标能否圆满实现，同时也是检验策划方案成效的一个重要过程。

要使营销策划方案顺利实施，首先，策划活动的组织者要明确方案执行过程中各执行人员的分工和责任，将策划方案的各项措施落实到人；其次，在实施过程中要以策划方案为依据，并严格执行；再次，要对实际支出和工作进度进行有效控制；最后，对策划实施过程中出现的偏差和问题做好反馈，以便及时发现和调整。

(3) 中期考核。中期考核对于营销策划方案的实施来说也是必不可少的一步。通过中期考核，策划者和实施者可以及时掌握策划方案的实施情况，从而实现对方案实施进度与实施效果的及时控制。做好中期考核也是策划者真实意图得到贯彻与执行的一个有效保证。

一般来讲，中期考核的内容主要应包括以下几个方面：方案实施费用与支出的情况、实施进度、实施效果及方案实施者的态度等。而对于考核时间的安排则比较灵活，既可以定期评估，也可以是随机抽查。另外，就考核方法与方式的选择来说，则更是灵活多样，营销策划工作的负责人可以根据具体情况灵活掌握。

3. 营销策划实施过程注意事项

为了保证营销策划的有效实施，还需注意做好以下几个方面的工作，如图11.11所示。

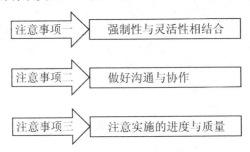

图 11.11 营销策划实施注意事项示意图

1) 强制性与灵活性相结合

在营销策划案的实施过程中，对实施工作的强制性与灵活性要求都是必不可少的。坚持强制性，就是要求策划方案的实施必须严格按计划执行，不得随意变动；而灵活性则要求实施过程应依据市场环境及企业内部情况的变化而变化，不能拘泥于原有计划或方案的规定。二者强调的内容正好相反，但它们在策划实施过程中的作用却是同等重要的。

然而，单一地过分强调强制性或灵活性都是不行的。其原因在于：强制性原则虽"刚性"十足，但"柔性"缺少，只强调执行的强制性，实施过程很容易碰壁；而灵活性原则虽"柔性"有余，却"刚性"欠佳，只强调执行的灵活性，计划方案很难得到落实。

因此，只有把强制性原则与灵活性原则结合在一起，使实施过程既有强制性又富有灵活性，才能使营销策划方案的实施顺利进行，使营销策划目标圆满实现。

2) 做好沟通与协作

沟通与协作对于营销策划方案的实施来说是相当重要的。通过沟通，保持信息畅通，实现部门间的相互理解与支持；通过协作，使实施效率提高，保证营销策划项目顺利完成。营销策划方案实施过程中必须强调沟通与协作。一方面，在营销策划的实施过程中，策划者又是实施者的情况并不多。因此，要想使策划者的真实意图能够在实施过程中基本落实，策划者与实施者之间必须保持良好的沟通。另一方面，策划方案的实施既要由策划部门和操作部门合作来完成，也需要相关部门的理解、支持与配合。所以，做好部门与部门间的沟通协作也是十分重要和必需的。

3) 注意实施的进度与质量

进度与质量是衡量营销策划方案实施成效的两个重要指标。进度反映的是计划任务的进展情况；而质量反映的是计划任务完成达标的情况。对于营销策划方案的实施工作来讲，既要注意进度又要注重质量。有进度无质量或有质量不能保证进度，都不能达到策划方案实施的预期要求。只有在计划的时间内实现了预定的目标，实施工作才算成功。

要使实施工作既有进度又有质量，除了要求实施者严格执行计划外，企业还可以设专人来监督和推进。另外，组织中良好的沟通环境也能为实施工作的顺利进行提供保证。

11.3 营销策划的控制与评估

在管理学中，控制被定义为"监视各项活动以保证它们按计划进行并纠正各种重要偏差的过程。"控制是管理过程中不可分割的一部分，是策划实施过程中各级管理人员的一项重要工作内容。美国著名的管理学教授、组织行为学的权威斯蒂芬·罗宾斯曾这样描述控制的作用："尽管计划可以制定出来，组织结构可以调整得非常有效，员工的积极性也可以调动起来，但是这仍然不能保证所有的行动按计划执行，不能保证管理追求的目标一定能达到。"

11.3.1 营销策划的控制

营销策划控制是营销策划过程中不可分割的一部分，是策划管理人员的一项重要工作。为了更有效地执行市场营销策划方案，企业必须善于运用控制技能，营销策划控制是指市场营销管理者为了监督与考核企业营销策划实施过程的每一个环节，确保其按照预期的目标运行而实施的一整套规范化约束行为的工作程序或工作制度。

1. 营销策划控制的标准

要使营销策划控制工作真正发挥作用，取得预期的成效，设计系列调控措施时要特别注意符合下列几个要求，如图 11.12 所示。

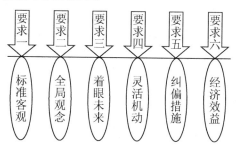

图 11.12 营销策划控制标准要求示意图

1) 标准客观

营销策划管理者对于营销策划方案的实施工作的评价不能仅凭主观来判断，必须用过去所拟定的定性、定量标准与现时的要求相比照，这样营销控制对各层营销策划方案实施人员来说标准一致，就是公正客观的。所以，有效的营销策划控制工作要求有客观的、准确的和适度的标准。

2) 全局观念

营销策划方案实施的一切活动都应围绕企业营销目标的实现而展开。但在企业营销组织结构中，各个部门及其成员都在为实现其个别的或局部的目标而奋斗。这就要求各个部门之间一定要加强沟通，相互协调，从企业营销工作的大局出发，来做好各部门的工作。

3) 着眼未来

营销策划方案实施所谋求的可能是短期的繁荣，但营销策划控制必须在保证当前营销目标实现的同时，重视企业的长远发展。一个真正有效的营销策划控制系统应该能对未来进行预测、判断，对营销策划方案与实际营销活动可能出现的偏差能敏锐地反应，并能及时调整方案，适应营销活动正常开展，千万不可等营销方案实施中出现问题再去解决，否则错过机会将会得不偿失。

4) 灵活机动

营销策划控制的灵活机动要求制定适应变化的营销策划方案，用多种灵活的控制方式和方法来达到控制目的。这是因为人们虽然努力探索未来、预测未来，但未来的不可预测性始终是客观存在的。尽管营销策划人员努力追求预测的准确性，克服或减少误差影响，对实际业绩评价和差异分析力争准确、全面，但实践中偶然性因素是无法避免的。如果控制不具有适度弹性，则在营销策划方案实施时难免处于被动状态。为了提高营销控制系统的有效性，就必须在设计营销控制系统时注意灵活机动。

5) 纠偏措施

一个完善而有效的营销策划控制系统，必须具备适当的纠偏措施和策略，这些措施和策略在实际中体现在企业的方案设计、组织运行、人员统配、监督控制等活动中，纠正那些营销策划方案执行中已经出现的或显示的偏离方案的事项，以保证营销策划方案的正确实施。

6) 经济效益

营销策划控制是一项需要投入大量人、财、物的活动，其耗费过大的主要原因是营销失控。对营销策划方案是否进行控制、控制到何种程度都涉及费用问题。从经济效益角度出发，企业必须把营销控制所需要的费用与营销控制所产生的效果进行对比，花费少、有效益就实施；花费大、无效益就不实施。可以说，营销控制技术能够以最小的费用或代价，来探查与阐明偏离营销策划方案的实际原因或潜在原因，那么它就是有效的、可行的。但必须注意，营销控制的经济效益是相对而言的，它取决于营销策划管理者能否将营销控制应用于关键之处。

2. 营销策划控制的步骤

市场营销策划总目标一旦确定，其成功与否就取决于企业营销活动的实施运行状况。为了对营销活动实施过程进行有效的监控，有必要建立和确立科学的营销控制制度。而有效的营销活动实施控制制度要讲求科学、严格的工作步骤和程序，如图11.13所示。

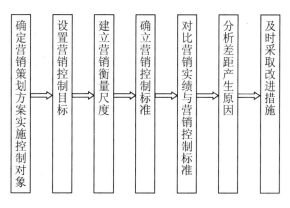

图 11.13 营销策划控制步骤示意图

第一步，确定营销策划方案实施控制对象。一般来说，营销控制的范围广、内容多，获得的信息也多，但任何活动控制本身都将支付费用，因此，营销策划者在确定控制内容、范围、额度时，应做到控制成本小于控制活动所能带来的营销效益。

最常见的营销控制内容是营销收入、营销成本和营销利润，但对市场调查、消费者服务、新产品开发和促销等活动，也应加强控制的力度。

第二步，设置营销控制目标，即确定所要达到的营销策划预期目标。这是将营销控制与计划实施方案连接起来的重要环节。许多企业的营销控制目标就是营销策划方案中设定的目标，如利润、销售量、市场占有率、营销费用额、新产品增长率等以及为达到营销总目标而规定的战术目标等。

第三步，建立营销衡量尺度，即对第二步所采用的衡量标准具体项目加以量化。在很多情况下，企业的营销目标就决定了它的控制衡量尺度，如利润、市场占有率等，而营销人员的工作效率可用一年内新增加的客户数及平均访问次数、频率来度量，广告的效果则用广告内容被消费者熟悉和了解人数占全部消费者的比例来衡量，也可以用广告播出后的产品销售量来衡量等，由此可见，企业有若干管理目的，则营销控制的衡量尺度也会有多种。

第四步，确立营销控制标准，即以某种衡量尺度来反映控制对象的预期活动范围或可接受的活动范围，也就是对营销衡量标准加以定量化。如规定每个推销人员全年应增加60个新客户；某项新产品在投放市场半年后应达到3%的市场占有率等。营销控制标准一般要有一个浮动幅度，如上述新产品市场占有率在2.8%左右也是可以接受的。企业在设立营销控制标准时要参照市场同类行业的标准，并吸收企业内部各方面的意见，综合归纳而制定，以使营销控制标准更切合实际，具有激励作用。

第五步，对比营销实绩与营销控制标准，即通过检查已取得的营销实际工作绩效与原制定的营销控制标准进行对比。掌握实际情况和对比中出现的差距。多长时间对比一次，可定期也可不定期，这取决于营销控制对象的具体变动状况。

第六步，分析差距产生原因。工作实绩与控制标准对比，可能产生偏差。若产生偏差，则说明控制标准与营销实际活动不相符，需要寻找造成标准与实绩不符的原因，为修正原营销行动方案提供资料依据。一般而言，产生偏差可能有两类情况：一是营销策划方案本身存在缺陷，这种偏差通常易出差错；二是营销策划方案实施过程中发生问题，这种偏差比较容易分析。有时这两类情况交叉在一起，使得分析偏差的工作成为营销控制过程中的一大难点。在进行偏差原因分析时，要全面仔细地分析原始资料，多角度研究问题，抓住关键问题,不可把问题简单化、以一概全。如某推销人员对客户访问次数未达到控制标准,可能是由于旅途中花费时间太多,这就要求改进访问路线图或访问方式,但也有可能是由于定额过高,这就要求降低定额以保证每次访问的质量。具体分析时还要进行市场情况的调查了解,以确保分析正确。

第七步,及时采取改进措施。根据分析结果,企业应及时做出不同情况下的改进措施:一是分析结果表明营销控制标准脱离实际的,应认真对控制标准加以修订,以真实性反映市场营销活动;二是分析结果表明营销控制标准是合理、正确的,而营销活动方案实施过程中出现问题,那就有必要在具体营销活动过程中查找原因,迅速制订相应补救措施,以提高工作实效。

在市场营销控制中,由于营销目标和营销环境等多种因素不同,则企业采用的营销方式方法也不一定相同,所以,以上营销控制的步骤不是绝对的、唯一的,企业应根据本企业营销活动实施情况进行正确选择。

3. 营销策划控制的方法

营销策划方案实施控制是一个复杂的过程,策划者在设计这一过程时,可以采取各种各样的方法。一般来说,营销策划方案控制主要有4种基本方法,如图11.14所示。

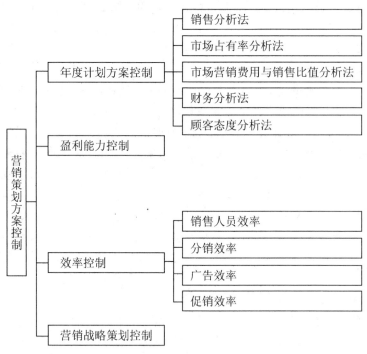

图11.14 营销策划方案控制方法示意图

1) 年度计划方案控制

年度计划方案控制是指企业在本年度内采取营销控制步骤,检查实际绩效与计划的偏差,并做出必要的修正,以确保营销策划方案的顺利实现。年度计划控制的目的在于保证企业实现它在年度方案中所制定的销售、利润以及其他目标,控制的中心是目标管理。

年度计划方案控制通常从以下几方面检查实际绩效与计划的偏差情况。

(1) 销售分析法。销售分析法就是指测量和评价销售管理人员所制定的销售目标与实际销售之间的差距，找出问题，查明产生的原因。这种方法具体有两种做法：①销售差异分析；②微观销售分析。

(2) 市场占有率分析法。通过市场占有率分析能够揭示企业同竞争对手在市场竞争中的相互关系，能够说明企业与竞争对手相比的市场地位状况。

确定和测量市场占有率的分析一般有 3 种不同的度量方法：①总市场占有率；②目标市场占有率；③相对市场占有率(相对于市场竞争者)。

市场占有率的分析首先要确定采用哪种衡量方法，然后分析市场占有率变动的原因，找出导致实际占有率变化的主要因素，最后采取适当的策略措施。

(3) 市场营销费用与销售比值分析法。年度计划方案控制要确保企业达到其销售额指标时的营销费用支付不超标，这就要求营销策划方案控制者密切注意对市场营销费用/销售额的比值进行计算分析，以发现是否有任何比例失调。

营销费用一般包括 5 个部分：人员费、广告费、促销费、调研费和管理费用，它们各自又与销售额形成不同的比率，例如，某企业的营销费用与销售额的比率为 20%，它包括 4 种费用与销售额的比率：销售人员费用与销售额之比(10%)；广告费用与销售额之比(6%)；市场调查费用与销售额之比(1%)；销售管理费用与销售额之比(3%)。对以上各项费用与销售额比率，往往限定一个控制幅度，一旦出现偏差，必须认真查找问题产生的原因。

(4) 财务分析法。财务分析法是指对影响企业的净利润中的各主要要素进行分析，以决定企业如何或在何处开展营销业务活动，以谋取更大利润。

企业管理者利用财务分析来判断企业资本净资产收益率的各种因素。资本净资产收益率主要是两种比率即企业资产收益率和财务杠杆率综合作用的结果。为了提高资本净资产收益率，企业必须提高净利润与总资产的比率，或者提高其总资产与资本净值的比率。企业还应当分析其资产的构成(即现金、应收账款、存货和设备等)，并且设法改善和提高资产管理水平。

(5) 顾客态度分析法。前述 4 种方法主要是以财务和定量分析为特征，即它们基本上属于定量分析范畴。还要对营销活动的发展变化进行定性分析，为营销策划方案实施管理部门提高关于市场占有份额即将发生变化的早期预报。所以，策划人员需要建立一套系统来追踪顾客、经销商以及其他市场营销组织参与者的态度。对顾客满意和偏好的变化在影响企业产品销售之前实行监控，及时将有关信息传递给企业决策部门，采取措施，争取主动。企业一般利用以下系统跟踪顾客态度：①顾客意见和建议系统；②固定顾客样本；③顾客调查系统。

通过上述分析，企业策划者能够及时发现实际营销效果与营销策划方案的年度指标是否发生较大偏差。一旦发生较大偏差，则采取调整措施，调整营销策划方案指标，使之更符合实际，调整市场营销策略，以利于实现原营销策划方案的各项指标。

2) 盈利能力控制

盈利能力控制主要是通过盈利能力分析测算不同产品、不同销售地区、不同市场、不同渠道以及不同订货规模的实际盈利能力。这一分析结果能帮助企业管理部门决策哪些产品或哪些市场应予以扩大、哪些市场应削减乃至放弃。获利能力大小对产品策划决策有直接关系。

分析企业各种产品的盈利能力，其目的在于找出妨碍企业获利的因素，并采取相应措施排除或削弱这些不利因素的影响，从而实现预期的盈利效果，确保企业销售总利润的稳步提高。

3) 效率控制

盈利能力分析虽然揭示了企业不同产品、不同地区、不同市场、不同渠道以及不同订货规模对企业的获利差别，但企业还必须寻找高效率的方式来管理控制销售人员、分销、广告和促销活动。企业策划必须特别注意能反映这些功能运作效率的特定的主要比率，即以下4个方面。

(1) 销售人员效率。包括：①每位销售人员每天平均进行访问客户的次数；②每次销售人员访问的平均时间；③每次销售人员访问所带来的平均收入；④每次销售人员访问所花费的平均成本；⑤每次销售人员访问的招待成本；⑥每百次销售访问订货的百分比；⑦每次销售访问期间新增顾客数；⑧每次销售访问期间所丧失的顾客数；⑨销售成本对总销售的百分比。

(2) 分销效率。分销效率是指对企业存货水准、仓库位置及运输方式进行分析研究，以达到企业资源最佳组合并寻找最佳运输方式和途径。分销效率研究能帮助企业寻找更加经济的经营方式。

(3) 广告效率。企业要做好如下统计：①每一媒体类型、每一媒体工具接触每千人消费者所花费的广告成本；②消费者对每一媒体工具的兴趣比率；③消费者对广告内容和效果的意见；④广告前后对产品态度的测量；⑤消费者受广告刺激而引起的询问次数；⑥每次询问的成本。

(4) 促销效率。为了提高促销效率，企业市场管理人员应当坚持记录每一次促销活动及其所耗成本对销售的影响。并做好下述统计资料：①优惠销售所占有百分比；②每一单位销售额的陈列成本；③赠券收回的百分比；④因示范表演而引起的访问次数。

效率控制的目的在于提高人员推销、广告、促销和分销等市场营销策划活动的绩效，市场营销管理者必须注重若干关键比率指标研究，因为这些关键比率指标反映了企业市场营销组合因素功能执行的有效性以及应该如何引进某些资料来改善营销执行情况。

4) 营销战略策划控制

企业的市场营销战略策划是指企业根据自己既定的市场营销目标，在特定的环境中，按照总体的策划过程所拟定的可能采用的系列行动方案。但是，在复杂多变的市场营销环境中，往往会使企业原制定的目标、战略、方案失去作用。因此，策划者必须要求企业在市场营销战略实施的过程中注意定期进行战略控制，根据市场营销环境新的变化来重新评价计划和进展，从全局、总体的角度对营销战略进行必要的修正。

国际上很多企业运用市场营销审计这一重要工具进行营销战略策划控制。市场营销审计是对企业市场营销环境、目标、战略和活动所做的系统、公正、全面的考核和审查。营销审计的目的在于检查企业的营销战略策划方案是否与企业的战略目标保持一致，企业的营销战略策划方案及战略目标是否与市场营销环境相匹配等，从而揭示企业营销活动中存在的问题和发现营销活动的机会，提出行动计划，改进和提高整个营销系统的效率。

11.3.2 营销策划效果的评估

营销策划效果的评估是指对营销策划方案的实施效果进行系统、公正、全面的考核和评价。

1. 营销策划效果评估的特征

营销策划效果评估具有以下 4 个特征。

(1) 全面性。全面性即对一个企业的主要营销活动进行全面评估,通过全面的营销效果评估,才能有效地发现企业营销活动效果好坏的真实原因。

(2) 系统性。营销不善的原因并非一望而知,必须做一系列有秩序的检查,即一套完整的评估步骤,包括诊断组织的营销环境、内部营销制度和各种具体营销活动。在诊断的基础上,再制定调整行动方案,包括长期、短期计划方案,以提高企业的整体营销效益。

(3) 独立性和客观性。营销评估有自我评估、内部交叉评估、上级评估、企业成立专门小组评估和聘请外来专家进行评估等多种途径,但营销评估最好聘请企业以外有丰富经验的专家担任,因为专家们通常具备必要的客观性和独立性,有诸多行业广泛的经验,对本行业也颇为熟悉,还可以集中时间和精力从事评估工作。

(4) 周期性和持久性。营销评估并不是等企业经营活动出现了困境才求助于专家和顾问来开展评估活动,这样为时已晚。企业许多问题正是由于企业处于营销活动顺境情况下,缺乏周期和持续的检查而造成的。因此,无论企业的营销活动是处在顺境还是逆境,营销评估是必不可少的活动。它既利于业务发展正常的企业,也利于那些处境不利的企业,是寻求最佳经济效益的一种有效方法和工具。

2. 营销策划效果评估的内容

一般来说,营销策划效果评估的内容是根据营销策划者策划的目的来确定的,策划的目的不同,所评估的内容也有所不同。通常情况下,企业一般要评估的内容包括 3 个方面。

1) 经济效果评估

经济效果是对营销策划方案实施之后所产生的经济效益(包括直接经济效果和间接经济效果)和效果的评估,具体如销售额的增长率、增长量、市场占有率的提升量等。

2) 社会效果评估

社会效果是指通过营销策划方案来达到企业的社会价值。今天的企业能在市场上得到可持续的发展,其中一个重要原因就是企业存在的社会价值能被社会所认同。

任何企业生存于社会中,企业的目标不仅是获得更多的赢利,更重要的是要关注社会的发展,体现企业的社会价值,那些只顾赚钱而不顾社会利益的企业,最终会被社会所抛弃。

3) 自身目标效果

自身目标效果的评估是根据企业营销策划方案中所设定的自身目标来度量的,其效果取决于营销策划者本身的要求和实施状况。

3. 营销策划效果评估的步骤

任何评估活动,为了达到经济和高效率的要求,企业必须要有一套仔细的评估方案,特别是对市场营销受客观环境变化的影响很大,而且策划者往往又带主观片面性,事物的发展很少有周期现象出现的企业。因而对营销评估工作更需要有一个科学的程序,有计划、有步骤地开展调研,掌握确切资料,以指导评估工作的正常开展。

营销策划实践中,营销策划方案效果评估分阶段评估、中期评估、终结评估。

1) 阶段评估

阶段评估是指在营销策划方案的实施过程中对前一阶段实施的效果进行评估,了解执行情况和效果,为下一阶段策划方案的实施提供指导。

2) 中期评估

中期评估是指在营销策划方案实施过程时间达到一半而进行的效果评估。中期评估是中期总结性评估,是对营销策划方案执行效果情况进行客观评价,为后一半方案的实施和执行提供决策指导。

3) 终结评估

终结评估是指在营销策划方案实施结束后进行的总结性评估,是对整个方案过程效果进行的综合评价。

本 章 小 结

营销策划管理是根据企业的营销策划目标,运用计划、组织、领导、沟通、控制及培训教育等基本职能来达到企业营销策划工作的有效运作。营销策划的程序是指营销策划运作的先后次序。国外专家对策划程序的界定主要有约翰·迈力特的策划三阶段论、江川郎的策划四阶段论、艾得伍德·班菲尔德的策划四阶段论、赫伯特·莫里森的策划五阶段论。

营销策划的一般程序:界定企业要求的策划任务、提出营销问题、确立营销目标、量化营销目标、市场调研资料收集、营销策划分析、营销策划目标的确定、营销策划方案设计、收益预测及费用预算、方案沟通与试验、方案调整、策划控制方案。

营销策划组织设计必须遵循以下原则,明确组织指挥系统的原则、统一命令分层管理相结合的原则、合理分工利于沟通与协调的原则、精简与高效的原则、适度弹性的原则。营销策划组织形式主要有企业自主型营销策划和外部代理型营销策划两种。

营销策划的实施过程是一件比较复杂的工作过程,策划的实施者不仅要面对市场环境的变化,还要面临各种不确定因素带来的各种挑战。要使营销策划的实施工作顺利进行,必须在营销策划方案实施之前做好落实实施组织和人员、做好物资筹办工作、对相关人员进行培训、进行思想动员和部门间协调。

从策略的角度来看,营销策划方案的具体实施大体可以由 3 个步骤构成,即模拟实施、正式实施、中间考核。

为了保证营销策划的有效实施,还需注意做好以下几个方面的工作:强制性与灵活性相结合、做好沟通与协作、注意实施的进度与效果。

营销策划控制是营销策划过程中不可分割的一部分,是策划管理人员的一项重要工作。为了更有效地执行市场营销策划方案,企业必须善于运用控制技能,营销策划控制是指市场营销管理者为了监督与考核企业营销策划实施过程的每一个环节,确保其按照预期的目标运行而实施的一整套规范化约束行为的工作程序或工作制度。

要使营销策划控制工作真正发挥作用,取得预期的成效,设计系列调控措施时要特别注意符合以下几个要求,标准客观、全局观念、着眼未来、灵活机动、纠偏措施、经济效益。

营销策划效果的评估是指对营销策划方案的执行过程进行效果的检测和评价。营销策划实践中,营销策划方案效果评估分阶段评估、中期评估、终结评估。

关键术语

营销策划管理、营销策划的一般程序、营销策划组织、企业自主型营销策划、外部代理型营销策划、营销策划的实施、营销策划控制、营销策划效果评估

习 题

一、填空题

1. (　　)提出了著名的策划过程三阶段论。营销三段论包括(　　)、(　　)和(　　)。
2. (　　)在他的《策划技术手册》中提出,策划划分为4个阶段15个步骤。
3. 如果存在多个营销目标,那么应该使营销目标相互(　　)。
4. 组织是管理过程中不可或缺的手段,一个理想的(　　)是营销策划活动得以完成的根本保证。
5. 建立企业营销策划组织机构的根本目的是通过最佳地配置(　　)以有效地实现营销目标。

二、选择题

1. 明确问题后,确立营销目标有(　　)。
   A．优化组织结构　　　　　　　　B．吸引人才
   C．盈利目标　　　　　　　　　　D．生存目标
2. 营销策划组织常见的形式有(　　)。
   A．企业自主型　B．网络型　　C．外部代理型　　D．外包
3. 客户产生营销策划需求的动机是通过(　　)来提高企业的经济效益的。
   A．低成本　　　B．营销策划　C．组织结构　　　D．人才
4. 营销策划实施前的准备工作有(　　)。
   A．人员培训　　B．收集信息　C．物资筹备　　　D．部门间协调
5. (　　)是营销策划过程中不可分割的一部分,是策划管理人员的一项重要工作。
   A．营销策划计划　　　　　　　　B．营销策划控制
   C．营销策划组织　　　　　　　　D．营销策划协调

三、简答题

1. 简述约翰·迈力特的策划三阶段论。
2. 简述营销策划的一般程序。
3. 如何量化营销目标以及注意哪些问题?
4. 简述营销策划组织设计的原则。
5. 简述营销策划组织常见的形式。

四、思考题

你认为营销策划应怎样进行管理?

麦肯锡兵败实达

营销执行是将营销企划转化为具体行动的过程,并在这一过程中提供各项必要保障和有效监控,以实现营销企划的既定目标。但有很多企业在完成营销企划方案后,轻视执行和控制。可以说,不重视营销执

行的营销企划是空洞的,没有营销控制的营销企划是不完整的。麦肯锡兵败实达就是一个很典型的案例。

进入新千年,国内媒体纷纷报道了实达集团连续两年亏损,将被 ST 的消息。一些媒体更是从实达管理团队、属下走私方面探讨了其兵败原因。对于这个问题,国内外咨询人士较为一致的看法是,实达 2000 年亏损 2.67 亿元和麦肯锡为其所作的策划方案有很大关系。

拥有国际雄厚资源库的世界级咨询公司麦肯锡自进入中国后,多年以来的发展历程经手了从早期的王府井百货,到后来的康佳集团、乐百氏公司、深圳平安保险公司等一批国内大型企业的咨询案例。尤其是 1998 年以后,国内各级政府部门频繁邀请麦肯锡进行更大规模的战略咨询,在一定程度上也提高了其在中国市场中的声望,公司的运营到达了一个高峰期。实达集团 1996 年成功地在上证所上市后,在快速发展中遇到一系列问题,当时问题最大的就是销售渠道和营销模式。于是,1998 年实达集团希望通过与麦肯锡的合作来实现企业营销系统的高效运转。实达支付给麦肯锡 300 万元咨询费,并耗资几千万元用以配套实施该方案。

然而,出乎实达和麦肯锡意料的是,执行麦肯锡咨询方案的过程困难重重。新方案要求实达由个人权力式管理方式向程序化管理方式转变,但这与公司原有的管理方式和决策管理层有根本性冲突。实达也发现管理过程中协调步骤的增加和无休止的会议反而降低了公司的沟通效率,致使营销系统运营的不升反降。5 个月后,在实施了千人大换岗给企业带来动荡后的实达集团,难以继续承受销售下滑的压力,被迫返回原有的管理、营销体系和模式。

实达认为,自己在实施麦肯锡提出的方案后才发现,光改变企业的营销系统根本达不到自己预想的效果。而且,实达自身内部的营销信息系统很难配合新方案的实施,造成信息沟通也不灵。再加上当时集团个人电脑产品面临的外部形势严峻(1—5 月份只完成全年任务的 25%,企业库存积压和资金积压严重),集团高层不得不调整回原来的销售体系和组织架构。事后实达也表示,把自己的亏损以至被 ST 完全归结于麦肯锡的失误其实不妥,实达自身也有问题,对于合作的失败,双方应各自承担 50% 的责任。据悉,对此说法,麦肯锡并未反驳。

麦肯锡当时认为这一切都属正常,企业改革就必须付出代价。但在实达看来,这样的代价实在太大,当时新方案实在难以继续实施,反而给公司的发展带来损失,实达退回原有体制是没有办法的选择。而事实上,麦肯锡中国公司的副总吴亦斌表示,麦肯锡给任何公司作出的咨询结果,都是经双方确认后才实施的,即当时麦肯锡提出的方案得到了实达集团的充分认可。同时,吴先生也认为,目前业界普遍存在一种误解,认为一个企业向咨询公司购买一个方案后就能够解决企业的全部问题。实达集团一位直接参与麦肯锡方案实施的高层人士透露,该咨询方案并非企业整体咨询方案,只是一部分。该方案本打算分两期实施完成,但第一期就出现问题,第二期也就未再提及。实达的感觉是,麦肯锡公司的理论功底甚强,但操作能力太差。而且因为该方案价格偏低,麦肯锡并未参与实施,只开了两次讨论会。

(案例来源:邓镝.营销策划案例分析[M].北京:机械工业出版社,2007.)

思考题:
1. 试分析麦肯锡兵败实达的原因有哪些?
2. "一个企业向咨询公司购买一个方案后就能够解决企业的全部问题"的想法对不对?我们应该如何理解咨询公司与企业之间的关系?

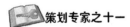
策划专家之十一

整合策划学的创建者——吴粲

策划学理论可以简单概括为整合策划学。吴粲长期致力于策划学的理论研究并注重实战。他认为策划是一个整合、系统的过程,策划学作为一门学科,有自己独立完整的理论体系,它不是能让企业很快爆发的"点子",不是能立竿见影的谋略,不是自作聪明的小手段,更不是能让企业起死回生的灵丹妙药,它是对新闻、广告、营销、公关、谋略等手段的综合实施运行。策划学应该立足现实,着眼长远,而不应为了眼前利益只追求所谓的轰动效果,否则结果只是昙花一现,或者得不偿失。

吴粲的代表作为《策划学——原理、技巧、误区及案例》、《策划经济学》、《广告策划学》等。

(案例来源:吴粲. 策划学——原理、技巧、误区及案例. 北京:中国人民大学出版社,2005.)

参 考 文 献

[1] 王学东．营销策划——方法与实务[M]．北京：清华大学出版社，2010．
[2] 周培玉．商务策划管理教程[M]．北京：中国经济出版社，2008．
[3] 秦宗槐．营销策划[M]．合肥：安徽人民出版社，2008．
[4] 杨勇，王惠杰．现代市场营销学[M]．北京：中国物资出版社，2011．
[5] 杨勇．价格竞争论[M]．北京：中国社会出版社，2005．
[6] 史宪文．现代商务策划管理教程[M]．北京：中国经济出版社，2007．
[7] 杨岳全．市场营销策划[M]．北京：中国人民大学出版社，2008．
[8] 叶万春．营销策划[M]．北京：清华大学出版社，2008．
[9] 张苗荧．市场营销策划[M]．北京：高等教育出版社，2007．
[10] 李世杰．市场营销与策划[M]．北京：清华大学出版社，2006．
[11] 张卫东．营销策划：理论与技艺[M]．北京：电子工业出版社，2007．
[12] 全琳琛．一分钟学营销[M]．北京：人民邮电出版社，2010．
[13] 吴健安．市场营销学[M]．北京：高等教育出版社，2010．
[14] 吴粲．策划学[M]．北京：北京师范大学出版社，2008．
[15] 邓镝．营销策划案例分析[M]．北京：机械工业出版社，2007．
[16] 杜在海．广告经营的十大秘诀和案例[M]．北京：中国广播电视出版社，1992．
[17] 周三多．管理学[M]．北京：高等教育出版社，2008．
[18] 屈云波，张少辉．市场细分——市场取舍的方法与案例[M]．北京：企业管理出版社，2010．
[19] 吴友富，吴炎燕．新编现代市场营销策略与技巧[M]．上海：上海外语教育出版社，2008．
[20] [美]唐纳德·R·莱曼，拉塞尔·S·温纳．营销策划分析[M]．王永贵，译．北京：北京大学出版社，2008．
[21] 史璞．管理咨询——理论、方法与实务[M]．北京：机械工业出版社，2004．
[22] 薛辛光，孙雷红．营销策划理论与实务[M]．北京：电子工业出版社，2009．
[23] 杨英梅．商务策划实务[M]．北京：机械工业出版社，2010．
[24] 卜妙金．分销渠道管理[M]．北京：高等教育出版社，2001．
[25] 冯华亚．推销技巧与实战[M]．北京：清华大学出版社，2008．
[26] 李艳勤，刘松．包装设计[M]．天津：天津大学出版社，2010．
[27] 何成．我型我塑，磨练策划[M]．南京：南京大学出版社，2006．
[28] 任天飞．中外经典营销案例评析[M]．长沙：中南工业大学出版社，2000．
[29] 史宪文．史宪文解析芭比娃娃与策划的伏笔法[Z]．总裁网www.chinaceot.com，2009．
[30] [美]威廉·D·皮诺特．营销精要[M]．黄建军，等译．北京：北京大学出版社，科文(香港)出版有限公司，2002．
[31] 陈洪涌．中国CIS策划实务[M]．北京：中国经济出版社，2006．
[32] 陈放．品牌策划[M]．北京：蓝天出版社，2005．
[33] 屈云波，李海洋．营销企划实务[M]．北京：中国商业出版社，1994．
[34] 杨米沙．服务营销——环境、理念与策略[M]．广州：广东经济出版社，2005．
[35] 张慧伶．市场营销方法与实践[M]．北京：中国商业出版社，2003．

[36] 祁小永，王子健，曹淮扬．新销售业务管理[M]．北京：企业管理出版社，2004．

[37] [美]戴维·劳登，罗伯特·史蒂文斯，布鲁斯·雷恩．营销管理——教材与案例[M]．陈兹勇，骆珊，译．北京：经济管理出版社，2006．

[38] 叶万春，万后芬，蔡嘉清．企业形象策划——CIS 导入[M]．大连：东北财经大学出版社，2001．

[39] [美]威廉·M·卢瑟．营销计划全攻略[M]．史维，译．北京：中国社会科学出版社，2006．

[40] 任淑美．品牌诊断[M]．北京：中国经济出版社，2005．

[41] 赵健．战略的力量[M]．北京：中国纺织出版社，2006．

[42] 李毕华．阿里巴巴的营销策略[M]．深圳：海天出版社，2010．

[43] 王力．恩波智业——敢对自己说我[M]．北京：北京大学出版社，1995．

[44] 姜彦福．技术创新，品牌战略[M]．西安：世界图书出版公司，1998．

[45] 吴健．现代物流学[M]．北京：北京大学出版社，2010．

[46] 史振洪，刘胜花，万钧．商务策划学[M]．南京：南京大学出版社，2008．

[47] 刘文新．品牌战略驱动[M]．北京：企业管理出版社，2007．

[48] 杨松霖．品牌速成大师[M]．北京：中国经济出版社，2009．

[49] 王凡．思维＋创意＝成功[M]．北京：西苑出版社，2009．

[50] 朱华锋．营销策划理论与实践[M]．合肥：中国科学技术出版社，2010．

[51] 王彤宙．商务策划基础[M]．大连：东北财经大学出版社，2009．

[52] 周玫．营销策划[M]．武汉：华中科技大学出版社，2009．

[53] 王成．咨询顾问思维技能提升[M]．北京：机械工业出版社，2004．

[54] 孟韬．市场营销策划[M]．大连：东北财经大学出版社，2009．

[55] 杨勇．市场营销的产品风险及规避对策[J]．中北大学学报，2010(3)．

[56] 杨勇，赵文奎．现代企业竞争的新战略[J]．运城学院学报，2005(1)．

[57] 杨勇，翟艳．市场营销的定价风险及规避对策[J]．财会通讯，2009(5)．

[58] 杨勇．校企合作培养高素质应用型人才的几点思考[J]．运城学院学报，2011(2)．

[59] 杨勇，贺天水，张丽英．基于企业成熟阶段的创新力与控制力平衡分析[J]．运城学院学报，2012(4)．

[60] 杨勇．事业关联营销与承担社会责任[J]．山西高等学校科学学报，2009(1)．

[61] 杨勇，荆一平，张丽英．新产品构台风险及规避对策[J]．运城学院学校，2014(1)．

[62] 杨能，王惠杰．现代市场营销学[M]．北京：中国财富出版社，2015．

[63] 王丰国．品牌延伸策略类型分析[J]．品牌塑造，2004(23)．

[64] Constantine von Hoffman．品牌过度延伸[J]．王欣红，译．首席市场官，2006(1)．

[65] 刘悦坦．广告"以人为本"[Z]．中国广告人网(www.chinaadren.com)，2008．

[66] 羊格．细节决定成败[J]．中外管理，2004(9)．

北京大学出版社本科财经管理类实用规划教材（已出版）

财务会计类

序号	书名	标准书号	主编	定价	序号	书名	标准书号	主编	定价
1	基础会计（第2版）	7-301-17478-4	李秀莲	38.00	24	财务管理理论与实务	7-301-20042-1	成 兵	40.00
2	基础会计学	7-301-19403-4	窦亚芹	33.00	25	税法与税务会计实用教程（第2版）	7-301-21422-0	张巧良	45.00
3	会计学	7-81117-533-2	马丽莹	44.00	26	财务管理理论与实务（第2版）	7-301-20407-8	张思强	42.00
4	会计学原理（第2版）	7-301-18515-5	刘爱香	30.00	27	公司理财原理与实务	7-81117-800-5	廖东声	36.00
5	会计学原理习题与实验（第2版）	7-301-19449-2	王保忠	30.00	28	审计学	7-81117-828-9	王翠琳	46.00
6	会计学原理与实务（第2版）	7-301-18653-4	周慧滨	33.00	29	审计学	7-301-20906-6	赵晓波	38.00
7	会计学原理与实务模拟实验教程	7-5038-5013-4	周慧滨	20.00	30	审计理论与实务	7-81117-955-2	宋传联	36.00
8	会计实务	7-81117-677-3	王远利	40.00	31	会计综合实训模拟教程	7-301-20730-7	章洁倩	33.00
9	高级财务会计	7-81117-545-5	程明娥	46.00	32	财务分析学	7-301-20275-3	张献英	30.00
10	高级财务会计	7-5655-0061-9	王奇杰	44.00	33	银行会计	7-301-21155-7	宗国恩	40.00
11	成本会计学	7-301-19400-3	杨尚军	38.00	34	税收筹划	7-301-21238-7	都新英	38.00
12	成本会计学	7-5655-0482-2	张红漫	30.00	35	基础会计学	7-301-16308-5	晋晓琴	39.00
13	成本会计学	7-301-20473-3	刘建中	38.00	36	公司财务管理	7-301-21423-7	胡振兴	48.00
14	管理会计	7-81117-943-9	齐殿伟	27.00	37	财务管理学实用教程（第2版）	7-301-21060-4	骆永菊	42.00
15	管理会计	7-301-21057-4	肜芳珍	36.00	38	政府与非营利组织会计	7-301-21504-3	张 丹	40.00
16	会计规范专题	7-81117-887-6	谢万健	35.00	39	预算会计	7-301-22203-4	王筱萍	32.00
17	企业财务会计模拟实习教程	7-5655-0404-4	董晓平	25.00	40	统计学实验教程	7-301-22450-2	裴雨明	24.00
18	税法与税务会计	7-81117-497-7	吕孝侠	45.00	41	基础会计实验与习题	7-301-22387-1	左 旭	30.00
19	初级财务管理	7-301-20019-3	胡淑姣	42.00	42	基础会计	7-301-23109-8	田凤彩	39.00
20	财务管理学原理与实务	7-81117-544-8	严复海	40.00	43	财务会计学	7-301-23190-6	李柏生	39.00
21	财务管理学	7-5038-4897-1	盛均全	34.00	44	会计电算化	7-301-23565-2	童 伟	49.00
22	财务管理学	7-301-21887-7	陈 玮	44.00	45	中级财务会计	7-301-23772-4	吴海燕	49.00
23	基础会计学学习指导与习题集	7-301-16309-2	裴 玉	28.00					

工商管理、市场营销、人力资源管理、服务营销类

序号	书名	标准书号	主编	定价	序号	书名	标准书号	主编	定价
1	管理学基础	7-5038-4872-8	于千千	35.00	28	市场营销学	7-301-21056-7	马慧敏	42.00
2	管理学基础学习指南与习题集	7-5038-4891-9	王 珍	26.00	29	市场营销学：理论、案例与实训	7-301-21165-6	袁连升	42.00
3	管理学	7-81117-494-6	曾 旗	44.00	30	市场营销学	7-5655-0064-0	王槐林	33.00
4	管理学	7-301-21167-0	陈文汉	35.00	31	国际市场营销学	7-301-21888-4	董 飞	45.00
5	管理学	7-301-17452-4	王慧娟	42.00	32	市场营销学（第2版）	7-301-19855-1	陈 阳	45.00
6	管理学原理	7-5655-0078-7	尹少华	42.00	33	市场营销学	7-301-21166-3	杨 楠	40.00
7	管理学原理与实务（第2版）	7-301-18536-0	陈嘉莉	42.00	34	国际市场营销学	7-5038-5021-9	范应仁	38.00
8	管理学实用教程	7-5655-0063-3	邵喜武	37.00	35	现代市场营销学	7-81117-599-8	邓德胜	40.00
9	管理学实用教程	7-301-21059-8	高爱霞	42.00	36	市场营销学新论	7-5038-4879-7	郑玉香	40.00
10	管理学实用教程	7-301-22218-8	张润兴	43.00	37	市场营销理论与实务（第2版）	7-301-20628-7	那 薇	40.00
11	通用管理知识概论	7-5038-4997-8	王丽平	36.00	38	市场营销学实用教程	7-5655-0081-7	李晨耘	40.00
12	管理学原理	7-301-21178-6	雷金荣	39.00	39	市场营销学	7-81117-676-6	戴秀英	32.00
13	管理运筹学（第2版）	7-301-19351-8	关文忠	39.00	40	消费者行为学	7-81117-824-1	甘瑁琴	35.00
14	统计学原理	7-301-21061-1	韩 宇	38.00	41	商务谈判（第2版）	7-301-20048-3	郭秀君	49.00
15	统计学原理	7-5038-4888-9	刘晓利	28.00	42	商务谈判实用教程	7-81117-597-4	陈建凤	24.00
16	统计学	7-5038-4898-8	曲 岩	42.00	43	消费者行为学	7-5655-0057-2	肖 立	37.00
17	应用统计学（第2版）	7-301-19295-5	王淑芬	48.00	44	客户关系管理实务	7-301-09956-8	周贺来	44.00
18	统计学原理与实务	7-5655-0505-8	徐静霞	40.00	45	公共关系学	7-5038-5022-6	于朝晖	40.00
19	管理定量分析方法	7-301-13552-5	赵光华	28.00	46	非营利组织	7-301-20726-0	王智慧	33.00
20	新编市场营销学	7-81117-972-9	刘丽霞	39.00	47	公共关系理论与实务	7-5038-4889-6	王 玫	32.00
21	公共关系理论与实务	7-5655-0155-5	李泓欣	45.00	48	公共关系学实用教程	7-81117-660-5	周 华	35.00
22	质量管理	7-5655-0069-5	陈国华	36.00	49	跨文化管理	7-301-20027-8	晏 雄	35.00
23	企业文化理论与实务	7-81117-663-6	王永嫩	30.00	50	企业战略管理	7-5655-0370-2	代海涛	36.00
24	企业战略管理	7-81117-801-2	陈英梅	34.00	51	员工招聘	7-301-20089-6	王 挺	30.00
25	企业战略管理实用教程	7-81117-853-1	刘松先	35.00	52	服务营销理论与实务	7-81117-826-5	杨丽华	39.00
26	产品与品牌管理	7-81117-492-2	胡 梅	35.00	53	服务企业经营管理学	7-5038-4890-2	于千千	36.00
27	东方哲学与企业文化	7-5655-0433-4	刘峰涛	34.00	54	服务营销	7-301-15834-0	周 明	40.00

序号	书 名	标准书号	主编	定价	序号	书 名	标准书号	主编	定价
55	运营管理	7-5038-4878-0	冯根尧	35.00	72	新编现代企业管理	7-301-21121-2	姚丽娜	48.00
56	生产运作管理（第2版）	7-301-18934-4	李全喜	48.00	73	创业学	7-301-15915-6	刘沁玲	38.00
57	运作管理	7-5655-0472-3	周建亨	25.00	74	公共关系学实用教程	7-301-17472-2	任焕琴	42.00
58	组织行为学	7-5038-5014-1	安世民	33.00	75	现场管理	7-301-21528-9	陈国华	38.00
59	组织设计与发展	7-301-23385-6	李春波	36.00	76	现代企业管理理论与应用（第2版）	7-301-21603-3	邸彦彪	38.00
60	组织行为学实用教程	7-301-20466-5	龚鸿	32.00	77	服务营销	7-301-21889-1	熊凯	45.00
61	现代组织理论	7-5655-0077-0	岳澎	32.00	78	企业经营ERP沙盘应用教程	7-301-20728-4	董红杰	32.00
62	人力资源管理（第2版）	7-301-19098-2	颜爱民	60.00	79	项目管理	7-301-21448-0	程敏	39.00
63	人力资源管理经济分析	7-301-16084-8	颜爱民	38.00	80	公司治理学	7-301-22568-4	蔡锐	35.00
64	人力资源管理原理与实务	7-81117-496-0	邹华	32.00	81	管理学原理	7-301-22980-4	陈阳	48.00
65	人力资源管理实用教程（第2版）	7-301-20281-4	吴宝华	45.00	82	管理学	7-301-23023-7	申文青	40.00
66	人力资源管理：理论、实务与艺术	7-5655-0193-7	李长江	48.00	83	人力资源管理实验教程	7-301-23078-7	畅铁民	40.00
67	政府与非营利组织会计	7-301-21504-3	张丹	40.00	84	社交礼仪	7-301-23418-1	李霞	29.00
68	会展服务管理	7-301-16661-1	许传宏	36.00	85	营销策划	7-301-23204-0	杨楠	42.00
69	现代服务业管理原理、方法与案例	7-301-17817-1	马勇	49.00	86	企业战略管理	7-301-23419-8	顾桥	46.00
70	服务性企业战略管理	7-301-20043-8	黄其新	28.00	87	兼并与收购	7-301-22567-7	陶启智	32.00
71	服务型政府管理概论	7-301-20099-5	于千千	32.00	88	市场营销策划	7-301-23384-9	杨勇	40.00

经济、国贸、金融类

序号	书 名	标准书号	主编	定价	序号	书 名	标准书号	主编	定价
1	宏观经济学原理与实务（第2版）	7-301-18787-6	崔东红	57.00	23	财政学	7-5038-4965-7	盖锐	34.00
2	宏观经济学（第2版）	7-301-19038-8	塞令香	39.00	24	保险学原理与实务	7-5038-4871-1	曹时军	37.00
3	微观经济学原理与实务	7-81117-818-0	崔东红	48.00	25	东南亚南亚商务环境概论	7-81117-956-9	韩越	38.00
4	微观经济学	7-81117-568-4	梁瑞华	35.00	26	证券投资学	7-301-19967-1	陈汉平	45.00
5	西方经济学实用教程	7-5038-4886-5	陈孝胜	40.00	27	证券投资学	7-301-21236-3	王毅	45.00
6	西方经济学实用教程	7-5655-0302-3	杨仁发	49.00	28	货币银行学	7-301-15062-7	杜小伟	38.00
7	西方经济学	7-81117-851-7	于丽敏	40.00	29	货币银行学	7-301-21345-2	李冰	42.00
8	现代经济学基础	7-81117-549-3	张士军	25.00	30	国际结算（第2版）	7-301-17420-3	张晓芬	35.00
9	国际经济学	7-81117-594-3	吴红梅	39.00	31	国际结算	7-301-21092-5	张慧	42.00
10	发展经济学	7-81117-674-2	赵邦宏	48.00	32	金融风险管理	7-301-20090-2	朱淑珍	38.00
11	管理经济学	7-81117-536-3	姜保雨	34.00	33	金融工程学	7-301-18273-4	李淑锦	30.00
12	计量经济学	7-5038-3915-3	刘艳春	28.00	34	国际贸易理论、政策与案例分析	7-301-20978-3	冯跃	42.00
13	外贸函电（第2版）	7-301-18786-9	王妍	30.00	35	金融工程学理论与实务（第2版）	7-301-21280-6	谭春枝	42.00
14	国际贸易理论与实务（第2版）	7-301-18798-2	缪东玲	54.00	36	金融学理论与实务	7-5655-0405-1	战玉峰	42.00
15	国际贸易（第2版）	7-301-19404-1	朱廷珺	45.00	37	国际金融实用教程	7-81117-593-6	周影	32.00
16	国际贸易实务（第2版）	7-301-20486-3	夏合群	45.00	38	跨国公司经营与管理	7-301-21333-9	冯雷鸣	35.00
17	国际贸易结算及其单证实务	7-5655-0268-2	卓乃坚	35.00	39	国际金融	7-5038-4893-3	韩博印	30.00
18	政治经济学原理与实务（第2版）	7-301-22204-1	沈爱华	31.00	40	国际商务函电	7-301-22388-8	金泽虎	35.00
19	国际商务	7-5655-0093-0	安占然	30.00	41	国际金融	7-301-23886-8	宋树民	48.00
20	国际贸易实务	7-301-20919-6	张肃	28.00	42	国际贸易实训教程	7-301-23730-4	王茜	28.00
21	国际贸易规则与进出口业务操作实务（第2版）	7-301-19384-6	李平	54.00	43	财政学	7-301-23814-1	何育静	45.00
22	金融市场学	7-81117-595-0	黄解宇	24.00	44	保险学	7-301-23819-6	李春蓉	41.00

法律类

序号	书 名	标准书号	主编	定价	序号	书 名	标准书号	主编	定价
1	经济法原理与实务(第2版)	7-301-21527-2	杨士富	39.00	5	劳动法和社会保障法（第2版）	7-301-21206-6	李瑞	38.00
2	经济法实用教程	7-81117-547-9	陈亚平	44.00	6	金融法学理论与实务	7-81117-958-3	战玉锋	34.00
3	国际商法理论与实务	7-81117-852-4	杨士富	38.00	7	国际商法	7-301-20071-1	丁孟春	37.00
4	商法总论	7-5038-4887-2	任先行	40.00	8	商法学	7-301-21487-7	周龙杰	43.00

电子商务与信息管理类

序号	书 名	标准书号	主编	定价	序号	书 名	标准书号	主编	定价
1	网络营销	7-301-12349-2	谷宝华	30.00	6	电子商务概论	7-301-13633-1	李洪心	30.00
2	数据库技术及应用教程（SQL Server版）	7-301-12351-5	郭建校	34.00	7	管理信息系统实用教程	7-301-12323-2	李松	35.00
3	网络信息采集与编辑	7-301-16557-7	范生万	24.00	8	电子商务概论（第2版）	7-301-17475-3	庞大莲	42.00
4	电子商务案例分析	7-301-16596-6	曹彩杰	28.00	9	网络营销	7-301-16556-0	王宏伟	26.00
5	管理信息系统	7-301-12348-5	张彩虹	36.00	10	电子商务概论	7-301-16717-5	杨雪雁	32.00

序号	书名	标准书号	主编	定价	序号	书名	标准书号	主编	定价
11	电子商务英语	7-301-05364-5	覃正	30.00	27	数字图书馆	7-301-22118-1	奉国和	30.00
12	网络支付与结算	7-301-16911-7	徐勇	34.00	28	电子化国际贸易	7-301-17246-9	李辉作	28.00
13	网上支付与安全	7-301-17044-1	帅青红	32.00	29	商务智能与数据挖掘	7-301-17671-9	张公让	38.00
14	企业信息化实务	7-301-16621-5	张志荣	42.00	30	管理信息系统教程	7-301-19472-0	赵天唯	42.00
15	电子商务法	7-301-14306-3	李瑞	26.00	31	电子政务	7-301-15163-1	原忠虎	38.00
16	数据仓库与数据挖掘	7-301-14313-1	廖开际	28.00	32	商务智能	7-301-19899-5	汪楠	40.00
17	电子商务模拟与实验	7-301-12350-8	喻光继	22.00	33	电子商务与现代企业管理	7-301-19978-7	吴菊华	40.00
18	ERP原理与应用教程	7-301-14455-8	温雅丽	34.00	34	电子商务物流管理	7-301-20098-8	王小宁	42.00
19	电子商务原理及应用	7-301-14080-2	孙睿	36.00	35	管理信息系统实用教程	7-301-20485-6	周贺来	42.00
20	管理信息系统理论与应用	7-301-15212-6	吴忠	38.00	36	电子商务概论	7-301-21044-4	苗森	28.00
21	网络营销实务	7-301-15284-3	李蔚田	42.00	37	管理信息系统实务教程	7-301-21245-5	魏厚清	34.00
22	电子商务实务	7-301-15474-8	仲岩	28.00	38	电子商务安全	7-301-22350-5	蔡志文	49.00
23	电子商务网站建设	7-301-15480-9	臧良运	32.00	39	电子商务法	7-301-22121-1	郭鹏	38.00
24	网络金融与电子支付	7-301-15694-0	李蔚田	30.00	40	ERP沙盘模拟教程	7-301-22393-2	周菁	26.00
25	网络营销	7-301-22125-9	程虹	38.00	41	移动商务理论与实践	7-301-22779-4	柯林	43.00
26	电子证券与投资分析	7-301-22122-8	张德存	38.00	42	电子商务项目教程	7-301-23071-8	芦阳	45.00

物流类

序号	书名	书号	编著者	定价	序号	书名	书号	编著者	定价
1	物流工程	7-301-15045-0	林丽华	30.00	31	国际物流管理	7-301-19431-7	柴庆春	40.00
2	现代物流决策技术	7-301-15868-5	王道平	30.00	32	商品检验与质量认证	7-301-10563-4	陈红丽	32.00
3	物流管理信息系统	7-301-16564-5	杜彦华	33.00	33	供应链管理	7-301-19734-9	刘永胜	49.00
4	物流信息管理	7-301-16699-4	王汉新	38.00	34	逆向物流	7-301-19809-4	甘卫华	33.00
5	现代物流学	7-301-16662-8	吴健	42.00	35	供应链设计理论与方法	7-301-20018-6	王道平	32.00
6	物流英语	7-301-16807-3	阚功俭	28.00	36	物流管理概论	7-301-20095-7	李传荣	44.00
7	第三方物流	7-301-16663-5	张旭辉	35.00	37	供应链管理	7-301-20094-0	高举红	38.00
8	物流运作管理	7-301-16913-1	董千里	28.00	38	企业物流管理	7-301-20818-2	孔继利	45.00
9	采购管理与库存控制	7-301-16921-6	张浩	30.00	39	物流项目管理	7-301-20851-9	王道平	30.00
10	物流管理基础	7-301-16906-3	李蔚田	36.00	40	供应链管理	7-301-20901-1	王道平	35.00
11	供应链管理	7-301-16714-4	曹翠珍	40.00	41	现代仓储管理与实务	7-301-21043-7	周兴ობ	45.00
12	物流技术装备	7-301-16808-0	于英	38.00	42	物流学概论	7-301-21098-7	李创	44.00
13	现代物流信息技术	7-301-16049-7	王道平	30.00	43	航空物流管理	7-301-21118-2	刘元洪	32.00
14	现代物流仿真技术	7-301-17571-2	王道平	34.00	44	物流管理实验教程	7-301-21094-9	李晓龙	25.00
15	物流信息系统应用实例教程	7-301-17581-1	徐琪	32.00	45	物流系统仿真案例	7-301-21072-7	赵宁	25.00
16	物流项目招投标管理	7-301-17615-3	孟祥茹	30.00	46	物流与供应链金融	7-301-21135-9	李向文	30.00
17	物流运筹学实用教程	7-301-17610-8	赵丽君	33.00	47	物流信息系统	7-301-20989-9	王道平	28.00
18	现代物流基础	7-301-17611-5	王侃	37.00	48	物料学	7-301-17476-0	肖生苓	44.00
19	现代企业物流管理实用教程	7-301-17612-2	乔志强	40.00	49	智能物流	7-301-22036-8	李蔚田	45.00
20	现代物流管理学	7-301-17672-6	丁小龙	42.00	50	物流项目管理	7-301-21676-7	张旭辉	38.00
21	物流运筹学	7-301-17674-0	郝海	36.00	51	新物流概论	7-301-22114-3	李向文	34.00
22	供应链库存管理与控制	7-301-17929-1	王道平	28.00	52	物流决策技术	7-301-21965-2	王道平	38.00
23	物流信息系统	7-301-18500-1	修桂华	32.00	53	物流系统优化建模与求解	7-301-22115-0	李向文	32.00
24	城市物流	7-301-18523-0	张潜	24.00	54	集装箱运输实务	7-301-16644-4	孙家庆	34.00
25	营销物流管理	7-301-18658-9	李学工	45.00	55	库存管理	7-301-22389-5	张旭凤	25.00
26	物流信息技术概论	7-301-18670-1	张磊	28.00	56	运输组织学	7-301-22744-2	王小霞	38.00
27	物流配送中心运作管理	7-301-18671-8	陈虎	30.00	57	物流金融	7-301-22699-5	李蔚田	39.00
28	物流项目管理	7-301-18613-8	周晓晔	35.00	58	物流系统集成技术	7-301-22800-5	杜彦华	40.00
29	物流工程与管理	7-301-18960-3	高举红	39.00	59	商品学	7-301-23067-1	王海刚	30.00
30	交通运输工程学	7-301-19405-8	于英	43.00	60	项目采购管理	7-301-23100-5	杨丽	38.00

相关教学资源如电子课件、电子教材、习题答案等可以登录 www.pup6.com 下载或在线阅读。

扑六知识网(www.pup6.com)有海量的相关教学资源和电子教材供阅读及下载(包括北京大学出版社第六事业部的相关资源),同时欢迎您将教学课件、视频、教案、素材、习题、试卷、辅导材料、课改成果、设计作品、论文等教学资源上传到 pup6.com,与全国高校师生分享您的教学成就与经验,并可自由设定价格,知识也能创造财富。具体情况请登录网站查询。

如您需要免费纸质样书用于教学,欢迎登录第六事业部门户网(www.pup6.com)填表申请,并欢迎在线登记选题以到北京大学出版社来出版您的大作,也可下载相关表格填写后发到我们的邮箱,我们将及时与您取得联系并做好全方位的服务。

扑六知识网将打造成全国最大的教育资源共享平台,欢迎您的加入——让知识有价值,让教学无界限,让学习更轻松。联系方式:010-62750667,wangxc02@163.com,lihu80@163.com,欢迎来电来信。